Günter de Bruyn
Preußische Trilogie

Günter de Bruyn

Preußische *Trilogie*

DIE FINCKENSTEINS
PREUSSENS LUISE
UNTER DEN LINDEN

Bassermann

1. Auflage
Genehmigte Sonderausgabe
© 2022 by Bassermann Verlag,
einem Unternehmen der Penguin Random House Verlagsgruppe GmbH,
Neumarkter Straße 28, 81673 München

© der Originalausgaben 1999, 2000, 2003 by Siedler Verlag,
einem Unternehmen der Penguin Random House Verlagsgruppe GmbH,
Neumarkter Straße 28, 81673 München

Die Bücher sind in alter Rechtschreibung verfasst.

Jegliche Verwertung der Texte und Bilder, auch auszugsweise,
ist ohne die Zustimmung des Verlags urheberrechtswidrig und strafbar.

Sollte diese Publikation Links auf Webseiten Dritter enthalten,
so übernehmen wir für deren Inhalte keine Haftung,
da wir uns diese nicht zu eigen machen, sondern lediglich
auf deren Stand zum Zeitpunkt der Erstveröffentlichung verweisen.

Projektleitung dieser Ausgabe: Martha Sprenger
Umschlaggestaltung: Atelier Versen, Bad Aibling
Lektorat (für „Preußens Luise"): Thomas Sparr
Register (für „Unter den Linden"): Brigitte Preissler, Berlin
Bildredaktion: Birgit Plinke, Hamburg, Sabine Kestler
Satz: GGP Media GmbH, Pößneck
Herstellung: Timo Wenda

Penguin Random House Verlagsgruppe FSC® N001967

Druck und Bindung: GGP Media GmbH, Pößneck

Printed in Germany

118008180104

Die Finckensteins

EINE FAMILIE
IM DIENSTE PREUSSENS

Inhalt

Kunersdorf 9

Halbmonde und Stern 12

Der Feldmarschall 16

Der Kronprinzenerzieher 28

Jugendfreunde 40

Madlitz 49

Theokrit und Kleist 53

Der gerechte König 61

Reform und Opposition 68

Der Frühlingstag im Garten 78

Musenhöfe 86

Arethusa 99

Burgsdorff 104

Tieck 110

Begegnung in der Oper 118

Im Salon 123

Namenloser Gram 129

Krank in Madlitz 135

Glück zu zweit	141
Die Gewaltkur	145
Nervenfieber	151
Henriette	164
Caroline	178
Barnime	191
Einquartierung	198
Industrie und Ackerbau	209
Erhaltung für ewige Zeiten	214
Die Oderfront	223
Trümmer	228
Heimkehr	236
Nachweis der Zitate	245
Ausgewählte Literatur	252
Erbfolge der Madlitzer Finckensteins	256
Abbildungsnachweis	259

Kunersdorf

Der 12. August 1759 war für Preußen ein schwarzer Tag. Am 10. war des Königs Armee, von Beeskow und Müllrose kommend, unter Umgehung Frankfurts, wo die Russen schon waren, in Lebus eingetroffen, war am 11. bei Reitwein über die Oder gegangen, hatte am nächsten Morgen die bei Kunersdorf stehenden Russen und Österreicher angegriffen und war am Abend, unter Zurücklassung vieler Geschütze, in wilder Flucht an das Flußufer zurückgewichen. Der König hatte nur durch das Eingreifen eines Rittmeisters von Prittwitz und seiner Husaren vor der Gefangennahme durch die Kosaken bewahrt werden können. Von seiner aufgelösten Armee hatte er noch etwa 3000 Soldaten um sich. Vor der Schlacht hatte er 48 000 gehabt.

Der Anekdote, nach der der König im Chaos des Rückzuges gerufen hatte, er wünschte, daß eine dieser verdammten Kugeln auch ihn endlich träfe, entspricht der verzweifelte Brief, den er am Abend an seinen Berliner Vertrauten schrieb: Sein Rock sei von Kugeln durchlöchert, zwei Pferde ihm unter dem Leibe erschossen worden. Die Verluste seien beträchtlich, und er, der alles verloren gebe, sei nicht mehr Herr seiner Leute. In Berlin solle man an die eigne Sicherheit denken. »Den Untergang meines Vaterlandes werde ich nicht überleben. Adieu für immer«, so schließt dieses in Eile gefertigte Schreiben, das nach den einen unsicheren Quellen in Ötscher, noch am östlichen Oderufer, nach anderen erst im links der Oder gelegenen Reitwein geschrieben wurde. Ein Kurier brachte es nach Berlin.

Adolph Menzel: Der König bei Kunersdorf in Gefahr. Friedrich beschreibt diese Situation in seiner »Geschichte des Siebenjährigen Krieges« so: »Der König deckte den Rückzug. Dabei bekam er einen Prellschuß. Hinter ihm wurde das Pionierregiment gefangen genommen, während die Infanterie bereits über die Dämme zurückgegangen war. Nun wollte zuletzt auch der König zurück, doch wäre er dem Feinde in die Hände gefallen, hätte sich nicht der Rittmeister von Prittwitz mit hundert Husaren ihnen entgegengeworfen, so daß dem König Zeit zum Entkommen blieb.«

Gerichtet war dieses Dokument der Verzweiflung an einen Menschen, dem Friedrich, da er ihn von Kindheit an kannte, in Staats- und Organisationsangelegenheiten mehr als seinen schöngeistigen Freunden vertraute und dem er zu Beginn des Krieges schon Instruktionen für den Fall seines Todes gegeben hatte, an den Minister Karl Wilhelm Graf Finck von Finckenstein.

Während dieser mit dem Hofstaat, der königlichen und der eignen Familie vor den Russen nach Magdeburg flüchtete, zog sich der König, der, wie fast immer in den drei schon vergangenen Jahren des Krieges, alle Strapazen mit seinen Soldaten teilte, langsam nach Westen zurück. Seine Armee, die sich in drei Tagen wieder gesammelt, aber fast die Hälfte ihres Bestandes verloren hatte, sollte hinter der Spreelinie bei Fürstenwalde Berlin zu schützen versuchen, doch war bei der Übermacht der Verfolger und der schlechten Moral der Truppe die Aussicht auf wirksame Abwehr gering.

Die Dörfer des Oderbruchs und des Lebuser Plateaus, die die Truppen durchzogen, waren bereits von Kosaken geplündert worden, so auch Madlitz, wo der König, geschützt durch die Petershagener Seenkette, am 16. August eine Rast einlegte und, inzwischen gefaßter, in Briefen über die Hoffnungslosigkeit seiner Lage berichtete, daneben aber auch die Tatsache, daß er sich momentan auf Finckensteinschem Grund und Boden bewegte, für erwähnenswert hielt.

Zwar wird das geflügelte Wort vom »Mirakel des Hauses Brandenburg«, in einem Brief an den Bruder, den Prinzen Heinrich, erst vierzehn Tage später geschrieben werden, aber das damit gemeinte Wunder, daß nämlich die verbündeten Österreicher und Russen, die bei Kunersdorf auch schwere Verluste erlitten hatten und sich überdies uneins waren, auf die Verfolgung und die Einnahme Berlins verzichteten und sich zurückzogen, trat eigentlich schon während der Madlitzer Marschpause ein.

Halbmonde und Stern

Madlitz, damals zum Kreis Lebus, heute zum Oder-Spree-Kreis gehörig, liegt ostnordöstlich von Fürstenwalde auf der Barnim-Lebuser Hochfläche, die östlich des Dorfes durch eine schmale Rinne von Seen unterbrochen wird. Das Land ist flach, mit nur leichten Wellen; Acker und Wiesen wechseln mit Wäldern, die damals noch vielfältiger als die heutigen Kiefernanpflanzungen waren, und die wenigen Hügel, die sich kaum merklich aus der Ebene erheben, werden großspurig Berge genannt.

Das Dorf, wahrscheinlich eine Gründung des dreizehnten Jahrhunderts, ist erst seit 1373 urkundlich bezeugt. Lehnsherren waren die Markgrafen und Kurfürsten, Lehnsträger wechselnde Adelsgeschlechter, kurzzeitig auch das Kartäuserkloster und die Universität im nahen Frankfurt an der Oder, bis dann, ab 1551, für genau zweihundert Jahre, die von Wulffen hier saßen, gefolgt, bis in unsere Tage, von den Grafen von Finckenstein.

Will man der mündlichen Überlieferung glauben, daß Friedrich der Große im August 1759 angesichts des geplünderten Dorfes die Ansiedlung von Kolonisten als Schadensausgleich versprochen habe, ist auch der heutige Name des Dorfes auf ihn zurückzuführen. Denn mit der Gründung von Neu Madlitz in den siebziger Jahren bürgerte sich der Name Alt Madlitz ein.

Das Straßendorf, das auf den Herrensitz zuläuft, hatte in den fünfziger Jahren des achtzehnten Jahrhunderts, mitsamt den zwei Vorwerken, zwei Forsthäusern und der Wassermühle, etwa hundert Einwohner, vorwiegend Kossäten, aber auch einen Fischer, einen Müller, einen Radmacher und einen Schmied. Ihre Häuser waren klein und niedrig, die Einrichtung dürftig, mit Küchen, die von den offenen Feuerstellen geschwärzt waren. Die meist großen Familien lebten auf engstem Raum.

Die Kirche, ein Feldsteinbau aus dem Mittelalter, der später mehrfach verändert, verputzt, angebaut und mit einer klassizistischen Kanzelwand versehen wurde, liegt weder zentral, noch ist er in die Anlage von Schloß und Park einbezogen. Er muß sich vielmehr in die Reihe der die Dorfstraße säumenden Häuser und Höfe bequemen, nur hat er mehr Platz um sich als diese, da früher hier auch begraben wurde; doch schon seit langem hat man den Friedhof aus dem Dorfe verbannt.

Ein Pfarrhaus neben der Kirche sucht man in Madlitz vergebens, da der zuständige Pfarrer schon etwa seit 1600 bei der Mutterkirche im Nachbarort Wilmersdorf saß.

Der Kirchenraum, mit flacher Holzbalkendecke und Westempore, hat keine Patronatsloge, wie sie sonst in Gutsdörfern üblich war. Die gräfliche Familie saß nicht räumlich getrennt von der Gemeinde, sie hatte rechts vorn ihre längs stehende Bank. Ein prunkvolles, hölzernes Epitaph mit Bildnis und zwei Grabsteine mit Relieffiguren erinnern an die von Wulffen; die Finckensteins sind durch eine Stuckkartusche mit ihrem Wappen vertreten: zwei Halbmonde, die sich, unter einem darübergesetzten Stern, den Rücken zukehren, also Zu- und Abnehmen symbolisieren. Sie deuten wohl die Dauer im Wechsel an.

Unerklärlich ist die dem Wappen beigegebene Jahreszahl 1734. Zu dieser Zeit gehörte Madlitz noch den von Wulffen, und ein besonderes Ereignis der Finckensteinschen Geschichte, wie zum Beispiel die Verleihung der Reichsgrafenwürde, fällt in dieses Jahr nicht.

Auf die Totengruft in oder an der Kirche hatten die Finckensteins schon früher als andere Gutsherren verzichtet. Ihre Begräbnisstätte lag draußen, östlich des Dorfes, am Weg zur Madlitzer Mühle, auf einem Hügel, dessen Name, der Friedrichsberg,

Das restaurierte Wappen der Finckensteins über dem Kamin im Schloß Madlitz. Die dazugehörige Sage erzählt die traurige Geschichte von zwei Brüdern, die die gleiche Jungfrau liebten. Deshalb zwei Halbmonde und nur ein Stern.

möglicherweise auf den König zurückgeht (denn auch andere Flurnamen der Gegend, wie die Russenschanze hinter der Seenkette, erinnern noch an das Jahr 1759), wahrscheinlich aber nach einem Kinde dieses Namens benannt ist, das 1788 schon in der Wiege starb und hier begraben wurde, als erster Finckenstein in Madlitzer Erde, dem Generationen von Toten folgten, bis dann, irgendwann nach 1945, die Grabstätte mutwilliger oder geplanter Zerstörung zum Opfer fiel. Den Gemeindefriedhof, den man im vorigen Jahrhundert dem der Gutsherrschaft vorgesetzt hatte, muß man heute umgehen, um zu den Finckenstein-Gräbern zu kommen, die unter Eichen und Lebensbäumen nicht mehr erkennbar sind. Neben einem steinernen Kreuz ist nur noch das erste der Grabmäler, das des Kindes, erhalten, ein Granitquader, auf dem mit Mühe folgende Verse zu lesen sind:

»Rötlich hieng die Blüthe
Da hauchte sie leise der Tod an
Und an des Himmels Strahl
Zeitiget schwellende Frucht«

Der Feldmarschall

Zu jenen märkischen Adelsfamilien, die stolz von sich sagen konnten, sie seien schon vor den Hohenzollern im Lande gewesen, gehörten die Finckensteins nicht. Sie waren erst im achtzehnten Jahrhundert aus Preußen, das man später Ostpreußen nannte, an Spree und Oder gekommen, und sie führten ihre Herkunft nicht, wie die Quitzows oder die Putlitzens, auf den altslawischen Adel, sondern auf den in Tirol, in Kärnten oder in Bayern zurück. Sie waren, will man der urkundlich nicht belegten, aber auch im Grafen-Diplom von 1710 erwähnten Überlieferung glauben, im dreizehnten Jahrhundert mit den Rittern des deutschen Ordens nach Nordosten gezogen, um die heidnischen Pruzzen zu unterwerfen und zu bekehren, waren zwischen Nogat und Memel heimisch geworden und hatten es beim Verfall der Ordensherrschaft im südwestlichen Teil des Landes zu Grundbesitz beträchtlichen Umfangs gebracht. Von ihren Herrensitzen, die zwischen Neidenburg, Osterode, Gilgenburg und Marienburg lagen, wurde Schloß Finckenstein, seiner barocken Pracht wegen, besonders bekannt.

Als Preußen, wo sich polnische, schwedische und brandenburgische Interessen und Einflüsse kreuzten, durch von Heiratspolitik gesteuerte Erbfolge an den Kurfürsten von Brandenburg gelangte, gehörten die Finckensteins, wie die Dohnas, die Dönhoffs und die Kuenheims, zu den einflußreichsten Familien des Landes, die, immer darauf bedacht, ihre Rechte und Freiheiten zu wahren, sich nur zögernd und mit Vorbehalten in kurfürstliche Dienste begaben. Hofämter in Berlin bekleideten sie von den Zeiten des Großen Kurfürsten an.

Aber die Symbiose von König und Adel stand im siebzehnten Jahrhundert noch in den Anfängen. Der Adlige fühlte sich mehr seinem Stand als dem Staat oder gar der Nation verpflichtet. In fremde Dienste zu treten war auch noch nach dem Dreißigjährigen Krieg für die Militärs unter ihnen nicht die Ausnahme, sondern die Regel. Der Reitergeneral Derfflinger, der für den Großen Kurfürsten bei Rathenow und Tilsit die Schweden besiegte, war vorher in schwedischen wie auch in böhmischen Diensten gewesen; und der historische Prinz Friedrich von Homburg hatte, anders als der von Kleist geschaffene, bevor er bei Fehrbellin gegen die Schweden kämpfte, für die Schweden gegen die Dänen und die Polen gekämpft. Für die in ritterlichen Traditionen Erzogenen kam es nicht darauf an, wofür, sondern daß man kämpfte und, wo auch immer, neben militärischen Kenntnissen Lohn und Lorbeer gewann.

Ein Menschenalter später war es damit zu Ende, zumindest im absolutistischen Preußen, das seinen erstaunlichen Aufstieg auch der Tatsache verdankte, daß es den Ehrbegriff des Adels an die Person des Königs und damit an den Staat zu binden verstand. Friedrich Wilhelm I. hatte mit adliger Aufsässigkeit, gegen die er mit Drohungen und Vereinbarungen anging, noch Sorgen; sein Sohn, Friedrich II., aber konnte sich auf den Adel schon völlig verlassen; das gesamte Offizierskorps wurde von ihm gestellt. Jener Finckenstein, der einen Zweig seines Geschlechts an die Spree bringen sollte, bietet ein Beispiel dafür, wie relativ rasch diese bindende Verpflichtung des Adels gelang.

Albrecht Konrad Finck von Finckenstein, den wir in Folgendem den Feldmarschall nennen werden, wurde 1660 in einem Dorf bei Soldau, im südlichen Ostpreußen, geboren – und nicht in Neidenburg, wo eigentlich sein Elternhaus stand. Es waren Kriegszeiten, die auch Pestepidemien zur Folge hatten, und vor diesen waren die Eltern aufs Land geflohen. Sein Vater, der in jungen Jahren in Berlin beim Kurprinzen, dem späteren Großen Kurfürsten, als Kammerjunker gedient hatte, fiel kurz vor der Geburt seines jüngsten Sohnes der Pest zum Opfer, und da seine Frau ihm bald danach in den Tod folgte, wurde das Kind bei Verwandten erzogen, bis der Sechzehnjährige eine militärische Laufbahn einschlug, aber nicht in preußische, sondern, durch Vermittlung eines älteren Bruders, in niederländische Dienste trat. Die dort regierenden Oranier waren verwandtschaftlich mit dem kurfürstlichen Hause verbunden; sie waren Reformierte, wie die meisten dem Hofe nahestehenden Adelsfamilien; und sie beherrschten die modernste Kriegstechnik. Gründe für diesen Schritt also gab es genug.

Unter Wilhelm III. von Oranien, der später König von England wurde, focht er in mehreren unglücklich verlaufenden Schlachten gegen die Franzosen Ludwigs XIV., wurde nach einer Verwundung deren Gefangener, erkaufte sich seine Freiheit wieder, indem er in die französische Armee wechselte, sich vom Gemeinen zum Offizier hochdiente, in Spanien kämpfte, den Dienst aber quittierte, als Brandenburg-Preußen wieder zum Kriegsgegner Ludwigs XIV. wurde und der Kampf um die Pfalz begann. 1689, unter Kurfürst Friedrich III., trat er als Major in brandenburgische Dienste und begann damit seine preußische Karriere, die ihn über viele Schlachtfelder der Nordischen Kriege und des Spanischen Erbfolgekrieges führte und die schließlich, fast am Ende seines fünfundsiebzigjährigen Lebens, mit der Feldmarschallswürde und dem höchsten preußischen Orden, dem des Schwarzen Adlers, gekrönt wurde. Es war ein rühm- und erfolgreiches Soldatenleben, dessen Bedeutung für Preußen und auch für die eigene Familie, aber doch weniger auf seinem bedeutenden militärischen Wirken, für das ihm vom Kaiser die Grafenwürde verliehen wurde, als auf der Tatsache beruhte, daß Finckenstein Oberhofmeister, also Erzieher und Berater zweier preußischer Kronprinzen wurde und damit dem Königshause aufs engste verbunden war.

Als am 18. Januar 1701 Kurfürst Friedrich III. als Friedrich I. zum König »in« Preußen gekrönt wurde, gehörte Finckenstein schon seit einigen Jahren zum engeren Kreis derer, die regelmäßig bei Hofe verkehrten. Besonders die geistvolle Kurfürstin Sophie Charlotte schätzte den Offizier mit französischer Bildung, der neben militärischen Kenntnissen und Verdiensten auch die feinsten Manieren hatte und der sich als Vierzigjähriger zur Heirat mit einer ihrer Hofdamen entschloß. Im Mai des Jahres 1700, in dem Jahr also, in dem, auch auf Betreiben der mit Leibniz befreundeten Kurfürstin, die Sozietät der Wissenschaften, die spätere Akademie, gegründet wurde, heiratete Finckenstein die aus Hessen-Kassel stammende Susanna von Hoff. Im Berliner Stadtschloß, das in diesen Jahren von Andreas Schlüter zu dem barocken Monumentalbau gestaltet wurde, den 250 Jahre später der Zweite Weltkrieg beschädigen und Ulbricht beseitigen sollte, richtete die Kurfürstin für ihre Hofdame die Hochzeit aus.

Als vier Jahre später der Generalmajor Finckenstein zum Oberhofmeister des Kronprinzen ernannt wurde, war dieser schon sechzehn Jahre alt. Die Wahl des neuen Erziehers, der einen Grafen von Dohna ablöste, hing sowohl mit dem schwierigen Charakter des Zöglings als auch mit den schwer durchschaubaren Intrigen und Prestigekämpfen des Hofes zusammen, in die auch Sophie Charlotte, die Königin, ständig verwickelt war. Sie war für die frühe Erziehung des Thronfolgers verantwortlich gewesen und hatte dabei besonderen Wert auf gelehrte französische Bildung, auf sittlich-religiöse Erziehung und höfischen Anstand gelegt. Damit aber waren die Lehrer, die sie ausgewählt hatte, teilweise gescheitert. Der Zögling, dessen Charakter sich früh schon verfestigt hatte, war zwar zu einem gläubigen Christen, nicht aber zu einem Bildungsbeflissenen und Hofmann geworden. In seinen Flegeljahren zeigte er seiner Umgebung ständig, daß er in Opposition zu ihr stand. Zum Beweis seiner Verachtung höfischer Formen kleidete er sich gern in

Adolph Menzel: Königin Sophie Charlotte im Gespräch mit den Philosophen Leibniz vor dem nach ihr benannten Schloß Charlottenburg. Menzel schuf diese Illustration zu Friedrichs II. »Denkwürdigkeiten des Hauses Brandenburg«.

grobes Zeug wie ein Bauer, verschmähte, so oft es ging, Rock und Perücke, aß lieber, manchmal auch mit den Fingern, von Holzbrettern als von silbernen Tellern, ließ seinen Haß auf alle Gelehrsamkeit überall laut werden, und die Damen, die ihn schüchtern machten und erröten ließen, behandelte er grob. Statt mit den Herren vom Hofe, vor denen er linkisch wirkte, verkehrte er lieber mit gewöhnlichen Leuten, am liebsten mit Soldaten und Korporalen, deren grobes Deutsch er nachahmte, wie überhaupt von früh an seine Liebe allem Militärischen galt. Das Kind, das später Soldatenkönig genannt werden sollte, hatte schon seine Kompanie zum Exerzieren, und als Offizier erfüllte es seine Pflichten pünktlich und akkurat.

Finckenstein, der zwar zum Kreis der Königin gehörte, von den anderen Parteiungen bei Hofe aber seiner militärischen Verdienste wegen geachtet wurde, schien ein Mentor zu sein, der guten Einfluß auf den eigensinnigen Thronfolger ausüben konnte, weil er Kriegserfahrung und soldatischen Mut, die dem jungen Mann imponierten, mit Bildung, einem bei Hofe durchaus nicht selbstverständlichen unanstößigen Lebenswandel und elegantem Auftreten verband.

Die Ernennung erfolgte in Freienwalde an der Oder, wo die königliche Familie den »Gesundbrunnen« gebrauchte, dessen Heilkraft zwanzig Jahre zuvor vom Apotheker des Städtchens entdeckt worden war. Schon der Große Kurfürst war hier Kurgast gewesen, und sein Sohn, der König, ließ sich zwei Jahre darauf von Andreas Schlüter neben der Quelle ein Schlößchen errichten, das aber heute nicht mehr existiert.

Es war der sechzehnte Geburtstag des Kronprinzen, der zum Anlaß genommen wurde, ihn vorzeitig für volljährig zu erklären und den Erzieher der Kinderzeit abzulösen. Finckenstein, der nicht, wie sein Vorgänger, bis ins Detail festgelegte Erziehungsinstruktionen zu befolgen hatte, sondern nur angewiesen wurde, alle für einen Regenten erforderlichen Fähigkeiten festigen zu helfen, sollte mehr ständiger Begleiter, Beschützer und Berater als Lehrer sein.

Er erfuhr von seiner Ernennung erst durch Kuriere, denn er war mit der Truppe, die Bündnispflichten zu erfüllen hatte, im Krieg. Ein Tag zuvor, am 13. August 1704, hatte eine der blutigsten Schlachten des Spanischen Erbfolgekrieges begonnen. Bei Höchstädt, in Schwaben, waren die Franzosen und Bayern von den alliierten Engländern, unter Marlborough, Österreichern,

Albrecht Konrad Finck von Finckenstein, Feldmarschall und Kronprinzenerzieher, Erbauer des Schlosses Finckenstein. Seine Verdienste in der Schlacht bei Malplaquet wegen verlieh ihm 1710 der Kaiser die erbliche Reichsgrafenwürde. Friedrich I., der eine Verletzung seiner Souveränität witterte, stimmte der Verleihung erst nach Fürsprache des Prinzen Eugen zu.

unter dem Prinzen Eugen, und Preußen, unter dem, damals noch jungen, Alten Dessauer, geschlagen worden, und Finckenstein war dabei gewesen und hatte zum Sieg wesentlich beigetragen. Erst am 25. August konnte er in Berlin eintreffen und sein Amt an treten – das offiziell schon nach zwei Jahren, mit der Heirat des Kronprinzen, enden sollte, in Wahrheit aber noch lange währte, da Friedrich Wilhelm ihn auch als König noch brauchte: für seinen Sohn.

Es war eine schwierige Aufgabe, die Finckenstein übernommen hatte, und zwar nicht nur, weil er, der gereifte Soldat und feine Hofkavalier, nun täglich mit dem zu Derbheiten neigenden, cholerischen, oft kränkelnden jungen Mann Zusammensein und mit ihm auskommen mußte, sondern auch, weil der Wille des Königs, den er zu erfüllen hatte, häufig im Widerspruch zu dem des Kronprinzen stand. Seine Pflicht war es, den Thronfolger vor Gefahren für Gesundheit und Leben zu schützen, und da dieser, besonders auf Kriegsschauplätzen, die Gefahren oft suchte, durfte der Beschützer auch List nicht verschmähen. Hinzu kam, daß die Parteien des Hofes bei ihren Machtkämpfen Einfluß auf den Kronprinzen zu nehmen suchten, und dazu bot sich Finckenstein als Mittelsmann an.

Vor den militärischen Exkursionen, die er mit seinem Zögling zu machen hatte, wurde, im Herbst 1704, eine Bildungsreise, eine sogenannte Kavalierstour, unternommen, die in die Niederlande führte, wo der Kronprinz schon einmal, als Zwölfjähriger, gewesen war. Obwohl man incognito reiste, wurde man manchmal mit königlichen Ehren empfangen, und die Kriegsschiffe, die man besuchte, schossen Salut. Den Winter über besichtigte man in verschiedenen Städten Bauten und Häfen, unterrichtete sich über Finanzen und Handel, bewunderte den Wohlstand der Bürger, besuchte nicht nur Gemäldegalerien, sondern auch die Ateliers der Maler, und alles ließ in dem künftigen König, der später mit Backsteinbauten und Grachten Holland nach Potsdam zu holen versuchte, im Malen dilettierte und sich einen

Lebensabend in Delft oder Den Haag erträumte, bleibende Eindrücke zurück.

Im Februar sollte die Reise, an Feldmarschall Marlboroughs Seite, weiter nach England führen. Schon waren zum Begleitschutz bei der Kanalüberquerung britische Kriegsschiffe nach Holland beordert worden, da traf die Nachricht vom plötzlichen Tod der Königin bei Finckenstein ein. Der Sohn, der an der Mutter in Liebe gehangen hatte, obwohl er für ihre musischen und philosophischen Neigungen kein Verständnis aufbringen konnte, verfiel in so tiefe Trübsal, daß Finckenstein um seine Gesundheit bangte. Doch brachte er ihn, der bei der prunkvollen Trauerfeier nicht fehlen durfte, heil nach Berlin zurück.

Schwieriger war es, den militärbegeisterten Schützling, der seiner Feuertaufe entgegenfieberte, auf kriegerischen Bildungsreisen zu hüten, zu denen der Spanische Erbfolgekrieg Gelegenheit bot. 1706 reiste man zu Belagerungsgefechten nach Flandern, und 1709 durfte der Kronprinz die blutige Schlacht bei Malplaquet miterleben, wo 60 000 Soldaten starben und ein preußisches Korps an dem Sieg Marlboroughs und des Prinzen Eugen entscheidend beteiligt war. Da mußte Finckenstein, der in der Schlacht auch militärische Aufgaben zu erfüllen hatte und sie so glänzend erfüllte, daß ihm und seiner Familie dafür vom Kaiser auf Vorschlag des Prinzen Eugen die Reichsgrafenwürde verliehen wurde, seinem Schützling als Sicherheitsmaßnahme berittene Eskorten verordnen. Er mußte Wege und Hecken nach versteckten Freischärlern absuchen lassen und Umwege wählen, damit der Kronprinz und seine Begleiter auf den Kampfplätzen erst eintrafen, wenn die größte Gefahr schon vorüber war.

Daß es den späteren Soldatenkönig, der die Mahnung seiner Mutter, nie Angriffskriege zu führen, immer beherzigen sollte, noch leidenschaftlicher als nach Kriegsbewährung nach Paraden, die man damals Revuen nannte, nach Verbesserung der Ausrüstungen und der Uniformen und vor allem nach Exerzierübungen verlangte, erleichterte wiederum Finckensteins Aufgabe; denn das, was man damals »kleiner Dienst« nannte, mit dem sich Feldherren normalerweise nicht abgaben, sondern ihn den Subalternoffizieren und den Korporälen überließen, hielt den Thronfolger, der seiner Armee mit Hilfe des Alten Dessauers den später berühmten und berüchtigten preußischen Drill beibrachte, häufig von wagehalsigen Unternehmungen ab.

In diese Jahre fiel auch des Kronprinzen Heirat, mit der der König es eilig hatte, weil er sich krank fühlte und die weitere Thronfolge gesichert sehen wollte. Auch dabei war Finckenstein nötig, und er wurde nun doch wider Willen in eine Hofintrige verwickelt, in der er Partei für den Kronprinzen und gegen den König nahm. Er befolgte dabei Befehle, denn Friedrich Wilhelm war für ihn einerseits zwar Schützling und Zögling, andererseits aber auch Vorgesetzter, dem zu gehorchen war.

Drei Heiratsverbindungen waren erwogen worden: mit Hessen-Nassau, mit Hannover und mit Schweden. Die erstgenannte Prinzessin schied aus, weil Friedrich Wilhelm äußersten Widerwillen gegen sie zeigte. Die zweite, eine Nichte der verstorbenen Königin Sophie Charlotte, also eine Cousine, war dem Kronprinzen am liebsten, und sie wurde auch von der mächtigsten Hofpartei favorisiert. Der König aber konnte die Verwandten seiner Frau in Hannover nicht leiden, da sie ihn, auf Grund ihrer engen Verbindungen zu England, zu bevormunden versuchten, und da er gerade Allianz-Verhandlungen mit Karl XII. führte und bei einer ehelichen Verbindung sich Hoffnung auf Schwedisch-Vorpommern oder Livland machen zu können glaubte, bevorzugte er die schwedische Prinzessin Ulrike Eleonore, die aber in Berlin unbekannt war. Also wurde Finckenstein, als Heiratsspion sozusagen, unter dem Namen von Obentraut (das war der Geburtsname seiner Mutter) in die schwedische Hauptstadt geschickt.

Vom König hatte er den Auftrag erhalten, die Gestalt, das Gemüt und, der erwünschten Nachkommen wegen, die Gesundheit der Prinzessin in Erfahrung zu bringen; der Kronprinz aber hatte ihm zusätzlich befohlen, die Schwedin auf jeden Fall häßlich, maliziös, stupide und zwergenhaft verwachsen zu finden und das dem König auch mitzuteilen, was Finckenstein, dem Kronprinzen zuliebe, auch wunschgemäß ausführte – und damit der künftigen Mutter Friedrich des Großen zur Königinnenwürde verhalf.

Die greise Kurfürstin Sophie von Hannover, des Kronprinzen Großmutter, war mit den preußischen Heiratsplänen zwar sehr zufrieden, nur hätte sie sich für die Prinzessin Sophie Dorothea den Enkel, der anscheinend mehr auf den Exerzierplatz als ins Brautbett strebte, etwas verliebter gewünscht. Im Juni 1706 gingen in Hannover in Anwesenheit des Königs die Brautwerbung und die Verlobung vonstatten, die Hochzeit aber mußte bis in den November verschoben werden, weil der prunkliebende König, zum Entsetzen des sparsamen Kronprinzen und zur Belustigung Ludwigs XIV., die Ausstattung der Braut in Paris bestellte, obwohl man sich im Kriegszustand mit Frankreich befand.

Da der Hof in Hannover, der die Hochzeit ausrichten mußte, sich dem verlangten königlichen Aufwand finanziell und zeremoniell nicht gewachsen fühlte, wurde die Vermählung in Hannover nur formell, durch einen Stellvertreter, den sogenannten Prokurator, vollzogen, zu dem Prinz Georg, Bruder der Braut und späterer König von England, ausgewählt wurde. Ihm mußte Finckenstein, der mit großem Gefolge nach Hannover geschickt worden war, die Vollmacht des kronprinzlichen Bräutigams überreichen und einige Tage nach der Formaltrauung die Braut in die preußische Residenz begleiten. Da gab es viel Pomp und Zeremoniell schon auf der Reise und mehr noch bei der Ankunft in der illuminierten Hauptstadt und in der Schloßkapelle, wo Bischof Ursinus, ein Reformierter, der auch 1701 bei der Königskrönung das Zeremoniell der Salbung vollzogen hatte, bei der erneuten Trauung sich predigend kurz faßte, weil er wußte, daß das dem Kronprinzen, der auch mit Zeit gern sparte, gefiel. Im neuen Schloß, dem Prachtwerk Schlüters, wurde mit großem

Aufwand getäfelt. An dem traditionellen Fackeltanz der Minister und Generäle, nach welchem das Brautpaar ins Schlafzimmer geleitet wurde, hat Finckenstein wohl auch teilgenommen, und sicher hat er geahnt, daß es mit Festlichkeiten wie diesen, die sich bis zu den Weihnachtstagen erstreckten, zu Ende sein würde, wenn sein Zögling, der sich die weiße Schlepprobe nach französischem Muster vor der Trauung nur widerwillig hatte umlegen lassen, erst die Macht über das Land und den Staatsschatz hatte. Vielleicht hat dem vollendeten Hofkavalier, der die dem Sonnenkönig nachgeahmten Zeremonien wie kein anderer beherrschte, bei aller Anhänglichkeit an den künftigen König vor diesem zu erwartenden Umsturz bei Hofe auch ein wenig gegraut.

Der Kronprinzenerzieher

Eine vereitelte Flucht, die den Tod eines Menschen zur Folge hatte, wie Sophie Dorothea sie später bei ihrem Sohn Friedrich erleben sollte, stand auch an ihrem Lebensbeginn. Ihre Mutter, auch eine Prinzessin Sophie Dorothea, war aus Erbfolgegründen mit sechzehn Jahren an den Kurprinzen von Hannover, den späteren König Georg I. von Großbritannien, verheiratet worden, der sie vernachlässigt und offen betrogen hatte, worauf auch sie ein Liebesverhältnis begonnen hatte, mit einem Grafen von Königsmark. Dieser, ein Bruder der berühmten Geliebten Augusts des Starken, war, da er mit der Prinzessin zusammen hatte entfliehen wollen, ermordet worden, und sie wurde, als Fünfundzwanzigjährige, zu lebenslänglicher Haft verurteilt. Als »Prinzessin von Ahlden« hat sie auf dem Schloß dieses Lüneburger Marktfleckens (in dem, unter Verwendung dieser düster-romantischen Liebes- und Lebensgeschichte, Arno Schmidt seinen 1956 erschienen Roman »Das steinerne Herz« ansiedelte) unter Bewachung noch zweiunddreißig Jahre gelebt. Ihre zwei Kinder, die wie die Eltern Sophie Dorothea und Georg hießen, hat sie nie wieder sehen dürfen. Sie wuchsen am Hof von Hannover mutterlos auf.

Friedrich Wilhelm, der Kronprinz von Preußen, war als Kind, wenn er Besuch bei der Großmutter machte, häufig mit ihnen zusammengekommen, hatte Sophie, sein späteres »Fiekchen«, erfreulich, deren Bruder Georg, den späteren englischen König, aber unausstehlich gefunden und sich dann lebenslang diese

Meinung über die beiden bewahrt. Da er sich vorwiegend in Männergesellschaften bewegte, von Frauen, über die er nur Schlechtes dachte, also auch nicht in Versuchung geführt werden konnte und in dieser Hinsicht sehr sittenstreng lebte, hat er seiner Frau immer die Treue gehalten – auch in dieser Hinsicht ein Ausnahmefall unter den Fürsten der Zeit.

Sophie Dorothea war in Hannover selbstverständlich französisch erzogen worden, paßte also gut an den Hof Friedrichs I., wo ihre Bildung und Eleganz auch gewürdigt wurden und ihre schlanke Gestalt, die allerdings später, nach vierzehn Geburten, überaus füllig wurde, den Kavalieren gefiel. Weniger gut paßte sie, die Sparen nicht gelernt hatte, an die Seite ihres äußerst sparsamen Gatten, der bewußt den derben Deutschen hervorkehrte, jähzornig werden konnte und sie, ihrer Erfolge bei Hofe wegen, mit einer Eifersucht quälte, die allen und jedem, sogar seinem Vater galt. Glücklich war diese Ehe wohl nicht zu nennen, aber da Friedrich Wilhelm, bei aller Tyrannei, die er über seine schnell wachsende Familie ausübte, der Frau und den Töchtern doch den gewohnten höfischen Lebensstil, wenn auch knapp bemessen, zubilligte, konnte die Ehe in dieser Zweiteilung in eine asketisch-männliche und eine höfisch-weibliche Sphäre trotz scharfer Gegensätze, in die auch die Kinder verstrickt wurden, bis an sein Lebensende bestehen.

Finckenstein, ohne den diese Ehe möglicherweise gar nicht zustande gekommen wäre, gehörte nach Bildung und Lebensart eher in den Kreis um Sophie Dorothea, doch da seine dienstlichen Aufgaben ihn an den Kronprinzen, später den König, banden, kann man bei ihm wohl einen inneren Zwiespalt zwischen Pflicht und Neigung vermuten und ein Bestreben, als Mittler zu wirken, vor allem in der problematischen Beziehung zwischen Vater und Sohn.

Ein Jahr nach der Heirat des Kronprinzen kam ein Thronfolger zur Welt, der sie aber bald wieder verlassen mußte; und auch der nächstjährige Knabe war lebensunfähig. Dann kam ein

Mädchen, die Wilhelmine, die nach Bayreuth heiratete und im Alter hochinteressante, nicht immer ganz glaubwürdige Memoiren verfaßte; und dann wurde, am 24. Januar 1712, Friedrich geboren, zu dessen Tauffeierlichkeiten der glückliche Großvater noch einmal zeigte, was er an Luxus und Zeremoniell aufbieten konnte – zum vorletzten Mal. Denn das nächste und letzte glänzende Fest, schon im Jahr darauf, war sein Leichenbegängnis, bei dem mit ihm auch die Auffassung zu Grabe getragen wurde, daß die Königswürde Aufwand und Verschwendung verlange. Der neue König war mehr für das Großhungern und das Mehr-Sein-als-Scheinen. Die barocken Perücken mußten den billigeren Zöpfen weichen. Tafelgeschirr und edle Weine wurden verkauft, um die Schulden zu decken. Lakaien mußten Soldaten, Hofmusiker Militärmusiker werden, und die Maler bekamen keine Aufträge mehr. Die Zahl der Feiertage wurde verringert, Blaue Montage und Volksfeste wurden verboten. Die Marktweiber sollten, nach Meinung des Königs, nicht untätig hinter ihren Kiepen sitzen, sondern dabei Wollstrümpfe stricken, und aller Müßiggang wurde bestraft. Mit Sparsamkeit, Zweckdenken und einer gewaltsamen Pädagogik machte Friedrich Wilhelm I. aus Preußen das, was man später unter Preußen verstehen sollte: einen Staat der Vernunft, des Militärs, des Rechts und der Ordnung, der an der Hierarchie von König, Adel, Bürger und Bauern nichts ändern sollte, der sich aber nicht als Geldeintreiber der Krone, sondern als dem Allgemeinwohl verpflichtet verstand. Jeder hatte an seinem Platz seine Pflichten, auch der König, der der erste Diener des Staates war.

Am Hofe, der personell stark reduziert worden war und wie das ganze Land knausern mußte, hatte man nach der Thronbesteigung erwartet, daß Finckenstein, des jungen Königs Vertrauter, zum ersten Minister gemacht werden würde, aber Friedrich Wilhelm brauchte ihn für einen anderen, nicht weniger verantwortungsvollen Posten, der ihn noch viele Jahre an Berlin und die Mark band.

Dabei fühlte sich Finckenstein, obwohl er neben seinen Militär- und Hofämtern als Johanniter-Ritter auch in der Komturei Lietzen, im Kreis Lebus, Aufgaben hatte, zeit seines Lebens in Ostpreußen heimisch. Dort, auf seinem Gut Habersdorf, erbaute er sich in diesen Jahren, nach Entwürfen von Jean de Bodt, der in Berlin auch an der Parochialkirche und dem Zeughaus mitgebaut hatte, eines der prächtigsten Schlösser des deutschen Ostens, das hundert Jahre danach selbst Napoleon, der dort seine Liebesromanze mit der Gräfin Maria Walewska erlebte, als ihm standesgemäß anerkannte und das 1945 beim Einmarsch der Roten Armee mit der ganzen deutschen Kultur dieser Region zugrunde ging.

Friedrich Wilhelm, der es kurz nach seiner Erbauung auf einer Inspektionsreise besucht hatte, war der Name Habersdorf unpassend erschienen, und er hatte es in Finckenstein umzutaufen befohlen – worauf ein anonymer Dichter, ein »unterthäniger Diener dieses Hohen Hauses«, ein langes Gedicht verfaßte, das mit den Zeilen beginnt:

»Beglücktes Habersdorff, Du heißt nun Finckenstein,
Nachdem der König Dich hat wollen so benennen ...«

das dann die Kriegstaten Finckensteins an der Seite des Prinzen Eugen und seine Erhebung in den Grafenstand preist, in der zehnten Strophe auch seine Verdienste als Diplomat mit den Worten rühmt:

»Wie als Gesandter er Sein Ambt hat offt verricht,
Wann Er geschicket wardt nach anderweitig Höfen,
Mit was Vernunfft und Witz Er Sachen hat geschlicht,
So wie er anderseits gefochten als die Löwen,
Wie Er die Feder hat gebrauchet gleich dem Degen,
Davon muß alle Welt ein Zeugniß ihm ablegen«,

Schloß Finckenstein in Ostpreußen. Als sich hier die Liebesgeschichte Napoleons mit der Gräfin Maria Walewska abspielte, gehörte das Schloß schon seit Jahrzehnten nicht mehr den Finckensteins, sondern den Dohnas. 1945 brannte das Schloß völlig aus.

um am Schluß, in der dreizehnten Strophe, in einer Anspielung auf das Finckensteinsche Wappen philosophisch zu werden:

»So grün dann Finckenstein bis an das End der Welt Und
bleibe fest bestehn so lang die Sonne läuffet.
Im Wapen deines Herrn sieht man den Mond gestellt,
Der nehme immer zu und werde stets gehäuffet.
Doch wünsch ich zum Beschluß:
Daß niehmals hier auf Erden
Des Wechsels halber mag Dein Mond vollkommen werden.«

Häufig wird sich wohl Finckenstein in Finckenstein nicht aufgehalten haben können, denn sein neuer, verantwortungsvoller Posten als Erzieher des Kronprinzen Friedrich, den er nicht allein lassen durfte, erforderte seine ständige Anwesenheit in Berlin oder im Jagdschloß Wusterhausen, dem heutigen Königs Wusterhausen, in dessen Abgeschiedenheit und Primitivität der König gern lebte und gern auch die Kinder zu sich beorderte – zu deren Schrecken, wie man aus den Memoiren der Prinzessin Wilhelmine weiß.

Der Kronprinz war in den ersten Jahren der Obhut der Frauen an vertraut gewesen, von seinem siebenten Lebensjahr an aber wurde seine Erziehung zur Sache des Königs, der die Oberaufsicht über die Lehrer Finckenstein übertrug.

Die Bestallung zum Gouverneur oder Oberhofmeister ist datiert vom 13. August 1718 und der verqueren, ungeschickten und umständlichen Sprache des Königs wegen sehr lang. In ihr wird anfangs die Wahl dieses Mannes, die »sonder Zweifel durch des Höchsten Vorsehung« erfolgte, mit dessen Verdiensten und seiner Treue begründet – was sich in der Diktion des Königs, der Deutsch nie systematisch gelernt hatte, dann so anhört:

»Unter Allen, so Mir nach einer sorgsamen Überdenkung beigefallen, habe Ich, sonder Zweifel durch des Höchsten Vorsehung, Meine Augen und Wahl so wohl auf Meinen Generallieutenant Graff von Finckenstein geworffen, als welcher vor seine Persohn mit ungemeinen Qualitäten, einer sonderbaren Prudence und Moderation, einer untadelichen Conduite, welcher er auch in der Jugend spüren laßen und mit vielen in Kriegesoperationen nöthigen Wissenschafften begabet, auch welcher überdem Mir seine treue Devotion und Ergebenheit in allen denen wichtigen Kriegsangelegenheiten, so Ich ihm anvertrauet, satt-samlich und zu Meiner sonderbahren Vergnügung spüren laßen; welches Mir dann so wohl alß auch daß er jederzeit und selbst von Meiner zahrten Jugend an, auch noch immerhin, sich an mich eintzig und allein attachiret, zu keinem anderen sich gewendet und ihn angehangen, sondern Mir zu Gefallen sich befließen und angelegen seyn laßen, vornehmlich mich bewohgen, ihm Meinen Sohn zu übergeben und anzuvertrauen ...«

Die Erziehung, die der königliche Vater fordert, ist in erster Linie, noch vor der militärischen, eine religiöse, die »Lust und Hochachtung vor der Tugend« und »Abscheu und Ekel vor dem Laster« erzielen soll. In acht Punkten schreibt Friedrich Wilhelm seine Anordnungen nieder. Der Kronprinz muß, erstens, morgens und abends sein Gebet auf den Knien verrichten, muß, zweitens, jeden Morgen ein Stück in der Bibel lesen, drittens und viertens regelmäßig die Kirche besuchen und fleißig den Katechismus studieren, und es muß ihm, fünftens bis achtens, Abscheu vor allem Schlechten eingeflößt werden, besonders vor lasterhaften Gesprächen, vor pflichtvergessenen Personen, vor Opern, Komödien und allen anderen weltlichen Eitelkeiten. Nebst Gott muß er seine Eltern lieben und achten lernen. Muß ihm aber seiner Unarten wegen mit einer Anzeige bei den Eltern angst gemacht werden, darf nur die Mutter dabei erwähnt werden, nicht aber der Vater, der nicht gefürchtet, sondern geliebt werden will. Die Anekdote, nach der der König Berliner Bürger, die aus Furcht vor ihm fliehen, mit den Worten: »Lieben sollt ihr mich, ihr Kanaillen!« verprügelt, trifft auch sein Verhältnis zum ständig von ihm schikanierten Kronprinzen, der ihm gegenüber zu seinem Leidwesen nur »knechtische und schlawische Affekte« zeigt. In der Anweisung für Finckenstein, dieses Verhalten durch Erziehung zu ändern, klingt etwas von der Verzweiflung eines Vaters mit an, der alles falsch macht, weil er es gut machen will.

Einblick in den Alltag des neunjährigen Zöglings gibt eine Anordnung des Königs aus Wusterhausen, die die Behauptung Wilhelmines, daß für die Kinder Berlin nur das Fegefeuer, Wusterhausen aber die Hölle gewesen sei, zu bestätigen scheint. In Berlin nämlich konnten sie leicht in mütterliche Bereiche flüchten; in dem kleinen Jagdschloß aus Renaissance-Zeiten aber, das mit seinem gedrungenen Turm noch ein wenig an die Burg erinnerte, die hier im Mittelalter den Notte-Übergang gegen die Lausitz geschützt hatte, waren sie in den winzigen Stuben des Obergeschosses dem immerfort polternden König ganz ausgeliefert. Es war wie in einer Kaserne, wo ein mißtrauischer Korporal jeden Schritt kontrolliert.

Die Anordnung für Finckenstein führt den Titel »Reglement, wie Mein ältester Sohn Friedrich seine Studien in Wusterhausen halten soll«, und sie stellt für die Herbstmonate, die man hier zu verbringen pflegte, einen detaillierten Dienstplan des Kronprinzen dar. Exakt festgelegt sind hier Tage und Stunden. Geweckt, und ohne nochmaliges Umdrehen sofort aufgestanden, wird um sechs, nur sonntags um sieben. Kaum in den Pantoffeln, wird auf die Knie gefallen und laut gebetet, dann »hurtig« angekleidet, »propre«, aber nur sonntags mit Seife, gewaschen, frisiert, geschwänzt, nur sonntags gepudert, und das alles in fünfzehn Minuten. Für Frühstück und Tee bestimmt sind am Sonntag sieben Minuten, wochentags aber wird während des Kämmens gegessen. Vor halb sieben wird mit den Domestiken und Lehrern gebetet, ein Kapitel aus der Bibel gelesen, ein Lied gesungen, so daß der Unterricht pünktlich um sieben beginnen kann. Er dauert bis fünf Uhr nachmittags, von einer Mittagszeit unterbrochen, die der Schüler, frisch gewaschen und weiß gekleidet, beim König verbringen muß. Zwischen Unterrichtsschluß und Abendessen darf er sich an der Luft, nicht in der Kammer, »divertiren« und »thun was Er will, wenn es nur nicht gegen Gott ist«. Auch den Sonntag, nach Kirchgang und Mittagessen, hat »das Fritzgen vor sich«.

Zu des Erziehers wichtigsten Pflichten gehörte es selbstverständlich, den Kronprinzen zu einem guten Soldaten zu machen. Früh mußte er reiten, exerzieren und eine Kompanie Kadetten kommandieren lernen. Schon der Achtjährige wurde zum Subalternoffizier befördert, der Achtzehnjährige zum Oberst ernannt. Alles war darauf gerichtet, aus Friedrich einen zweiten Friedrich Wilhelm zu machen, aber dieser mit Gewalt durchgesetzte Plan ging nicht auf. Der Sohn, der sich für Wissenschaften interessierte, die ihm, mit Ausnahme von Staatengeschichte und militärischen Lehren, verboten waren, der sich gern elegant kleidete, tanzte, französische Romane las und die Flöte spielte, mußte sich gegen das Unverständnis und die Gewalttätigkeit seines Vaters durch heimliche Umgehung der Verbote, durch Lügen, Intrigen und Heuchelei wehren, und es ist anzunehmen, daß Finckenstein ihn dabei deckte oder zumindest zu vermitteln versuchte, was ihm auch dadurch erleichtert wurde, daß seine Frau, die von den Prinzessinnen und Prinzen wie eine zweite Mutter geliebt wurde, am Hofe Sophie Dorotheas eine bedeutende Stellung bekleidete und in der Frage der englischen Heirat von Friedrich und Wilhelmine, ebenso wie ihr Mann, ganz auf seiten der Königin stand. Friedrichs geliebter und auch im Alter noch immer verehrter Lehrer Duhan de Jandun, ein aus Frankreich geflüchteter adliger Hugenotte, der ihn in die Sprache, Kultur und Literatur Frankreichs einführte, ihm auch verbotenerweise Latein beizubringen versuchte und dem lektüresüchtigen Jüngling eine Bibliothek von etwa viertausend Bänden beschaffte, die vor dem König versteckt werden mußte, hätte das alles wohl kaum ohne das Einverständnis des Oberhofmeisters vollbringen können, der seinen Zögling sogar des Nachts nicht

Adolph Menzel: Das Tabakskollegium. Für den Kronprinzen Friedrich war dieses Vergnügen seines Vaters ein Greuel. In einem seiner ersten Gedichte, von 1729, heißt es: »Ich hab mich aus der Tabagie gedrückt. / Sonst war ich ohne Hexerei erstickt. / Dort kann man herzlich Langeweile spüren, / Geredet wird allein vom Bataillieren. / Mir, der ich friedlicher Gemütsart bin, / Will dieses Thema gar nicht in den Sinn.«

allein lassen durfte – wie auch aus einer späteren Bemerkung Friedrichs hervorgeht, in der er sich an seine früheste Lektüre erinnert. In den Gesprächen mit seinem Vorleser de Catt, der ihn auf den Feldzügen des Siebenjährigen Krieges begleitet, erzählt er am 21. Mai 1758: »Es war jedoch Befehl gegeben worden, mich am Lesen zu hindern; so war ich gezwungen, meine Bücher zu verstecken und mich beim Lesen vor dem Ertapptwerden zu schützen. Wenn mein Erzieher, der Marschall Finck, und mein Kammerdiener schliefen, stieg ich über das Bett meines Dieners hinweg und schlich mich ganz leise in ein anderes Zimmer, wo beim Kamin eine Nachtlampe brannte. Bei dieser Lampe zusammengekauert las ich das Volksbuch von der schönen Magelone und andere Bücher, die mir meine Schwester und andere verschwiegene Leute verschafft hatten. Diese nächtliche Lektüre dauerte einige Zeit, bis der Marschall einmal durch einen Hustenanfall erwachte. Er vermißte mein Atmen, betastete mein Bett, fand mich nicht und rief laut: Mein Prinz, wo sind Sie? Alles war auf den Beinen. Ich hörte den Lärm, lief schnell zu meinem Bett und behauptete, ich hätte ein dringendes Bedürfnis gehabt. Man glaubte mir. Ich aber wagte nicht wieder, so zu entwischen, denn es wäre zu gefährlich gewesen.«

Sein Vater, so erzählt er weiter, wollte auch einen Jäger aus ihm machen, aber er las, wenn er auf Hasen und Hirsche lauern sollte, und er machte sich nichts aus dem Schimpf und dem Spott. »Mein Vater wollte durchaus nicht, daß ich läse, ich aber habe vielleicht mehr gelesen als alle Benediktiner zusammen«, sagte er, noch nach dreißig Jahren voller Triumph über den Vater, der ihn »für eine Art menschlichen Teig gehalten hatte, aus dem man formen kann, was einem beliebt. Aber wie sehr täuschte er sich.«

In die Katastrophe von 1730, zu der sich der Zwist zwischen Vater und Sohn schließlich steigerte, war Finckenstein direkt nicht mehr verwickelt, weil sich sein Amt 1729 mit der Volljährigkeitserklärung des Kronprinzen erledigt hatte. Er war in Ehren entlassen worden, und die Vorwürfe wegen falscher Erziehung, die ihm der König nach dem Fluchtversuch Friedrichs, dem Kronprinzen-Prozeß und der Hinrichtung Kattes brieflich machte, waren sehr vorsichtig formuliert. Sie bezogen sich auf die calvinistische Prädestinationslehre, die Finckenstein, ein Reformierter, dem Kronprinzen angeblich beigebracht hatte und die der König, trotz seines ebenfalls reformierten Bekenntnisses, in sittlicher und staatlicher Hinsicht für verderblich hielt. Ein Zerwürfnis hatte diese nachträgliche Schuldzuweisung, die Finckenstein zu entkräften versuchte, nicht zur Folge. Vielmehr wurde er bald danach (1733) zum Feldmarschall befördert, und es spricht für seine kluge Mittlerstellung zwischen den Parteien, daß nach seinem Tode, 1735, König und Kronprinz sein Andenken in gutem

Sinne bewahrten, wovon nicht nur beider Kondolenzbriefe zeugen, sondern auch die Erwähnung von Finckensteins militärischen Verdiensten in Friedrichs historischen Schriften, die Ernennung der Witwe Finckensteins zur Oberhofmeisterin der Witwe des Königs, Sophie Dorotheas, und nicht zuletzt das Vertrauen, das Friedrich als König in die Söhne Finckensteins setzte, wovon noch die Rede sein wird.

Friedrichs Schwester Wilhelmine hat in ihren geheimgehaltenen Memoiren, die erst im neunzehnten Jahrhundert an die Öffentlichkeit kamen, Finckenstein weniger gehässig als andere Personen ihrer leidvollen Kindheit behandelt, aber überaus freundlich nicht. Zwar spricht sie anerkennend von seiner Ehrlichkeit und seinen militärischen Verdiensten, hält ihn aber, »seiner sonstigen Talentlosigkeit« wegen, als Fürstenerzieher für unfähig, muß andererseits aber auch einräumen, daß er Friedrichs Achtung genoß.

Zu den letzten Gunstbezeigungen des Königs zu Finckensteins Lebzeiten gehörte, daß er ihm, der schon seit 1696 dem Johanniterorden angehört hatte, 1731 die Pfründe eines Komturs von Lietzen verschaffte, was möglicherweise ausschlaggebend für die Verwurzelung der Familie in der Mark Brandenburg war.

Denn Lietzen, im Kreise Lebus gelegen, ursprünglich eine Besitzung des Templerordens, die nach dessen Auflösung die Johanniter übernommen hatten, wurde nun jährlich für einige Wochen zum ersten märkischen Aufenthaltsort der Familie, und es ist nicht auszuschließen, daß dabei das nahe gelegene Madlitz in ihr Blickfeld geriet.

Jugendfreunde

Die Gemahlin des Feldmarschalls, die ihren Mann siebzehn Jahre überlebte und als Witwe der Witwe des Königs als Oberhofmarschallin diente, hatte neun Kinder geboren, von denen drei die ersten Jahre nicht überlebten, was der damaligen Kindersterblichkeitsrate etwa entsprach. Zwei Töchter heirateten in andere Adelsfamilien, wobei sie dem Königshof aber verbunden blieben, und der älteste Sohn, der mit vierzig Jahren noch unverheiratet war, starb als Offizier König Friedrichs an einer schweren Verwundung im ersten Schlesischen Krieg. Der zweite Sohn, Friedrich Ludwig, ebenfalls Offizier, wurde Erbherr auf Finckenstein, Ostpreußen, das er am Ende seines Lebens aber veräußern mußte. Als Napoleon auf dem Schloß residierte, gehörte es schon den Dohnas, nicht mehr den Finckensteins. Die beiden anderen Söhne ließen sich in der Mark nieder, der jüngere, ebenfalls Offizier und Pour-le-merite-Träger, rechts der Oder, in Drehnow, Neumark, der ältere, Karl Wilhelm, in Madlitz, zwischen Oder und Spree.

Er war der einzige der Söhne, der seinem Vater nicht in die militärische Laufbahn folgte, sondern in diplomatische Dienste trat. 1714 geboren, war er zwei Jahre jünger als Kronprinz Friedrich, den er, durch die enge Verbindung der Eltern, von Kindesbeinen an kannte, wodurch zwischen beiden, ungeachtet der Unterschiede ihrer Entwicklung, ein enges Vertrauensverhältnis bestand. Wie Friedrich wurde auch er von französischen Refugies unterrichtet, von zwei Theologen, deren Namen, Achard und

Sophie Dorothea, Königin von Preußen, Mutter Friedrichs des Großen. Diese Bleistiftzeichnung von Adolf Menzel entstand nach einem Gemälde von Antoine Pesne.

Formey, in der Berliner Französischen Kolonie in den nächsten Generationen noch berühmt werden sollten. Selbstverständlich waren sie Reformierte, die ihre unbeugsame Frömmigkeit, derentwegen sie ihre Heimat hatten verlassen müssen, auf ihren

Schüler zu übertragen vermochten, so daß sich in ihm zeit seines Lebens eine französische Bildung, die eher ins siebzehnte Jahrhundert gehörte, mit reformiertem Glaubenseifer verband. Während des Kronprinzen Unterrichtung mit der Volljährigkeit endete, wurde dem jungen Grafen ein Studium möglich, und zwar nicht an einer der lutherisch orientierten preußischen Universitäten in Halle und Frankfurt/Oder, sondern in der Stadt, in der Calvin gelebt, gelehrt und Einfluß gewonnen hatte und die sich in den Glaubenskämpfen des siebzehnten Jahrhunderts zum geistigen Zentrum des Protestantismus im französischen Sprachraum, zum »calvinistischen Rom« entwickelt hatte, nämlich in Genf.

Karl Wilhelm also konnte systematisch sein Wissen erweitern, während sich Friedrich, nach der mißlungenen Flucht, dem Prozeß und der Hinrichtung Kattes, in Küstrin und Ruppin autodidaktisch weiterzubilden versuchte, unter anderem auch durch Briefwechsel mit so unfrommen Geistern, wie Voltaire einer war. Als der Student 1735 aus Genf zurückkehrte, in das Departement für auswärtige Affairen eintrat und einen Monat später schon, mit einundzwanzig Jahren, vom König an die Gesandtschaft in Stockholm beordert wurde, war Friedrich als Regimentskommandeur an das Nest Neuruppin gebunden, wo er, neben frivolen Casino-Scherzen, auch mit dem Pfarrer der Berliner Französischen Kolonie und Finckensteins ehemaligem Lehrer, Anton Achard, über Seelenunsterblichkeit korrespondierte und sich dabei als philosophisch Belesener und als Zweifler erwies. Da die vier glücklichen Rheinsberger Vergnügungs- und Bildungsjahre den Kronprinzen aufgeklärter und noch unchristlicher machten, während der Diplomat in seinem Glauben beharrte, trennten sich die Kindheitsgefährten in geistiger Hinsicht immer mehr voneinander, doch ihr Vertrauensverhältnis litt dabei nicht. Das spricht für beide und ist ein Beispiel für tolerantes Denken in Preußen, das sich die Duldung verschiedener religiöser und philosophischer Auffassungen leisten konnte, weil seine Staatsidee von keiner abhängig war.

Kronprinz Friedrich (II.). Dieses Gemälde eines unbekannten Künstlers hing auf Schloß Finckenstein. Wahrscheinlich handelt es sich um die Kopie eines Gemäldes von Antoine Pesne.

Kaum hatte Friedrich 1740 (wie der Große Kurfürst 1640 und Friedrich Wilhelm IV. 1840) den Thron bestiegen, ließ er Finckenstein, der sein diplomatisches Geschick in Schweden bewiesen hatte, schon abberufen, um ihn fortan immer dorthin zu

43

schicken, wo es ihm wichtig dünkte, nach Kopenhagen, nach London oder St. Petersburg. Zwar machte Friedrich, ganz absolutistischer Herrscher, seine Außenpolitik selber, aber er brauchte kenntnisreiche Berater und verläßliche Ausführende, die bei Verhandlungen im Ausland auch selbständig entscheiden konnten, denn die Nachrichtenwege in fremde Residenzen waren lang.

Im Sommer 1749 (Finckenstein war gerade fünfunddreißig Jahre alt geworden) machte der König ihn zu einem der beiden Minister für Auswärtiges, und acht Jahre später, zu Beginn des Siebenjährigen Krieges, war er es, dem der König, der ihn immer mit Graf Finck anredete, für den Fall eines Unglücks die Verantwortung für den Staat, die königliche Familie und den Staatsschatz übergab. Obwohl die Preußen bei Roßbach und Leuthen gesiegt hatten, war durch den Mehrfrontenkrieg gegen Österreicher, Franzosen, Schweden und Russen doch eine kritische Lage entstanden, in der der König letztwillige Verfügungen für nötig hielt.

In seinem Brief vom 10. Januar 1757 bevollmächtigte er den Jugendfreund also zum Handeln bei folgenden Unglücksfällen: Erstens bei einer militärischen Niederlage, die die Besetzung Berlins zur Folge haben könnte; zweitens beim Tod des Königs und drittens bei seiner Gefangennahme. Und in allen drei Fällen sollte zugunsten des Staates gehandelt, nicht aber Rücksicht auf den König genommen werden. So hieß es zum Beispiel, im Fall der Gefangennahme des Königs solle man allem, was dieser dann schriebe, keine Beachtung schenken, kein Lösegeld zahlen, sich auf keine Bedingung einlassen, sondern »den Krieg weiterführen, als ob ich niemals in der Welt gewesen wäre«. Glücklicherweise brauchte sich Finckenstein nur im ersten der erwogenen Fälle bewähren: bei der Flucht aus Berlin.

Das geschah vierzehn Monate später, als der verzweifelte Brief des Königs über die Niederlage bei Kunersdorf in Berlin Entsetzen erregte und Finckenstein die Flucht organisierte, die am

Karl Wilhelm Graf Finch von Finckenstein, preußischer Kabinettsminister, der Madlitz erwarb. Der abgebildete Kupferstich ist von H. Sintzenich.

nächsten Tag, dem 13. August 1759, mit mehr als hundert Kutschen und Gepäckwagen vor sich ging. Wie Graf Lehndorff, Kammerherr der Königin, in seinem Tagebuch notierte, sammelte sich die Kolonne auf der Schloßfreiheit und fuhr, »nachdem die Prinzessinnen noch etwas kaltes Fleisch gegessen hatten«, unter einer Schimpfkanonade der Berliner, die sich verraten fühlten, um neun Uhr in Richtung Spandau ab. Über Wustermark und Rathenow erreichte man am nächsten Tag Magdeburg, wo der Hof dann das Jahr 1760 über noch blieb. Denn wenn auch die Russen und Österreicher nach ihrem Sieg bei Kunersdorf nichts gegen Berlin unternommen hatten, so kamen sie doch ein Jahr später, wenn auch nur für einige Tage, so daß sich die Vorsichtsmaßnahme als richtig erwies.

In Magdeburg starb Graf Podewils, der zweite Minister, so daß Finckenstein jetzt die Geschäfte alleine führte, bis nach dem Friedensschluß von Hubertusburg der preußische Unterhändler, für den Finckenstein die Instruktionen entworfen hatte, ihm als zweiter Minister zur Seite gesetzt wurde, mehr als dreißig Jahre erfolgreich mit ihm zusammenwirkte und ihn später für die Öffentlichkeit in den Schatten stellte: Graf Hertzberg wurde bekannter als Finckenstein. Er war nicht nur ein erfolgreicher Außenpolitiker und ein guter Landwirt, der sein Gut in Britz (heute zu Berlin gehörig), in dessen Dorfkirchengruft er auch beigesetzt wurde, zu einer Musterwirtschaft entwickelte, sondern auch ein Mann mit schriftstellerischer Begabung, der den Königen, denen er diente, wichtige Denkschriften verfaßte und der in einer berühmten Rede die preußische Monarchie als Staat der Vernunft definierte, in der unter der Herrschaft von Gesetzen auch bürgerliche Freiheit bestmöglich gedeihe.

Das waren schon Reaktionen auf die Revolution in Frankreich und auf den geistigen Umbruch im nachfriderizianischen Preußen, den der elf Jahre ältere Finckenstein nicht mehr wahrnahm oder nicht wahrhaben wollte. Schon zu Lebzeiten des großen Königs war er manchem altmodisch erschienen, und Friedrich, der ihm in Staatsangelegenheiten mehr als jedem anderen vertraute, hat nie einen Geistesverwandten in ihm gesehen. Seine Briefe an ihn waren zwar persönlich gehalten, aber immer ernst und sachlich, nie heiter, ironisch oder auch eitel wie die an seine philosophierenden Freunde. Nie hat er den geachteten Staatsmann in seine engere Umgebung gezogen. An der Tafelrunde der geistreichen Spötter wäre er ebenso deplaziert gewesen, wie er es in der frivolen Gesellschaft nach dem Tod Friedrichs war. Der sich zu seinem Glauben bekennende Minister, der regelmäßig Gottesdienste besuchte und in der Parochial-Kirchgemeinde in der Ehrenstellung als Vorsitzender wirkte, wurde von manchem Hofmann, der nicht als Frömmler gelten wollte, gemieden; und den mystischen Schwärmern einer modern werdenden Erweckungsbewegung war sein Protestantismus zu vernünftig, zu dogmatisch, zu kalt.

Was ihn, neben der gemeinsam verbrachten Kindheit, mit Friedrich verbunden hatte, war der Dienst an Preußen gewesen. In dieser Pflicht stand er mehr als fünfzig Jahre, bis zum buchstäblich letzten Tag seines Lebens, dem 3. Januar 1800, als er, sechsundachtzigjährig, in Ausübung seines Amtes starb. Er hatte schon bei Friedrichs Tod abtreten wollen, aber Friedrich Wilhelm II. und III. hatten seine Erfahrungen nicht missen wollen. Das Jahrhundert, das nun begann, war nicht mehr das seine. Er repräsentierte das klassische, nun vergehende Preußen und wurde sicher von Leuten belächelt, denen Anpassung an den Zeitgeist das Selbstverständliche war.

Anders als sein Vater, der Feldmarschall, der trotz seiner Gebundenheit an die Residenzen sich immer als Ostpreuße empfunden hatte, war der Minister ein Berliner. Er war in der Stadt geboren und aufgewachsen, und er war hier, obwohl er Madlitz gekauft hatte, ein halbes Jahrhundert zu Hause gewesen, in seinem zweigeschossigen Palais in der Wilhelmstraße, dessen Garten sich an der Rückseite bis zur Zollmauer vor dem Tiergarten erstreckte, während sein säulengeschmücktes Portal mit der breiten Auffahrt dem Wilhelmplatz zugewandt war. Es war ein Werk Philipp Gerlachs, des Hofbaumeisters Friedrich Wilhelm I. und Schöpfers der Potsdamer Garnisonkirche, der es 1736 für einen Minister von Marschall erbaut hatte. Von Finckenstein, der erst in der Letzten Straße, der späteren Dorotheenstraße, gewohnt hatte, war es 1764 erworben worden. Nach seinem Tode erbte es der Minister von Voß, einer seiner Schwiegersöhne, allerdings mit der Auflage, daß zwei Wohnungen des großen Hauses für die auf ihren märkischen Gütern lebenden Finckenstein-Söhne auch weiterhin zur Verfügung stehen mußten – was zur Folge hatte, daß das Palais, das erst im späten neunzehnten Jahrhundert dem Durchbruch der Voßstraße weichen mußte, für die finckensteinsche Familiengeschichte noch lange von Wichtigkeit war.

Madlitz

Im Sommer 1749 hatte der Minister sein Amt angetreten, im Sommer 1751 wurde, nach Vorverhandlungen im Frühjahr auf dem benachbarten wulffenschen Gut Steinhöfel, der Kaufvertrag zwischen der Erbengemeinschaft der Brüder von Wulffen, »alle drey in Persohn gegenwärtig«, und dem »Herrn Grafen von Finckenstein, seiner Königlichen Majestät in Preußen hochbetrautem, wircklichen, geheimten Etats-, Kriegs- und Cabinetsminister«, über das Gut Madlitz, »im Lebusischen Creyse gelegen«, geschlossen und durch eigenhändige Unterschriften und »Signeten« bestätigt. Die Kaufsumme betrug »52 000 Reichsthaler, in Friedrichsd'or a 5 Reichthaler zu bezahlen«, und das Gekaufte bestand außer dem Gute Madlitz, nebst Anteilen von Kersdorf, aus allen »dazu gehörigen Vorwercken, der Erbmühle mit den Mühlenpächten und übrigen Abgaben, dem iure patronatus, Ober- und Niedergerichten, den gesamten Untertanen an Bauern, Coßäthen, Büdnern und Hausleuten mit allen ihren schuldigen Diensten, Abgaben und Prästationen, item der Schäferey mit deren gesamten Hof-, Wirtschafts- und übrigen Gebäuden, auch Äckern, Gärten, Wiesen, Forsten, Wäldern, der sogenannten Plage oder auch Busch, Brüchern, Feldern mit allen Triften, Hütungen und Hütungsgerechtigkeiten, der hohen, mittel und kleinen Jagdt bei Madlitz und dem Antheil Kersdorff, Fischereyen, Seen, Teichen, Rohrwerbungen und allen anderen Herrlichkeiten, Freyheiten, auch Rechten und Gerechtigkeiten nebst dem völligen inventario an Winter- und Sommersaat,

Vieh und allen Acker-, Haus-, Garten-, Brau-, Fischerey- und Molckengeräten« und was dergleichen noch dazugehört.

Von dem Herrenhaus, oder auch Schloß, das hier den Besitzer wechselte und in seinem Hauptteil, wenn auch umgestaltet, heute noch steht, sind weder Bilder noch Beschreibungen aus dieser Zeit überliefert. Man weiß aber, daß es auf Fundamenten aus dem sechzehnten Jahrhundert erbaut wurde, damals nur zwei Geschosse hatte und daß der neue Besitzer noch im Jahre des Kaufs ein drittes Geschoß aufsetzen ließ. Da das Gebäude laut mündlicher Überlieferung vormals drei Ecktürme und eine Erdumwallung gehabt hatte, kann man ein ursprünglich wehrhaftes, sogenanntes Festes Haus vermuten, wofür auch die Lage, etwas abseits des Dorfes, spricht. Von der Erdumwallung war zur Zeit des Kaufs noch ein die Sicht behindernder Teil vorhanden und wurde erst Jahrzehnte später bei der Neugestaltung des Parks beseitigt.

Wie Schloß und Gutshof zueinander standen, läßt sich auf alten Karten erkennen. Sie bildeten das typische Viereck aus Herrenhaus, Scheunen und Ställen, das im neunzehnten Jahrhundert dann von den wohlhabend werdenden Bauern durchgängig nachgeahmt wurde, nur war in diesem Fall der Hof durch einen Graben mit Brücke in Schloß und Wirtschaftsbereich geteilt. Das Schloß der von Wulffen hatte wohl eine barocke Dreiflügelanlage werden sollen, aber der zweite Seitenflügel war nicht mehr zustande gekommen, so daß der Bau in L-Form verblieb. Die Asymmetrie, die sich dadurch ergeben hatte, ist seltsamerweise bei den neuen Besitzern, und bis heute, erhalten geblieben; denn nach Abriß des im rechten Winkel sich zum Hof hin erstreckenden alten Flügels wurde 1784 dem aufgestockten Mittelteil ein wiederum einseitiger, nun aber in gleicher Flucht stehender zweigeschossiger Anbau beigegeben, den manch ein Maler oder Fotograf später, der Proportionen wegen, gnädig hinter hohen Bäumen und Büschen verschwinden ließ.

Schloß Steinhöfel auf einem Aquarell von Friedrich Gilly. Der Bau in dieser Form ist ein Werk David Gillys. Er entstand erst nach 1790, als Steinhöfel nicht mehr den von Wulffen, sondern den von Massow gehörte.

Nördlich der Schloßanlage befand sich damals ein Obstgarten mit Hunderten von Apfel-, Birn-, Kirsch-, Pflaumen- und Aprikosenbäumen, westlich von ihr, hinter der Erdaufschüttung, ein barocker Lustgarten mit geometrisch geformten Buchsbaumhecken, Laubengängen und einer das Viereck nach hinten abschließenden Galerie. Alles das war vermutlich Ende des siebzehnten Jahrhunderts entstanden, zur Zeit des Kaufs schon verwildert, verfallen, und geändert haben wird sich vermutlich daran so schnell nichts. Denn der pflichttreue Minister wird für seine ländlichen Besitzungen wenig Zeit gehabt haben, und fünf Jahre nach der Erwerbung von Madlitz begann der Krieg. Er brachte sieben Jahre lang Truppendurchzüge, die, auch wenn die eignen Truppen kamen, für die Landbewohner verlustreich waren, Plünderungen, Hungersnöte, Geldentwertung und immer neue Rekrutierungen, die mit Verwundungen endeten oder mit Tod. Der Minister mußte mit Amt und Familie nach Magdeburg flüchten, mußte häufig den König in schlesischen, böhmischen, sächsischen Feldlagern aufsuchen, und er mußte sich um seine Frau sorgen, die im letzten Kriegsjahr, 1762, starb.

Sie war eine entfernte Cousine, aus einer der ostpreußischen Finckenstein-Linien; ihr Vater war Beamter in Frankfurt an der Oder gewesen; und sie hatte aus mütterlicher Erbschaft, von den Freiherrn Dobrzenski, das bei Crossen gelegene Gut Drehnow in die Familie gebracht. Von ihren sechs Kindern waren fünf am Leben geblieben, alle zur Zeit ihres Todes noch minderjährig, also zur Übernahme der Güter noch nicht bereit. Sie waren im elterlichen Hause in Berlin aufgewachsen und von Hauslehrern unterrichtet worden, so daß sie wahrscheinlich zu den ländlichen Besitzungen wenig Beziehungen hatten. Und doch war es einer der Söhne des Ministers, Friedrich Ludwig Karl, dem Madlitz seine spätere Bedeutung für die Kultur- und Kunstgeschichte der Mark verdankt.

Theokrit und Kleist

An den drei Etappen der Entwicklung Preußens im achtzehnten Jahrhundert waren die märkischen Finckensteins jeweils mit einer Persönlichkeit auf wichtigem Posten beteiligt: der Feldmarschall bei der Festigung und Gesundung des Staates unter Friedrich Wilhelm I., der Minister an der Erweiterung, Verteidigung und Behauptung Preußens unter Friedrich dem Großen und der Sohn des Ministers, den wir, der damaligen Titelsucht folgend, den Präsidenten nennen, an der mit kultureller Verfeinerung einhergehenden nachfriderizianischen Wandlung, die mit dem Jahrhundert nicht endete, aber an seinem Ende begann.

Daß die Bedeutung des Präsidenten nicht mehr auf seiner Stellung im Staate, sondern auf seinem geistig-kulturellen Interesse beruhte, ist symptomatisch für diese Umbruchperiode, in der neben der staatlichen, gesellschaftlichen und militärischen Krise Kunst und Literatur blühten und Berlin zu einem kulturellen Zentrum von Rang werden ließen. Auf Mars folgten die Musen. Auf Pflicht, Gehorsam und Strenge, wie sie der Offizier und der Staatsmann verkörpert hatten, folgten Geistigkeit, Schönheit, Kontemplation.

Die oft, auch von Zeitgenossen, geäußerte Meinung, der preußische Adel, und mit ihm das Offizierskorps, sei nicht nur ungebildet, sondern auch an Bildung nicht interessiert gewesen, trifft bei genauerer Betrachtung sicher nur teilweise auf den Landadel zu. Nicht nur die Finckensteins, auch die Dohnas, Burgsdorffs, Lehndorffs, Schwerins und viele andere ließen ihre durch Hofmeister vorgebildeten Söhne, bevor sie in Offiziers- oder in Staatsstellungen eintraten, mit ihren Hofmeistern zusammen jahrelange Kavalierstouren durch mehrere europäische Länder, vor allem durch Holland und Frankreich, machen, oder sie schickten sie, als nach 1700 diese Bildungsreisen langsam aus der Mode kamen, auf die Universitäten in Halle, Frankfurt/ Oder oder auch Königsberg. Seit dem Großen Kurfürsten sorgten sich auch die Herrscher um die Offiziersbildung. 1653 wurde in Kolberg die erste Ritterakademie für die Ausbildung des pommerschen Adels gegründet; 1704 folgte die für den märkischen Adel auf der Dominsel der Stadt Brandenburg. Beide Akademien waren zwar aufs Militär ausgerichtet, zielten aber auch, den Gymnasien entsprechend, auf eine kulturell-wissenschaftliche Bildung, was auch bei den von Friedrich I. eingerichteten Kadettenanstalten so war. Diese hatten in den nicht-militärischen Fächern zum Teil ausgezeichnete Lehrer, die Berliner Kadetten zum Beispiel den Odendichter und Lessing-Freund Karl Wilhelm Ramler, der sie vierzig Jahre lang in Philosophie unterrichtete und daneben auch als Lehrer an der 1765 von Friedrich zur Weiterbildung der Offiziere gegründeten Ecole militaire tätig war.

In vielen Adelsfamilien gehörte die Liebe zu Kunst und Bildung zu den Selbstverständlichkeiten, wobei es sich bis etwa 1750 vor allem um französische Bildung handelte, doch kam mit der Entwicklung der deutschen Philosophie und Literatur, trotz der Ignoranz des Königs, auch deren Aufnahme im Adel voran. Es gab adlige Dichter, wie den Freiherrn von Canitz auf Blumberg, dessen Mutter aus der Burgsdorff-Familie stammte, den Hofpoeten Johann von Besser, der allerdings erst von Friedrich I. geadelt wurde, und von den Kleists gleich drei. Hans Hermann von Katte, der unglückliche Freund des Kronprinzen Friedrich, absolvierte das Pädagogium in Halle, studierte in Königsberg Jura und vollendete dann seine Bildung durch eine Reise nach London und nach Paris. Der Generalfeldmarschall von Knesebeck auf Karwe, der in seiner Jugend mit Gleim und dem Halberstädter Dichter- und Gelehrtenkreis korrespondiert und selbst Gedichte gemacht hatte, erzählt in seinen Erinnerungen, wie wichtig im Herrenhaus in Karwe (das in DDR-Zeiten verfiel und abgerissen wurde) die Bücher gewesen waren und der Umgang mit gebildeten Offizieren der Garnison Neuruppin. Sein Vater, der mit Lessing Verbindung gehabt hatte, versammelte, wenn der Herbst kam und die Abende länger wurden, die Familie um sich und las aus Zeitungen und Büchern vor. Französisches wurde in der Originalsprache gelesen, man beachtete aber auch Deutsches, wie den Roman »Sophies Reise von Memel nach Sachsen« von Hermes, der gerade erschienen war. Der General von Stille, dem Friedrich die Erziehung seiner jüngeren Brüder anvertraute, sprach fünf Sprachen, wirkte als Übersetzer und versuchte sich auch, dem Zug der Zeit folgend, am deutschen Gedicht. Der Major von Tellheim aus Lessings Lustspiel »Minna von Barnhelm«, für dessen Charakter Ewald von Kleist als Vorbild gedient hatte, ist alles andere als ungebildet. Und König Friedrich, der altersstarrsinnig die deutsche Literatur, die er nicht kannte, verachtete und damit hinter der kulturellen Entwicklung zurückblieb, ordnete doch für die Offiziersausbildung Übungen zur Verbesserung des Deutschen, besonders des Briefstils, an.

Der Bildungsgang des Ministersohns (er führte die Vornamen Friedrich Ludwig Karl und wurde Karl gerufen) bewegte sich ganz in dem für Adlige üblichen Rahmen: Häusliche Unterrichtung durch Hofmeister, ein Jurastudium in Halle, Anstellung im Staatsdienst und relativ schnelle Karriere – nur scheint es, daß nicht Herkommen, Studium oder Beruf den jungen Mann nachhaltig prägten, sondern einer der Hauslehrer, Stubenrauch mit Namen, ein Kandidat der Theologie, der später Prediger in Alt Landsberg wurde, und ein weiterer Theologe, der den Halbwüchsigen begeistern konnte: Friedrich Samuel Gottfried Sack. Stubenrauch konnte dem Schüler die Dichter und Philosophen des klassischen Altertums nahebringen, und Sack, Sohn des

Berliner Hof- und Dompredigers, der am Ende des Jahrhunderts die Stellung des Vaters bekleiden sollte, machte den Freund mit neuerer Philosophie und Dichtung bekannt. Neben Theokrit und Virgil begann der damals Vierzehnjährige auch Ewald von Kleist zu lesen, vielleicht gerade in jenen Wochen, in denen Friedrich der Große sich und den Staat schon verloren glaubte und der Dichter des »Frühling« auf qualvolle Weise starb.

Am 12. August 1759, dem Tag der Kunersdorfer Niederlage, war nach dem ersten erfolgreichen Angriff der Preußen, den auch der Major von Kleist vom Prinz-Heinrich-Regiment mitgemacht hatte, schon eine Stafette mit der Ankündigung eines wahrscheinlichen Sieges in Berlin eingetroffen und hatte jubelnde Erleichterung ausgelöst. Schon traf man Vorbereitungen zur Siegesfeier, da kam die Meldung von der völligen Niederlage. Und während der Hof sich, auf Anordnung des Ministers, zur Flucht nach Magdeburg rüstete, lag der Major von Kleist, der den Angriff seiner Grenadiere auf eine russische Schanze vorausreitend angeführt hatte, schwerverwundet in einem Sumpf. Sein rechtes Bein war von einer Kartätsche zerschmettert worden, er war vom Pferd gesunken, Soldaten hatten ihn beiseite getragen, ein Wundarzt, der ihn hatte verbinden sollen, war selber getötet worden, und dann waren die Preußen geflohen. Kosaken kamen und raubten ihm sämtliche Kleidungsstücke, selbst Hemd und Perücke. Am Abend fanden ihn russische Husaren, die ihn zu ihrem Lagerfeuer trugen, ihm Wasser und Brot gaben, den Nackten mit einem Mantel bedeckten und ihm am Morgen, als sie weitermußten, ein Geldstück zuwarfen, das er sich weigerte anzunehmen, das sich dann aber Kosaken nahmen, die auf Suche nach Beute über das Schlachtfeld streiften. Auch den Mantel nahmen sie mit.

Um neun Uhr vormittags setzten sich in Berlin die Kutschen und Packwagen des Hofes und der vornehmen Familien in Bewegung und rollten die Straße Unter den Linden entlang nach Westen. Um zehn Uhr wurde der nackte Verwundete von einem

Christian Ewald von Kleist am Schreibpult, Kupferstich von I. M. Stock. Die Uniform am Kleiderhaken weist darauf hin, daß der Dichter auch Offizier war.

russischen Offizier gefunden, einem Hauptmann von Stackelberg, einem Deutschen in russischen Diensten, der sofort einen Wagen besorgte, mit dem Kleist die zwölf Kilometer nach Frankfurt gefahren und in der Oderstraße bei Professor Nicolai, einem Bruder des Berliner Buchhändlers und Verlegers, untergebracht und gepflegt wurde. In der Hoffnung, daß einer seiner Dichterfreunde, Lessing, Gleim oder Ramler, ihn noch würde besuchen können, starb er elf Tage später. Und die Vorstellung ist nicht aus der Luft gegriffen, daß der vierzehnjährige Karl, der den Dichter lebenslang lieben sollte, gerade in diesen Tagen, in denen er mit Mutter und Geschwistern behelfsmäßig in Magdeburg wohnte, sich zum erstenmal vom »Frühling« oder vom »Landleben« bezaubern ließ.

Bei Kleists Bestattung auf dem Friedhof vor dem Gubener Tor, dem heutigen Park vor der Gertraudenkirche, erwiesen ihm die russischen Truppen alle militärischen Ehren. Anstelle seines geraubten Degens gab ihm der Hauptmann von Stackelberg den seinen als Grabbeigabe. Die Stelle auf der Kunersdorfer Feldmark, an der der Verwundete gefunden worden war, wurde mit einem Findling gekennzeichnet, der heute noch steht. Das Denkmal aber, das sich auf seinem Grabe erhebt, entstand erst 1777, und es wird Finckenstein wohl Anregung für seine Art der Kleist-Ehrung gewesen sein. Vielleicht wollte er dem das Denkmal zierenden Spruch

»Für Friedrich kämpfend sank er nieder,
So wünschte es sein Heldengeist,
Unsterblich groß durch seine Lieder,
Der Menschenfreund, der Weise – Kleist«

eine andere Auffassung des Dichters entgegensetzen, die sich in Gedichttiteln wie »Sehnsucht nach Ruhe« oder »Einladung aufs Land« besser ausgedrückt findet als in der »Ode an die preußische Armee«. Falls er später Kleists Briefe an Gleim gelesen

Grabdenkmal für Ewald von Kleist in Frankfurt an der Oder, Stahlstich nach einer zeitgenössischen Zeichnung von Johann Vogler. Das Denkmal wurde im Juli 1779 enthüllt. Im April 1780 kam die Dichterin Anna Louisa Karsch nach Frankfurt, um auf das Grab Blumen zu streuen und zu dichten: »... Ich streue sie im Namen einer halben / Von dir entfernten Menschenwelt, / Die Dich verehrt und oft um Deinethalben / Gedankenfahrten angestellt.«

haben sollte, wird ihm der vom 29. Juni 1758 besonders gut gefallen haben, in dem der Offizier davon träumt, gleich nach dem Krieg seinen Abschied zu nehmen. »Meine Felder und meine Gärten sollen mich schon ernähren ... Wie will ich Kohl und Mohrrüben pflanzen und Alleen und Hecken und Blumen.« So oder so ähnlich wird auch Finckenstein einmal denken, und das nicht erst ein Jahr vor seinem Tod.

Der gerechte König

Zu den historischen Kuriositäten gehört es, daß Friedrich der Große, dessen Verdienste um die Rechtspflege in Preußen tatsächlich sehr groß waren, seinen in ganz Europa sich ausbreitenden Ruhm als gerechtigkeitsliebender Herrscher ausgerechnet einem Streitfall verdankte, bei dem er die eignen Prinzipien einer unabhängigen Justiz mißachtet hatte und mit der Willkür eines Despoten aufgetreten war. Um der Gerechtigkeit willen hatte er Unrecht begangen. In dem Bestreben, dem Schwachen zu helfen, war er einem Irrtum erlegen, der aber insofern zum Segen wurde, als eine Welt, in der Ungleichheit herrschte, von der Rechtsgleichheit in Preußen als Vorbild und Ansporn erfuhr.

Nettelbeck, Seefahrer und Bürger zu Kolberg, berichtet in seiner Lebensbeschreibung, »von ihm selbst aufgezeichnet«, von einer riesigen Menschenmenge, die sich auf einem Marktplatz in Lissabon um ein Zelt drängte, auf dessen Spitze die preußische Fahne wehte und das von zwei preußischen Grenadieren bewacht wurde, allerdings von solchen aus Wachs. Neugierig geworden, schlängelte er sich durch die Einlaß begehrende Menge und stand bald im Innern des Zeltes vor einer in Wachs ausgeführten Figurengruppe, an der sich sein »preußisches Herz erlaben« konnte. »So getreu und natürlich, als ob er leibte und lebte, stand mitten inne der alte König Friedrich mit einem Richtschwert in der Hand, und vor ihm lag ein Mann mit Weib und Kindern auf den Knien, die um Gerechtigkeit zu flehen schienen. Ihm zur Rechten war eine große Waage angebracht, in deren einer Schale eine Bildsäule der Gerechtigkeit thronte und die andre, mit Papier und Akten angefüllt, hoch in die Höhe wog. Zur andern Seite eine Gruppe preußischer Generale und Justizpersonen und im Hintergründe in großen leuchtenden Buchstaben die portugisische Inschrift: Gerechtigkeitspflege des Königs von Preußen, drunter aber der Name: Arnold. – Man sieht also, daß hier der berühmte Prozeß des Müllers Arnold gemeint war, der damals in ganz Europa das höchste Aufsehen erregte. Wem dennoch das Ganze hätte unverständlich bleiben mögen, dem half ein bestellter Ausrufer zurecht, der die Geschichte laut und pathetisch herzuerzählen wußte. – Alles horchte und schien tief davon ergriffen; auch mir armen Narren hämmerte das Herz unterm dritten Knopfloch, daß ich mich vor patriotischer, freudiger Wehmut kaum zu lassen wußte. Nein, es mußte heraus! Ich mußte mich in den innersten Kreis hervordrängen, und so gut oder übel ich die fremde Sprache zu radebrechen verstand, rief ich aus: ›Es ist mein König. Ich bin Preuße!‹ – War zuvor der dichte Haufe noch nicht in lebendiger Bewegung gewesen, so fielen doch jetzt diese wenigen Worte wie ein elektrisches Feuer in alle Herzen. Die ganze Schar umringte mich, sank um mich her auf die Knie und hob gleichsam anbetend die Hände zu mir empor. Gloria dem König von Preußen! Rief der eine, Heil ihm! Der andre, heil ihm für die strenge Gerechtigkeit!, und die volle Menge setzte schwärmerisch hinzu: Leuchtendes Beispiel für alle Regenten der Erde! ... Soll ich noch erst sagen, wie tief mich dieser Auftritt erschütterte? Die Tränen drängten sich mir unaufhaltsam aus den Augen. Ich neigte mich rings umher, ich legte die Hand aufs Herz, ich dankte stammelnd und suchte einen Ausweg durch die immer gedrängter zusammenstürzende Menge. Zwar machten sie mir willig Platz, aber sie folgten mir auch mit anhaltendem Freudengeschrei: Vivat der gerechte König! In der Tat, nie in meinem Leben fühlte ich mich geehrter und glücklicher, ein Untertan des großen Friedrich zu sein, als in diesem Augenblicke.«

So wie hier in Lissabon wurde Friedrichs Ruhm von Moritatensängern in vielen Ländern verbreitet. Aufklärer priesen in vielen Sprachen den für die Armen eintretenden König. Und Goethe ließ in seinem Fragment gebliebenen Schauspiel »Die Aufgeregten« einen angeblichen Ausspruch Friedrichs zitieren: »Die Reichen haben viele Advokaten, aber die Dürftigen haben nur einen, und das bin ich.« Ein tatsächliches Zitat Friedrichs, das in diesem Zusammenhang fiel, aber lautete: »Denn ich will, daß in meinen Landen einem jeden, er sei vornehm oder gering, prompte Gerechtigkeit widerfahre, und ... einem jeden ohne Unterschied des Standes und ohne Ansehen der Person eine unparteiische Justiz administriert werden soll.«

Der Müller, um den es in diesem Prozeß ging, hieß Johann Arnold, saß in der Neumark, im Kreise Crossen, und hatte mit dem Müller von Sanssouci, mit dem er häufig verwechselt wird, nichts zu tun. Der Sanssouci-Müller, der nach einer gut erfundenen Anekdote dem König angeblich mit dem Kammergericht in Berlin gedroht hatte, betrieb die, nach Kriegszerstörung von 1945, heute wieder unweit des Schlosses stehende Windmühle; Arnold aber war Wassermüller, Pächter der Krebsmühle, die zum Rittergut Pommerzig gehörte, wo, bis 1945, die Familie der Grafen von Schmettau saß.

Überquert man bei Frankfurt die Oder und hält sich, noch vor Kunersdorf, südlich, erreicht man über Ziebingen und Drehnow, die Finckensteinsche Besitzungen waren, Crossen und bald danach, immer dem Lauf der Oder folgend, Pommerzig, das noch vor Züllichau liegt und heute Pomorsko heißt. Hier mündet, von Kay kommend, das Mühlenfließ in die Oder, dessen Wasser die Krebsmühle für Arnold bewegte – bis sie ihm zwangsversteigert wurde, weil er dem Gutsherrn, dem Grafen von Schmettau, die in Korn zu entrichtende Pacht jahrelang schuldig geblieben war. Vor den Gerichten und in seinen Bittgesuchen an den König erklärte der Müller seine Zahlungsunfähigkeit mit dem Wassermangel, den der Besitzer von Kay, der Landrat des Kreises, ein Herr von

Gersdorff, durch die Anlage von Karpfenteichen am Oberlauf des Fließes verursacht hatte, was der so Beschuldigte aber mit Hinweis auf eine ebenfalls an dem Fließ gelegene Schneidemühle, die trotz der Teiche genug Wasser hätte, glaubhaft bestritt.

Der König, der Edelleuten, die vor Gericht gegen Abhängige siegten, grundsätzlich mißtraute, glaubte dem unrichtigen, die Angaben des Müllers bestätigenden Gutachten eines Offiziers mehr als den Richtern, deren Advokatenkniffe er, wie er meinte, kannte, und verwies die Sache wieder an das für die Neumark zuständige Gericht in Küstrin. Als man dort, sich gegen die Einmischung des Königs verwahrend, nach erneuter sorgfältiger Prüfung das für Arnold ungünstige Urteil bestätigte, wurde als die für die Mark zuständige Berufungsinstanz das Kammergericht in Berlin mit dem Streitfall beauftragt; und als dessen mutige Richter, um der Wahrheit zum Sieg zu verhelfen, eine Revision des Urteils ablehnen mußten, nannte der König sie »Diebesbande« und »schlimmer als Straßenräuber« und sperrte sie und ihre Küstriner Kollegen ein. Ihre Vorgesetzten, die sich für die Unschuldigen verwenden wollten, wurden bis hinauf zum Justizminister ihrer Stellung enthoben. Auch der Landrat von Gersdorff mußte sein Amt, obwohl es auf einem Wahlakt der Stände beruhte, niederlegen. Der Müller wurde für seine angeblichen Verluste entschädigt, und Friedrich, der diese Gelegenheit nutzte, um mit einem neuen Justizminister die Verbesserung und Vereinheitlichung des Rechtswesens voranzutreiben, galt fortan als der Anwalt der Armen, als weiser Salomo.

Fast ein Jahrzehnt war von der Anlage der Fischteiche bis zum gewaltsamen Ende des Prozesses ins Land gegangen. Für Graf Finckenstein, den Sohn des Ministers, der 1767 sein Jurastudium in Halle beendet und eine Referendarszeit am Kammergericht in Berlin absolviert hatte, war es das Jahrzehnt einer ungeliebten Karriere gewesen, deren abruptes Ende ihn sicher weniger als andere Mitleidende traf. 1770, als die Fischteiche in Kay angelegt wurden, war er nach bestandenem Examen zum

»Balance de Frederic«. Allegorie auf den Müller-Arnoldschen Prozeß 1779. Kupferstich von F. C. Geyser nach Vangelisti.

Kammergerichtsrat, dessen Gehalt ihm die Heirat erlaubte, befördert worden, hatte 1775, als in Pommerzig und Küstrin schon prozessiert wurde, widerwillig ein hohes Regierungsamt in Stettin angetreten und war zwei Jahre später zum Regierungspräsidenten der Neumark ernannt worden, mit Sitz in Küstrin. Hier gab es kein Obergericht, wie in der Ucker- und Altmark, hier war die Regierung oberste Rechtsbehörde, so daß Finckenstein, der sich im Streit mit dem König an die Seite seiner nach bestem Wissen und Gewissen urteilenden Richter stellte, mit in den Strudel der Entlassungen geriet.

Im Dezember 1779 schrieb der König, der, wenn es ums Recht ging, tatsächlich ohne Ansehen von Rang und Stand strafte, an seinen von Kindheit an vertrauten Minister, daß er, zu seinem größten Bedauern, auch dessen Sohn, den Regierungspräsidenten, aus seiner Stellung entfernen müsse. Bald darauf verließ der Präsident, der diesen Titel nie mehr loswerden sollte, seine Küstriner Behörde; und obwohl er sechs Jahre später, gleich nach dem Tode des Königs, von dessen Nachfolger rehabilitiert wurde, strebte und trat er nie mehr ein Staatsamt an. Der weiteren Entwicklung Preußens stand er immer skeptisch gegenüber, so daß der junge Leopold von Gerlach 1816 behaupten konnte, Finckenstein sei »die symbolisierte Opposition«.

Im Nachlaß des Präsidenten befindet sich eine Aufzeichnung, in der eine Kutschfahrt von Küstrin nach Madlitz beschrieben wird. Datiert sind diese acht Seiten, auf denen viel durchgestrichen und korrigiert wurde, auf den 30. April 1779, doch ist anzunehmen, daß es sich bei der Jahresangabe um einen Irrtum handelt und eigentlich 1780 heißen müßte. Denn diese Frühlingsfahrt beendete wohl den endgültigen Abschied vom Amt.

Der 30. April, den er, wie es heißt, immer zu den glücklichsten Tagen seines Lebens rechnen werde, war ein schöner Tag mit »lachendem Himmel«; die Landschaft, die sich ihm zeigte, war »vermögend, die angenehmsten Gefühle zu erregen«; und die Aussicht, seine Familie, von der er einige Zeit getrennt gewesen war, Wiedersehen zu können, stimmte ihn froh. Er fuhr nicht, wie es möglich gewesen wäre, schon in Küstrin über die Oder, um auf kürzestem Wege das Bruch zu überqueren, das König Friedrich erst zwei bis drei Jahrzehnte zuvor hatte trockenlegen lassen; sondern er blieb am östlichen Ufer, um erst in Frankfurt über den Fluß zu gehen. Hier hatte er auf der Rechten die von Baumreihen, Gräben, Wegen und Deichen geometrisch gegliederte Oderbruchebene, auf der Linken die den Fluß begleitenden Hügel mit Wäldern, Bachrinnen, Büschen und sich versteckenden Dörfern, eine der »angenehmsten Gegenden« also, die der künftige Gestalter des Madlitzer Landschaftsgartens wie eine natürliche Kunstschöpfung beschrieb.

Daß der Präsident für die Heimreise den längeren Weg über Frankfurt wählte, hatte vielleicht auch mit seiner Verehrung für

Ewald von Kleist zu tun. Hier nämlich konnte er die »Gefilde« durchqueren, auf denen einundzwanzig Jahre zuvor die »Cunersdorfer Schlacht getobt« und der Dichter »die tödliche Wunde empfangen« hatte, und er konnte Kleists Grab auf dem Friedhof vor dem Gubener Tor in Frankfurt besuchen, wo das heute noch existierende Denkmal, eine dreiseitige Pyramide, die im Juli 1779 feierlich enthüllt worden war, schon stand. Mit der Versicherung, daß er von Madlitz aus dorthin noch oft »wallfahrten« werde, schließt das Konzept.

Wahrscheinlich war er in seinen zwei Präsidentenjahren schon häufig, aber immer nur kurzzeitig, nach Madlitz gefahren. Jetzt aber war es eine Ankunft, die von Dauer sein sollte. Der achtunddreißigjährige Beamte war Pensionär geworden, der sich zwar noch politisch betätigen sollte, dessen Neigung aber anderen Bereichen gehörte: der Familie, dem Gut, dem Park und der Kunst.

Reform und Opposition

Die Ehe des Präsidenten, die 1770 in Berlin geschlossen wurde, scheint sehr glücklich gewesen zu sein. In seinem Nachlaß erhalten hat sich ein vierseitiges Schreiben, das die Überschrift trägt »Geschichte meiner Liebe, geschrieben im sechsten Jahre meines Ehestandes«, das dann aber wie ein Brief mit »Meine Caroline« beginnt. »Du hattest es mit einem Menschen zu tun«, heißt es da, »der nicht auf den ersten Blick Dir huldigte, um dir hernach desto treuer zu bleiben.« Zwar konnte er früh schon ihre Schönheit erkennen und ihr »natürliches, freundliches Wesen«, ihre Bescheidenheit und Anspruchslosigkeit achten, aber sein Herz schwieg noch – bis er sie nach einer längeren Trennung in einem Konzert erblickte und nicht mehr von ihrer Seite wich. Erst konnte sich die Liebe nur in Blicken zeigen, dann vermittelte die Schwester Botschaften zwischen den beiden, arrangierte an einem Sonntag eine Begegnung und ließ die beiden in ihrem Zimmer allein. »Meine Zunge konnte nur stammeln und meine Lippen nur den ersten Kuß den Deinigen rauben, die voll unschuldiger Sittsamkeit mir mein Glück verkündet hatten. Wie heiter glitten nun meine Tag dahin.« Er sah die Verlobte täglich, lauschte stundenlang ihrem Gesänge oder sah ihr stumm in die »holden Augen«, in denen er ihre »schöne Seele« zu sehen glaubte. Und dieses Glück hielt auch in der Ehe an.

Es war eine Liebesheirat, die keine Widerstände zu überwinden hatte, da die Braut adlig war und Erbschaften mit in die Ehe brachte, die allerdings erst juristisch erkämpft werden mußten.

Einer der Streitfälle, der sogar zu kriegsähnlichen Verwicklungen führte, wurde erst Jahre später durch Entscheidungen auf hoher politischer Ebene gelöst. Anlaß für diese Verwicklungen war vor allem die Großmutter der Braut gewesen, eine Dorothea Regina Wüthner (1708–1788), die König Friedrich 1704 unter dem sprechenden Namen von Carlowitz nobilitiert hatte, weil sie die Mätresse des Markgrafen Carl von Brandenburg-Schwedt, einem Enkel des Großen Kurfürsten und Cousin des Soldatenkönigs, gewesen war. Die Tochter aus dieser Verbindung, die den Grafen Albert von Schönburg-Glauchau geheiratet hatte, war früh gestorben, so daß ihre Tochter Caroline bei der Großmutter von Carlowitz aufwachsen mußte, die nach dem Tode des Markgrafen (1762) in dem von diesem im Auftrag des Johanniter-Ordens erbauten Palais am Wilhelmsplatz lebte, der dem Finckensteinschen Palais benachbart war. Die Brautleute kannten sich also schon als Kinder. Doch war der Vater der minderjährigen Gräfin, der als Offizier in Friedrichs Armee gekämpft hatte, nach einer erneuten Heirat auf seine Herrschaft Glauchau zurückgekehrt.

Ein Teil des Erbes war der Braut schon durch Eingreifen des Königs verlorengegangen, nämlich das am Rande des Oderbruchs gelegene Dorf Quilitz, das Markgraf Carl testamentarisch der Frau von Carlowitz und deren Enkelin übereignet hatte, was Friedrich nicht anerkannte. Er war der Meinung, daß die Lehnsgüter des Markgrafen nach dessen Tode an die Krone zurückfielen, und so wurde von ihm Quilitz an den Major von Prittwitz, der ihm während der Kunersdorfer Katastrophe das Leben gerettet hatte, verschenkt. Die Entschädigung, die Jahre später von Friedrichs Nachfolgern an die Finckensteinsche Familie gezahlt wurde, entsprach in keiner Weise dem Wert der großen Besitzung, die nachdem Tode von Prittwitz dem Staatskanzler Hardenberg übereignet wurde, bei dessen Nachkommen sie unter dem Namen Neuhardenberg (der in DDR-Zeiten in Marxwalde verändert wurde) bis in unsere Tage verblieb.

Das Erbteil aus Glauchau aber weigerte sich der Brautvater, der inzwischen Kinder aus zweiter Ehe hatte, herauszugeben; und als er gerichtlich zur Zahlung verurteilt wurde und die sächsischen Behörden in Vertretung der preußischen ihn mit militärischer Gewalt dazu zwingen wollten, entzog er sich der Verhaftung durch Flucht. Da Schönburg-Glauchau seit dem Mittelalter unter der Lehnshoheit der Böhmischen Krone, nicht aber der der Wettiner gestanden hatte, erkannte der Graf die sächsische Macht nicht an. Er wandte sich um Hilfe an die Kaiserlichen Behörden, denen allein er sich verpflichtet fühlte; und tatsächlich rückten von Böhmen her Kaiserliche Truppen unter dem Befehl des Grafen Kinsky an die Schönburger Grenze, worauf sich die Sachsen zurückzogen und der sogenannte Glauchauer Krieg von 1777, dessen Anlaß auch die Finckensteinschen Erbansprüche gewesen waren, unblutig endete. Doch blieb dieser Triumph für Prag und Wien nur kurzfristig, weil ein Jahr später, als Folge des Bayerischen Erbfolgekrieges, den Sachsen an preußischer Seite mitgemacht hatte, das bisher reichsständische Schönburg-Glauchau endgültig an Sachsen fiel.

1770 also war die Ehe des Präsidenten mit der Gräfin Caroline von Schönburg-Glauchau, die die Orte, die ihr Name bezeichnete, wohl niemals gesehen hatte, geschlossen worden. Beide hatten eine gute Bildung genossen und dabei Liebe zur Poesie und Musik entwickelt. Er dichtete und komponierte; sie hatte eine hervorragende Singstimme; und da sie eng mit ihren Kindern zusammenlebten und diese in ihre Interessen mit einbezogen, wurde den Söhnen und Töchtern ein von Kunst bestimmter Lebensstil mitgegeben, der ihnen, wie sich erweisen sollte, nicht nur zum Segen geriet.

Dreizehn Kinder wurden in dieser Ehe geboren, von denen drei die damals gefährlichen ersten Jahre nicht überlebten. Um ihren Hausarzt an der Seite zu haben, war die Gräfin zu jeder Entbindung nach Berlin gefahren. Alle Kinder wurden also in der Wilhelmstraße geboren, mit Ausnahme einer Tochter, die

Friedrich Ludwig Karl Graf Finckenstein, der Präsident, Schöpfer des Madlitzer Parks, Freund der Künste und Gegner der Reformen.

Caroline Wilhelmine Albertine Gräfin Finckenstein, geb. Schönburg-Glauchau. Ihres großmütterlichen Erbes wegen entbrannte der sogenannte »Glauchauer Krieg«.

schon während der Kutschfahrt ans Licht kam, zwischen Vogelsdorf und Dahlwitz, auf der Hochfläche des Barnim also, und die deshalb den seltsamen Namen Barnime erhielt.

Die anderen Kinder trugen die üblichen Namen, wie Karl und Caroline nach Vater und Mutter, Henriette und Wilhelm und Wilhelmine, oder auch Friedrich, der nur einige Monate lebte, 1788 als erster Madlitzer Finckenstein auf dem Friedhofshügel östlich des Dorfes begraben wurde und dem der Gedenkstein mit den poetischen Versen gesetzt wurde, der heute noch steht. Späteren Briefen des Ältesten kann man entnehmen, daß die Geschwister, die sich oft im Chorgesang übten, liebevoll aneinander hingen und gegenseitig Verantwortung fühlten. Musikalisch und mit schönen Stimmen begabt scheinen alle gewesen zu sein.

Der Präsident (so wurde er bis an sein Lebensende betitelt), der den Chor und die ganze lebhafte Kinderschar dirigierte, konnte ihr und dem Gut, der Kunst und dem Park viel Zeit widmen, weil er Angebote, wieder in den Staatsdienst zu treten, ablehnte; doch schloß dieser Verzicht, der vielleicht auch damit zu tun hatte, daß die jetzt Regierenden zu viele Neuerungen versuchten, Interesse und Mitwirkung an öffentlichen Aufgaben nicht aus. Wenn er gebraucht wurde, stellte er sich zur Verfügung, bei den jahrelangen Diskussionen zum Beispiel, die über den von Friedrich initiierten Entwurf des Allgemeinen Preußischen Landrechts geführt wurden. Obwohl dieses Gesetzeswerk, das die unterschiedlichen Rechtsverhältnisse der Provinzen vereinheitlichen sollte, die bestehende Ständeordnung im wesentlichen nur festschrieb, war es dem Präsidenten zu reformfreudig. Denn politisch war er ein Konservativer, den schon die schwachen Versuche des Staates, die Verwaltungen der Provinzen zu vereinheitlichen, die Privilegien des Adels zu mindern und die Abhängigkeit der Bauern zu lockern, mißtrauisch machten, weil er die Stabilität des Ganzen dadurch gefährdet sah.

Hatten ihn schon die wenigen Modernisierungen des Allgemeinen Landrechts verbittert, so mußten ihn die nach Preußens Niederlage von 1806 einsetzenden Stein-Hardenbergschen Reformen vollends zum Gegner der Regierenden machen, die in seinen Augen Gesetzesbrecher waren, da sie die angestammten Rechte des Adels nicht wahrten. Nicht um des eignen Vorteils willen, sondern aus Achtung vor Traditionen mußte er sich ihnen verweigern. Er gehörte also zu jenen, die in allen preußischen Provinzen gegen die Modernisierung des Staates und die stärkere Belastung des Adels mit Memoranden an den König opponierten. In der Mark begann das 1811 in der Prignitz, dann folgten die Adligen des Lebusischen Kreises, denen sich der Kreis Beeskow-Storkow anschloß – dessen Landrat des Präsidenten Schwiegersohn war.

Die Denkschrift, die der Präsident mit Unterzeichnete, hieß »Letzte Vorstellung der Stände des Lebusischen Kreises«. Sie war, wahrscheinlich unter Mithilfe von Adam Müller, von seinem Gutsnachbarn von der Marwitz auf Friedersdorf verfaßt worden und, wie Staatskanzler von Hardenberg meinte, in einem »auffallend unehrerbietigen Tone« gehalten, den der Kanzler für strafbar hielt. Er bewirkte also beim König eine Verhaftung der beiden Empörer, die dann am 28. Juni 1811 standesgemäß vor sich ging. Ein Kammergerichtsrat mit zwei Polizeidienern verhaftete erst in Friedersdorf den Major von der Marwitz, fuhr dann die zwanzig Kilometer nach Madlitz, wo im Schloß übernachtet wurde, und am nächsten Morgen, um halb sieben, mit beiden Verhafteten nach Berlin. In Vogelsdorf wurde zu Mittag gegessen, in Berlin im ehemals Finckensteinschen Palais, das nun dem Minister von Voß gehörte, der Tee eingenommen, dann ging es Unter den Linden entlang über Charlottenburg nach Spandau zur Festung, deren Kommandant die prominenten Gefangenen am Tore empfing.

Die Festungshaft, deren Einzelheiten man kennt, weil der schreibfleißige Marwitz Tagebuch führte, dauerte, ohne daß sich ein Gericht mit der Sache befaßt hätte, fünf Wochen. Dann ordnete der König die Freilassung der Empörer an, und sie kehrten auf ihre Güter zurück. Während der sehr viel jüngere Marwitz, der etwas von dem unbeugsamen Rechtsdenken eines Kleistschen Michael Kohlhaas hatte, die Opposition mit Reden und Denkschriften fortsetzte – und dafür Jahrzehnte später von den Partei-Konservativen als Vorkämpfer verehrt wurde –, zog sich der schon sechsundsechzigjährige Finckenstein, der für die Nachwelt auch mehr in die Kunst- und Kulturgeschichte gehörte, weitgehend aus dem politischen Trubel zurück. Er hatte noch sieben Jahre zu leben und dabei viel Trauer zu tragen. Im Jahr davor war ihm die Frau gestorben. Im Jahr danach wurde die Tochter Barnime zu Grabe getragen. Und vier Wochen nach der Haftzeit in Spandau starb unter seinen Augen in Madlitz Karl, sein ältester Sohn.

Während Marwitz in Spandau Tagebuch führte, war Finckenstein möglicherweise mit seinem großen Gartengedicht beschäftigt, das sich neben einigen Briefen, die ihm die Söhne und Töchter liebevoll schrieben, in seinem Nachlaß erhalten hat. Es trägt den Titel »Der Frühlingstag im Garten. Gedicht in drei Gesängen« und ist im ersten und zweiten Teil mit 1811, im dritten und umfangreichsten mit 1812 datiert. Auffallend ist, daß sich die beiden ersten, im Jahr der Haftzeit geschriebenen Gesänge inhaltlich von dem dritten stark unterscheiden. Während dieser eine poetisch geformte Theorie des Landschaftsparks bietet, herrscht in ihnen Politisches vor. Schon im ersten Gesang wird deutlich, daß der Dichter mit Wehmut auf die Zeiten Friedrichs zurückblickt, »welcher zum fernsten Pol den Namen Preußen getragen [...] das Steuer des Staats mit mächtigen Armen« lenkte und vor allem »Sitt' und Verfassung« ehrte und »des Landes Gesetz und das Wort, von den Vätern gegeben«, niemals verriet. Doch gingen »die Tage des Glücks und der Sicherheit« unter den neuen Herrschern verloren.

»Feinde überschwemmten das Land, zerrissen es, und mit den Trümmern
Treibt der Pfleger nun selbst ein verwegenes Spiel. Untergraben
Sind des Staats Grundfesten, nicht heilig mehr der Verträge
Treue, nicht Eigenthum unverletzlich, alle des Volkes
Alterthümliche Bande gelöst, tyrannische Willkür Sitzet,
wo sonst das Recht. Es hält mißtrauender Argwohn
Bürger von Bürgern getrennt, mit der Sicherheit ist auch der heit're
Frohsinn entfloh'n, kaum noch die bittere Lache des Spottes
Lüftet etwa die beklommene Brust ...
Ach, nach besserem forscht umsonst der Bewohner, nur anders
Sieht er alles und neu, kaum glaubt er sich noch in der Heimat.«

Im zweiten Gesang wird dann, nur lose mit dem Gartenthema verknüpft, das verkündet, was Marwitz in der »Letzten Vorstellung ...« prosaischer sagte, nur fällt die Kritik an Friedrich Wilhelm III. hier schärfer aus.

»Steh nun Red', o Herrscher, dem Volk, antworte der Frage, War dir der Arm kraftlos, den Feind zu bekämpfen, woher dann
Stärke genug der Hand, zu brechen Wort und Verträge,
Und des Fußes, daß er unter sich trete duldsamer Bürger
Eigentum und heiliges Recht? ...«

Und er prophezeit ihm:

»Fallen Du wirst, doch Teutschland wird sich wieder erheben.
Dann ist die Fessel gesprengt, es tritt an des Aftervereins
Stelle wieder aufs Neu' der alterthümliche Bund ein«,

in dem der Adel wieder »den Nied'ren im Volke gegen der Willkür Pfeil ein deckender Schutz« ist und eine Stütze dem Thron. Er ruft die Söhne des Adels zum Kampf auf gegen Napoleon, den Unterdrücker, warnt sie vor der Verlockung des Geldes, das die Neuerer nun an Stelle von Erbe und Ehre zu setzen gedenken, und mahnt sie, nie alte Rechte zu opfern, doch immer zu wissen, daß Rechte und Pflichten zusammengehören, »ein unzertrennliches Paar«.

Der aus Preußen verbannte Freiherr vom Stein, der von Prag aus die mühsame Umsetzung der von ihm eingeleiteten Reformen beobachtete, sah die Dinge ganz anders. Er hielt die Rechtsargumente der adligen Opponenten für romantische Phantasien oder Bemäntelungen von Egoismus und warf Marwitz und seinen Gefährten Mangel an Vaterlandsliebe vor. Ihm, der aus dem liberaleren und reicheren Adel des Westens stammte, waren die ostelbischen Junker aus diesen »sandigen Steppen«, »diese pfiffigen, herzlosen, hölzernen, halbgebildeten Menschen«, für führende Positionen schon ihrer Armut wegen ganz ungeeignet. In einem Brief an Gneisenau, der die politische Gleichgültigkeit der Berliner bedauert hatte, ließ er sich im August 1811 von seinen Vorurteilen dazu verführen, die märkische Landschaft für den Mangel an Patriotismus verantwortlich zu machen. »Ein Unglück für den preußischen Staat ist es, daß die Hauptstadt in der Churmark liegt. Welchen Eindruck können ihre dürren Ebenen auf das Gemüth der Bewohner machen? Wie vermögen sie es aufzuregen, zu erheben, zu erheitern? Was kündigen sie an? Kümmerliches Auskommen, freudenloses Hinstarren auf den kraftlosen Boden, Beschränktheit in den Mitteln, Kleinheit in den Zwecken. – Man nenne mir nicht Friedrich den Großen; die Hohenzollern sind Schwaben; sie haben sich fortgepflanzt durch Weiber aus fremden Völkerstämmen; und was haben die Neustädter Pferderennen gemein mit den dickköpfigen, trübseligen churmärkischen Landgäulen?«

Der Philosoph Solger, der sich in diesen Jahren mit Tieck

anfreundete und ihn mehrmals in Ziebingen besuchte, war auch kein Freund der adligen Reformgegner, aber er war vorurteilsloser. »Was haben Sie zu dem Vorfall gesagt, der den Herrn Präsidenten betroffen hat«, schrieb er an Tieck. »Ich gestehe Ihnen, daß ich über manches anders denke als diese Herren ... aber ich achte ihren Eifer für das Interesse ihres Standes recht sehr.«

Der Frühlingstag im Garten

»In einer der traurigsten Gegenden Deutschlands« (womit die märkische Landschaft gemeint ist) »ist mir ein Garten bekannt, der allen romantischen Zauber auf die sinnigste Weise in sich vereinigt, weil er, nicht um Effekt zu machen, sondern um die innerlichen Bildungen eines schönen Gemüthes in Pflanzen und Bäumen äußerlich zu erschaffen, vollendet wurde; in jener Gegend, wo der edle Herausgeber der Arethusa nach alter Weise im Kreise seiner liebenswürdigen Familie lebt; dieser grüne, herrliche Raum schmückt wahrhaft die dortige Erde, von ihm umfangen vergißt man das unfreundliche Land und wähnt in lieblichen Thälern und göttergeweihten Hainen des Altertums zu wandeln. In jedem Freunde der Natur, der diese lieblichen Schatten besucht, müssen sich dieselben heitern Gefühle erregen, mit denen der sinnvolle Pflanzer die anmuthigste Landschaft hier mit dem Schmuck der schönsten Bäume dichtete, die auf sanften Hügeln und in stillen Gründen mannigfaltig wechselt und durch rührende Reize den Sinn des Gebildeten beruhigt und befriedigt. Denn ein wahres und vollkommenes Gedicht muß ein solcher Garten sein, ein schönes Individuum, das aus dem eigensten Gemüthe entsprungen ist.«

Dieses Loblied auf den Madlitzer Garten ist in Ludwig Tiecks »Phantasus« nachzulesen, einer dreibändigen Sammlung von Erzählungen und Theaterstücken, die nach Art von Boccaccios »Decamerone« in die Gespräche einer Gesellschaft auf dem Lande eingebettet sind. Bei Tisch, im Gartensaal des Landhauses oder auf Spaziergängen im Garten (um das Wort Park, das für Tieck ein unangenehmes Modewort war, hier zu vermeiden) werden in der gemessenen Ruhe einer aristokratischen, geistvollen Gesellschaft, die eine gelungene Konversation als eine Art Kunstwerk betrachtet, die verschiedensten Themen, wie Liebe und Freundschaft, Musik, Literatur und Theater, betrachtet – und eben auch Gartengestaltung, was naheliegt, da der Dichter, ohne die Örtlichkeit nachzeichnen zu wollen oder Porträtähnlichkeit anzustreben, die Gesellschaft von Ziebingen und Madlitz vor Augen hat. Dort aber war der Park sicher ein häufiges Thema. Er war das Lebenswerk des alternden Grafen, über das er nicht nur in dem schon erwähnten Garten-Gedicht, sondern auch in Prosa geschrieben hatte, und das etwa zu der Zeit, in der Tieck an den Gesprächen des 1812 erschienenen ersten Bandes des »Phantasus« schrieb.

Schon 1803, nach dem ersten Besuch in Madlitz, hatte sich Tieck in einem Dankbrief ausführlich über den Park geäußert und dabei wohl auch Gedanken, die er vom Grafen übernommen hatte, benutzt. »Man kann Ihren Garten gar nicht gesehen haben, ohne die Bilder aus ihm immer in der Phantasie zu behalten und sich auch in der Abwesenheit an den Eindrücken zu ergötzen, die er so bleibend hinterläßt. Eine solche Anlage läßt sich auch nicht nach einem eigentlichen Plane bilden, sondern sie muß sich von selbst nach und nach entwickeln und mit der Liebe gepflegt und fortgeführt werden, die Ihnen auf so schöne Art eigen ist. Daher ist er auch wohl kein Garten für einen Reisenden, der in der Eil' Merkwürdigkeiten aufjagt und nur zu leicht, eben weil er in Eil' ist, Seltsamkeiten dafür nimmt: das Gemüt muß schon beruhigt sein, um diese liebliche Ruhe zu fühlen und zu verstehn, die jeden Busch und Baum umschwebt. Das eben scheint mir das Erquickliche dieser köstlichen Labyrinthe, daß sie uns einladen, immer weiter zu gehen, daß wir gelockt werden, ohne zu wissen, daß keine Neugier uns fortzieht, die endlich nur ermüdet: sondern das Ganze ist nur wie eine stille Entfaltung des eigenen Gemütes, wie ein Traum in einer schönen Gegend, in welchem man diese Gegend noch schöner wiedersieht. Gewiß, wer etwas über Natur dichten will, wem es darum zu tun ist, den Sinn der Pflanzenwelt des allverbreiteten Grün zu verstehn, dem fehlt sehr viel, wenn er den Garten in Madlitz nicht gesehn hat; hier wird ihm wenigstens auf die leichteste und lieblichste Weise erklärt, erläutert und nahe gebracht, was er in der Natur selbst auf Umwegen suchen muß.«

Als Tieck den Park zum erstenmal sah, waren schon mehr als zwanzig Jahre nach seinem Entstehen vergangen. Denn gleich nach seinem Seßhaftwerden in Madlitz hatte der Präsident a. D. mit der Anpflanzung begonnen und durch Maßnahmen, die man heute Flurbereinigung nennen würde, das Parkareal laufend erweitert, womit dann wohl einer der ältesten, aber auch unbekanntesten Landschaftsparks der Mark entstanden war. Denn Rheinsberg und Sanssouci waren damals noch reine Rokokogärten, und Charlottenburg, der Potsdamer Neue Garten, die Pfaueninsel, Garzau, Prötzel, Kunersdorf und die Parks anderer märkischer Adelssitze entstanden erst in späteren Jahren, so daß Finckenstein, der offensichtlich keinen Fachmann zur Seite hatte, sich, um Vorbilder zu finden, nach Wörlitz oder ins Hannoversche hätte wenden müssen. Es scheint aber, daß er ganz auf englische Vorbilder setzte, obgleich er nie eine Reise nach England machte, wohl aber die englische Literatur über Landschaftsgärten verfolgte. Die wichtigsten Werke befanden sich in seiner, zwar heute verlorenen, aber durch einen erhaltenen Katalog bekannten, reichhaltigen Büchersammlung, die übrigens auch Werke des für die Mark so wichtigen Agrarreformers Thaer enthielt, der 1804 von Celle nach Möglin, übergesiedelt war. Mit ihm, dessen Methoden der sogenannten Wechselwirtschaft er schon mit Erfolg angewandt hatte, stand er auch im Briefwechsel, und er wurde von ihm »einer der ausgezeichnetsten Landwirthe und Verbesserer der hiesigen Gegend« genannt.

Der Park, der nach englischem Muster literarische Einflüsse zeigte und auch Nutzflächen in seine Anlage integrierte, bestand, wie der Wissende auch heute noch sieht, aus drei Teilen: der unmittelbaren Umgebung des Hauses mit der von Bäumen flankierten, Durchblick gewährenden, sich später zu einer größeren Fläche erweiternden Wiese und die durch diese getrennten zwei großen Partien, die der Graf in seiner eignen, im Nachlaß erhaltenen Beschreibung des Gartens die »ländlich-moderne« und die »ländlich-antike« nennt. Beide Teile sind Ausdruck seiner literarischen Interessen. Der eine, vom Hause aus gesehen linke, von künstlichen Bergen und Schluchten gegliederte, der im Kleinformat auch Obst- und Ackerbau und damit ländliches Glück demonstrierte, war, wie ein Kleist-Hain und das auf einem Hügel stehende Kleist-Tor zeigten, dem von Jugend an geliebten »Frühling« des Ewald von Kleist gewidmet, der sich aus dem »Getümmel der Welt« immer nach ländlicher Ruhe gesehnt hatte, dem »edlen Teutschen«, der »im Felde des Ruhmes zwiefach umlorbeert fiel«.

Hier ist auch das, ebenfalls aus England übernommene »nützliche Schöne« vertreten: der Weinberg mit Winzerhäuschen, die Obstgärten und Miniaturfelder, die ländlichen Gebäude, die, wenn der Graf sie im Gedicht erwähnt, ihn zum Lobpreisen des »stolzen Britannien« verführen, dieser »gesegneten Inseln«, dieser »Erde der Freiheit, Heiligthum des Rechts, Hoffnung der Unterdrückten«, wo zuerst auch die Natur sich »fremden Joches« entledigte (nämlich des regelhaften barocken Parks) und sich nur »des Schönen Gesetz« unterwarf.

»… Da zeigt sich
Groß und hehr, anmuthig und zart, von keinem erborgten
  Putze
Verstellt, das der edlen Natur ursprüngliche Schöne.
Aber mitnichten verschmähte auch der Feldbau liebende
  Brite

Angebauten Reiz. Den Pflug führte er in die Gärten,
Zog in ihr weites Revier korntragendes Feld und die
 grüne Flur, wo der Mäher die Sense schwenkt und
 grasen die Herden ...
Abgeworfen war nun die letzte Fessel. Von nun an
Wecket die Gartenlust den Sinn auch für einfache Sitten
Und für ländliches Glück ...«

Die andere, rechte Partie des Gartens, bis an den Steinpfuhl mit seiner Insel reichend, sollte mit einer dorischen Säulenhalle, einer Rotunde und einer Herme des Pan im Waldesdunkel die Gefühle heraufbeschwören, die die griechischen Bukoliker, die Finckenstein übersetzt hatte, erzeugen können. Sein Gartengedicht schließt die Beschreibung dieser Abteilung mit der Kahnüberfahrt zu der Steinpfuhl-Insel und folgender Frage:

»... Sind dies der Seligen Inseln, rief ich,
Beschiff ich jetzt den Strom des holden Vergessens,
Irr' ich schon in den Auen Elysiums oder verweil ich
Noch im Gebiete der Kunst, dem irdischen Haine der
 Musen?«

Für die Öffentlichkeit ist der wertvolle Madlitzer Park immer so gut wie unbekannt geblieben, und auch die Kunstwissenschaft hat sich um ihn wenig gekümmert, sieht man von einer Beschreibung der Anlage durch den Hofgärtner der Pfaueninsel, Gustav Adolph Fintelmann, von 1853 ab. Da Madlitz bis 1945 immer den Nachkommen des Präsidenten gehörte, ist der Park wohl auch immer gepflegt und bei Ausfällen ergänzt worden, bis dann nach Enteignung und Vertreibung der Eigentümer die Verwilderung und Zerstörung begann.

Während die gewundenen, die Blicke von einer Szene zur anderen leitenden Pfade verfielen, wurde die Anlage durch gerade Fahrwege zerschnitten. Die Umgebung des Hauses wurde durch

Genellis dorische Säulenhalle vor ihrer Wiederherstellung.

Genellis dorische Säulenhalle nach ihrer Wiederherstellung 1996.

Zäune und Bretterbuden verschandelt, die Wiesenfläche in einen Sportplatz verwandelt und in die Blickachse ein Pumpwerk gesetzt. Die hölzernen Gartenarchitekturen der zweiten Abteilung, das Winzerhäuschen, ein Meierei genanntes ländliches Anwesen und das Kleist-Ehrentor waren wohl schon in der Nachkriegszeit in die Ofen gewandert. Im antiken Teil fehlte die Pan-Herme. Die Rotunde war bunt mit Ölfarben gestrichen worden, neben ihr war eine Beton-Tanzfläche entstanden, und der dorische Tempel diente als Kaninchen- und Ziegenstall. Die Brücken über die Wasserläufe waren zerfallen, die Gewässer fast ausgetrocknet, überall war das Unterholz aufgeschossen, und in den Schluchten des von Dickicht überwucherten Miniaturgebirges lagerte Müll.

Detlev Karg vom DDR-Institut für Denkmalpflege ist es zu danken, daß der Park 1978 auf die Denkmalsliste des Bezirks Frankfurt an der Oder gesetzt wurde und in den Jahren danach auch Versuche zu seiner Pflege gemacht wurden. Doch waren die Mittel zu wirksamer Hilfe oder gar Restaurierung nicht da. Erst die deutsche Wiedervereinigung und der Rückkauf von Schloß und Park durch den 1945 vertriebenen und enteigneten Grafen machten ein teilweises Wiedererstehen der Anlage, wenn auch ohne die verlorenen Architekturen, möglich, so daß man heute die Verse ihres Schöpfers, mit denen er sein großes Garten-Gedicht schließt, wieder nachempfinden kann.

»... Ist das Werk des Tages vollendet,
Süß nun der Ruhe Sitz und die Kühle des Schattens,
   so sammelt
Sich der Genossen Schaar um ihn her zum ländlichen
   Mahle,
Traulich Gespräch und Scherz verlangt der Erquickung
   Stunde,
Froher Gesang ertönt und Spiele beginnen im Grünen.
Aber er selbst, der Pfleger der Flur, verloren im Anschauen

Seines gelungenen Werkes, erhebt sich zum lieblichen
 Lustgang.
Dort folgt ihm der Vergangenheit holdselig Erinnern.
Wieder vorüber ihm gehen die Tage des Pflanzens, und
 neuer
Szenen Gebilde steigen ihm auf und schweben als Blüthen
 der Zukunft
Zauberisch ihm um das Haupt ...
Solch ein Garten du bist, o Schauplatz ländlicher Fülle,
Sitz holder Anmuth ... Unfruchtbare Erd' ehedem und
 öde,
Nunmehro nährende Schöne,
Meiner Jugend Werk, nun Wonne des Alters.«

Musenhöfe

Friedrich II., den man früh schon den Großen oder den Einzigen nannte, hatte seiner kriegerischen und humanitären Taten wegen für die Ausbildung des deutschen Nationalgefühls eine große Bedeutung, obwohl er selbst völlig frei davon war. Er sprach und schrieb vorwiegend Französisch, zog Franzosen in seine Umgebung, während er Deutsche, wie Lessing zum Beispiel, abwies, hielt die deutsche Sprache, die er nur mangelhaft beherrschte, für halbbarbarisch und kannte von der sich zu seinen Lebzeiten kraftvoll entfaltenden deutschen Literatur wenig, schrieb aber über sie, natürlich in Französisch, und machte in dieser Schrift von 1780 (»De la litterature allemande«) seine Verachtung des Deutschen kund.

Den vielen Gegenschriften, die seiner Veröffentlichung folgten, lag vereinzelt auch der persönliche Arger Abgewiesener zu Grunde, wie zum Beispiel bei dem Vierzeiler Gottfried August Bürgers:

»Auf den König v. Preußen
Mein Friedrich braucht zu seinem ganzen
Regierungswesen lauter Franzen.
Nur ein Geschäft ist noch daß er durch Deutsche thut,
Zum Überwinden braucht er deutschen Heldenmuth.«

Hauptsächlich aber war man mit Recht empört über die Ignoranz des Königs, und die Fülle der Gegenstimmen zeigte, auf welch breiter Basis die deutsche Literatur schon beruhte, besonders im Bürgertum. Die französische Bildung, die bei Hofe ihre Vorherrschaft noch bewahrte, war im Lande weitgehend verdrängt worden, teilweise auch beim Adel schon. Mit dem Freiherrn von Canitz und mit Ewald von Kleist hatte der märkisch-pommersche Adel sogar zur Entwicklung der deutschen Literatur produktiv beigetragen, und auf den Herrensitzen an Spree, Oder und Havel wuchs im Lauf des Jahrhunderts auch das Interesse an ihr. Verstärkt wurde diese Tendenz 1786, als mit dem Tod Friedrichs des Großen deutsche Sprache und Literatur auch am Königshof Eingang fanden, und in Adelskreisen setzte eine Art Mäzenatentum ein. Um 1800 gab es einige märkische Adelssitze, die man Musenhöfe nennen könnte. Am ehesten trifft diese Bezeichnung wohl auf Fouques Nennhausen und auf die Finckensteinschen Güter Madlitz und Ziebingen zu.

Beide Orte sind in Fontanes »Wanderungen durch die Mark Brandenburg« nicht vertreten. Im Nachlaß des Dichters aber haben sich Vorarbeiten erhalten, die sein Interesse an beiden Orten bezeugen. In den Notizen aus dem Jahre 1864 zum geplanten Kapitel über Nennhausen findet man folgende stichwortartig niedergelegten Gedanken: »Anknüpfend an den Aufenthalt [Fouques] in Nennhausen hindeuten auf Tieck-Finckenstein in Reitwein, Nedlitz, Ziebingen. Auch auf die Humboldts in Tegel, Achim von Arnim in Wiepersdorf, die Dönhoffs in Tamsel etc. etc. Lauter Dichterhöfe. Parallelen mit jetzt, wo dergleichen gar nicht existiert. Alles ist ernst, real, politisch, und es ist besser so.«

Sieht man ab von den Flüchtigkeitsfehlern (es muß Madlitz statt Nedlitz heißen, und Reitwein befand sich zwar zu Fontanes, nicht aber zu Tiecks Zeiten im Besitz der Finckensteinschen Familie), so ist diese Notiz bemerkenswert im doppelten Sinne. Zum einen zeigt sie das Interesse Fontanes an dem Phänomen der Dichterhöfe, von denen er einige, wie Tamsel und Kunersdorf, in den »Wanderungen« schon beschrieben und andere vorurteilslos erwähnt hatte; zum anderen aber weist der Vergleich zwischen dem Damals und Jetzt auf seinen zeitweiligen politischen Konservatismus, dem offensichtlich adlige Kunst- und Literaturliebhaberei als nicht »ernst«, nicht »real«, nicht »politisch« – also als den Aufgaben des Adels nicht entsprechend erschien. Es waren zwei unterschiedliche Typen, die Fontane unter dem Begriff Dichterhöfe zusammenfaßte, nämlich der von Wiepersdorf und Nennhausen, wo der Gutsherr selbst dichtete, und der von Kunersdorf und Ziebingen-Madlitz, wo kunstliebende Adlige als Mäzene auftraten, indem sie Dichtern Unterkunft und Unterhalt boten oder sie durch ein gastliches Haus mit anderen Künstlern, Kunstliebhabern und einflußreichen Leuten zusammenführten. Beide pflegten Geselligkeiten, die sich von denen der anderen Landadligen dadurch unterschieden, daß an ihnen nicht nur Standesgenossen teilnahmen und sie nicht in erster Linie der Repräsentation, dem Spiel und der Jagd dienten, sondern dem niveauvollen Gespräch, wie es Tieck im »Phantasus« vorgeführt hat. Die Berliner Salons, die in dieser Zeit aufblühten, hatten in ihnen ihre Entsprechung auf dem Lande. Mancher, der bei Rahel Levin und Henriette Herz verkehrte, war auch in Nennhausen, Kunersdorf oder Madlitz zu Gast.

Varnhagen zum Beispiel, der sich in seinen »Denkwürdigkeiten« an solche Gespräche im Jahre 1807 bei Alexander von der Marwitz in Friedersdorf erinnert, wo neben dem Verleger Reimer und anderen auch Schleiermacher zugegen war. »Laue Abende der köstlichsten Art wurden bei Sternenflimmer im tiefen Schattendunkel der Bäume weit über die Mitternacht hinaus verlängert, und niemand mochte ans Schlafengehen denken, während die reinste Luft die Brust erfrischte und die edelsten Gedanken über Natur, Welt, Geschichte, Wissenschaft und Poesie ausgesprochen wurden; denn Marwitz hatte den Willen und die Kraft, immer das Höchste und Größte zur Sprache zu bringen und auch Schleiermachers oft hartnäckige Schweigsamkeit in schönen Redefluß aufzutauen.«

Ein Vorläufer der dichtenden Gutsherren war ein Jahrhundert zuvor Friedrich Rudolph Ludwig von Canitz gewesen, den man häufig als Hofpoeten des Großen Kurfürsten und seines Nachfolgers bezeichnet findet, der aber ein solcher nicht war. Zwar hatte er Hofämter inne und als Außenpolitiker seine Verdienste, aber mit seiner Dichtung hatte das nichts zu tun. Von dieser wußte zu seinen Lebzeiten niemand. Wahrscheinlich hielt er das Dichten für eine Beschäftigung, die des Adels nicht würdig sei. Erst nach seinem Tode, 1699, erschien die erste Sammlung seiner Gedichte, aber auch sie trug seinen Namen noch nicht. Fünfzig Jahre lang etwa galten seine Gedichte, die immer wieder gedruckt wurden, als Musterbeispiele des aufklärerischen Klassizismus, doch war, als Ewald von Kleist und Lessing auftraten, ihre Zeit schon vorbei. Der junge Goethe hielt sie für völlig veraltet – was für die Zeitgenossen auch dadurch bewiesen wurde, daß König Friedrich sie in seinem lehrhaft-anmaßenden Pamphlet gegen die deutsche Dichtung, wenn auch nicht rühmenswert, so aber doch erträglich fand.

Neben Paul Gerhardt, dem Kirchenliederdichter, war Canitz der erste, der den Deutschen beweisen konnte, daß, wie Fontane sagte, die Mark und die Musen nicht völlige Gegensätze seien. Durch einige seiner Gedichte, die die Vorzüge seines Gutes rühmten, wurde das nordöstlich von Berlin gelegene Blumberg für Literaturkenner zum Begriff. Hundert Jahre vor Schmidt von Werneuchen besang Canitz schon die Freuden des Landlebens – eines ruhigen, idyllischen, durch Gäste erheiterten Daseins, das als Gegensatz zur Gefühlskälte und Hektik des Stadt- und Hoflebens begriffen wird.

»In Blumberg ist mein Sitz, da, nach der alten Weise,
Mit dem, was Gott beschehrt, ich mich recht glücklich preise;
Da ich aus meinem Sinn die Sorgen weggeräumt,
So, daß mir nicht von Geitz, noch eitler Ehre, träumt …

Hier merck ich, daß die Ruh in schlechten Hütten wohnet,
Wenn Unglück und Verdruß nicht der Palläste schonet;
Daß es viel besser ist, bei Kohl und Rüben stehen,
Als in dem Labyrinth des Hofes irre gehen.«

Aber Canitz war, wie gesagt, nur ein Vorläufer. Häufiger wurden die Dichterhöfe gegen Ende des Jahrhunderts, als der Bildungsstand, auch im Adel, sich besserte, mit der deutschen Literatur von Lessing, Wieland, Herder, Schiller und Goethe auch ein nationales Bewußtsein erblühte und der Hof von Weimar ein Beispiel für die Verbundenheit von Fürsten und Literaten gab.

Die Adelssöhne auf Gymnasien und Universitäten zu schicken war nicht nur bei den Finckensteins schon im siebzehnten Jahrhundert üblich gewesen. Die Hofmeister, die die geistige Grundausbildung gaben, waren oft ausgezeichnete Lehrer, die dem Intellekt ihrer Zöglinge eine Richtung fürs Leben gaben; und da der Staat gut ausgebildete Beamte und Offiziere brauchte, wurde seit den Zeiten des Soldatenkönigs in den Ritterakademien und Kadettenanstalten auch Wert auf den nichtmilitärischen Teil der Bildung gelegt.

Neben der Tätigkeit als Offizier oder Beamter kam für den Adligen nur noch die des Landwirts in Frage. Doch auch hier erforderte die Modernisierung, die in der Mark vor allem von Albrecht Daniel Thaer eingeführt wurde, eine bessere wissenschaftliche Bildung, so daß nicht zufällig jene Adligen, die sich kulturell engagierten, auch die besten Erfolge mit den neuen Landbaumethoden hatten und oft schon vor den Preußischen Reformen erkannten, daß die alte fronbäuerliche Gutsverfassung die Produktion hemmte.

Kunersdorf (nicht das östlich der Oder, wo 1759 Friedrich der Große so verlustreich besiegt wurde, sondern das am Rande des fruchtbaren Oderbruchs gelegene, nicht weit von Wriezen), wo eine geborene von Lestwitz, die sich nach einer ihrer benachbarten Besitzungen Frau von Friedland nannte, sich nach Thaerschen Erkenntnissen ein Mustergut geschaffen hatte, an dem die Nachbarn modernes Wirtschaften lernen konnten, war auch einer der kulturell wichtigsten Orte in der östlichen Mark. Da die Tochter der Gutsherrin, die einen von Itzenplitz heiratete, sowohl die Musterwirtschaft als auch das gastfreie Haus fortführte, war Kunersdorf über Jahrzehnte hinweg besonders für Wissenschaftler und Künstler ein Anziehungspunkt. Die kulturellen Glanzzeiten Berlins um und nach 1800 waren auch die dieser Itzenplitzschen Besitzung. Hier zählten Talent, Originalität und Können, nicht Rang und Stand. Die Namen der Geistes- und Naturwissenschaftler, der Maler, Bildhauer und Literaten, die hier verkehrten, kann man bei Fontane nachlesen. Einen aber hat er vergessen, nämlich den Singakademiedirektor und Duz-Freund Goethes, Karl Friedrich Zelter, der im August 1821 brieflich nach Weimar berichtete:

»Hier in Kunersdorf ist es der Mühe wert, die Landwirtschaft zu beobachten. Was darüber im Wilhelm Meister vorkommt, findest Du hier vollkommen real, in Bewegung eines guten Uhrwerks. Die gräflich Itzenplitz'sche Familie bringt den größten Teil des Jahres hier zu. Bekannte Gäste sind stets willkommen und niemals zu viele, weil auf viele gerechnet ist. Man ist nicht fremd, man befindet sich in einer Aisance [Ungezwungenheit] wie in eigenen Wänden, ja wer es will, wird auch als Gast nicht eher bemerkt als bei Tische, wo denn der Nachmittag besprochen wird, indem etwa die in der Nähe liegenden Vorwerke besucht werden, bei welcher Gelegenheit der Gast sich unterrichtend erfreut und die Herrschaft ihr Geschäft verrichtet, weil nichts verpachtet ist und alles aus dem Centro bewirtschaftet wird ... Man freut sich, wenige Meilen von der Residenz einen schönen Schlag zufriedener Menschen zu finden ... Man hört nicht schreien, man sieht nicht rennen, alles ist beschäftigt nach seiner Art, und doch ist Dienstfertigkeit und guter Wille gegen Fremde einheimisch.«

Daß diese Aufgeschlossenheit für interessante Menschen, welchem Stand sie auch angehörten, andere Adlige verwunderte oder gar empörte, läßt die Schilderung der Gräfin Elise von Bernstorff vermuten, die im Mai 1827 zu Besuch im »gastlichen Cunersdorf« weilte, wie Zelter eine Landpartie zum Vorwerk Pritzhagen in der Märkischen Schweiz machte, sich wie dieser dort wohl fühlte, aber doch immer den Unterschied zum Konventionsverhafteten des städtischen Hofadels sah.

»Das geschäftige Treiben in Cunersdorf gefiel mir indessen nicht übel; es beschränkte sich auch keineswegs auf die Verwaltung der weitläufigen Güter, sondern man stand auch in literarischem Verkehr nach allen Seiten hin, und es herrschte viel ländliche Geselligkeit dort ... Die Unterredungen umfaßten einen Kreis von Gegenständen und Verhältnissen, in denen ich nicht nur zum großen Theil fremd war, sondern in dem mir auch schwerlich jemals recht behaglich geworden wäre; denn es gehörte dazu ein an Neugierde grenzendes Eindringen in alle privaten und öffentlichen Angelegenheiten, und es erforderte ein rastloses Fortschreiten in der Literatur, in der Politik, in den Verfassungs- und Regierungsangelegenheiten. Der Lektüre widmet die gute Gräfin einen Theil ihrer Nächte; denn ihre Tagesarbeit, die sich auf die Verwaltung der Güterökonomie im Großen und im Kleinen bezieht, beginnt schon um 5 Uhr ... Wir unternahmen noch andere Landpartien, bei denen meine gute Gräfin Itzenplitz so sonderbar angezogen war, daß ich mich nicht nur mit Ängstlichkeit nach den Kindern umsah, ob sie auch Contenance behalten würden, sondern auch die bekannte Anekdote von dem Schäfer verstand, der nach Cunersdorf gesandt wurde, um Schafe einzuhandeln, und der, zurückgekehrt, den ›Alten Herrn‹ sehr rühmte und meinte, man könne recht gut mit ihm fertig werden, nur sei es kurios, daß er über den Hosen noch einen Weiberrock trage. Dieser alte, gestiefelte, gerockte, mit einer Krawatte angethane Herr mit den rund abgeschnittenen Haaren und dem Kastorhut auf dem Kopfe – war die Frau Gräfin Itzenplitz wie sie leibte und lebte, und selbst die Reitgerte in der Hand fehlte nicht, obgleich von Reiten nicht die Rede war.«

Adolph Menzels Illustration zu Chamissos »Peter Schlemihl«. Schlemihl tauscht hier seinen Schatten gegen das Glückssäckel ein. Diese weltbekannte Erzählung entstand auf Schloß Kunersdorf bei triezen; die Idee dazu wurde aber wahrscheinlich in Nennhausen geboren.

Diese Kunersdorf er Begegnungen gehörten natürlich in die wärmeren Jahreszeiten. Im Winter traf man sich in der Hauptstadt, wo die wohlhabenderen Adelsfamilien wie die Finckensteins ein Haus oder zumindest eine Wohnung hatten – die von Itzenplitz zum Beispiel in der Brüderstraße, im Hause des Verlegers Friedrich Nicolai.

Dieses, für die Geistesgeschichte Berlins so bedeutende, Gebäude blieb im Kriege erhalten; Schloß Kunersdorf aber, mit seinen wertvollen Büchern, dem Archiv und den vielen Erinnerungen an die Geschichte Preußens, wurde in den Kämpfen des Frühjahrs 1945 zerstört und später weggeräumt. Wo es einst stand, herrscht heute eine gepflegte Leere, die insofern von Ehrfurcht vor dem Gewesenen kündet, als das Areal nicht überbaut wurde, sondern als Erinnerung und Mahnung erhalten blieb. Vom Park Lennes sind nur geringe Teile erhalten, und am Schloßteich trauern Weiden der vergangenen Blütezeit nach.

Erhalten blieb aber die lestwitzitzenplitzsche Grabmalsanlage, an der die bedeutendsten Bildhauer der Zeit mitgewirkt haben: Langhans und Schadow, Friedrich Tieck, der einen Entwurf Schinkels ausführte, und Rauch. Einen Gedenkstein hat man in neuerer Zeit für Adelbert von Chamisso errichtet, der hier als Gast der Itzenplitze seinen wunderbaren »Peter Schlemihl« verfaßte. Der Brief an seinen Verleger Hitzig, der der Erzählung vorangestellt wurde, ist datiert mit: »Kunersdorf, den 27. Sept. 1813«. Darin ist auch vom Freund Fouque die Rede, was uns daran erinnern sollte, daß auch eine andere bedeutende Erzählung der Berliner Romantik, die »Undine«, auf einem der märkischen Musenhöfe entstand.

Dort in Nennhausen, das man auf Landkarten im Havelland, östlich von Rathenow findet, konnten die aus Berlin kommenden Gäste auf den weiten Flächen des Luchs zwar eine dem Oderbruch ähnliche Landschaft erleben, aber der Geist, der die Nennhausener Gespräche beherrschte, ähnelte dem von Kunersdorf wenig. Hier waren nicht Wissenschaft, Modernität und Aufklärung vorherrschend, sondern erträumte Geschichte und Poesie. Der innerlich zweigeteilte Chamisso, Gast beider Höfe, den man in Kunersdorf als Botaniker, später wohl auch als weltumsegelnden Forscher schätzte, galt in Nennhausen, wo die Idee zu Peter Schlemihls verlorenem Schatten angeblich geboren wurde, vor allem als Dichter. Statt die Vorteile der Schafzucht und die aktuelle Politik zu bereden, las man sich hier romantische Verse vor. Denn Fouque konnte sich ganz seinen literarischen Neigungen widmen, weil sein Schwiegervater, der alte Briest (dessen Name mit ihm dann ausstarb, weshalb Fontane ihn später für seinen berühmten Roman nutzen konnte), leitete bis an sein Lebensende die Wirtschaft. Erbrechtlich gesehen war der Gastgeber selbst nur ein Gast im Haus seiner Frau.

Die Besucher des dichtenden Barons de la Motte Fouque und seiner dichtenden Gattin Caroline (geb. von Briest, verw. von Rochow) waren fast ausschließlich Dichter, die sicher nicht alle

Der Maler dieses Bildes, das Friedrich de la Motte Fouqué in Husarenuniform zeigt, ist unbekannt. Der größte Teil von Fouqués Romanen, Erzählungen und Dramen entstand in Nennhausen im Havelland. Das meiste davon ist heute vergessen. Bekannt und beliebt blieb vor allem seine Erzählung »Undine«.

des Ehepaars Dichtungen, wohl aber dessen Freundschaft, Hilfsbereitschaft und Gastlichkeit schätzen konnten, auch wenn ihr Blick auf die Welt ein ganz anderer als der des frommen, versponnenen und redlichen Vergangenheitsträumers war. Der in seiner Mittelalterschwärmerei unbeirrbare edle Ritter ließ sich seine Freundschaften durch andere religiöse und politische Ansichten nicht trüben. Zerwürfnisse, die nach 1815 oft eintraten, kamen nicht von ihm. Die Glanzzeit Nennhausens, in der Varnhagen, Wilhelm von Humboldt, Bernhardi, die Tiecks und E.T.A. Hoffmann bei ihm zu Gaste waren, »viele Stunden mit Vorlesen verbrachten« oder Spaziergänge durch den Park und den Wald unternahmen, war ganz an seine Anwesenheit gebunden. Sie begann 1804, als der durch Scheidung arm gewordene Baron mit dem vornehmen Namen die Briest-Erbin Caroline geheiratet hatte, und endete mit dem Tod derselben, deren Söhne aus erster Ehe die Erben waren, nicht er.

Heute ist das Herrenhaus von Nennhausen, das man 1860 gotisierend überbaut hatte und 1985 ausbrennen ließ, eine traurige Hülse, der Park verwildert und der »Pappelbaum«, den Chamisso 1824 im Gedicht verewigt hatte (»Hegst die Zeichen, trauter Baum / In der hartgewordnen Rinde«) nicht mehr an seinem Platz. Während es hier schwerfällt, sich die Gestalten aus romantischer Zeit in die Überreste hineinzudenken, bietet sich das beim Anblick des restaurierten, gepflegten und von Künstlern belebten Wiepersdorf geradezu an. Abgesehen von Humboldts Schlößchen Tegel sieht heute kein Herrensitz in der Mark so sehr nach Musen- oder Dichterhof aus wie dieser, wo der Park mit Teich, Orangerie und barocken Sandsteinfiguren, das Schloß, die Kirche und die Gräber des Dichterehepaares Bettina und Achim von Arnim so harmonisch beieinander liegen, daß man die beiden im Kreis ihrer Freunde, die so glanzvolle Namen wie Clemens Brentano, Savigny und die Brüder Grimm führten, zu sehen meint. Hier scheint Tradition sich in Schönheit erhalten zu haben – doch täuscht diese Pracht etwas vor, das es nie gab.

Denn erstens stammen Schloß, Kirche und Park in ihren heutigen Formen von einem Enkel des Paares aus der zweiten Hälfte des neunzehnten Jahrhunderts, und zweitens haben die gedachten Geselligkeiten nie stattgefunden; dazu boten die Sorgen und

Nöte des Alltags mit sieben Geburten und die seltsame Lebensweise des treuen, aber meist getrennt lebenden Paares nie Zeit und Gelegenheit. Während Bettina, die nach einem mißglückten Versuch, in dem damals noch kleineren und primitiveren Hause als Landfrau zu leben, ihren Wohnsitz bald nach Berlin verlegte und dort die bessere Gesellschaft mit ihrer unkonventionellen Art belebte und auch schockierte, versuchte ihr Mann, der das praktische Tätigsein und, bei aller Liebe zu Frau und Kindern, auch das Alleinsein liebte, mit harter Arbeit das stark verschuldete Gut für sich und seine Kinder zu retten – was auch gelang. Bis 1945 blieb Wiepersdorf Arnimscher Besitz.

Wenn sich auch Freunde manchmal, sehr selten, nach dem südlich von Berlin, zwischen Jüterbog und Dahme gelegenen Wiepersdorf verirrten, wie Wilhelm Grimm zum Beispiel, der 1816 in einem Brief an den Bruder das dortige anstrengende Landleben schilderte, so war doch von geistigem Austausch nicht die Rede und von Musen nur insofern, als Achim von Arnim trotz aller praktischer Gutsherrensorgen in seiner Einsamkeit auch als Dichter tätig war.

Diese nicht alltägliche, aber erstaunlich haltbare, vielleicht durch das Getrenntsein begünstigte Ehe dauerte nur neunzehn Jahre, von 1811 bis 1830; dann wurde sie durch den frühen Tod Achims beendet – worauf Bettinas Laufbahn als Autorin begann. Jetzt lernte auch sie mit wachsendem Alter die Vorteile abseitigen Lebens zu schätzen und zog sich vor der Gesellschaft, die sie sonst immer gesucht hatte, zeitweilig nach Wiepersdorf oder in das benachbarte Bärwalde zurück. Ihren ständigen Wohnsitz in Berlin aber behielt sie, starb schließlich auch dort, 1859, und wurde nach Wiepersdorf überführt. Ihr Grab und das ihres Mannes sind wohlerhalten. Seit den Umbauten ihres Enkels, auch eines Achim von Arnim, liegen sie in einer Umgebung von Pracht und Reichtum, die dem, was sie im Leben hatten, in keiner Weise entspricht.

Kann man Wiepersdorf zwar einen Dichter-, wohl kaum aber einen Musenhof nennen, so trifft diese Bezeichnung doch voll und ganz auf Finckensteins Madlitz und Ziebingen zu, und zwar nicht nur, weil Graf Finckenstein selbst mit Publikationen hervortrat und viele Geistesgrößen der Zeit zu sich einlud, sondern auch weil drei von ihnen jahrelang in Madlitz oder Ziebingen lebten und ihre Verbindung zum kulturellen Berlin nicht abreißen ließen: der Architekt Hans-Christian Genelli und die romantischen Dichter Wilhelm von Schütz und Ludwig Tieck.

Diese märkischen Musenhöfe, zu denen mit mehr oder weniger Berechtigung auch Humboldts Tegel, Knesebecks Karwe, Marwitzens Friedersdorf, Houwalds Straupitz und andere gerechnet werden können, waren, wie schon Fontane bemerkte, eine zeitlich begrenzte Erscheinung, die in den Jahrzehnten um 1800 entstand und verging. Es waren Jahrzehnte des Umbruchs, sowohl für den Adel, der mit dem sich anbahnenden Verlust seiner führenden Positionen und dem Fragwürdigwerden vertrauter Pflichten nach neuen Orientierungen suchen mußte, als auch für den bürgerlichen Intellektuellen, der zwar das geistige Leben schon weitgehend bestimmte, aber noch keinen gesicherten Platz in der Gesellschaft hatte, also noch des Schutzes bedürftig war. Es war ein gegenseitiges Nehmen und Geben, das die für das neunzehnte Jahrhundert typische, konfliktreiche Vermischung von bürgerlich-nationaler Entwicklung und allmählich sich abschwächender adliger Machterhaltung vorbereiten half. Angestoßen durch die Französische Revolution und die Preußischen Reformen, stand in allen diesen Zirkeln direkt oder indirekt der sich vollziehende geistige und soziale Umbruch zur Debatte, in den jeder verwickelt war. Der Treue zum Traditionellen stand die Einsicht in die Notwendigkeit des sich entwickelnden Neuen entgegen: Und diese Spannung zerriß nicht nur Gruppen, sondern auch Individuen, wie es sich manchmal sehr deutlich in Achim von Arnims Erzählungen und mittelbarer, aber bedeutsamer in Heinrich von Kleists Person und Werk dokumentiert.

Arethusa

1802 war Ludwig Tieck von Jena nach Ziebingen übergesiedelt, 1803 war seine Sammlung mittelalterlicher deutscher Lyrik unter dem Titel »Minnelieder aus dem schwäbischen Zeitalter« erschienen, die er seinem Gönner, dem Grafen Finckenstein, mit folgender handschriftlicher Widmung schenkte:

»Dem Pflanzen, Baum und Strauch willig entsprießen,
Aus öder Wildnis ein befreundet Leben,
Anmuthige Einsamkeiten grün sich heben,
Dankbar sein stilles Leben zu versüßen;
Wem von der Lippe hold melodisch fließen
Der Vorzeit Lieder, die sich gern ergeben
Den neuen Tönen, neu sich zu beleben:
Ihn sollen diese deutschen Lieder grüßen.«

Neben dem Schöpfer des Madlitzer Gartens wird hier auch der Übersetzer antiker Dichtung gewürdigt, aber auch der Komponist wird geehrt. »Der Vorzeit Lieder«, das sind die Idyllen und Epigramme des Theokrit, die der Präsident 1789 (fast zwanzig Jahre vor den bekannten Übersetzungen des Johann Heinrich Voß) unter dem Titel »Arethusa oder die bukolischen Dichter des Alterthums, 1. Theil« herausgebracht hatte, denen 1806 eine erweiterte Neuauflage und 1810 ein zweiter Teil folgen sollten. Das »hold melodische« Fließen und die »neuen Töne« aber meinen den Versuch des Präsidenten, antike Musik nachzuempfinden und nach dieser Pindars Oden von seinen Töchtern singen zu lassen. Der Feldprediger Köhler, ein zufälliger Zuhörer, den wir nachher noch ausführlicher zu Wort kommen lassen wollen, meinte nach diesem Erlebnis zu wissen, wie der Gesang des Orpheus geklungen hatte, durch den bekanntlich nicht nur Menschen und Tiere, sondern auch Pflanzen und Felsen gerührt worden sind. Das Entzücken über diesen pseudo-antiken Gesang ist mehrfach bezeugt worden, wobei dahingestellt bleiben sollte, ob diese Wirkung nur von der Komposition hervorgebracht wurde oder doch vielleicht mehr von den jungen Mädchen, die jeden Besucher in Begeisterung versetzten, und das wohl nicht nur wegen ihres Gesangs.

Die »Arethusa« (in der griechischen Sage eine Nymphe des Waldes, die, als ein Flußgott sie begehrend bedrängte, von der Göttin Artemis in einen Quellbach verwandelt wurde) zeigt nur die eine Seite vom literarischen Interesse des Präsidenten, die andere, aber auch auf die Idylle gerichtete, galt lebenslang Ewald von Kleist. Dessen große Hexameterdichtung »Der Frühling«, die nach dem ursprünglichen Plan wie ihr Vorbild »Seasons« des Schotten James Thompson alle vier Jahreszeiten behandeln und »Landlust« heißen sollte, gab Finckenstein 1804 in Berlin bei Unger in einer kritischen Ausgabe heraus. Anlaß dazu gaben ihm die ein Jahr zuvor im selben Verlag erschienenen »Sämmtlichen Werke«, herausgegeben von Wilhelm Körte, der Finckensteins Meinung nach mit dem Text des »Frühling« nicht sorgfältig genug umgegangen war.

Die Dichtung war 1749 zum erstenmal erschienen und hatte ihres großen Erfolges wegen bis zu Kleists Tod in der Schlacht von Kunersdorf, 1759, sieben mehrfach veränderte Auflagen erlebt. Dazu kamen in den sechziger und siebziger Jahren mehrere Auflagen einer Werkausgabe, in der der Berliner Dichter Karl Wilhelm Ramler vielfach Veränderungen, die er für Verbesserungen hielt, vorgenommen hatte. Und Körte hatte nun, nach Finckensteins durchaus richtiger Meinung, die Ramlerschen

Entstellungen des Urtextes nicht genügend getilgt.»Denn man darf wohl behaupten«, schreibt der Präsident in der Vorrede, »daß unter den Ramlerschen Änderungen die meisten ganz unnöthig waren, mehrere sich nicht auf den Ausdruck beschränken, sondern die Ideen selbst angreifen, und mehr oder weniger alle den Geist und den Ton des Dichters nicht getroffen haben.« Das nun hat Finckenstein in seiner Ausgabe verbessert, aber nicht nach den Handschriften, die sich bei Kleists Freund Gleim in Halberstadt befanden, ihm also nicht Vorlagen, sondern nach frühen Drucken des Gedichts. August Sauer, der 1881 bis 1883 die erste genaue Werkausgabe herausgab, über Finckenstein aber anscheinend wenig wußte, urteilt, nachdem er die Hochschätzung Kleists im achtzehnten Jahrhundert und ihr Abflauen gegen dessen Ende beschrieben hatte, über Finckensteins Ausgabe folgendermaßen: »Rahels Freund, der Graf Karl Ludwig Friedrich von Finckenstein, verfiel 1804 auf den Gedanken, eine kritische Ausgabe des ›Frühlings‹ zu veranstalten; er hat ihn höchst unglücklich ausgeführt. Ramlers Umarbeitung zwar hat er als solche erkannt und beiseite geworfen, im Übrigen aber sich aus allen ihm zu Gebote stehenden Ausgaben einen höchst willkürlichen Text zusammengelesen ... Die Ausgabe sowohl als auch die Vorrede zu derselben ist gänzlich werthlos; sie mag uns als letztes kraftloses Aufflackern einer im Verlöschen begriffenen hingebenden Liebe zu dem Dichter des vergangenen Jahrhunderts gelten.«

Soweit der Fachmann, der freilich, da er Finckenstein-Vater mit Finckenstein-Sohn verwechselt, auch hinsichtlich seines Urteils eine gewisse Skepsis herausfordert. Ließe es sich doch wohl mit dem gleichen Recht sagen, hier habe ein dilettierender Kenner und Liebhaber mit Sinn für das Echte mit den ihm zur Verfügung stehenden unzulänglichen Mitteln sein Bestes getan.

Richtig ist freilich, daß der literarische Geschmack des damals Sechzigjährigen dem Zeitgeschmack hinterherhinkte und deshalb seine Bearbeitung keine Beachtung fand. Zu viel Bedeutendes war im literarischen Deutschland in dem halben Jahrhundert seit dem Erscheinen des »Frühling« geschehen. Der Sturm und Drang hatte Idyllik und Anakreontik veralten lassen. Lessing hat das Neue mit seiner Kritik begleitet. Schiller und Goethe hatten schon viele ihrer wichtigsten Werke geschrieben. Sie alle, wie auch Wieland und Herder und die Dichter des Göttinger Hainbundes, waren in ihrer Jugend von Kleist beeindruckt gewesen, hatten aber inzwischen zu neuen Positionen gefunden, und wenn sie auch den »zwiefach Umlorbeerten« in gutem Andenken behielten, so waren sie doch lange schon über ihn hinweggegangen. Nur der Graf war seiner Jugendliebe ganz treu geblieben. Konservativ war er wohl auch auf diesem Gebiet.

Doch ist bei einem solchen Urteil Vorsicht geboten, da man von des Präsidenten Lektüre zu wenig weiß. Wollte man nur von den Beständen seiner Bibliothek aus urteilen, käme man zu dem Ergebnis, daß die Schwerpunkte seines Interesses bei der Literatur der Antike und der der ersten Hälfte des achtzehnten Jahrhunderts gelegen hätten, nicht aber bei den Autoren seiner Gegenwart. Neben Ewald von Kleist und Thompson waren dort Leibniz, Christian Wolf, Baumgarten, Rousseau, von Haller, Gessner, Brockes vertreten, also Autoren, die ihn in jungen Jahren gebildet hatten, sehr viel weniger aber solche, die mit ihm gleichaltrig oder jünger waren – doch mit diesen, so sollte man dabei bedenken, ging er ja hauptsächlich um. Goethe lernte er, wie aus dessen Tagebüchern ersichtlich, in Karlsbad kennen. Tieck gehörte siebzehn Jahre sozusagen zu seinem alltäglichen Umgang, und mehrere von Tiecks Freunden kannte er auch. Daß er mit deren Büchern nichts anzufangen wußte, ist unwahrscheinlich. Allerdings fällt auch auf, daß sich in den wenigen sicheren Überlieferungen sein Interesse an Tieck auf dessen Wiederentdeckungen mittelalterlicher deutscher Dichtungen, besonders des Nibelungenliedes, beschränkt.

Man kann aber auch, um es sich einfacher zu machen, dem ersten Tieck-Biographen, Rudolf Köpke, glauben, der das Leben des Dichters nach dessen mündlichen, wahrscheinlich vergoldeten, Alterserinnerungen beschrieb. Danach »war nichts, was Kunst, Poesie und Literatur darboten«, dem Grafen gleichgültig. »Wie Goethes Bedeutung hier eine anerkannte und abgemachte war, so hatten auch schon die jüngeren Dichtungen Eingang gefunden. Man las Tiecks ›Romantische Dichtungen‹, und die Lieder aus seinem ›Sternbald‹ wußte man auswendig … Der alte Graf, offenen und freien Blicks, verschloß sich den Anregungen des jüngern Zeitalters nicht, weil ihn keine gelehrten Theorien und Vorurtheile beschränkten. Gern ging er auf Tiecks Ansichten ein, nachdem er ihn näher kennengelernt hatte, und folgte dessen begeistertem Lobe Shakespeares und des Mittelalters in die ältere englische und deutsche Poesie.«

Burgsdorff

Die Schule, aus der die jungen Berliner Romantiker kamen, war die unromantischste, die man sich denken kann: das Friedrichs-Gymnasium auf dem Werder, genannt das Friedrichswerdersche, das seit 1779 von einem der wichtigsten Köpfe der Berliner Aufklärung, dem Schulreformer und Mitherausgeber der »Berlinischen Monatsschrift«, Friedrich Gedike, geleitet wurde und als wichtige Bildungsstätte in rationalistischem und neuhumanistischem Sinne galt. Hier bekam der Schüler Ludwig Tieck, als er einem Lehrer anvertraut hatte, daß er sich manchmal, von den Anforderungen des Alltags getrieben, fort in die Stille eines mittelalterlichen Klosters wünschte, zu hören, daß er für diesen Gedanken verdiente, gehängt zu werden. Man kann sich denken, daß solcher Aufklärungseifer gerade bei begabten und empfindsamen Schülern gegenteilige Wirkung erzeugte; er brachte manchmal auch Schüler mit Aufklärungsabscheu, Vergangenheitssehnsucht und Hang zum heftig bekämpften Katholizismus hervor.

Ludwig Tieck, der 1792 mit dem vier Jahre zuvor in Preußen eingeführten Abitur die Schule beendete, war einer von ihnen; der andere war Wilhelm Wackenroder, der mit Tieck zusammen die Berliner Romantik sozusagen begründete, aber schon mit fünfundzwanzig Jahren sterben mußte. Der dritte war Wilhelm Schütz, der tatsächlich katholisch werden und einen starken Konvertiteneifer entwickeln sollte; und dann war da noch, als vierter im Bunde, Wilhelm von Burgsdorff, der, im Gegensatz

Im »Freundschaftstempel« des Gleim-Hauses in Halberstadt hängt dieses Porträt des Schulmannes Friedrich Gedike, des Leiters des Friedrichwerderschen Gymnasiums. Er war aber nicht nur Pädagoge, sondern auch Mitherausgeber der »Berlinischen Monatsschrift« und somit einer der einflußreichsten Männer der Berliner Aufklärung.

zu den drei anderen, nichts Schriftliches hinterließ als ein Reisetagebuch und einige Briefe und der in anderer, materiellerer Weise als Wackenroder für Tiecks Leben von Wichtigkeit war.

Er war 1772 geboren, hatte also etwa Tiecks Alter, war aber nicht arm wie dieser, sondern begütert im buchstäblichen Sinne, war also Gutsbesitzer, interessierte sich aber für Literatur und Kunst mehr als für seine Güter, dichtete jedoch selbst nicht. Für Tieck war er nicht Herzensfreund, wie Wackenroder, sondern Bewunderer des Dichters, Leser, Zuhörer, Wegbereiter in höhere Gesellschaftsschichten und finanzkräftiger Reisegefährte. Am wichtigsten aber war, daß er Tieck und seiner Familie in Ziebingen Obdach gewährte und dadurch mit dem Grafen Finckenstein bekannt machte, dessen Neffe er war.

Seine Mutter, eine geborene Gräfin von Finckenstein, war eine Cousine des Präsidenten. Von dem umfangreichen Güterbesitz der Burgsdorffs war ihm unter anderem das rechts der Oder gelegene Ziebingen, wo er geboren war, zugefallen, das aber, als Tieck es zu seinem Wohnsitz machte, von Madlitz aus schon verwaltet wurde und 1807 in den Besitz Finckensteins überging. Burgsdorff aber, der sowieso meist auf Reisen war, konnte dort wohnen bleiben und die Tiecks auch.

Burgsdorff hatte sich nach seinem Jura-Studium in Halle und Göttingen zwar als Kammergerichtsreferendar in Berlin anstellen lassen, gab aber diese Arbeit nach kurzer Zeit wieder auf. Er, den die bürgerlich-aufklärerische Schule geprägt und die Französische Revolution kurzzeitig so begeistert hatte, daß er zu den Revolutionstruppen an den Rhein geeilt war, die ihn aber nicht bewillkommnet, sondern als Spion eingesperrt hatten, wollte sich sein Leben nicht mehr durch Standespflichten bestimmen lassen, sondern es selbst gestalten, und er hatte die Mittel dazu. Das Joch geregelter Büroarbeit zu tragen war ihm zuwider. Für die Laufbahn eines Beamten oder Offiziers fühlte er sich genau so wenig berufen wie für die Bewirtschaftung seiner neumärkischen Güter. Sein Interesse galt der Kunst, die er nicht ausübte, dem geistigen Leben, zu dem er nur als Zuhörer und Gesprächspartner beitragen konnte, und schönen Frauen, an die er sich aber nicht binden wollte – oder doch möglichst spät.

Schon in der Schulzeit hatte er mit Tieck und dessen Bruder Friedrich zusammen im Hause des Kapellmeisters Reichardt verkehren können und dort viele Leute aus dem Kunstleben Berlins kennengelernt. Nach seiner Rückkehr aus Göttingen traf er mit Wilhelm von Humboldt zusammen, mit dessen Frau Caroline ihn bald ein Liebesverhältnis verband. In Rahel Levins Salon gehörte er zu den ständigen, gern gesehenen und mit fast allen Gästen vertrauten Besuchern. Im Sommer 1796 fuhr er mit Rahel nach Karlsbad und Teplitz, im Herbst nach Dresden, wo er im Hause Körners verkehrte. In Jena lernte er, auf Humboldts Empfehlung, Schiller, Fichte und die Brüder Schlegel kennen und war mittags und abends in Weimar bei Goethe zu Gast. Es folgten drei Reisejahre, in denen er, teils mit Friedrich Tieck, dem Bildhauer, teils mit Rahel, teils mit den Humboldts zusammen, Wien, London, Schottland, Paris erlebte. Erst 1801 war er wieder zu Hause, lud Ludwig Tieck ein, bei ihm in Ziebingen zu wohnen, doch trieb es ihn auch danach noch häufig umher. Er lernte auch die jüngeren Romantiker, wie Achim von Arnim und Clemens Brentano, kennen, hatte viele Liebesaffären, aus denen, den Gerüchten nach, vier uneheliche Kinder hervorgingen. Er lebte, wenn Tieck jahrelang verreiste, mit der Frau des Freundes zusammen, zeugte vermutlich Tiecks jüngere Tochter Agnes, heiratete 1808, mit sechsunddreißig, die sechzehnjährige Ernestine von Burgsdorff, Tochter eines kursächsischen Kanzlers aus Dresden, die der Schüler der Kreuzschule Theodor Körner die »Concentral-Schönheit aller Reize und Gaben« nannte und von der Caroline von Humboldt sagte, sie »sei schön wie eine Nymphe und lieb und gut«, aber »noch ganz leer«. Sie starb, nachdem sie drei Kinder geboren hatte, schon 1820, er zwei Jahre später, erst fünfzig Jahre alt.

In vielen Korrespondenzen dieser Jahre, die nicht nur große Jahre der deutschen Literatur, sondern auch der Briefschreibelust waren, erscheint sein Name. Er galt als interessierter, anregender Zuhörer und liebenswürdiger Plauderer, als eleganter, weltmännischer und doch bescheidener Gesellschafter, der, wie seine Briefe an Rahel zeigen, intelligent und empfindsam war. Wenn Rahel ihn »mein Freund« nennt, setzt sie hinzu, sie hoffe, sie sei dieser Auszeichnug auch wert. Er kannte keine Standesvorurteile, hatte die Gabe, schnell Freundschaften zu schließen; und er war nicht nur den Brüdern Tieck gegenüber stets hilfsbereit. In den Krisenjahren der älteren Romantik, in denen sich fast alle Freunde miteinander verzankten, blieb er von den Streitereien fast unberührt.

Einblicke in sein Wesen geben auch die Ansichten, die man in Dresden, Jena und Weimar über ihn hatte und brieflich mitteilte. Während sich Goethe nach seinem Besuch in Weimar, 1796, zwar positiv, aber nur kurz über ihn äußert: er habe ihm seines »Betragens« wegen und in »dem wenigen, was er sprach, recht wohl gefallen«, halten die Freunde Schiller und Körner ihn ausführlicherer Beurteilungen für wert. Humboldt hatte ihn als einen jungen Mann mit »viel Kopf und vielleicht noch mehr Sinn« angekündigt, aus dem »bei gehöriger Leitung recht viel werden« könnte, und Körner hatte das aus Dresden bestätigen können: »Er gefällt mir ebenso sehr durch seine Bescheidenheit und Ruhe als durch den Gehalt, der in ihm zu liegen scheint.« Auch Schiller fand ihn erfreulich: »Ich liebe so ruhig empfangende Naturen sehr.« Aber das änderte sich beim näheren Kennenlernen. Beide kritisierten nun das ausschließlich Passive seines Wesens. »An eigne Tätigkeit« sei bei ihm »gar nicht zu denken«, und selbst seinem Kunstgenuß fehle die Energie. Auch war Körner gekränkt darüber, daß Burgsdorff noch andere Freuden als die der Kunst suchte: »Er schwärmt auf Bällen herum und tanzt mehr, als ich für seine Gesundheit wünsche, da seine Brust nicht stark zu sein scheint.«

Gern gesehen war der liebenswürdige und dazu auch noch wohlhabende junge Mann wohl in allen Kreisen – auch in Madlitz für einige Jahre, wohin ihn wohl vor allem die Töchter zogen. Er war häufig dort, gehörte fast zur Familie, und eine eheliche Verbindung mit einer der Töchter schien sicher, bis ihm, was wir von Varnhagen wissen, der Vater das Haus verbot. Denn nachdem Burgsdorff sich erst für Henriette, die Älteste, entschieden und sich mit ihr so gut wie verlobt hatte, war er zu Caroline übergewechselt, um schließlich der Dritten, Barnime, den Hof zu machen. So viel Unrast und Wankelmut war dem Vater wahrscheinlich zu viel.

Getrauert hat über diesen Bruch wohl auch die Mutter der Mädchen, die Gräfin. Unter Tränen versicherte sie dem Verstoßenen, daß sie ihn auch weiterhin als ihren Sohn ansehen werde. So jedenfalls erinnert sich Burgsdorff an diese Szene, als er 1810 Henriette zum Tod der Mutter kondoliert.

Tieck

In Fontanes Roman »Vor dem Sturm« findet am Weihnachtstag 1812 im Pfarrhaus eines Oderbruch-Dorfes ein Gespräch über zeitgenössische Lyrik statt, das sich ganz im lokalen Rahmen des östlichen Brandenburg hält. Es bilden sich zwei Parteien, die »lebusische« und die »niederbarnimsche«, wobei die erste für Madlitz und Ziebingen und die »aristokratisch-romantische« Richtung, die andere für das »Derb-Realistische« des Pastors Schmidt von Werneuchen steht. Da es Fontane mehr darauf ankommt, das Werk des vergessenen oder doch unterschätzten Pastors im Für und Wider zu charakterisieren, bleibt der Streit ohne Ergebnis, doch glaubt man zu spüren, daß die Sympathien Fontanes mehr bei dem niederbarnimschen Realismus liegen, also nicht bei dem beiläufig zitierten »weißen königlichen Zelter« und den »Kreuzzugsjahrhunderten, die drüben bei den Ziebinger Freunden fast nur noch Geltung haben«, sondern bei dem an Haus und Hof gebundenen Pastor, der, »so unromantisch wie möglich«, »ganz Gegenwart, ganz Genre, ganz Mark« gewesen sei.

Wie es scheint, hatte Tieck für Fontane tatsächlich nur eine geringe Bedeutung, und zwar sowohl der Romantiker, dem er, wie auch aus dem Roman hervorgeht, Novalis bei weitem vorzog, als auch der alte Tieck, dessen ausgedehntes, eher realistisch zu nennendes Prosawerk Fontane wohl kaum zur Kenntnis genommen hat. Wenn Tieck, selten genug, in Essays oder Briefen erwähnt wird, dann entweder unter dem Stichwort Romantik, der junge Dichter, oder aber, nicht als Autor, sondern als Anekdotenfigur, der berühmte Alte, der, dem Ruf Friedrich Wilhelms IV. folgend, für sein letztes Lebensjahrzehnt wieder in seine Geburtsstadt zurückgekehrt war. Zum Beispiel legt Fontane seine mehrmals geäußerte Weisheit, daß die Leistung, einen dreibändigen Roman geschrieben zu haben, auch wenn er nichts tauge, Anerkennung verdiene, dem alten Tieck in den Mund.

Tieck starb erst 1853. Fontane hätte ihn also kennenlernen können, doch hatte er offensichtlich kein Interesse daran. Als er sich, noch als Apotheker, 1842 in Dresden aufhielt, wo Tieck damals noch hochgeehrt residierte, hatte er für ihn in seinen Briefen nur die witzige Bemerkung übrig, daß er sich damit begnügt hätte, statt des berühmten Dichters ein ehemaliges Dienstmädchen von ihm zu sehen. Für den jungen Lyriker Fontane waren Tiecks Zeiten schon lange vorüber. Auch der alte Fontane hatte für Tiecks Romantik nichts übrig. In seiner Autobiographie »Von Zwanzig bis Dreißig« spricht er von »jener schrecklichen Ironie, die zur Tieck-Schlegel-Zeit den ganzen Ton bestimmt hatte« und die er für ungerechtfertigt hochfahrend hielt. Besonders deutlich aber wird seine Ablehnung in den »Wanderungs«-Jahren, wenn er in seinen Notizen für das nie zustande gekommene Kapitel über Madlitz und Ziebingen von »Bummelcorps« und »Rasselbande« redet und damit Tieck und seine Geschwister meint. Daß sich Fontane für einen in Berlin geborenen preußischen Dichter, der sich noch an den zur Parade reitenden großen König errinnern konnte und siebzehn Jahre lang auf einem märkischen Adelssitz lebte, so gar nicht begeistern konnte, ist wohl nur damit zu erklären, daß Tieck weder der Landschaft noch der Geschichte der Mark Beachtung schenkte, sich vielmehr in altdeutsche Sagenwelten und schroffe Felsenregionen träumte, und daß er in Charakter, Stoffwahl und Machart so ganz und gar unpreußisch war.

Über sich selbst hat Ludwig Tieck wenig geschrieben, und Wilhelm Köpke, dem er im Alter, als er wieder in Berlin angelangt war, sicher nicht ohne Seitenblick auf Goethes Eckermann, sein Leben erzählte, hat daraus eine verherrlichende oder doch schonende Biographie gemacht. Vieles aus Tiecks Leben wissen wir nur durch Köpke, vieles aber wissen wir heute auch besser, darunter manches wenig Erfreuliche, das Köpke nicht wußte oder aus Pietät verschwieg. Manches freilich weiß man nur aus unbewiesenen Gerüchten, die man mit Mißtrauen betrachten sollte, weil das Freundschaftsbündnis der Romantiker (wie, nebenbei gesagt, die meisten Gruppenbildungen von Autoren) mit Zank und Streit zu Ende gegangen war. Die üblen Nachreden sind nicht immer verläßlich. In den Briefen der Schlegels zum Beispiel ist später über Tieck wenig Gutes zu lesen, und auch bei den Nachgeborenen war die Klatschsucht noch rege. Fontane zum Beispiel wußte das über Madlitz Notierte von Tiecks Neffen, der auch, ohne zu erklären, was damit wohl gemeint sein konnte, behauptet hatte, daß das Verhältnis des jungen Tieck zum früh verstorbenen Wackenroder eine »etwas dunkle Partie« gewesen sei.

Ludwig Tieck war der älteste von drei Geschwistern. Er war 1773 geboren. 1775 folgte die Schwester Sophie, die später auch dichtete, und ein Jahr danach der Bruder Friedrich, der ein bedeutender Bildhauer wurde und sich zu seinem Unglück von den älteren Geschwistern nie unabhängig zu machen verstand. Die Mutter kam vom Lande, aus Jeserig bei Brandenburg. Der Vater war Handwerker, ein selbstbewußter und auch belesener Seilermeister, der um die Bildung seiner Söhne besorgt war, deren Ausrichtung auf Kunst aber sicher nicht gerne sah. Das Geburtshaus der Geschwister stand in der Roßstraße, direkt am Kölnischen Fischmarkt. Ludwig hatte es also nicht weit zur Schule. Er brauchte nur den Fischmarkt zu überschreiten, durch Brüderstraße und Spreegasse den Schleusengraben zu erreichen, diesen auf der Jungfernbrücke zu überqueren, die Unterwasserstraße nach rechts bis zu deren Ende zu gehen, und schon war er am Werderschen Markt. Hier stand die Werdersche Kirche (aber

Friedrich Tiecks Marmorrelief zeigt seine Schwester Sophie, die spätere Frau Bernhardis, und seinen Bruder Ludwig. Es ist die Zeit vor ihrer beider Verheiratung, als sie in Berlin zusammenlebten und vergeblich von der Schriftstellerei zu existieren versuchten.

noch nicht die von Schinkel) und ihr gegenüber das Werdersche Rathaus, das im Obergeschoß das Gymnasium beherbergte. Unterrichtet wurde hier vormittags von acht bis zwölf und nachmittags von zwei bis fünf.

Auch andere Berliner Straßen wurden für den Gymnasiasten wichtig: die vornehme Burgstraße hinter Schloß und Spree, wo der Freund Wackenroder, Sohn eines hohen Beamten, wohnte; die Behrenstraße, wo in einem Hinterhaus das Döbbelinsche

Theater als erstes in Berlin deutsche Schauspiele aufführte; und die Friedrichstraße, wo bis zu seiner Entlassung 1790 der Königliche Kapellmeister Johann Friedrich Reichardt, der Stiefvater eines Schulfreundes, die Kunstwelt Berlins um sich sammelte und wo die Tieck-Geschwister durch Liebhaberaufführungen mit Musik und Theater vertraut wurden. Hier kamen die Handwerkerkinder mit Kreisen in Berührung, die ihnen sonst verschlossen blieben. Hier lernte Ludwig Amalie Alberti, eine Schwägerin Reichardts, kennen, seine spätere Frau.

Als der belesene Gymnasiast 1792 das Abitur ablegte und Berlin, das noch keine Universität hatte, verließ, um in Halle, Erlangen und Göttingen zu studieren, waren die Grundlagen für seinen späteren Lebensweg schon gelegt. Mit Wackenroder, mit dem zusammen er als Dichter bekannt wurde, war er schon befreundet; Amalie, die ihm die hilfreiche Tochter Dorothea gebar, gehörte schon zu seinen Bekannten; Freund Burgsdorff, der ständige Helfer, war schon für ihn vorhanden; und geschrieben hatte er auch schon viel: Gedichte und Stücke, die nie oder erst später veröffentlicht wurden, und Teile von Trivialromanen, zu denen seine jungen Lehrer Rambach und Bernhardi ihn angestiftet hatten. Als sein Studium begann, wußte er schon, daß er mühelos schreiben konnte, und als es endete, stand sein Entschluß, als Schriftsteller zu leben, fest.

In den sieben Jahren, die er nun in Berlin, aber nicht mehr im elterlichen Hause verbrachte, veröffentlichte er viel, darunter auch Bleibendes. In seinen Erzählungen, Romanen, Aufsätzen, Märchen, Theaterstücken und Gedichten, die in rascher Folge entstanden, zeigte sich nicht nur die Vielseitigkeit seiner Talente, sondern auch die Reichhaltigkeit seiner Lektüre. Er vollzog nämlich in seinen frühen Werken die Literaturentwicklung der letzten Jahrzehnte individuell nach. In den »Straußfeder«-Geschichten versuchte er sich an der moralischen Literatur der Aufklärung; der »William Lovell« erinnert an Sturm-und-Drang-Romane, die Empfindsamkeit eines Lawrence Sterne wird im »Peter Lebrecht« deutlich; dann aber entstanden in Vers und Prosa die Dichtungen, die seinen Namen mit dem Begriff der Romantik für immer verknüpften. Zum Teil war das Literatur, die, da im Streit der hadernden Kunstparteien entstanden, bald nur noch formales oder historisches Interesse erregen konnte, wie der »Zerbino« und der »Gestiefelte Kater«; zum anderen Teil aber entstanden in dieser Zeit auch die Dichtungen, die immer wieder gedruckt und gelesen werden und Tiecks Namen bis in unsere Tage lebendig erhielten: die »Herzensergießungen eines kunstliebenden Klosterbruders« und die »Phantasien über die Kunst«, beide mit Wackenroder zusammen, der unvollendete Roman »Franz Sternbalds Wanderungen«, der besonders von den romantischen Malern geliebt wurde, und die unheimlichen und vieldeutigen Märchenerzählungen, wie der »Runenberg« und der »Blonde Eckbert«, in denen Bewußtes und Geträumtes sich ineinander verschränken, die »Waldeinsamkeit«, eine von Tiecks Wortschöpfungen, sowohl Rettung als auch Verderben bedeutet, wo in der Natur feindliche Kräfte lauern und die Idylle abgründig wird. Der Krisenstimmung einer Generation der Übergangszeit gab Tieck hier Ausdruck. Es war die Generation, der der Staat Friedrichs des Großen nichts mehr bedeutete, dessen Verfall sie aber spürte. Die Hoffnungen der Aufklärung waren ihr durch den blutigen Verlauf der Französischen Revolution zerstört worden, und dem Neuen und Unbekannten mit seinen Freiheiten und Gefährdungen war nur mit Bangen entgegenzusehen. Bedenkt man die Lage Preußens am Ende der neunziger Jahre, in denen zwar innerhalb seiner Grenzen noch Frieden herrschte, ringsumher aber Kriege tobten, so muß man diese aus Angst und Melancholie gewobenen Kunstmärchen als Zeichen der Zeit verstehen.

Die Theoretiker der Romantik, die Brüder Schlegel, die in einigen von Tiecks Werken die dichterische Umsetzung ihrer Ideen sahen, förderten ihn nach Kräften und zogen ihn, der inzwischen geheiratet hatte, in ihren großfamilienähnlichen Kreis nach Jena, wo er mit Fichte, Steffens und Schelling bekannt wurde, Herder, Goethe und Jean Paul in Weimar besuchte, enthusiastische Freundschaftsgefühle zu dem schon todkranken Novalis entwickelte, es aber nur ein dreiviertel Jahr dort aushalten konnte, weil die Unbequemlichkeiten, die Eifersüchteleien und Streitigkeiten, die ein so enges Zusammenleben der Genies mit sich brachte, immer unangenehmere Formen annahmen. Nicht lange nachdem er sich nach Berlin wieder zurückgewandt hatte, löste der ganze Romantikerkreis sich auf.

Der deutsch-norwegische Naturphilosoph und Schriftsteller Henrik Steffens vergleicht in einem späteren Brief an Tieck diesen Versuch einer Dichtergemeinschaft mit dem aus Hochmut erfolgten »ruchlosen« Bau des babylonischen Turmes, der der Sprachverwirrung wegen in Trümmer sinkt. Man merkte plötzlich, daß keiner den anderen verstehen konnte, und ging »in entgegengesetzte Weltgegenden auseinander«, die meisten nach wie vor in dem »Wahnsinn« befangen, den »Babelthurm dennoch auf eigne Weise bauen« zu können. Die Ernüchterung kam dann erst spät.

Tieck verließ Jena mit seiner Frau Amalie und dem Töchterchen Dorothea im Juni 1800, lebte ein Jahr lang in der Linienstraße, in der Nähe des Oranienburger Tores, um dann vor den finanziellen Nöten, die ihn nie verließen, nach Dresden zu flüchten, wo ihn der alte Freund Burgsdorff bei der Rückkehr von seiner dreijährigen Auslandsreise aufsuchte und ihm das Angebot machte, zu ihm aufs Land zu ziehen.

Als Tieck im Oktober 1802 in Ziebingen ankam, war er ein junger Mann von Ende Zwanzig, den aber schon die Gicht quälte, die er nie mehr loswerden sollte. Er war ein berühmter Dichter geworden, der aber von seinen Büchern, die nur in kleiner Auflage erschienen, nicht leben konnte. Die liebsten Freunde, Novalis und Wackenroder, mit denen zusammen er die Romantik aus der Taufe gehoben hatte, waren gestorben. Er fühlte sich im Abseits allein und seiner Begeisterung beraubt. Die erste, die romantische Phase seiner dichterischen Laufbahn war abgeschlossen. 1804 erschien noch sein Lustspiel »Kaiser Oktavian« mit den vielzitierten Versen von der »Mondbeglänzten Zaubernacht, / die den Sinn gefangen hält«; dann war es, abgesehen von kleineren Sachen, die in den »Phantasus« eingestreut wurden, mit der Poesie, die man romantisch nennen kann, vorbei.

Begegnung in der Oper

Mit dem Abstand von etwa fünfunddreißig Jahren beschrieb Rahel Varnhagen, geb. Levin, in einem Brief an den Marquis de Custine, einen französischen Schriftsteller, im April 1830 den Beginn ihrer traurigen Liebesgeschichte so: »Karl Finckenstein sah ich zuerst in der italienischen Oper, wo die Marchetti in einer Righinischen Oper sang. Ich war in der Loge der Gesandtschaftssekretäre, er neben mir in der Gesandtenloge. Weil die Logen ziemlich leer waren, fiel er mir auf, wegen seiner Blondheit; noch mehr wegen der Art wie er zuhörte. Ich sah ihm an, daß er ein Mensch sei, der sich einbilde, all dergleichen viel besser gehört zu haben. Der Musikdirektor Anselm Weber war auch neben mir; dem machte ich die Bemerkung und fragte, ob er den Menschen kenne. Da erfuhr ich seinen Namen, aber nicht, daß alle seine Geschwister und auch er das Singen so ernst und nachhaltig trieben und er wirklich meinte, in der Welt würde nicht besser gesungen als in Madlitz.«

Das aber erfuhr sie sicher in der Pause, in der man die beiden miteinander bekannt gemacht haben wird. Sie werden in einer Gruppe von Rahels Freunden gestanden haben, die Männer in Uniform oder in farbigen Röcken mit weißen, enganliegenden Hosen, Rahel im dunklen Kleid. Dunkel waren im blassen Gesicht auch ihre Augen, die ihr Interesse an dem Grafen nicht verhehlten, was diesen anfangs verwirrte, ihn dann aber dazu verleitete, nicht nur von der Aufführung, die man gehört hatte, zu reden (es war wahrscheinlich »Enea nel Lazio«, Righinis

Das einzige Porträt Karl Graf Finckensteins, ein Pastell, entstand 1796, dem Jahr also, in dem seine Liebe zu Rahel begann. Der Künstler, Johann Heinrich Schröder, hat es, wie aus den Briefen Karls an Rahel hervorgeht, zweimal gemalt. Das eine Bild, vermutlich das erste, befindet sich heute noch mit der »Sammlung Varnhagen« in Krakau, das andere in der Staatsbibliothek zu Berlin.

erfolgreichste Oper), sondern auch von jener Musik, die er von Kindheit an kannte, liebte und ausübte, und auch von den Schwestern, mit deren Stimmen niemand wetteifern konnte, auch hier in der Oper Unter den Linden nicht. Er redete also, so wie fast jeder, den Rahel zum Reden brachte, schon nach kurzer Zeit ohne Scheu von sich selbst.

Diese erste Begegnung der Jüdin mit dem Grafen, die wahrscheinlich in den ersten Wochen des Jahres 1796 erfolgte, konnte nur zustande kommen, weil die streng hierarchische Gliederung des Preußischen Staates, die auch die Theatersitzordnung bestimmte, sich langsam aufzulösen begann. Vorgeschrieben war es, daß die besten Plätze, die Mittellogen, dem König, seiner Familie und dem Hofstaat Vorbehalten waren, die Seitenlogen den höheren Beamten, Diplomaten und Offizieren gehörten, und die Bürger und Subalternoffiziere im Parkett sitzen oder auch stehen mußten. Doch wurde neuerdings diese Ordnung vielfach durchbrochen. Der Justizminister Woellner, einer der mächtigsten Männer am Hofe Friedrich Wilhelms II., war Sohn eines Pastors; ein Minchen Encke wurde als Mätresse des Königs zur Gräfin; und Rahel Levin, die Jüdin, konnte, da sie Freunde unter den Diplomaten hatte, in den gleichen Logen sitzen wie Graf Finckenstein.

Dieser, den wir im Gegensatz zu seinem Vater, dem Präsidenten, und seinem Großvater, dem Minister, familiär mit Vornamen nennen wollen, war vierundzwanzig Jahre und einen Monat alt, Rahel ein Jahr und sieben Monate älter und ihm geistig und an Lebenserfahrung weitaus überlegen; aber ebenbürtig im Sinne der Standesgesellschaft war sie ihm als Bürgerliche und Jüdin nicht.

Wie alle Kinder des Präsidenten, mit Ausnahme der Schwester Barnime, war auch Karl in Berlin zur Welt gekommen, im Dezember 1771, im Finckensteinschen Palais in der Wilhelmstraße, wo er auch jetzt, im Januar 1796, wieder wohnte, doch ein paar Tage oder Wochen erst. Er war in Madlitz aufgewachsen, und er hatte seine engere Heimat (was ihn von allen anderen in diesem Buch vorkommenden Männern unterscheidet) so gut wie nie verlassen. Denn er war nicht, wie der Vetter Burgsdorff, in Berlin zur Schule gegangen, sondern zu Hause in Madlitz unterrichtet worden, und sein Jurastudium, das ihn zum Diplomaten befähigen sollte, hatte er nicht an den preußischen Universitäten in Königsberg, Halle oder Erlangen, oder gar außerhalb des Landes, sondern im nahen Frankfurt an der Oder, an der sogenannten Viadrina, absolviert. Da er von dort aus in ein bis zwei Stunden zu Hause sein konnte, war ihm das Entferntsein von der Familie nicht schwergefallen. Anders war es dann nach seiner Anstellung in Berlin. Am 5. Januar 1796 hatte er die Probezeit bei der Kurmärkischen Kammer begonnen; bald darauf lernte er Rahel kennen; und im Juni begann mit dem Zulassungsexamen und der festen Anstellung seine Laufbahn als Diplomat.

Aber auch das war noch keine Loslösung von der Familie; denn im Palais, das sein Säulenportal dem Wilhelmsplatz zuwandte und von der Hinterfront aus einen Blick auf die Gärten vor der Zollmauer gestattete, lebte er unter den Augen des Großvaters, des seit Friedrichs Zeiten noch immer amtierenden Ministers, der sicher die Hoffnung hegte, daß Karl die Reihe der in unmittelbarer Umgebung des Königs wirkenden Finckensteins, die sein Vater, der Präsident, unterbrochen hatte, fortsetzen würde. Ab und zu kamen die Eltern und die größeren Geschwister zu Hoffesten oder Konzertbesuchen, und Karl mußte mit ihnen ausfahren oder bei anderen Adelsfamilien Visiten machen. Auch die Stadtluft also machte ihn von Standespflichten und dem Druck der Erwartungen, die man in ihn, den Ältesten, setzte, nicht frei.

Ständig hatte er gegen sein Heimweh zu kämpfen; denn die Residenz mit allen ihren Genüssen war ihm noch fremd. Sein einziger Berliner Freund, Peter Roux, war nach Paris versetzt worden; die Vergnügungen seiner Kollegen bereiteten ihm keine; und in die Salons, in denen Leute verkehrten, die er heimlich bewunderte, hätte er eingeführt werden müssen – durch seinen Vetter Burgsdorff zum Beispiel, der Berlin schon von seiner Schulzeit her kannte und nun mit allen Geistesgrößen Bekanntschaft hielt. Aber sich aufzudrängen war nicht Karls Sache, und ob er den Anforderungen, die dort gestellt wurden, gewachsen sein könnte, war auch fraglich. Zwar war er gebildet und gut erzogen, aber geistreich gerade nicht. Er rettete sich aus der Einsamkeit lieber in eine Gemeinschaft, in der man einander sympathisch sein konnte, ohne gleich Gründe dafür benennen zu müssen: in die Gemeinsamkeit eines Chores, wo man mehr singt als spricht.

Die Singakademie, die Karl Friedrich Fasch fünf Jahre zuvor gegründet und zu solch gutem Ruf gebracht hatte, daß Beethoven bei seinem Berlin-Aufenthalt im Sommer 1796 ihre Proben besuchte, hatte in Karl ein eifriges Mitglied. Da er von Musik, auch gerade von Kirchenmusik, die hier vor allem gepflegt wurde, viel verstand und seine Stimme hervorragend war, fühlte er sich hier anerkannt, also wohl. Ohne sich als Einzelner bewähren zu müssen, konnte er Freude an künstlerischer Produktivität empfinden. Er konnte sich zugehörig fühlen, ohne zu sehr gebunden zu sein.

So oft als möglich fuhr oder ritt er nach Hause, und als er dort im September 1796 erkrankte, hatte das einen fast täglichen Briefwechsel zur Folge, von dem aber leider, mit wenigen Ausnahmen, nur seine Briefe erhalten geblieben sind. Bis ins neue Jahr blieb er unter der treuen Pflege von Mutter und Schwestern in Madlitz – das übrigens Rahel niemals gesehen, geschweige betreten hat.

Im Salon

Daß Rahel, wie wir annehmen dürfen, beim Abschied in der Opernpause zu Karl gesagt hat, er möge doch einmal vorsprechen bei ihr, wird die Dabeistehenden wenig gewundert haben. Denn man wußte, daß sie oft und gern Besuche empfing, und hatte es sich schon abgewöhnt, darüber zu reden. Was als Rahels erster Salon in die Kulturgeschichte einging, fing in dieser Zeit an, sich zu bilden. Das Friedensjahrzehnt zwischen dem Abkommen von Basel, 1795, und dem Zusammenbruch Preußens nach Jena und Auerstedt, 1806, das auch das große Jahrzehnt der deutschen Literatur war, machte Rahel zum Mittelpunkt eines Kreises, zu dem neben weniger bedeutenden Frauen und Männern auch, ständig oder auf Zeit, Berühmtheiten wie die Brüder Humboldt, die Brüder Schlegel, die Brüder Tieck, die Brüder Genelli, Friedrich Gentz, Prinz Louis Ferdinand und natürlich auch Burgsdorff gehörten. Man ging nicht nur ihretwegen zu ihr, sondern auch um Leute kennenzulernen, Schriftsteller, Schauspieler, Beamte, Offiziere und Diplomaten. So niveauvoll und zugleich ungezwungen wie bei ihr ließ sich in Berlin nur in wenigen Häusern plaudern. Daß es einfach zuging in ihren kleinen Räumen und an Dienerschaft nur ein Mädchen da war, das den Tee, mit dem man vorliebnehmen mußte, servierte, hielt niemand vom Kommen ab. Man suchte im Gegenteil gerade das Unkonventionelle bei ihr; denn an Steifheit, Arroganz, Prüderie und Belanglosigkeit fand man anderswo schon genug, am Hofe ebenso wie in Adels- und Bürgerhäusern. Man kam, wann man wollte, auch am Vormittag schon, wurde, falls Rahel gesund war, auch angenommen und fand meist andere schon vor. Wenn man auch nicht jeden mochte, den man dort traf, konnte man doch sicher sein, daß die Gespräche zumindest nicht langweilig waren. Denn jeder, den Rahel anzog, hatte auch etwas zu sagen. So sehr ihre Freunde sich auch durch Stand, Vermögen, Bildung und Glauben voneinander unterschieden, hatten sie doch die Originalität gemeinsam. Rahels Vorurteilslosigkeit akzeptierte jeden Charakter, jede Meinung und Lebensführung, wenn sie nur echt waren.

So offen, wie sie sich gab, hielt sie sich für andere. In Karl hatte ihre Neugier auf Menschen und ihre Fähigkeit zum Mitfühlen sofort das Bedürfnis ausgelöst, ihr von sich zu erzählen, Gefühle, die er sonst zu verbergen gelernt hatte, glaubte er ihr zeigen zu können. Bei ihr konnte er leicht über seine Leiden und Freuden reden, weil er gleich wußte, daß sie ihn verstand.

Weit zu ihr hatte er es von seiner großväterlichen Behausung aus nicht. Er überquerte den Wilhelmplatz, auf dem unter winterlich kahlen Linden vier Generäle Friedrichs des Großen aus Marmor standen, und ging die Mohrenstraße entlang bis zum Gendarmenmarkt, dem größten und sicher auch schönsten Platz der Residenz. Zwischen dem Neuen oder auch Deutschen Dom und dem Schauspielhaus hindurch erreichte er die Jägerstraße, an deren Ecke die Seehandlung stand – was kein Fischgeschäft war, sondern die Königliche Bank. Nun war er schon in Rahels Bereich. Auf der linken Straßenseite, im Haus Nummer 544, war sie geboren, rechts, in Nummer 244, wohnte sie jetzt, mit, oder besser, über ihrer Familie, die aus ihrer verwitweten Mutter und ihren vier jüngeren Geschwistern bestand.

Daß Karl sie, wie er es sich sicher erträumt hatte, beim ersten, beim zweiten oder auch beim fünften Besuch allein sprechen konnte, ist kaum anzunehmen. Ob er am Vormittag, am Nachmittag oder am Abend kam, immer waren schon Leute in der Dachstube, wie der einfach möblierte Salon bei ihr hieß. Diese Gespräche waren wichtigster Teil ihres Lebens. Grundlage ihrer

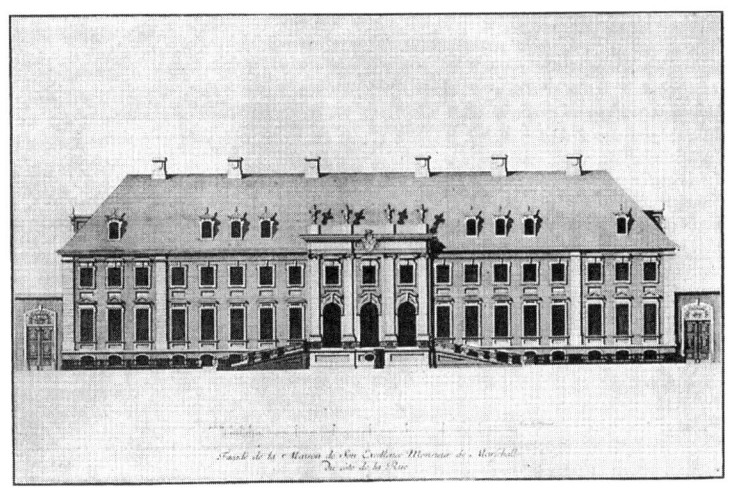

Das Finckensteinsche Palais, 1736 von Philipp Gerlach gebaut, stand am Wilhelmsplatz, auf dem seit den neunziger Jahren vier marmorne Generale aus Friedrichs Kriegen standen. Dem Finckensteinschen Palais benachbart war das des Prinzen Ferdinand.

Bedeutung war ihre Unfähigkeit, allein sein zu können. Leben war ihr nur erträglich mit anderen. Ihr Geist, der von allen verehrt wurde, entfaltete sich nur im Gespräch, auch im schriftlichen, also im Brief, der bei Entfernung des Freundes den Dialog fortsetzen mußte, oft über Jahre, manchmal Jahrzehnte hin. Jeder Denk- und Gefühlsart war sie gewachsen, und da sie nicht nur nahm, sondern auch gab, selber beichtete und Beichten empfing, brachten die Gespräche auch für beide Gewinn.

Karl erwartete, wie sich herausstellte, vor allem die Wonne des Sich-aussprechen-Könnens bei ihr. Nach Kinderart war er vor allem an sich selbst interessiert, an seinem Leid, das sich aus Heimweh, Stadtfremdheit und Einsamkeit zusammensetzte, an seinem Glück, das Musik und Natur ihm bereiteten, und an einer ziellosen Jugendsehnsucht, die von allem etwas enthielt. Darüber in Gegenwart anderer zu reden aber war ihm verwehrt. Er konnte nur Andeutungen machen. Daß Rahel auch die schon verstand, ermunterte ihn wiederzukommen.

In den letzten Winterwochen lernte er fast alle kennen, die zu Rahel gehörten: neben den Männern mit berühmten oder berühmt werdenden Namen auch Freundinnen Rahels aus Kindertagen, Jüdinnen meist, die aus bekannten Berliner Familien stammten, und dazu Rahels Geschwister: Markus, der Herr im Haus war, weil er das väterliche Geschäft weiterführte, Ludwig, der angehende Dichter, Rose, die mit ihren fünfzehn Jahren erst aufzublühen begonnen hatte, und Moritz, noch ein Kind.

Angenehm war es für Karl nicht, seinen Vetter Wilhelm von Burgsdorff bei Rahel zu treffen. Ob hier oder in Madlitz, immer fühlte er sich ihm unterlegen, und daraus entstand eine Abneigung, die Eifersucht zu nennen er sich noch verbot. Denn der elegante und weitläufige Vetter stach ihn nicht nur bei Rahel aus, sondern auch bei seinen Schwestern, die er nicht ohne Erfolg umwarb.

War Burgsdorff dabei, war es Karl nicht möglich, über Dinge zu reden, die dieser kannte, die Familie zum Beispiel; aber auch vor anderen fiel ihm das schwer. Er konnte nur im Ton der Verehrung von seiner Familie erzählen, und das würde man möglicherweise befremdlich oder lächerlich finden. Also schwieg er lieber darüber, oder er paßte sich, wenn Rahel ihn mit ins Gespräch zog, dem jeweils herrschenden Ton möglichst an. Das aber gelang ihm nur selten. Sarkastisch zu reden wie Genelli, mit dem er später noch sehr vertraut wurde, war ihm nicht gegeben; die Geschliffenheit Brinckmanns, des schwedischen Diplomaten, der Verse in deutscher Sprache verfaßte, stand ihm nicht zu Gebote; und wenn er auch witzig wie der Major von Gualtieri gewesen wäre, hätte ihm doch der Stoff dazu gefehlt. Denn die Tagesneuigkeiten vom Hofe, die der Flügeladjutant Friedrich Wilhelms II. in die Dachstube mitbrachte und pointiert zu erzählen wußte, erreichten Karl auf seinem Büroschemel der Kurmärkischen Kriegs- und Domänenkammer nicht.

Besser war ihm in Anwesenheit von Frauen zumute, weil die außer Liebenswürdigkeit keine Leistung von ihm verlangten; und liebenswürdig zu Frauen zu sein, fiel ihm nicht schwer. Für jede fand er dann gleich die richtigen Töne, selbst für Frau Unzelmann, die bedeutendste Schauspielerin Berlins. Als die sofort mit ihm zu kokettieren begann, zeigte er zwar, daß ihn die Auszeichnung freute, wahrte aber Distanz.

Von einem, der immer abwesend blieb, war so häufig die Rede, daß Karl unruhig wurde, von Goethe nämlich, den Rahel, wie sie wieder und wieder betonte, nicht nur verehrte, sondern liebte. Im Vorjahr war sie ihm in Karlsbad begegnet, und das Kompliment, das er ihr nachträglich gemacht hatte, war ihr auf Brief-Umwegen bekannt geworden. Mehrmals erlebte Karl es mit, daß sie es vorlas, und immer fiel es den Zuhörern schwer, Rahels Glück auch zu teilen. Denn Goethe, der Kenner von Frauenschönheit, nannte nur ihre Seele schön. Was er an ihr rühmte, war die Stärke ihrer Empfindung und die Leichtigkeit ihres Ausdrucks. Und wenn das Wort liebevoll fiel, hörte jeder, von Karl abgesehen, mit: aber nicht liebeerregend.

Für Karl aber war Rahel schön. Und deshalb hörte er nur das Lob, das ihn schmerzte und beeindruckte. Er war der einzige Mann in der Runde, den Goethes Ausspruch nicht betroffen machte. Denn so zärtlich-herablassend wie der Verehrte in Weimar dachten alle von ihr. Wenn sie sie die Kleine nannten, war Sympathie und Bewunderung herauszuhören, aber ein bißchen Mitleid auch. Die Tiefe ihrer Gedanken und Empfindungen, ihre Ausdruckskraft und Kritikfähigkeit schätzten sie alle, aber von keinem wurde sie begehrt. Man brauchte sie, um mit ihr über Liebe zu reden, aber ausüben wollte man sie mit ihr nicht.

Den Grund dafür einzig, wie auch sie selbst es tat, in ihrem Mangel an Grazie und Schönheit zu sehen, scheint nur Halbwahrheit gewesen zu sein. Vielleicht wirkte auch ihr Geist, der von allen als gleichwertig oder gar überlegen anerkannt wurde, hemmend auf Männer, die Unterwerfung von Frauen gewöhnt waren und bei ihr Unbeugsamkeit fanden. Vielleicht wollte Rahel auch diese herrschaftsgewohnten Männer nicht und kam ihnen deshalb nicht entgegen. Tatsache ist jedenfalls, daß alle Männer, die sie in ihrem Leben liebte, jünger und unbedeutender waren als sie.

Der erste von ihnen war Karl, der von dieser Problematik nichts ahnte. Für ihn waren alle Bewunderer Rahels seine Rivalen, und da er sich ihnen unterlegen wußte, waren seine Qualen groß. Sicher schwankte er lange zwischen Verzweiflung und Hoffnung, nahm sich vor, die Jägerstraße zu meiden, und führte den Vorsatz nie aus.

Als er im März, vielleicht auch erst im April, Rahel glücklicherweise allein antraf und sie alle Besucher, die nach ihm kamen, abweisen ließ, traf ihn das Glück, das er so lange erwartet hatte, wie unvorbereitet. Sprachlos machte es ihn nicht. Verstand Rahel doch die Kunst, Menschen zum Sprechen zu bringen.

Namenloser Gram

Das Verständnis dieser Liebesgeschichte wird nicht nur dadurch erschwert, daß uns zweihundert Jahre von den Liebenden trennen, sondern auch durch die Unvollständigkeit des überlieferten Materials. Von Karls Briefen an Rahel sind neunzig erhalten, von Rahels Briefen an Karl aber nur fünf. Auch sind Briefe überhaupt von fragwürdigem Dokumentenwert. Sie können, je nach Anlaß und Zweck ihrer Entstehung, auf Täuschung oder Selbsttäuschung beruhen, und auch wenn sie Wahrheit vermitteln, kann die nur von Augenblicksgeltung sein.

Die Basis für die Rekonstruktion der Geschehnisse ist also schmal. Könnte man nicht darauf bauen, daß sich die Grundmuster menschlichen Fühlens nur wenig wandeln, verböte sich dieser Versuch, der viel Verständnis für Zeiten erfordert, in denen menschliches Verhalten stärker als heute von der Herkunft bestimmt war, individuelle Selbstbestimmung also nur wenig galt. Durch Geburt war schon weitgehend festgelegt, was man wurde. Der Spielraum zur persönlichen Entfaltung war eng.

Rahel war ins Abseits hineingeboren worden, und ihr Bestreben war, es zu verlassen. Auch ihr Kommunikationszwang hatte damit zu tun. Ihre Neugier auf Menschen war auch Neugier auf eine Welt, zu der sie nicht gehörte, ihre Gespräche waren auch Erkundungen, und ihre Liebe war auch ein Versuch der Integration. Denn den Platz in der Gesellschaft, der Karl durch Geburt angewiesen worden war, mußte sie sich erst erringen.

Während Karl von Kindheit an gelernt hatte, sich als Teil einer Ahnenreihe zu sehen, wußte Rahel von ihrer Herkunft so gut wie nichts, sie spürte nur deren Folgen. Da sie sich mit der Geschichte ihres Volkes, die sie niemand gelehrt hatte, nicht identifizieren konnte, kam ihr das Schicksal, eine Jüdin zu sein, wie individuelles Unglück vor. Sie sah sich als Schlemihl, als Pechvogel, der doppelt vom Pech verfolgt wurde, nämlich durch Herkunft und durch Geschlecht. Das Jüdischsein bewirkte ihre Absonderung, das Frausein verdammte sie zur Untätigkeit.

Seit dem Mittelalter waren die Juden in Deutschland günstigstenfalls geduldet, meist aber unterdrückt und verfolgt worden. Auch im Zeitalter der Aufklärung galten sie noch als verachtete Fremde, die rechtlich den anderen Einwohnern nicht gleichgestellt waren. Für sie galt in Preußen das »Judenrecht«, das ihre Zahl in den Städten begrenzte, ihnen nur die Ausübung bestimmter Berufe gestattete und Geld von ihnen erpreßte. Nur wenige kapitalkräftige Kaufleute, die Friedrich dem Großen als Armeelieferanten, Unternehmer und Bankiers nützlich gewesen waren, hatte er weitgehend von den Beschränkungen befreit. Aber erst fünf Jahre nach seinem Tode wurde als erster Jude in Preußen Daniel Ephraim rechtmäßiger Bürger der Stadt Berlin.

Rahels Vater, Markus Levin, war Bankier und Juwelenhändler gewesen. Er war im Siebenjährigen Krieg, als König Friedrich sich durch eine Münzverschlechterung die leeren Kassen wieder füllen ließ, mit anderen jüdischen Bankiers zusammen an dem Geschäft beteiligt worden, doch war der Reichtum, den er sich dabei erworben hatte, nach seinem Tode, 1789, schnell zerronnen, so daß das Leben im Levinschen Hause ziemlich dürftig war. Die Lebemänner aus den höchsten Schichten, die früher oft ins Haus gekommen waren, um sich Geld zu leihen, und die dabei mit dem nicht schönen, aber sehr gescheiten Mädchen Rahel gern geplaudert hatten, blieben aus. Man hungerte zwar nicht, doch war die Sorge zu verarmen da. Denn Bruder Markus, der

Geschäftsinhaber, ernährte neben der eignen Familie auch noch die Mutter und die vier Geschwister mit.

Rahel gehörte also nicht zu jenen Kaufmannstöchtern, die von einem Hochgeborenen träumen konnten, der, der großen Mitgift wegen, den Makel der jüdischen Geburt vergessen und an Heirat denken würde. Sie mußte auf einen warten, der sie wirklich liebte.

Da sie schon fünfundzwanzig war, als dieser eine endlich kam, hätte der vielleicht so schön, so lieb und auch so adlig gar nicht zu sein brauchen, um Gegenliebe in ihr zu entzünden. Liebte sie in ihm doch mehr als nur den blonden Grafen, den Menschen nämlich, der sie aus ihrem Unnützsein befreien und in die Welt, zu der sie gern gehören wollte, einführen konnte.

In Karls Briefen ist von solchen Fragen nie die Rede; am Anfang hat er sie sich wahrscheinlich auch nicht gestellt. Der erste Brief, aus Madlitz vom 12. Mai 1796, aus den ersten Wochen dieser Liebe also, schließt ein Schreiben Caroline von Humboldts ein, die zu Besuch in Madlitz weilte, was für Rahel anscheinend unmöglich war. Dieser lange Brief wirkt, als würde mit ihm ein Muster für alle, die folgen, entworfen. Ob sie wie dieser im Lenz der Liebe geschrieben wurden oder im Herbst, immer blieb der Aufbau sich ähnlich, und inhaltlich kommt wenig hinzu. Über ihn selbst erfährt man aus all den vielen Briefen, von seinen Liebesgefühlen abgesehen, wenig und über die Welt, in der er lebt, nichts. Erwähnt werden manchmal die Schwestern als gute, liebe, unschuldige Geschöpfe; sonst kommt die Familie nicht vor. Alle Bemühungen Rahels, Karl zum Reden über das Ausgesparte zu bringen, haben keinen Erfolg. Während er sich scheinbar in Liebe ganz hingibt, bleibt er in einem Punkt immer verstockt.

Im ersten Brief wirkt dieses Schweigen noch wie Rücksichtnahme. Um Rahel nicht zu verletzen, vermeidet er es, direkt zu werden, kommt aber, da er nicht lügen kann, um das Verletzende nicht herum. Er wirkt hier wie einer, der schlechtes Gewissen, das er verhüllen will, preisgibt, rührend in unbeabsichtigter Offenheit. Da er unfähig ist oder Angst davor hat, die Zerrissenheit seiner Gefühle zu analysieren, stellt er alles, was ihn bewegt, unbedacht nebeneinander und macht dem Empfänger dadurch das Analysieren leicht.

Er war, als Rahel krank war, aus Gründen, die ihm, aber nicht ihr als zwingend erschienen, nach Madlitz gefahren, und der Trennungsschmerz, den er im Brief äußert, ist echt. Über ihn vor allem nimmt er sich vor zu schreiben, und tatsächlich sind Dreiviertel des Briefes damit gefüllt. Da er weiß, wie sehr Rahel unter der Trennung leidet, stellt er, indem er sein eignes Unglücklichsein schildert, seine Liebe der ihren gleich. Aber auch der Rechtfertigung dient sein Leid: Je unglücklicher er sich macht, desto deutlicher muß ihr werden, daß er nur notgedrungen nach Hause fuhr.

Er kommt also vom Trennungsschmerz, den er mit Rahel ja teilt, auf den anderen zu sprechen, den er allein tragen muß, auf den Gram ohne Namen, der ihm das Herz abdrückt und die Seele zusammenpreßt, auf das Eine, das er vor der Reise schon ahnte und das tatsächlich nun kam. Ausgesprochen hat er seine Vorahnung damals nicht, um Rahel nicht zu erschrecken, aber sie hat wohl trotzdem davon gewußt. Auch jetzt spricht er nicht aus, um was es sich handelt, und nie in den kommenden Jahren wird er das tun. Das macht die Briefe bei aller Gleichförmigkeit, die sie dadurch bekommen, so spannend, weil man immer darauf wartet, daß dieser junge Mann, der so gefühlvoll liebt und so kraftlos ist, doch vielleicht einmal zu einer Entscheidung kommt. Den einen Teil seines Lebens und seiner Persönlichkeit gibt er ganz der Geliebten hin, vom anderen Teil aber soll sie nichts wissen. Seine Familie hat für Rahel tabu zu sein.

Karls innere Zerrissenheit ist, wenn auch unausgesprochen, in allen Briefen zu spüren. So wie ein Ehemann, der außerhalb der Ehe liebt, verübt auch Karl, der außerhalb des Standes liebt, Verrat. Wohl darf er lieben, aber diese nicht. Als Erbe der Familien-

Wie Karls Porträt entstand auch dieses Relief Rahels von Friedrich Tieck in dem Jahr, in dem die Liebe Rahels zu Graf Finckenstein begann. Abgesehen von einem Pastellbildnis der Vierzehnjährigen, ist dieses die früheste Darstellung Rahels.

tradition empfindet er als Unrecht, was er fühlt, doch kann er andererseits als aufgeklärter Mensch mit Glücksanspruch sein Fühlen nicht verdammen. Er liebt genau so heftig, wie ihm das Gewissen schlägt, vermag den Zwiespalt deshalb nicht zu lösen und macht ihn dadurch weniger schmerzlich, daß er die beiden Pole so weit wie möglich voneinander trennt. Konfliktbenennung also meidet er und klammert die Familie, die selbstverständlich eine solche Bindung ablehnt, ganz aus seinem Bund mit Rahel aus. Nicht Graf, nicht Diplomat, nur Liebender ist er bei ihr; der Kreis, in dem sie sich bewegen kann und wo er ihr gehört, ist also festgelegt. Nie klagt er die Familie an, er klagt nur immer allgemein und nimmt die Bande, die ihn beengen, als naturgegeben hin. Rahels besorgten Fragen nach der Zukunft weicht er aus. Nach Kinderart zieht er die Decke über beide Ohren und überläßt Entscheidungen der Zeit.

Wie Klagen klingen auch die Liebesworte, mit denen er meist seine Briefe beginnt. Oft sind es nur Klagen über die eigne Trauer, die er gern abwerfen würde, es aber aus Liebe zu ihr nicht kann. Schon aus dem ersten Brief wird klar, daß er in Madlitz ja so glücklich sein könnte, gäbe es nicht den Kummer um sie.

Krank in Madlitz

Da die beiden sich im ersten Jahr ihrer Liebe selten zu sehen bekamen, war die Briefflut groß. Kaum hatte Karl im Frühsommer 1796 sein Zulassungsexamen bestanden und sich damit im Staatsdienst etabliert, reiste Rahel, von Freundinnen begleitet, nach Böhmen ab. Ihre Kränklichkeit ohne Namen, psychosomatisch, wie man vermuten kann, trieb sie Jahr für Jahr in die Bäder, erst in das nahe und billige Freienwalde, das aber aus der Mode gekommen war, dann nach Teplitz und Karlsbad, später auch nach Pyrmont. Daß die Trinkkuren und Bäder ihrer Gesundheit dienten, kann man vermuten, gewiß aber ist, daß die Badegesellschaft ihr gut bekam. Denn Berlin war im Sommer für sie wie verödet, da jeder, der es sich leisten konnte, es verließ. Das Bad zu gebrauchen, wie man das nannte, war für die meisten aber mehr Urlaub als Kur. Wenn man darüber nach Hause berichtete, war wenig von Heilerfolgen die Rede, viel aber von Fürsten und anderen Standespersonen, von Geistesgrößen, von Essen und Festen und schönen Frauen. Die Güte des Bades wurde an seinen Gästen gemessen, an Leuten, die man wiedergesehen oder kennengelernt hatte. Das Bad zu gebrauchen hieß auch, in guter Gesellschaft zu sein.

Rahel, die zwar zur höheren Gesellschaft Berlins nicht gehörte, aber durch einzelne von deren Mitgliedern doch Teil an ihr hatte, reiste sozusagen ihrem Salon hinterher – und erweiterte ihn dort, um die Gräfin von Pachta zum Beispiel, die später in dieser Liebesgeschichte noch eine Rolle spielt.

Karl blieb in Berlin zurück und erwies sich als eifriger Schreiber. Jede Post, die nach Böhmen ging, beförderte Briefe von ihm, und fast jede, die kam, brachte Briefe von Rahel. Geistreich oder auch nur gedankenreich waren Karls Briefe zwar nicht, aber sie gaben, trotz der immer wieder benutzten Klischees, über sein Leben Auskunft. Ihre Bedeutung, ist man versucht zu sagen, besteht darin, daß ihnen solche fehlt. Ein schlichtes Gemüt offenbarte in ihnen seine Schlichtheit; ein aristokratischer Durchschnittsbeamter gab Einblick in den von Langeweile geprägten Alltag der beamteten Aristokratie.

Denkt man an die nur wenig später geschriebenen Jugendbriefe des vier Jahre jüngeren Frankfurters Heinrich von Kleist, wird deutlich, was Karls Briefe so nichtssagend werden läßt: der Mangel an Willen und Wollen. Kein Lebensplan ist da, der Kleists Dasein so spannend machte, kein Vervollkommnungsstreben, kein Sinnsuchen, keine Sucht nach Erkenntnis und folglich auch keine Erkenntniskrise. Statt Verzweiflung gibt es bei ihm nur Traurigkeit, statt Aufbegehren nur ein Sichfügen, und der Konflikt zwischen Pflicht und Neigung wird nicht benannt. Während Kleist sich den Kämpfen des Lebens stellte, wich Karl ihnen aus. Selten, und dann nur verdeckt, kommt in den Briefen der Zwang, unter dem er stand, zum Ausdruck, so wenn er im Madlitzer Garten von Unabhängigkeit zu träumen beginnt oder wenn er bei einem Ausflug jenseits der preußischen Grenze, die nur wenige Kilometer südlich von Frankfurt verläuft, Freiheitsgefühl empfindet. Doch nicht Selbstgestaltung des Lebens oder Erfüllung ehrgeiziger Pläne erträumt er sich, er will nur in Ruhe genießen und ausgeglichenen Gemüts leben können. Doch kann er, der Liebende, das in Berlin nur, wenn Rahel dabei ist, sonst wird ihm die Zeit zu lang. Er muß also neben der Korrespondenz, die viel Zeit erfordert, Theater, Opern und Hoffeste besuchen; er nimmt Klavierunterricht; er schwimmt in der Spree, besucht Rahels Verwandte und geht weiterhin zu den Proben der Singakademie, wo er, wenn die Eifersucht auf

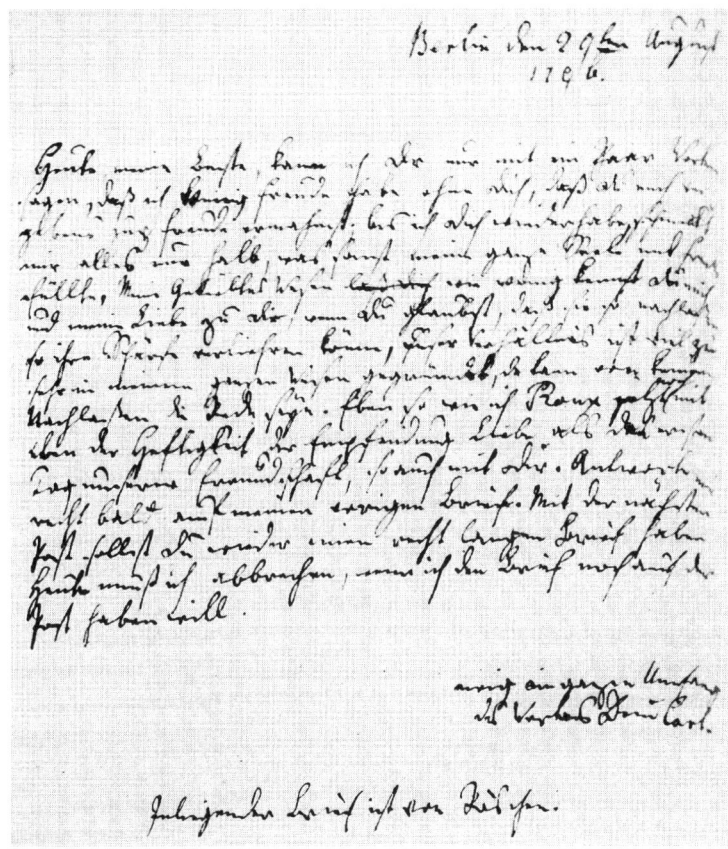

Einer der wenigen Briefe Karls an Rahel aus dem ersten Jahr ihrer Liebe3 in dem er sich kurz faßt. Die Unterschrift: »Ewig dein Carl« wird hier variiert: »Ewig im ganzen Umfang des Wortes dein Carl«.

Burgsdorff, der Rahel ins Bad nachgereist ist, ihn zu sehr quält, sich, wie er es ausdrückt, ruhig singen kann.

Seine Liebesbeteuerungen, mit denen er Seite um Seite füllt, bestehen meist in der wiederholten Versicherung, daß er sie brauche; denn nur sie verstehe ihn, nur mit ihr könne er reden, nur in ihrer Gegenwart ruhig und glücklich sein. Er scheint anzunehmen, daß seine Hilfsbedürftigkeit Grund für Rahel ist, ihn wiederzulieben, und daß in dem Bestreben, ihn glücklich zu machen, ihr Glück bestehe. Sein kindlicher Egoismus drängt sie also in eine Rolle, die der einer Mutter sehr ähnelt; doch kann man, ihrer späteren Liebesbeziehungen wegen, annehmen, daß sie diese Aufgabe gern erfüllt, vielleicht sogar provoziert. Jedenfalls besänftigt es ihren Unwillen, wenn Karl ihr schreibt: er werde sich in Zukunft immer als zahm und gehorsam erweisen und artig ausführen, was seine geliebte Führerin wolle.

Vielleicht hörte Rahel solche FolgsamkeitsVersicherungen auch deshalb gern, weil sie sie hoffen ließen, den Willensschwächen zu Entscheidungen veranlassen zu können. Die von ihr erwünschte Legitimation des Liebesbundes konnte nur durch ihre Überlegenheit zustande kommen. Sie mußte Karl dazu bewegen können, den Streit mit der Familie und Nachteile anderer Art in Kauf zu nehmen. So würde, beispielsweise, Rahel auch als Gräfin nicht hoffähig sein. Für einen Diplomaten, der eine Karriere an Höfen vor sich hat, war sie also nicht die geeignete Frau.

In Karls Briefen aus dem Sommer 1796 war von der Bereitschaft, diese Frage auch nur zu berühren, nichts zu spüren, viel dagegen vom Bestreben, allen Schwierigkeiten aus dem Weg zu gehen. Obwohl er, wie sein Schreibfleiß zeigte, bemüht war, Rahel nah zu bleiben, vermied er jedoch alles, das sein Verhältnis zur Familie hätte trüben können. Im Juni, vor Rahels Abfahrt, war vereinbart worden, daß Karl ihr im August nach Teplitz folgen sollte. Die Freude darauf war bei ihm erst riesig, dann wurde leiser Zweifel angemeldet und schließlich die Undurchführbarkeit des Planes festgestellt. Während sein Flirt mit Madame Unzelmann sehr detailliert, mit kindlich-rücksichtsloser Offenheit, ja fast mit Stolz auf den Erfolg von ihm geschildert wurde, schwieg er sich über die Gründe, die seine Reise verhinderten, aus. Statt zu ihr fuhr er im Urlaub nach Madlitz, da er sich, wie er schrieb, nach seinen Schwestern sehnte. »Ich muß einmal wieder eine Weile mit ihnen leben, es ist mir Bedürfnis, ich fühle es, und es wird mir ewig Bedürfnis bleiben. Mein Herz schlägt doch nie ruhiger als im Umgang mit diesen lieben, unschuldigen Wesen, in diesem Lande meiner Kindheit.« Und dann folgte unterstrichen der Satz: »Burgsdorff reist mit Dir, ich weiß es«, der Eifersucht ausdrückt oder vorschützt. Und auf diesen überraschend kühlen, wenn auch mit »Ewig Dein Karl« unterschriebenen Brief kam wochenlang keiner mehr.

Obwohl auch in diesem relativ kurzen und kühlen Schreiben die zwischen den Liebenden übliche Form gewahrt bleibt, klingt es wie ein Abschiedsbrief und wurde von Rahel, als sie wieder in Berlin war, wohl auch so empfunden. Denn Karl, der ihr in jedem Brief versichert hatte, daß er mit Sehnsucht ihre Heimkehr erwarte, war nicht da, und wochenlang ließ er nicht von sich hören.

Ob seine schwere Krankheit, die ihn in Madlitz überfiel, die Folge davon war, daß er dem Drängen der Familie, sich von Rahel zu lösen, nachgab, muß als Frage offenbleiben; sicher aber ist, daß er von ihr so wenig lassen konnte wie sie von ihm. Die kurzen, mit schwacher Hand geschriebenen Krankenlagerbriefe, mit denen Karl sechs Wochen später, im November, den zweiten Akt des Trauerspiels begann, fand bei ihr sofort die alte Resonanz. Schnell war die Innigkeit des Anfangs wieder da, und die vor Karls Eltern geheimgehaltene Korrespondenz wurde bald so rege wie zuvor. Doch war die Krise, die Karl nicht zugab, nicht überwunden, sondern nur verdrängt. Wieder ging er mit seinen selbstgemachten oder von Dichtern ausgeborgten Liebesschwärmereien jeder Problematik aus dem Wege, setzte ihren Sorgen nur sein sonniges Gemüt entgegen, verbot sich und ihr, an Zukünftiges zu denken, und schwor einzig auf die Gegenwart. Unausgesprochen machte er Rahel immer wieder klar, daß das Versprechen, das sie, ebenfalls nicht ausgesprochen, von ihm forderte, bei aller Liebe nicht von ihm zu haben war.

Und sie ging auf dieses Spiel noch einmal ein, verschob geplante Reisen, um bei seiner Rückkehr nach Berlin für ihn dazusein, wartete Woche um Woche vergeblich auf ihn, mußte immer wieder lesen, daß er, plagte ihn nicht die Sehnsucht nach ihr, mit den geliebten Schwestern, ach, so glücklich sein könnte. Sie wußte also, was sie erwartete, und nahm ihn dann doch, als er im neuen Jahr endlich kam, wieder mit offenen Armen auf.

Wie fragwürdig der Wahrheitsgehalt von Briefen sein kann, zeigt ein Schreiben Rahels an Caroline von Humboldt, in dem sie der Freundin weismachen will, es sei nur Mitleid, das sie bei Karl halte.

Glück zu zweit

Liebesgeschichten, die Briefen nacherzählt werden, weisen in Zeiten, in denen das Paar beieinander ist, notwendigerweise Leerstellen auf. Wer sich täglich spricht, braucht sich nicht zu schreiben. Und auch das Bedürfnis, sich anderen mitzuteilen, ist in Leidensphasen größer als in solchen des Glücks.

Weder vorher noch nachher waren Rahel und Karl so lange zusammen wie im ersten Halbjahr 1797, das man für ihre glücklichste Zeit halten muß. Kummer wird ihnen in diesen Monaten vor allem der Mangel an Möglichkeit zum Alleinsein gemacht haben. Das Palais in der Wilhelmstraße war Rahel verschlossen, und im Levinschen Hause war immer Betrieb. Zwar war Burgsdorff, einer der eifrigsten Gäste, mit Caroline von Humboldt zusammen auf Reisen, aber Kunth, der Erzieher der Humboldt-Brüder, Brinckmann, Gualtieri und andere Vertraute waren in Berlin. Freundinnen wie Mariane Meyer, Rebekka Friedländer und Henriette Mendelssohn kamen vorbei, um ein wenig zu schwatzen, und Ludwig Tieck führte seinen jüngeren Bruder Friedrich ein, der in dieser Zeit das bekannte Reliefporträt von Rahel gestaltet hat. Abweisungen, die kränken konnten, fielen Rahel schwer, und sie nutzten wenig, denn von Rahels großer Familie war immer jemand im Haus.

Da ihr Verhältnis geheim bleiben sollte, vermieden die beiden in Anwesenheit anderer das vertrauliche Du. Zwar wußten Rahels Verwandte und Karls Geschwister Bescheid, und da Burgsdorff eingeweiht war, waren es auch die Humboldts und Brinckmann, und mit diesem wußte es die ganze Stadt, aber das Sie wurde trotzdem benutzt, auch wenn Karl sich manchmal verschnappte, das heißt: versprach. Denn das Geheimnis, auch wenn es keins war, zu lüften, hieße die Gesellschaft herauszufordern, und das wirkte kompromittierend – für Rahel allerdings nur. Dem Edelmann wurde das Recht, ein Verhältnis zu haben, wohl zugebilligt; nur auf Ehe berechnet durfte es nicht sein.

Das von Karl in Briefen so oft beschworene Glück zu zweit in Rahels Dachstube wird also selten gewesen sein. Sie werden Besuche gehabt und gemacht und häufig im Theater gesessen haben. Im Januar hatte der Karneval begonnen, die Zeit, in der die Königliche, italienische, Oper Unter den Linden spielte, wo sie sich ein Jahr zuvor zum erstenmal gesehen hatten. Dort und im Theater am Gendarmenmarkt, der deutschen Bühne, die seit dem Vorjahr unter Ifflands Leitung stand und einen reichhaltigen Spielplan mit Tragödien, Lust- und Singspielen, Opern und Operetten hatte, werden sie manche Abende verbracht haben. Sie werden mit dem Wagen ausgefahren und spazierengegangen sein, vorwiegend im Tiergarten hinter dem Brandenburger Tor, das seit vier Jahren das war, das wir heute kennen. Der große Park, von Kunst verschönt, an Sonnentagen von Tausenden belebt, erstreckte sich bis nach Charlottenburg. Durchzogen war er von Alleen, wo man reiten und fahren konnte, und von Schlängelpfaden, auf denen man zu Fuß von einem Lustschloß zum anderen gelangte oder Kaffeegärten, Labyrinthe, Fasanerien und Bassins erreichte. Da Bruder Markus und Friederike Unzelmann hier draußen Sommerhäuschen hatten, fand man sich dort an warmen Tagen in frischer Luft zusammen und fuhr erst im Dunkeln in die Stadt zurück.

Doch schmerzfrei war für Rahel auch diese Glückszeit nicht. Zu häufig wurde ihr bewußt, daß Karl sich zwar willig in ihre Art zu lieben fügte, sie aus seinem weiteren Leben aber ausgeschlossen hielt. Nicht nur die Arbeitsstunden im Büro, Journal genannt, entfernten ihn von ihr, auch Audienzen und Empfänge,

Da die Korrespondenz der Liebenden in Madlitz nicht bemerkt werden sollte, diente Genelli manchmal als Briefbote. Hier ein undatiertes Beibriefchen an Rahel: »Ich bin confus über die Nachlässigkeit mit welcher Ihr sehr Geliebter seine Briefe zuschließt; auch habe ich ihm darüber geschrieben und hoffe, er wird es künftig anders machen. Ich erröthe, indem ich Ihnen versichern will, daß ich diesen nicht gelesen habe. Denn wie sollten Sie glauben an eine kindische Abneigung, die ich mir selbst nicht recht zu erklären weiß, und die vielleicht kein anderer empfindet. Genelli«

Bälle an den Prinzenhöfen und Konzerte bei der Gräfin Lichtenau, auf denen zu fehlen für Karl angeblich unmöglich war. Rahel, die nicht wissen konnte, wie weit seine Diplomatenpflichten wirklich reichten, wurde mißtrauisch und eifersüchtig, was zur Folge hatte, daß er sich über sein Adelsleben noch stärker in Schweigen hüllte – was ihrem Mißtrauen neue Nahrung gab.

Am meisten aber litt sie, wenn Karls Eltern und die Schwestern kamen, tagelang ihr glückliches Familienleben nach Berlin verlegten und Karl sich bei ihr nicht sehen ließ. Er führte die Schwestern zu allen Orten, die er mit Rahel zusammen kennengelernt hatte, und er konnte mit ihnen auch, was Rahel besonders schmerzte, den oberen Bereich der Gesellschaft besuchen, der Rahel unzugänglich war.

Oft hatte Karl in Briefen davon geträumt, seine Geliebte mit den geliebten Schwestern in Harmonie zusammenzuführen, aber dazu kam es nie. Rahel sah sie zwar einmal von weitem, lernte sie aber nicht kennen. Vielleicht geschah das auf jenem Ausflug, von dem Brinckmanns Brief im April an Burgsdorff berichtete, daß auch ein Fräulein von Berg dabeigewesen sei.

Ob der von Brinckmann verbreitete Klatsch von Karls Heiratsabsichten auf Tatsachen beruhte, ist nicht bekannt. Obwohl er sich nicht bestätigte, ist er sicher nicht ganz aus der Luft gegriffen. Jedenfalls wäre das Fräulein von Berg, das in den engsten Kreis des Hofes gehörte, weil ihre Mutter eine Freundin der Kronprinzessin Luise war, eine für Karl passende Frau gewesen. Noch zweieinhalb Jahre später erscheint ihr Name in einem bösen Brief Rahels. Als jung und hübsch und reich wird sie von ihr dort beschrieben, also ausgestattet mit allem, was Rahel selbst, ihrer eignen Ansicht nach, fehlt.

Wie Rahels Aussichten auf Heirat in ihrem vertrautesten Kreise eingeschätzt wurden, zeigen Burgsdorffs Kommentare zu dem von Brinckmann übermittelten Klatsch. Da wird offensichtlich, daß eine Heirat des Grafen mit der Jüdin von den Freunden überhaupt nie erwogen wurde und daß die Frage nach Rahels Glück oder Unglück für sie überhaupt keine Rolle spielte. Gefragt wird nur, ob Karl Junggeselle bleiben oder eine Adelsheirat eingehen wird.

Die Gewaltkur

Um die verehrte Rahel nicht die Geliebte des Grafen nennen zu müssen, wurde in der älteren Rahel-Literatur meist von einer Verlobung gesprochen und damit die Sachlage verfälscht. Karl wurde damit unterstellt, er habe ein Eheversprechen gegeben und gebrochen, und Rahels Leid wurde verkleinert, indem man ihm seine Hauptursache, das Gefühl der Erniedrigung, nahm. Ohne diese tiefe Verletzung wäre es kaum verständlich, daß Rahel noch viele Jahre danach Karl ihren »Mörder« nannte und daß sie auch nach seinem Tode noch, und sei es im Traum, mit Verzweiflung und Angst an ihn dachte. Nicht weil der Verlobte aus Mangel an Liebe oder durch Druck der Familie sein Versprechen nicht einlöste, vergaß sie die Schmach nie, sondern weil der Geliebte bei aller Liebe sie, die unebenbürtige, niemals der Heirat für würdig hielt.

Vielleicht angespornt durch die heimliche Ehe, die der Fürst Reuß mit ihrer Freundin Mariana Meyer geschlossen hatte, unternahm Rahel, von der forschen Gräfin Pachta beraten, im November 1797 den verzweifelten Versuch, Karl zu einem Eheversprechen zu zwingen. Varnhagen, der Erfinder der beschönigenden Lesart von der Verlobung, sah die Sache später so: Die souveräne Rahel, die, wenn sie gewollt hätte, Karl nach ihrem Willen hätte leiten können, gab ihm, als sie sein inneres Schwanken spürte, sein Wort zurück, sprach ihn von aller Bindung frei, damit er neu und wahr für oder gegen eine Ehe entscheiden könne – und begrüßte am Ende auch den negativen Ausgang noch: weil sie eine Heirat, die sie nur ihrer Überlegenheit verdankt hätte, nicht wollte.

Die Wirklichkeit war, wie die Briefe zeigen, ein wenig anders, nicht ganz so edel und schmerzensfrei. Die Gräfin Pachta, die meinte, daß eine Liebeserklärung so viel wie ein Eheversprechen bedeute, leitete Rahel bei der Gewaltkur an. Sie konnte sie dazu bringen, dem Geliebten jede Begegnung und jeden Brief zu verweigern, bis er geläutert war. Er sollte sich, statt in der Wilhelmstraße zu sitzen und weinend lange Briefe zu schreiben, für eine feste Bindung entscheiden und der Gräfin davon Mitteilung machen. Doch obwohl der Plan sehr richtig auf Karls Liebe und seinen Seelenschmerz baute, ging er nicht auf. Die Gräfin hatte nämlich vergessen, daß auch Rahel unter der Trennung und ihrem Erpressungsversuch zu leiden hatte, so daß diese Novemberwoche qualvoll für beide war. Karl schrieb herzzerreißende Briefe, in denen er sich insofern als konsequenter Charakter zeigte, als er wie eh und je das eigentliche Problem gar nicht berührte, nichts entschuldigte, nichts erklärte, sondern nach der alten Methode das Schicksal für allen Kummer verantwortlich machte, um sich dann in Phantasien zu flüchten, in die zum Beispiel, todkrank zu werden, damit die Geliebte, ohne sich etwas zu vergeben, herbeieilen könnte, um ihn zu pflegen. Von der Zukunft aber schrieb er kein Wort.

Rahel, die nach ein paar Tagen schon einsehen mußte, daß auf diese grausame Weise das verstockte Kind nicht zu ändern war, konnte so hart, wie ihre Freundin es von ihr verlangte, nicht sein. Bald schon schrieb sie wieder liebevolle Briefe, und als das von Karl vielberufene Schicksal (vielleicht gelenkt von seinem Vater?) tatsächlich eingriff, konnte sie seinem Flehen nach einer Begegnung nicht mehr widerstehen.

Es zeigte sich, daß Karl, wie er immer wieder geschrieben hatte, tatsächlich nur im Heute lebte und sich wenig um Zukünftiges scherte. Die Abberufung, die ihn für Monate von Rahel trennen mußte, erschreckte ihn nicht, sondern ließ ihn froh-

Rahel dieser Bleistiftzeichnung von Wilhelm Hensel war schon seit acht Jahren Frau Varnhagen. Das Blatt entstand 1822. Da lag ihr letztes Gespräch mit Graf Finckenstein bereits elf Jahre zurück.

locken, weil Rahel ihm, wie er wußte, einen Abschiedsbesuch vor der großen Reise nicht abschlagen konnte. Und damit hatte er recht. Nach vierzehn Tagen, die den beiden nichts als Qualen gebracht hatten, wurde der Erpressungsplan aufgegeben. Man sah, sprach, liebte sich wieder, und Karls liebevollen Reisebriefen, die, aus Leipzig, Gotha, Frankfurt am Main und schließlich aus Rastatt kommend, bald regelmäßig in der Jägerstraße eintrafen, ist von dem Zwischenfall nichts mehr anzumerken. Von Liebe ist wieder viel die Rede, von den Städten und Landschaften, die er durchreist, wenig, und gar nichts von seiner diplomatischen Mission.

Von politischen Vorkommnissen, die Karl, da er teilweise von ihnen betroffen war, beschäftigt haben müssen, kommt mit einer Ausnahme im Sommer 1796, als er den General Bonaparte in Italien geschlagen wähnte, in dem ganzen Briefwechsel nichts vor. Politik gehörte für ihn zu den Standes-, Berufs- und Familiensachen, die Rahel nichts anzugehen hatten. Also erfuhr sie auch von dem Auftrag, mit dem er im Dezember 1797 nach Rastatt reiste, kein Wort.

Nach Niederlagen in Italien hatte Österreich mit der Republik Frankreich Frieden schließen müssen und dabei in einem Geheimabkommen versprochen, sich für die Abtretung der linksrheinischen deutschen Reichsgebiete an Frankreich einzusetzen. Am 1. November 1797, dem Tag, an dem sich Rahel Karl entzogen hatte, war die Einladung des Kaisers Franz II. an die Deputierten aller deutschen Fürsten ergangen, sich in Rastatt, in Baden, zu einem Kongreß zu versammeln, um mit den Franzosen über einen Friedensschluß zu beraten, bei dem, wie beteuert wurde, die Integrität des Reiches gewahrt werden sollte. Während die Gesandten der vielen deutschen Staaten noch unterwegs waren, legten Bonaparte und die Österreicher schon fest, was der Kongreß, der dann eineinviertel Jahr dauerte, zu beschließen hatte: die Besetzung der Rheinfestungen, die Abtretung des linken Rheinufers und die Entschädigung der dadurch betroffenen Länder durch Säkularisation der geistlichen Fürstentümer. Zum Beginn des Kongresses, am 9. Dezember, war Bonaparte schon wieder in Paris und feierte seine Siege, während die Deputierten in Rastatt erst nach und nach mit dem bekannt gemacht wurden, was zu beschließen war.

Wahrscheinlich eines Trauerfalls wegen traf der junge Graf Finckenstein erst zehn Tage nach Kongreßbeginn in Rastatt ein. Am 16. November nämlich war Friedrich Wilhelm II. in Potsdam gestorben, und sein Sohn, der als reformfreudig galt, hatte den Thron bestiegen. Da mußte kondoliert, begraben und gehuldigt werden, und die Abgesandten mußten herausbekommen, ob die Instruktion des alten Herrschers unter dem neuen noch galt.

Ob Karl die Illusionen teilte, die man im In- und Ausland an den neuen Herrscher knüpfte, weiß man nicht. Seine Briefe von der Reise und aus Rastatt handeln von Natureindrücken, von Lektüre und Theater, aber nie von Politik. Der König und die Königin Luise kommen in ihnen genauso wenig vor wie andere Mächtige der Zeit, und wenn der Name Metternich erscheint, dann nur, weil eine junge hübsche Frau ihn trägt, die mit Finckensein flirtet. Als der Kongreß empört darüber war, daß die Franzosen, ohne die Beschlüsse abzuwarten, Mainz besetzten, schrieb Karl über Spiel und Tanz und festliche Abendessen, und als im März und im April die erzwungene Entscheidung über die Gebietsabtretung fiel – blieben seine Briefe aus.

Dafür aber kam er selbst. So groß war seine Sehnsucht noch, daß er die strapaziöse Reise auf sich nahm, um Rahel zu sehen. Doch legen seine Briefe, die nach diesen kurzen Urlaubstagen wieder aus Rastatt kamen, die Vermutung nahe, daß es in Berlin zu Konflikten gekommen war. Neben den alten Liebesklagen und den Phantasien von einem freieren Dasein stehen jetzt Versuche, Rahels Zweifel an der Echtheit seiner Liebe zu zerstreuen. Er versucht das erst mit vielen Worten, dann resigniert er, und wenn er schließlich Rahel dafür dankt, daß sie ihm Lebenskenntnisse und Selbstgefühl vermittelt habe, hört sich das wie ein Nachruf auf gestorbene Liebe an. Ein Schlußwort aber folgte nicht. Er ließ die Briefe kühler und seltener werden und gab das Schreiben schließlich auf.

Ein solches Ende aber duldete Rahel nicht. Sie reagierte mit wilder Verzweiflung und weckte damit seine Gefühle wieder auf. Gleich, gleich muß er ihr wieder schreiben, um ihr zu versichern, daß das fast erloschene Feuer wieder wie früher in ihm brenne. Das neue Jahr, 1799, schien auch die Liebe wieder zu erneuern – noch nicht zum letztenmal.

Von der prekären politischen und militärischen Lage und dem blutigen Ende des Kongresses, das die Farce zum Trauerspiel wandelte und noch lange die Detektive unter den Historikern beschäftigte, erfährt man aus Karls Briefen, die nicht die leiseste Ahnung davon vermitteln, daß ringsumher Kriege tobten, kein Wort.

England und Frankreich hatten mit wechselnden Erfolgen während der Verhandlungen in Rastatt weiter Krieg geführt. Ägypten war von Bonaparte eingenommen worden; seine Flotte wurde von Admiral Nelson bei Abukir versenkt; die Türken traten gegen Frankreich in den Krieg; und als dann Rußland sich auf Englands Seite schlug, schloß sich auch Österreich wieder dem Bündnis gegen Frankreich an. Zu Anfang des Jahres 1799, während in Rastatt über den Frieden noch verhandelt wurde, begann in Süddeutschland und in Italien schon wieder der Krieg. Als österreichische Truppen sich dabei dem neutralisierten Rastatt näherten, verließen die drei Gesandten Frankreichs nachts die Stadt. Von unbekannten Reitern wurden sie überfallen und beraubt. Zwei wurden totgeschlagen, der dritte konnte fliehen. Die österreichische Armee, die damals schon und später immer wieder der Tat beschuldigt wurde, stritt jede Verantwortung dafür entschieden ab.

Nervenfieber

Die wenigen erhaltenen Rahel-Briefe dieser Korrespondenz unterscheiden sich von denen ihres Geliebten sehr. Rahel war Autodidaktin. Da sie in ihrer Kindheit nur Jiddischdeutsch in hebräischen Buchstaben geschrieben und keine gefestigten Sprachformen mitbekommen hatte, mußte sie sich das Deutsche in ihrer Jugend erst selbst erobern. Ihren Briefen merkt man das an. Ihr krauser Stil, eine phantastische Orthographie, eine vertrackte Interpunktion, der ungewöhnliche Gebrauch gewöhnlicher Wörter und die Kühnheit der Metaphern machen die Lektüre oft schwierig, doch wird die Mühe durch Farbigkeit und Originalität belohnt. Während Karls Briefe sich durch Schreibgewandtheit und Klischeehaftigkeit auszeichnen, verraten ihre schwer lesbaren und manchmal auch schwer verständlichen Schreiben Echtheit und Intensität des Gefühls. Daß die stärker Leidende dieses Liebesbundes sie war, machen schon wenige Zeilen klar.

Ihre Briefe, mit denen sie in der Rastatter Zeit versuchte, Karls Liebe wieder zu gewinnen, waren von Verzweiflung diktiert, aber sie hatten Erfolg, wenn auch kurzzeitig nur. Kaum war er wieder in Berlin, begannen erneut die Qualen, die jetzt nur noch ihre waren, weil sie ihn brauchte, er sie aber nicht. Die letzten Monate mit Karl, im Sommer 1799, bestanden für sie vor allem aus Warten. Aus dem heimwehkranken Mann vom Lande war ein Mann von Welt geworden, der sie zwar dann und wann noch als Geliebte, aber nicht mehr als Vertraute brauchte.

Freunde aus den eignen Kreisen hatte er nun genug und Pflichten auch. Diners, Soireen und Bälle zog er nun dem Besuch bei Rahel vor. Madlitz und die Verwandten in der Neumark wurden oft besucht, und wenn die Geschwister kamen, war für die Jägerstraße kaum Zeit.

Rahel, in ihrem Stolz verletzt, empörte sich, doch die Kraft, sich von ihm loszumachen, hatte sie noch nicht. In einem Brief, in dem Verzweiflung schon zur Kälte ohne Tränen wird, fleht sie ihn an, doch diese Qual zu enden und den Bund zu lösen, sie könne das nicht noch einmal tun. Ihm aber traue sie die Kraft jetzt zu, da er das Fräulein von Berg im Hintergrund habe. Aber Karl geht mit der Bemerkung, daß ihr Brief ihm fast das Herz zerrissen habe, über ihren Wunsch hinweg, beteuert, daß er das genannte Fräulein doch gar nicht liebe, und unterschreibt wie üblich mit: Ewig der Deinige.

Als er im Oktober 1799 nach Wien versetzt wurde, wo er, erst als Gesandtschaftssekretär, dann als Gesandter, mehr als ein Jahrzehnt verblieb, war noch keine Entscheidung getroffen. Seinen Briefen, die seltener werden und wie immer liebenswürdig an der Oberfläche bleiben, ist anzumerken, daß von ihm ein Schlußwort nicht erwartet werden kann. Er weigert sich, die von ihm geschlagenen Wunden auch nur zur Kenntnis zu nehmen. Das aber wirkte jetzt auf Rahel wie Infamie. Vom Zauber seiner Gegenwart befreit, war sie nun fähig, das Verhältnis, das einst sie geknüpft hatte, auch zu lösen. Einen Brief aus Wien vom Oktober 1799, der nicht viel anders war als die vorhergehenden, nahm sie zum Anlaß, sich in einen Zorn hineinzusteigern, der es ihr erlaubte, Karl einen bitterbösen Abschiedsbrief zu schreiben – den sie dann liegenließ. Im Dezember schrieb sie an den Freund Genelli, er möge Karl doch sagen, daß er ihr nicht mehr schreiben solle, adressierte den Brief aber an Karl in Wien – und schickte auch ihn niemals ab.

Erst der dritte Abschiedsbrief, der im Februar geschrieben wurde, erreichte den Adressaten auch. Unvorbereitet traf er Karl nicht. Gehorsam, wie er auch am Schluß noch war, erfüllte er ihr den Wunsch, von nun an »unbekannt mit ihr zu werden«, und verstummte. Rahel, die das Ende ihrer Liebe als Schmach und Niederlage sah, reiste, um sich das Vergessen zu erleichtern, nach Paris.

Das nächste Jahrzehnt, das erste des neuen Jahrhunderts, wurde für fast alle Menschen aus Rahels Umgebung entscheidend, nur sie selbst wußte noch immer nicht, wohin sie das Schicksal zog. Genelli, der Stadt und ihrer Geselligkeit müde, ließ sich für immer in Madlitz nieder. Humboldt trat in den Staatsdienst, wurde erst Gesandter in Rom und dann in Berlin eine Art Bildungsminister. Ludwig Tieck fand in Ziebingen Asyl, während sein Bruder Friedrich, der Bildhauer, in Europa umherirrte. Gentz und Friedrich Schlegel gingen nach Wien. August Wilhelm Schlegel reiste im Gefolge der Madame de Stael umher. Brinckmann wurde nach London versetzt und kehrte dann nach Schweden zurück. Rahels Freundinnen heirateten oder verließen aus anderen Gründen Berlin. Gualtieri fand in Spanien durch Krankheit, Prinz Louis Ferdinand bei Saalfeld durch Säbelhiebe den Tod. Und das Fräulein Luise von Berg wurde durch Heirat zwar zur Gräfin, aber zu einer von Voß, nicht von Finckenstein.

Auf dem Umweg über Amsterdam, wo ihre Schwester Rose verheiratet war, kehrte Rahel im Sommer 1801 nach Berlin zurück. Mit der Niederlage Preußens, 1806, leerte sich ihr Salon. Nach dem Tod ihrer Mutter wechselte sie zweimal ihre Berliner Wohnung. 1809, als mit dem König und der Königin auch andere Leute nach Berlin heimkehrten, fanden sich neue Freunde für Rahel: der vierzehn Jahre jüngere Varnhagen, ihr späterer Mann, und Alexander von der Marwitz, der jüngere Bruder des Adelsoppositionellen aus Friedersdorf, dem Rahel sechzehn Lebensjahre voraus hatte. Ihr vollständig erhaltener Briefwechsel mit ihm gehört zu den schönsten und interessantesten dieser Zeit.

Karl Finckenstein verbrachte dieses Jahrzehnt in Wien. Er galt dort unter den Diplomaten als kulturell besonders interessiert, als Musikliebhaber und Büchersammler. Er besuchte die berühmten Vorlesungen August Wilhelm Schlegels »Über dramatische Kunst und Literatur«, mit denen dieser, nach Berlin, auch die österreichische Hauptstadt für die Romantik erobern wollte. In Karlsbad, wo er mit seinem Vater und den Schwestern zusammentraf, lernte er Goethe kennen. Er heiratete eine Witwe de Camurri, die den klangvollen Geburtsnamen Maria Rosa Bianca de Mello e Carvalho hatte und verwandt mit einem berühmten Sänger war.

Als F.A.L. von der Marwitz, der drei Jahre später mit Karls Vater, dem Präsidenten, zusammen als Gegner Hardenbergs auf die Festung Spandau geschickt wurde, im Sommer 1808 nach Wien reiste, um seinem jüngeren Bruder Eberhard zu einer Offizierslaufbahn in der österreichischen Armee zu verhelfen, sprach er nach seiner Ankunft zuerst beim preußischen Gesandten vor: »Graf Finckenstein, ein Enkel des Ministers und Sohn des bei dem Prozeß des Müllers Arnold so bekannt gewordenen Regierungspräsidenten in Madlitz, war mein Jugendbekannter und wenige Jahre älter als ich. Er war Legationssekretär in Wien gewesen; wie unser Herr sich niemals entschließen kann, durch wen er einen vakant werdenden Posten besetzen soll, woher sie denn sehr oft in den wichtigsten Momenten unbesetzt sind, so war es auch mit dem Posten in Wien gewesen. Wir hatten in den Jahren 1806 und 1807 nur diesen jungen Legationssekretär dort gehabt; da man aber von beiden Seiten sehr zufrieden mit ihm gewesen war, so war er kürzlich zum Gesandten ernannt worden. – Er war ein sehr guter und gefälliger Mensch. Es war aber, als wenn ein Fluch auf dieser Reise ruhete, denn wie erstaunte ich, als ich ihn präokkupiert und so eilig fand, daß er mich kaum anhören mochte. Er sagte, ich möchte es ihm nicht übelnehmen, aber er habe in dieser Woche gar keine Zeit; aber künftigen Montag (es war Dienstag!) wollten wir alles bedenken. Ich fragte: ›Was ist denn los?‹, und er erwiderte: ›Brizzi ist hier.‹ Ich: ›Was ist denn das für ein Kerl, Brizzi?‹, und nun kam es heraus, daß es

Friedrich August Ludwig von der Marwitz, Erbherr auf Friedersdorf, hier gezeichnet von Franz Krüger 1827, war nicht nur Wortführer der märkischen Adelsopposition, sondern auch einer der eifrigsten Verfechter der Volksbewaffnung im Kampf gegen Napoleon. Seine Lebuser Landwehrbrigade war als erste in der Mark einsatzbereit.

ein berühmter italienischer Sänger sei, der sollte heute bei ihm essen. ›Und da er Sonntag abreist, so haben wir verabredet‹, sagte er, ›noch die ganze Woche auf dem Lande beisammen zu sein.‹ Nun war zwar die ganze Finckensteinsche Familie extra musikalisch, aber dies war mir denn doch zu arg. Ich sagte, so lange würde ich mich schwerlich aufhalten, erkundigte mich bloß, wo der General Bubna zu finden sei, und ging.«

Auch Varnhagen, der Karl ebenfalls in Wien erlebte, äußert sich in seinen »Denkwürdigkeiten« nicht gerade günstig über dessen Fähigkeiten, doch schlägt bei dieser später geschriebenen Schilderung sicher auch etwas von Rahels Meinungen durch: »Der preußische Gesandte, Graf Karl von Finckenstein, ... war mir in mehrfacher Hinsicht merkwürdig. Wohlwollend, fein, mit Ansprüchen auf höhere Bildung, eifrig und sogar nachdrücklich in seiner Äußerungsart, gab er dem prüfenden Blicke doch im Ganzen nur ein Bild gutmütiger Schwäche. Im Sittlichen, im Ästhetischen mochte er mit seinen angenehmen Eigenschaften noch leidlich auskommen, im Diplomatischen dagegen, wo sie noch am ehesten sich verbergen zu können schien, war seine Schwäche ganz offenbar. In Zeiten der mächtigsten Krisen war er unbedeutender geblieben als es einem Gesandten Preußens ... erlaubt sein konnte. – Er hatte das Gefühl seines Mißgeschicks, und allerdings trat ihm dieses bei jedem Schritte deutlich genug entgegen; er stand wie außerhalb des diplomatischen Verkehrs ... Früher war ihm einiger düsterer Franzosenhaß noch günstig angerechnet worden, jetzt [1809 oder 1810] durfte dieser nicht zu sehr hervortreten, denn gerade die diplomatischen Formen hatten die Aufgabe, in diesem Betreff den Schein freundschaftlicher Verhältnisse zu liefern. Von meinen Verbindungen in Berlin unterrichtet und dadurch sich mir näher fühlend, faßte er Vertrauen zu mir, klagte über seine Lage, wünschte sich zurückziehen zu können, hielt dies aber doch in keinem Betracht für möglich. – Der Einblick in diesen liebenswürdigen, doch schwachen und für ein kräftiges Staatswirken ganz ungeeigneten Charakter machte mir vieles begreiflich, was ich früher von ihm gehört hatte, und ich empfand eine aufrichtige Teilnahme für den Mann, der bei mäßigen Lebensaufgaben ganz erfolgreich und glücklich hätte sein können, durch den Zufall aber an zu große war gewiesen worden. Zum Überfluß hatte er noch eine Geliebte, die ihn plagte und deren Gewalt er sich nicht zu entziehen wußte. Unter allen diesen Umständen mußte meine Teilnahme denn freilich eine unfruchtbare bleiben.«

Richtig an Varnhagens Beurteilung war, daß Karl sich in Wien keine politischen Lorbeeren erwerben konnte. Der Freiherr vom Stein, der in ihm einen Bewunderer hatte, wollte ihm die Geheimverhandlungen zwischen Preußen und Österreich nicht übertragen, weil er, aus Gründen, die nicht bekannt sind, seiner Verschwiegenheit nicht vertraute. Karl setzte sich aber immer, wenn auch vergeblich, für ein anti-napoleonisches Bündnis ein. Als 1809, nach der Schlacht bei Aspern, Depeschen von ihm, in denen er seinen König zum Kriegseintritt aufforderte, Napoleon in die Hände fielen, verlangte dieser seine Abberufung, die 1810 dann auch erfolgte. Im Mai 1811 kehrte er mit Frau und Sohn nach Preußen zurück. In Madlitz wartete er auf seine Berufung als Gesandter an den sächsischen Hof in Dresden. Bei einem Berlin-Aufenthalt besuchte er Rahel, die jetzt in der Behrenstraße zu Hause war.

Rahel hatte am 19. Mai ihren vierzigsten Geburtstag gefeiert. Einen Tag danach kam Karl und traf sie allein. Vielleicht wollte er gefühlvolle Erinnerungen pflegen, vielleicht sich davon überzeugen, daß seine Jugendgefühle keiner Unwürdigen gegolten hatten, vielleicht auch zeigen, daß er kein Kind mehr war. Er kam ganz unbefangen, ohne ein schlechtes Gewissen zu haben, sicher davon ermuntert, daß Rahel ihm kurz zuvor, einer Nebensächlichkeit wegen, geschrieben hatte. Er war überzeugt davon, daß sie sich freuen würde, ihn wiederzusehen. Doch auf dem Sofa, auf dem er auch früher immer gesessen hatte, schlug ihm ihre Abwehr entgegen, so daß er verwirrt wurde und nichts zu sagen wußte.

Er erfuhr nie, welchen Eindruck sein letzter Besuch auf sie gemacht hatte. Wir aber kennen Rahels Tagebücher, in denen sie diese Szene und die sie dabei bewegenden Gefühle beschrieb:

Als Karl Varnhagen von Ense, den diese Bleistiftzeichnung von Wilhelm Hensel darstellt, 1809 in Wien dem preußischen Gesandten Graf Finckenstein begegnete, war er schon seit zwei Jahren in die vierzehn Jahre ältere Rahel verliebt. Daß das sein Urteil beeinflußt hat, ist anzunehmen.

»Gestern Vormittag … war Finckenstein bei mir. Er frug nach niemand. Auch nicht wie es mir geht. Er schien mir wie sonst, nur daß alle Anlagen und Meinungen in ihm ganz kompakt geworden sind; er ist auch darüber so gelassen und sanft und befriedigt als wäre er wirklich in den Tempel der Weisheit und des Glücks eingegangen. So fand ich auch sein Gesicht wie sonst, nur selten in Bewegung; und unter den Augen etwas Falten, die das Leben hinter sich läßt, aber wie durch vielen Zwang und Ermüdung, das Ganze gut in dieser Art. Er sagte mir mit einemmale: Ich wünschte sehr, daß Sie meine Frau sähen, wie sie Ihnen gefällt. Ich blieb sitzen, er blieb sitzen, die Sonne schien sanft. Ich darf mir also nichts Entsetzliches denken, was nicht eintrifft. Sonst, in meinem Unglück dacht ich mir solche Szenen aus und Taten von mir, die sie endigten! Gestern saß er auf dem Sofa still neben mir, ich neben ihm, als hätte er recht. Meine ganze Seele war so empört, so in Aufruhr, mein Herz so affiziert als vor zwölf Jahren; als wäre in der ganzen Zwischenzeit nichts anderes vorgefallen. Dein Mörder! Dachte ich und blieb sitzen. Tränen kamen mir in den Hals und zu den Augen, daß ich ihn ganz ruhig, ganz beruhigt über mich, sitzen sah. Wie eine ihm zugestandene Kreatur fühlte ich mich; er hat mich verzehren dürfen. Er mich! Gott soll es ihm verzeihen, er soll es sich verzeihen – dies Gelübde halt ich gewiß; rächen will ich mich auch nie! – Ich kann es ihm nicht verzeihen! – Wenn ich nicht ein ganz neues Herz kriege, mit diesem nie. Keine Krankheit, keine Offenbarung, keine Umschmelzung in mir vermag dies zu bewirken, das sehe ich. ... Ich kenne ihn ganz, den Finckenstein. ... Hier will ich aber zu Kenntnis derer, die es vielleicht zu Gesicht bekommen, etwas aufschreiben, was wahr ist, wenn es auch nicht begreiflich scheint, mir war es selber unerwartet. Finck war meinem Sinne ganz entschwunden; ich klagte ihn bloß an, wenn ich den Gang meines Lebens durchdachte; achtete ihn wenig, als einen beschränkten, unfesten Mann, der wie solche auch störrisch sein kann; würdigte ganz das, was er Gutes und Liebliches hat; dachte aber schon seit langer Zeit – in der letzten mehr – in großen Pausen gar nicht an ihn. Und nun, da ich ihn sah und besah: fühlt ich, wußt ich, daß ich ihm treu geblieben war, so wie er ist, trotz meiner Kenntnis von ihm. Ich würde ihm treu geblieben sein, hätte er es gewollt, hätte er es erlaubt. Hätte er gestern durch einen Zauberring alles, was in den zwölf Jahren vorgefallen ist, ungeschehen machen können, so hätte er sich mein ganzes Leben wieder anlocken können, wenn er gewollt hätte! Diese Laster nun von mir (– wie soll ich es nennen, wie ansehen? – ich tadle mich nicht: ich kenne mein Herz ganz: es ist gierig, es muß lieben, und es ist treu, denn es ist stark und ganz) – wird Tugend genannt bei Damen, bei solchen Frauen, denen es gut geht. ... Er war doch ganz boutonniert [zugeknöpft] gegen mich; nämlich ganz freundlich, aber nicht wie ein Freund. Er wagte keine Frage, nach nichts und nach niemandem. Also unschuldig ist er nicht. Unser Gespräch bestand in Fragen von mir: ich frug ihn nach der ganzen Welt und nach allem. Nach seinem Wohlsein hatte ich nicht nötig zu fragen; denn er sagte mir: In Wien war ich außerordentlich glücklich! Im Ganzen genommen betrug er sich, nur modifiziert, akkurat ...

Einige Stunden später: Ich habe keine Grazie; und nicht einmal die, einzusehen, woran das liegt: außerdem daß ich nicht hübsch bin, habe ich auch keine innere Grazie ... Doch ist es ausgemacht, daß ich eklig bin. Ich sagte auch vor langen Jahren zu Jettchen Mendelssohn, die überaus frappiert davon war: Ich bin unansehnlicher als häßlich. So bin ich in allem. So wie manchmal Menschen keinen hübschen Zug im Gesichte, keine zu lobenden Proportionen am Körper haben und doch einen gefälligen Eindruck machen, recht tadelnswürdige Gemütseigenschaften haben und doch angenehm sind, so ist es bei mir umgekehrt: ich könnte für die Untersuchung ganz hübsche Teile haben, die ich nicht habe, und wäre doch nicht lieblich. Ich bin nicht so unglücklich als man denken sollte, wenn ich mir dies recht überlege; im Gegenteil, dieses Denken macht mich sehr ruhig. Und ich vergöttere doch gewiß Schönheit, bete sie an. Kenne ihre ganze Macht, ihr ganzes Glück, was sie gibt und mit sich führt. Ich habe mirs ein wenig überlegt: Die Mißgeschicke, die unmittelbar vom Himmel kommen, ertrage ich immer mit ganzer Seele, ruhig. Wo aber Unbill von Menschen ausgeführt mich befährdet, da ist meine Seele nicht zusammen, und dies kann ich gar nicht ertragen ...«

Wenige Wochen später erkrankte Karl in Madlitz, wo er noch immer untätig auf seine Berufung nach Dresden wartete, an Typhus, den man damals Nervenfieber nannte. Medizinische Bücher der Zeit beschrieben seine Symptome so: Kopfschmerz und Mattigkeit kündigen die Krankheit an, Schüttelfrost und folgende Hitze leiten sie ein. Das Fieber steigt sofort über vierzig Grad, die Schleimhäute entzünden sich, Zähne, Zunge und Gaumen zeigen weißen Belag, und ein harter Husten beginnt den Kranken zu quälen. Am dritten Tag wird der Körper von roten Flecken bedeckt, die durch Fingerdruck verschwinden, sofort aber wieder da sind, wird der Finger entfernt. Apathie wechselt mit Delirien und Bewußtlosigkeit; Darmgase treiben dem Kranken die Bauchdecke auf, unkontrollierbarer Durchfall erschwert seine Pflege. Am siebenten Tag fällt das Fieber ein wenig ab, um in der zweiten Woche, an deren Ende die Krisis liegt, noch höher zu steigen. Nun wird die Bewußtseinseintrübung so stark, daß der Genesene sich dieser Tage später nicht mehr entsinnt. Der stinkende Atem des Kranken wird flach und schnell, das Herz schlägt nur schwach, und die Hautflecken wechseln die Farbe von hochrot zu blau. Die meisten Todesfälle kommen Anfang der dritten Woche vor; wer aber überlebt (etwa fünfundsiebzig Prozent), beginnt, wenn auch sehr langsam nur, jetzt zu genesen.

Wie diese Krankheit, die nach Tuberkulose und Lungenentzündungen zu den häufigsten Todesursachen gehörte, entstand, wußte man zu dieser Zeit nicht; man vermutete, durch Luft-, Wasser- oder Bodenvergiftung. Medikamente, die ihre Heilung beförderten, waren unbekannt; man konnte nur die Symptome bekämpfen. Auch der beste Arzt, der zur Verfügung stand, Karl August Berends, Kreisphysikus für Lebus und Professor an der Frankfurter Universität, ein Pommer aus Anklam, der später nach Breslau und Berlin berufen wurde, konnte Karl wahrscheinlich auch nicht mehr als Chinarinde zur Fiebersenkung und Alaun zur Durchfallbekämpfung verordnen. Aber retten konnte auch er ihn nicht. Ende August 1811 starb er. Den Typhuserreger fand Robert Koch erst siebzig Jahre später.

Rahel, die sich in diesen Sommerwochen in Teplitz aufhielt, erfuhr von Karls Tod erst im Herbst. Am 1. November schrieb sie in einem Brief an Campan, den sie auch Alexander von der Marwitz mitteilte: »Der Graf Finckenstein ist tot, der erste, der gewollt hat, daß ich ihn liebe, der mich verführt hat durch seine Liebe; er hat mich getäuscht. Ich habe ihn vor meiner Abreise in diesem Sommer noch bei mir gesehen, kalt wie ein Frosch, verwirrt wie ein ertappter Betrüger. Er war verheiratet mit der Schwägerin des Sängers Brizzi, er hat ein Kind, er wünschte, daß ich seine Frau sähe, und lobte sie auf alberne und törichte Weise. Nun gut! Nun ist er ausgestrichen von diesem Erdball, verscharrt, mitsamt seinem falschen Ehrgeiz, seiner Treulosigkeit, seinen Lügen, Gemeinheiten und Anmaßungen. Ich habe ihm verziehen im vergangenen Jahr, während meiner schweren Krankheit, ihm und all denen, die mir das Herz zermalmt haben. In der katholischen Kirche in Dresden, als alle auf die Knie fielen und mein Herz Gott zuflog, habe ich für ihn gebetet; denn ich glaube, daß die Gewissensbisse die brennendsten Übel sind, und ich hatte keine. Aber ich verachte ihn, diesen Finckenstein, tot oder lebendig, denn ich kann ihn nicht anders sehen als er sich gezeigt hat. Gott hat mein Herz rebellisch und sanft gemacht, ich habe es niemals ändern können.«

Ein Jahr später träumte Rahel von ihm: Er war der König, sie sollte geopfert werden, er zögerte mit der Entscheidung, aber da das Volk ihren Tod forderte, sagte er am Ende ja. »Ja, sagte er.

Man ergriff mich, stürzte mich über den Wall, von Stein fiel ich zu Stein, und als ich nach der letzten Tiefe kommen sollte, erwachte ich – und wußte in tiefster Seele wohl wie Finckenstein gegen mich war.«

Begraben wurde Karl auf dem Madlitzer Familienfriedhof, wo inzwischen schon drei seiner Geschwister und seine Mutter lagen. Sein Grabstein war bis zur Zerstörung des Friedhofs zu DDR-Zeiten noch vorhanden. Er trug folgende Inschrift:

Carl
Friedrich Albrecht
Graf Finck
von Finckenstein
Königlicher Gesandter in
Wien
Geboren den 17ten Decembr. 1772
Gest, den 29. August 1811

Henriette

In Tiecks Erzählung »Musikalische Leiden und Freuden«, die 1822 in Dresden geschrieben wurde, berichtet jemand, daß er vor mehreren Jahren das Glück gehabt habe, »in eine edle Familie eingeführt zu werden, deren Mitglieder, vorzüglich die weiblichen, auf eine entzückende Art die Musik ausübten. Die älteste Tochter sang einen Sopran, so voll und lieblich, so himmlisch klar ... Hier vernahm ich nun neben manchem Weltlichen vorzüglich die großen und ewigen Gedichte des erhabenen Palestrina, die herrlichen Kompositionen eines Leo und Durante, die Zaubermelodien des Pergolese ... So rein, so ungeziert, im großen einfachen Stil, ohne alle Manier vorgetragen, wird man schwerlich je wieder die Meisterwerke hören. Diese glückliche Zeit versetzte meinen Geist in eine so erhöhte Stimmung, daß sie eine Epoche in meinem Leben macht. Nur in wenigen schwachen Gedichten habe ich versucht, meine Dankbarkeit auszusprechen.«

Der Zauber, den dieser Gesang auszuüben vermochte, ist von verschiedenen Seiten mehrfach bezeugt worden, so von Clemens Brentano, der seinem Schwager Savigny im März 1805 brieflich von einem dreiwöchigen Besuch bei Burgsdorff und Tieck in Ziebingen berichtete und dabei die »göttlichen Kirchenmusikfräulein« besonders hervorhob. »Seit dem Gesang dieser Mädchen, die alle wahrhaft ausgezeichnete adlige schöne ernste heilige Gemüter haben, kann ich die andre Musik nur für ein trauriges Gewelsch halten.«

Schon einige Jahre vorher, 1798, hatte der junge Schleiermacher mit dem Schwärmen der Romantiker für die Madlitzer Töchter und ihre »göttliche Musik« begonnen. Nachdem er den »schönen englischen Garten« und den »freundlichen Umgang der Familie« gerühmt hat, schrieb er an seine Schwester Charlotte: »Zwei von den Gräfinnen singen den Diskant und die dritte den Alt, der eine Bruder den Tenor und der andere den Baß, und so können sie also, da sie auch sämtlich gut Klavier spielen, die schönsten Sachen ganz vollständig aufführen. Sie haben mir nicht nur viele alte, sehr sublime italienische Kirchenmusik zum Besten gegeben, sondern mir stückweise die ganze Glucksche ›Alceste‹ vorgesungen und an meinem Sinn für das, was ihnen das liebste ist, große Freude gehabt. Ich habe ihnen versprochen, im Sommer wiederzukommen, und nun die Akazien blühen, deren sie in ihrem Garten so viele haben, tut es mir sehr leid, daß ich mein Wort nicht halten kann. Die große Entfernung aller adligen Grillen, das griechische Studium des Vaters, die natürliche Freundlichkeit der Mädchen, das interessante Gemüt der zweiten und die himmlische Kunst haben mir diese Familie sehr wert gemacht.«

Auch der schon zitierte Feldgeistliche Karl August Köhler, der mit seiner Truppe im August 1813 in Madlitz Quartier beziehen mußte, war von den Töchtern des Grafen, die er als »feingebildet, sehr unterrichtet«, aber auch als fröhlich und gutmütig bezeichnet, beeindruckt; er nennt ihren Gesang »schön und herrlich« und betont an ihnen die Abwesenheit aller Künstelei und Ziererei.

Eine späte Huldigung der singenden Schwestern ist noch 1833 in Tiecks Erzählung »Eine Sommerreise« zu lesen, wo der Erzähler nach einer langen Fahrt durch »das traurige Land« Brandenburg an der Oderfähre zwischen Frankfurt und Crossen einem jungen Mann begegnet, der begeistert, seltsamerweise mit voller Namensnennung, von seinem Aufenthalt in Ziebingen und Madlitz berichtet, den Präsidenten als einen »wackern und höchst rechtlichen sowie unerschrockenen Mann« bezeichnet, um dann fortzufahren: »Wer in dieser Familie eine Weile gelebt hat, der kann sich rühmen, die echte Humanität und Urbanität, das Leben in seiner schönsten Erscheinung kennengelernt zu haben. Die Mutter, eine würdige Matrone, ist die Freundlichkeit selbst. In ihrer Nähe muß jedem wohl werden, der ein echter Mensch ist. Begeisternd, aber freilich weniger sicher, ist die Gesellschaft der drei schönen und edlen Töchter. Die zweite ernst, die dritte mutwillig und froh und die älteste graziös und lieblich, erscheinen sie, im Gesang vereinigt, wie das Chor der Himmlischen. Vorzüglich die Stimme der älteren Schwester ist der reinste, vollste und auch höchste Sopran, den ich jemals vernommen habe. Wäre sie nicht als Gräfin geboren, so würde sie den Namen auch der berühmtesten Sängerinnen verdunkeln. Hört man diese Henriette die großen leidenschaftlichen Arien unseres musikalischen Sophokles, des einzigen Gluck, vortragen, so hat man das Höchste erlebt und genossen. Oft verherrlicht noch ein großer Musikkenner, der Minister Voß, die Gesellschaft, und durch seine Vermittlung und aus der Sammlung dieses vortrefflichen Mannes haben die Töchter große Sachen von Jomelli, ältere von Durante, Leo, Lotti und Allegri, einige höchst seltene vom alten Palestrina und dessen Zeitgenossen erhalten, und diese erhabenen Kirchengesänge werden in dieser Familie so vorgetragen, wie man es vielleicht kaum in Rom so rein und großartig vernimmt.«

Im »Phantasus«, der in Ziebingen geschrieben wurde, erscheinen die Schwestern unter den Namen Clara, Emilie, Auguste und Rosalie; und als einer der männlichen Mitglieder der Gesellschaft die Befürchtung äußert, daß »das Ende vom Liede ist, daß wir uns hier alle verlieben«, antwortet ihm ein anderer: »Und warum nicht? Ich sehe wenigstens kein Unglück darin. Im Gegentheil finde ich es natürlich und schicklich, daß in jeder gemischten Gesellschaft, in welcher sich junge Männer und anmuthige Frauen und reizende Mädchen befinden, kleine Romane

Eine Besonderheit in dem von Hans Christian Genelli um 1800 gebauten Schloß Xiehingen war der runde Saal mit doppelter ionischer Säulenstellung, in dem die Finckenstein-Töchter gern sangen und Ludwig Tieck seine berühmten, von manchen allerdings ihrer Länge wegen auch gefürchteten, Vorlesungen hielt.

gespielt werden; dies eben erweckt den Witz und schafft den feinem Geist der Unterhaltung ... dadurch können verlebte Tage von solchem poetischen Glanz bestrahlt werden, daß wir das ganze Leben hindurch mit Freuden an sie denken.«

Und wenn am Abend des ersten Erzähltages, also am Ende des ersten Bandes, die Männer noch im Garten verweilen, während die Frauen in ihre Schlafgemächer hinauf gehen, und nun von dort aus noch »Singstücke von Palestrina lieblich« durch die Bäume und Büsche tönen, muß Ernst alias Tieck auch noch einige der »wenigen schwachen Gedichte« vortragen, in denen der Erzähler aus den »Musikalischen Leiden und Freuden« seine Dankbarkeit auszudrücken versuchte. Es sind Sonette zum Lobe der Musik, die aber auch Gottes- und Henrietten-Lob sind.

»Die Musik spricht:
Im Anfang war das Wort. Die ewgen Tiefen
Entzündeten sich brünstig im Verlangen,
Die Liebe nahm das Wort in Lust gefangen,
Aufschlugen hell die Augen, welche schliefen,
Sehnsüchtge Angst, das Freudezittern, riefen
Die seelgen Thränen auf die heilgen Wangen,
Daß alle Kräfte wollustreich erklangen,
Begierig, in sich selbst sich zu vertiefen.

Da brachen sich die Leiden an den Freuden,
Die Wonne suchte sich im stillen Innern,
Das Wort empfand die Engel, welche schufen;
Sie gingen aus, entzückend war ihr Scheiden.
Auf, Gottes Bildniß, deß dich zu erinnern
Vernimm, wie meine heilgen Töne rufen.«

Diese »wenigen schwachen Gedichte« über Musik, die in den ersten Ziebinger Jahren entstanden und wohl zu Tiecks besten zählen, geben in versteckter Form Auskunft über die große Liebe seines Lebens, die nicht Amalie Alberti hieß, die er heiratete, sondern Gräfin Henriette, die älteste der Finckenstein-Töchter, die er vor allem meint, wenn er die Schwestern preist. Bei der Herausgabe seiner gesammelten Lyrik in drei Bänden, 1821–1823, stellte er die Musik-Gedichte an den Anfang des zweiten Bandes und schickte ihnen ein »Weihung« überschriebenes Sonett voraus, dessen erste Strophe lautet:

»Dies soll den Schwestern meine Grüsse schicken,
Die in Gesang des Herzens Blum entbunden,
Die mir in Nacht schon war hinweggeschwunden,
Nun fühl ich wiederum ihr goldnes Blicken.«

Es sind Gedichte über Kirchengesänge, in denen die Töne zu Gebeten werden, die Gott, seine Schöpfung oder auch Maria preisen und die doch auch immer Lobgedichte auf die Sängerin sind. Sie heißt hier, wie später im »Phantasus«, Clara, aus ihrem »Zaubermund« fließen die goldenen Töne, die Tieferes sagen können als Worte, denn »Liebe denkt in süßen Tönen«. Auch der Garten mit seinen grünen Gängen muß klagen, wenn die »Gesangs-Göttinnen, die den Hain bewohnen«, in der Ferne weilen. Und wenn die Musik Engelsgestalt annimmt, um die Sterblichen die ewige Gottesliebe zu lehren, schlägt doch der Jubel des irdisch Liebenden durch:

»Ich bin ein Engel, Menschenkind, das wisse,
Mein Flügelpaar klingt in dem Morgenlichte,
Den grünen Wald erfreut mein Angesichte,
Das Nachtigallen-Chor giebt seine Grüsse.

Wem ich der Sterblichen die Lippe küsse,
Dem tönt die Welt ein göttliches Gedichte,
Wald, Wasser, Feld und Luft spricht ihm Geschichte,
Im Herzen rinnen Paradieses-Flüsse.

Die ewge Liebe, welche nie vergangen,
Erscheint ihm im Triumph auf allen Wogen,
Er nimmt den Tönen ihre dunkle Hülle,

Da regt sich, schlägt in Jubel auf die Stille,
Zur spiel'nden Glorie wird der Himmelsbogen,
Der Trunkne hört, was alle Engel sangen.«

Abgesehen von den erwähnten Äußerungen des verliebten Dichters über Henriettes Grazie und ihre Sangeskünste wissen wir wenig über diese Beziehung, da die Tochter Agnes, die als einzige der Familie den Dichter überlebte, alles auf die Gräfin

Bezogene vernichtet hat. Bedenkt man, wie man um 1850 über ein so unkonventionelles Leben, wie Henriette und Tieck es führten, dachte, ist das verständlich, aber bedauerlich ist es doch. Durch Zufall blieb nur ein Brief Tiecks aus Ziebingen an Henriette in Madlitz vom 6. November 1806 erhalten, der zwar, so lang er auch ist, nur von der Stärke und Dauerhaftigkeit seiner Liebe handelt, aber doch durch Details Hinweise auf einige Realitäten dieser Beziehung gibt. Da wird erstens deutlich, daß die Liebe schon bald nach dem Einzug Tiecks in Ziebingen, also drei Jahre zuvor, begonnen hatte, daß, zweitens, das Verhältnis vor den Eltern Henriettes noch geheimgehalten wurde und daß, drittens, für Tieck sehr bezeichnend, nicht eine Silbe davon verlautet, daß drei Wochen zuvor mit der Schlacht bei Jena und Auerstedt der Untergang Preußens begonnen hatte, eine Woche zuvor Napoleon in Berlin eingezogen war und die Mark seit einigen Tagen unter 130 000 Mann französischer Besatzung litt. Diese Abstinenz von allem Politischen läßt sich bei Tieck generell feststellen, nicht nur im Briefverkehr. Auch der »Phantasus«, dessen Entstehung sich von Preußens finsterster Zeit bis in die Reformphase erstreckte, ist von Zeitgeschichte ganz frei.

Daß den Berliner Handwerkersohn aus der Roßstraße nicht nur die Schönheit, die Jugend und die außergewöhnliche Singstimme zu Henriette hinzogen, sondern auch alles das, was das Adlige an ihr ausmachte, ist anzunehmen. Wenn er im »Phantasus« mit viel Ernst und Würde die Kunst des Gesprächs im müßigen Landhausleben der Aristokraten ausbreitet, zeigt er nicht nur, was er im Umgang mit den Grafen gelernt hatte, sondern auch, wie sehr er von dieser Art Leben eingenommen war. Wichtig für den Autor, kaum aber für den leicht gelangweilten Leser war wohl am »Phantasus«, daß der Schreiber all dieser hier in drei Bänden zusammengefaßten Jugendwerke wie selbstverständlich zu diesen Kreisen gehörte – was in der Realität, trotz allen Entgegenkommens des Präsidenten, zwar nicht stimmte, als Traum aber, so kann man vermuten, Bestandteil seiner Liebe zur Gräfin war.

Im Gegensatz zu fast allen anderen Frauen der romantischen Bewegung, deren Persönlichkeit die Nachwelt immer wieder beschäftigen konnte, weil sie in Romanen oder Gedichten dargestellt worden waren, weil sie eigne Werke verfaßt oder Briefe hinterlassen hatten, sind von der Gräfin Henriette und von Tiecks Frau Amalie durch die Nachlaß Vernichtung der Tochter Agnes keine deutlichen Vorstellungen auf uns gekommen. So bleiben sie für uns blasse Gestalten; das aber waren sie nicht.

Auch Amalie Alberti, die Tieck durch den Kapellmeister Reichardt kennengelernt hatte, kam aus Kreisen, die dem jungen Schriftsteller imponierten und zu denen er gehören wollte. Ihr Vater, ein Pastor in Hamburg, war Freund Klopstocks und Mitstreiter Lessings in der Auseinandersetzung mit dem Hauptpastor Goeze gewesen. Eine ihrer Schwestern hatte Reichardt, eine andere den Maler und Kunstwissenschaftler Christian Waagen geheiratet, und eine dritte, Maria Alberti, zeichnete sich selbst als Malerin aus. Amalie war also nicht fremd in Künstler- und Intellektuellenkreisen, aber sie war wohl stiller und weniger auf ihre Geltung bedacht als Caroline und Dorothea, die Frauen der Schlegels, oder auch Tiecks Schwester Sophie. Wenn die Jenaer Klatschmäuler über sie zu berichten wußten, daß sie dazu neigte, bei den Vorlesungen ihres Mannes in Schlaf zu sinken, so sollte man dabei auch bedenken, daß die Frau die vorgelesenen Werke des Mannes möglicherweise schon kannte und daß der leidenschaftliche Vorleser bei seinen stundenlang dauernden Darbietungen auf die schwindenden Kräfte der Zuhörer keinerlei Rücksicht nahm. Daß Amalie ohne ihren Mann zum Katholizismus konvertierte und die katholische Erziehung ihrer Töchter durchsetzte, kann man als Zeichen ihrer Selbständigkeit betrachten und ihre kurze Liebesbeziehung zu Burgsdorff möglicherweise auch. Vielleicht war die Ehe zu Beginn der Ziebinger Zeit schon zerrüttet. Vielleicht kam die Krise erst durch das

Auftreten Henriettes, und Amalies Verhältnis zu Burgsdorff war eine Folge davon. Wir wissen nicht, wie sich Amalie zu der anderen Frau stellte, wie Henriette sich als die Dritte im Bunde fühlte, wie sich die Töchter zu der Rivalin der Mutter verhielten – und schon gar nicht sind wir davon unterrichtet, was in der Finckensteinschen Familie passierte, als klar wurde, daß Henriette zu ihrem nicht nur bürgerlichen, sondern auch verheirateten Dichter hielt. 1806 glaubten die beiden wohl noch, ihr Verhältnis geheimhalten zu können, 1813 hatte sich die Lage geändert; denn als Tieck, wie viele Berliner der höheren Kreise, sich vor den Kriegsereignissen nach Prag in Sicherheit brachte, war Henriette schon öffentlich seine Begleiterin. Er sorgte dafür, daß sie dort Rahels Bekanntschaft machte, die aber, in der Erinnerung an Karls Schwärmereien von seinen Schwestern, ihr gegenüber voller Vorurteil war. Von Rahel hören wir auch zum letztenmal etwas über Henriettes berühmten Sopran, nämlich den Satz: »Sie hat sich liebenswürdig erboten, mir mit ihrer kassierten alten Stimme etwas zu singen.« Henriette war zu dieser Zeit neununddreißig Jahre alt.

Drei Jahre später lernte der junge Leopold von Gerlach sie kennen und sah in ihr das »Ideal eines unverheirateten Frauenzimmers, anständig und sittig, geziemend und klar in allem, was sie sagt und tut.«

Da sich auch die beiden nächsten Töchter, Caroline und Barnime, in Bürgerliche verliebten, Karl und seine Mutter starben und Besatzungs- und Kriegszeiten Unbilden und Verluste über Madlitz und Ziebingen brachten, kann wohl von einer Idylle, wie sie Tieck im »Phantasus« malte, in der Realität keine Rede gewesen sein. Schlecht war anscheinend Tiecks Verhältnis zu den jüngeren Söhnen, die nach Karls Tod Erbanwärter geworden waren, während der Präsident, dem der Dichter die Nibelungen und die Minnesänger, Shakespeare und Cervantes nahegebracht hatte, offensichtlich nach wie vor große Stücke von seinem Dauergast hielt. Über seine Älteste und ihren ungewöhnlichen Lieb-

Franz Riepenhausen: Bildnis Ludwig Tieck. Diese Bleistiftzeichnung entstand 1805 in Rom, wohin Tieck von Ziebingen aus mit seinem Bruder Friedrich und den Brüdern Riepenhausen zusammen gereist war, um dort wieder einige Monate lang mit seiner Schwester Sophie zusammen zu sein, In dieser Zeit wurde vermutlich seine Tochter Agnes von Burgsdorff gezeugt.

haber scheint er seine schützende Hand gehalten zu haben. Daß sofort nach dem Tode des Präsidenten, 1818, Tieck, seine zwei Töchter und seine zwei Frauen Zieblingen verließen, um nach Dresden überzusiedeln, spricht sehr dafür.

Daß auch die Schwierigkeiten mit der Finckensteinschen Familie Grund für Tiecks häufige Reisen waren, die ihn teilweise jahrelang aus Ziebingen und von seiner Familie entfernten, ist anzunehmen. Doch gab es dafür auch andere Gründe. Neben dem, die Welt kennenzulernen und die Verbindung mit den Freunden nicht abreißen zu lassen, auch eine dritte Frau, die für ihn lebenslang eine Rolle spielte, nämlich seine Schwester Sophie. In Ziebingen ist diese unglückliche Frau nie gewesen, da sie Amalie, die ihr den Bruder weggenommen hatte, mit Haß verfolgte. Aber in ihrem Bemühen, ihn wieder an sich zu fesseln, ließ sie nie nach.

Sie war mit Ludwig zusammen in die Unsicherheit einer Künstlerexistenz aufgebrochen, ohne dieser bildungsmäßig gewachsen zu sein. Zwar hatte sie an Wissen und Umgangsformen von den Brüdern und deren Freunden ein wenig mitbekommen, doch genügte das nicht, um sie gleichrangig zu machen; und da ihre äußeren Reize nicht groß genug waren, um den inneren Mangel kompensieren zu können, mußte sie sich stets unterlegen und zurückgesetzt fühlen, was ihrem Charakter nicht gut bekam. Das Bewußtsein, ihren Ehrgeiz nicht aus eigenen Kräften befriedigen zu können, trieb sie dazu, sich die Gefühle, die andere für sie hatten, nutzbar zu machen. Wenn ihr Liebe und Freundschaft versagt blieben, spekulierte sie auf das Mitleid und setzte so auch ihre Krankheiten als Erfolgsmittel ein. Die schöne Souveränität anderer Frauen der Romantik, die stets aus gebildeten Kreisen stammten, fehlte ihr verständlicherweise. In allen ihren Briefen an die Brüder und an andere Männer wird geklagt, gebettelt oder gefordert. Immer fühlte sie sich bedroht, unglücklich, elend. Immer lebte sie mit Geldmangel und Schulden, immer in der Angst, von den Männern allein gelassen und in die

Verhältnisse, aus denen sie kam, zurückgestoßen zu werden, und immer war sie vom Willen zum Aufstieg beseelt. Zu der Zeit, als ihr Bruder vor der Armut in Ziebingen Zuflucht suchte, begannen ihre Reisen durch halb Europa, die zugleich Fluchten und Glücksjagden waren. Doch obwohl die Seilerstochter als Gutsherrin endete, war es eine erfolglose Jagd.

Der erste Mann, an den sie sich klammerte, war ihr Bruder Ludwig. Sie nahm teil an seinen literarischen Anfängen, versuchte sich selbst im Schreiben, wohnte nach seinen Universitätsjahren in Berlin mit ihm zusammen, verfolgte mit Eifersucht jeden seiner selbständigen Schritte und heiratete 1799, von ihm beraten, seinen ehemaligen Gymnasiallehrer Bernhard! – den sie zwei bis drei Jahre später erst mit August Wilhelm Schlegel, dann mit dem estländischen Baron von Knorring betrog. Ihr aufsehenerregender Scheidungsprozeß, an dem viele Mitglieder der Berliner Romantik als Zeugen beteiligt waren, machte sie berühmter als ihre wenigen schwachen Werke. Mit ihren zwei Söhnen, die man bei der Scheidung Bernhardi zugesprochen hatte, floh sie 1804 aus Preußen nach Sachsen, nach Bayern, nach Österreich und Italien und verstand es dabei nicht nur, mit fremdem Geld auf großem Fuße zu leben, sondern auch den geliebten Bruder Ludwig wieder an sich zu ziehen.

Vielleicht froh darüber, den Madlitz-Ziebinger Verwicklungen entkommen zu können, vielleicht auch stärker, als es ihm lieb war, noch immer an die Schwester gebunden, fuhr er ihr nach, traf sie in Wien und Dresden, lebte in München und Rom lange mit ihr zusammen, wobei sich die Liebe immer wieder in Haß verkehrte. Es verwundert nicht, daß in seinen frühen Werken das Inzest-Motiv eine Rolle spielte, erst relativ harmlos im »Peter Lebrecht«, dann tragisch-unheimlich im »Blonden Eckbert«. Erst als Sophie Bernhardi endlich zu einer Baronin von Knorring wurde und, während Napoleons Truppen an die russische Grenze marschierten, unter Schwierigkeiten nach Estland reiste, wo sie sich ein Jahrzehnt hindurch in Sehnsucht nach ihrer gewohnten Umgebung verzehrte, konnte Tieck sich endgültig von dem Einfluß der Schwester befreien.

Auf Pump zu reisen und dabei in großem Stile zu leben war ihm allerdings auch ohne sie möglich. Als Schnorrer war er verschrien bei allen Verlegern, Bekannten und Freunden, so daß August Wilhelm Schlegel auf ihn die Verse gedichtet hatte:

»Wie ein blinder Passagier
Fahr ich auf des Lebens Posten.
Einer Freundschaft ohne Kosten
Rühmt sich keiner je mit mir.«

Caroline Schlegel-Schelling nannte ihn deshalb »einen anmuthigen und würdigen Lump«; und Savigny, auf dessen Bürgschaft hin er 1000 Gulden geliehen hatte, erwog nach langem geduldigen Warten gegen ihn eine Strafanzeige, weshalb er 1809 Achim von Arnim bat, seine Vermögensverhältnisse zu erkunden. Dabei stellte es sich heraus, daß Tiecks Vermögen gleich Null war, daß er aber beim Verleger Reimer 500, beim Verleger Zimmer 300 und beim Verleger Dieterich 400 »Reichsthaler« Schulden hatte und daß »sein einziger Beschützer Burgsdorff jetzt wahrhaftig keine solche Summe entbehren kann, wenn er gleich fortwährend sehr gutmüthig seine Frau und Kinder ernährt«.

Da Tieck auch im Alter, als Friedrich Wilhelm IV. ihn nach Berlin berufen und mit einer reichlichen Pension versehen hatte, mit seinem Geld nicht zurechtkam, ist es verständlich, daß in der Berliner Gesellschaft der Klatsch über ihn, seine Frauen und seine Schulden blühte. Varnhagen konnte darüber berichten, und noch Fontane bekam, als er das nie ausgeführte Madlitz-Kapitel konzipierte, Frivoles über Tiecks Ziebinger Zeit zu erfahren. Einer von Sophies Söhnen, also Tiecks Neffe, wußte aus der Zeit, in der des Dichters Verhältnis zur Grafentochter noch geheimgehalten wurde, vom Verlust eines Diamantkreuzes Henriettes zu berichten, das später in Tiecks Bett gefunden worden war.

Ohne Tiecks ausdauernde Liebe zur Gräfin, die als seine ständige Begleiterin von allen geachtet wurde, in Frage stellen zu wollen, muß auch erwähnt werden, daß Henriette nach dem Tod ihres Vaters aus der Erbschaftsauseinandersetzung der Kinder ein Vermögen von 25000 Reichsthalern erhalten hatte, das dann zur Aufrechterhaltung von Tiecks aufwendigem Leben der Dresdner Jahre verwendet wurde. Auf diese besondere Weise setzte sich also das Mäzenatentum der Finckensteins noch über die Ziebinger Zeit hinaus jahrelang fort.

Henriette starb fünfundsiebzigjährig im Jahre 1847, sechs Jahre vor ihrem Lebensgefährten, und wurde auf dem Madlitzer Friedhof begraben. Ihre vier Jahre jüngere Schwester Caroline lag seit fünfzehn Jahren schon dort.

Caroline

Im Jahre 1818 erschien in Berlin ein Buch mit dem Titel: »Das Theater zu Athen hinsichtlich auf Architectur, Scenerie und Darstellungs-Kunst überhaupt erläutert durch Hans Christian Genelli«. Es war mit vier Kupferstichen geschmückt und trug folgende Widmung: »Dem Hochgeborenen Herrn Friedrich Ludwig Carl Reichs-Graf Finck von Finckenstein, Erb- und Gerichtsherrn auf Madlitz, Wilmersdorf, Ziebingen, weiland Königl. Preuß. Regierungs-Präsident, der Natur und Kunst mit gleicher Liebe pfleget, meinem hochverehrten Gönner.«

Verfasser dieses Buches, das die Wechselbeziehungen zwischen dem Drama und der Architektur der Antike in scharfsinniger Weise untersuchte und das von allen Kennern des Altertums sehr gelobt wurde, war einer der geistvollsten und originellsten Männer der Berliner Romantik, der aber in künstlerischer Hinsicht nichts Romantisches hatte, sondern zu den Vertretern des Klassizismus gezählt werden muß. Er hieß Hans (eigentlich: Johannes) Christian Genelli und kam aus einer italienischen Künstlerfamilie, die noch nicht lange in Preußen ansässig war. Sein Vater war ein Kunstperlen- und Seidensticker, der erst in Kopenhagen und in Maria Theresias Wien gearbeitet hatte und 1774 von König Friedrich nach Berlin geholt worden war. Als er 1786 zum Ehrenmitglied der Königlich-Preußischen Akademie der Künste ernannt wurde, waren seine drei Söhne schon angehende Künstler: Janus wurde ein Landschaftsmaler, Friedrich ein Kupferstecher und Hans Christian ein Architekt.

Als die Familie, zu der neben den Söhnen noch zwei Töchter gehörten, nach Berlin übersiedelte und in der Neuen Münzstraße der Königsvorstadt, der späteren Alexanderplatzgegend, eine Wohnung bezog, war Hans Christian elf Jahre alt. Wie er später beklagte, erhielten die Söhne, die dem Vater viel bei seinen Arbeiten helfen mußten, nur eine mangelhafte Schulbildung, wurden dafür aber vom Vater in künstlerischer Hinsicht angeleitet, so daß sie später als Schüler in die Akademie eintreten konnten, von der für Janus und Hans Christian nach vierjähriger Ausbildung ein Stipendium erwirkt wurde, mit dem sie 1786 für drei Jahre nach Rom gehen konnten, wo Hans Christians Begeisterung für Kunst und Kultur der Antike begann.

Es waren die Jahre, in denen neben Goethe und den mit den Brüdern befreundeten Malern Carstens und Bury auch der gleichaltrige Schadow in Rom lebte, der später in seinem Tagebuch-Werk »Kunstwerke und Kunstansichten« nicht nur mißverständlich, sondern auch widersprüchlich über die Brüder schrieb. Da heißt es einmal, nachdem die Seidenstickkunst des Vaters gerühmt wurde, kurz und bündig über die Söhne: »Durch Trägheit und böse Zunge verdarben beide ihre vortrefflichen Anlagen und sind vergessen.« An anderer Stelle aber wird der Architekt Genelli aufs höchste gelobt für die Entwürfe von Porzellangefäßen, die »zum Schönsten gehören, was in diesem Fache erdacht worden«. Dann wieder heißt es über die Brüder: »Ihr ungebundener Geist duldete keinen Meister; beide besaßen Genie, und so blieben ihre Erzeugnisse unreif und wurden beinah vergessen ... Beide waren wegen ihres Witzes und ihres scharfen Tadels aller hiesigen Kunstarbeiten den Künstlern ein Schrecken, anderen Leuten aber eine Unterhaltung.« Und schließlich meinte Schadow 1824, anläßlich des Todes des Architekten, er sei zu genial gewesen, um zum Beamten zu taugen, habe sich aber bei Entwürfen für Porzellane und bei privaten Landbauten durchaus bewährt. Über Genellis theoretische und historische Arbeiten, die ihm selbst wichtiger als die prak-

Rauchs Marmorbüste von Hans Christian Genelli, die in Schloß Ziebingen stand, hat etwas von der antiken Strenge, die nicht nur Genellis geplante und ausgeführte Bauten, sondern auch seine Entwürfe für Geschirre der Königlichen Porzellanmanufaktur auszeichnen. Da er sich in der zweiten Lebenshälfte vorwiegend mit wissenschaftlichen Studien über den Theaterbau der Antike beschäftigte, zog er sich mehr und mehr aus dem Kreis der Berliner Architekten zurück.

tische Bautätigkeit waren, verlor der Praktiker Schadow kein Wort.

Genialität und Unabhängigkeitsstreben, Kritiklust und Witz wurden Genelli von allen Seiten bescheinigt, und insofern war er tatsächlich nicht zum Beamten geeignet; nach einer Staatsstellung, wie Schinkel sie später so erfolgreich bekleidete, hat er auch nie gestrebt. Die Stellung bei der Königlichen Porzellanmanufaktur, die ihm nach seiner Rückkehr aus Rom, 1789, angetragen wurde, hat er zwar nie ganz aufgegeben, sich aber, sobald es ging, aus der Manufakturarbeit zurückgezogen und nur gegen ein geringes Gehalt Entwürfe geliefert. Aber auch die praktische Bautätigkeit war anscheinend seine Sache nicht.

Zwar enthält sein in Leipzig liegender Nachlaß viele hervorragende architektonische Entwürfe für Land- und Gartenhäuser, Denkmäler und Türme, doch ist es, soviel man weiß, zu einer größeren Bauausführung nur einmal gekommen, und zwar vor 1800 in Ziebingen, wo er für Wilhelm von Burgsdorff das Gutshaus umbaute – das im Zweiten Weltkrieg beschädigt, im Nachkrieg restauriert wurde, dann aber abbrannte und heute nicht mehr steht. Es war, wie alle seine Entwürfe und sein noch heute im Madlitzer Park zu bewundernder kleiner Tempel, im strengen klassizistischen Stil gehalten, ein zweigeschossiger Bau mit Seitenflügeln, im Innern mit einem runden Kuppelsaal, dessen Durchgänge doppelte ionische Säulen zierten. Hier fanden dann später Ludwig Tiecks berühmte, von manchem auch gefürchtete Vorlesungen und wohl auch die Chorkonzerte der Madlitzer »Kirchenmusikfräulein« statt.

In seiner Berliner Zeit, das heißt in den neunziger Jahren, wohnte Genelli Hinter der Katholischen Kirche, also nahe der Oper und der sogenannten Kommode, wo die für ihn wichtige Königliche Bibliothek untergebracht war. In Rahels Salon, zu dessen ständigen Gästen er damals gehörte, galt er nicht nur als geistreich und witzig, sondern auch als besonders gelehrt. Es war eine Gelehrsamkeit, die ganz auf autodidaktischen Studien beruhte und Professoren gegenüber lebenslang eine übergroße Bescheidenheit zur Folge hatte, die sympathisch, aber der Sache nach nicht gerechtfertigt war. Er habe sich, so schrieb er einmal, die »wenigen Kenntnisse«, die er besitze, »wie ein Zigeuner oder Hausierer gleichsam auf der Landstraße verstohlenerweise aufraffen müssen«. Das sagte er noch im Alter, als er in Fachkreisen längst als guter Kenner der Altertumskunde galt.

Wie und wann Hans Christian Genelli mit dem Grafen Finckenstein, dem Präsidenten, bekannt wurde, ist aus der Literatur nicht ersichtlich. Vielleicht gaben die Übersetzungen der griechischen Dichter den Anlaß dazu, daß die beiden von der Antike begeisterten Männer zusammenfanden. Vielleicht kam die Bekanntschaft durch Wilhelm von Burgsdorff oder durch Karl, den Sohn des Präsidenten, zustande. Jedenfalls kommt Genelli schon ab 1796 in Karls Liebesbriefen an Rahel vor. Er erscheint dort als Freund und Vertrauter, der die Briefe der Liebenden befördert, bei Zwistigkeiten vermittelt, tröstet und Ratschläge erteilt. Wie selbstverständlich ist er im Sommer in Madlitz, im Kreis von Karls Familie. Karl gibt Gartengespräche mit ihm über allgemeine Probleme des Lebens wieder. Als Rahel 1797 versuchte, eine Entscheidung zu erzwingen, war er als Tröster zur Stelle. »Genelli ist bei mir gewesen«, schreibt Karl an Rahel. »Was ist dies für ein edler, großer Mensch, wie voll tiefer Empfindung, wie versteht er zu trösten, o, ich liebe ihn sehr, wie hat er mit mir geweint, wie ist mein Schmerz so ganz der seine. Ich weiß, er hat auch Trost für Dich.« Einmal versucht Karl, was er schlecht kann, den Menschen Genelli zu charakterisieren. Er schreibt an Rahel: »Ich gewinne ihn alle Tage lieber, er ist so ein heftiger Mensch voll Enthusiasmus für alles Schöne, voll Verstand und Kenntnissen; er hat viel gelebt, viel in Glück und Unglück, und er kennt die Menschen, aber er ist auch entsetzlich bitter, und er liebt die Hoffnung ebenso wenig wie Du. Und doch liebt er die Menschen, die recht in hohem Grade fähig des Glückes sind.«

Jahrzehnte später hat auch Varnhagen, der Genelli persönlich nicht gekannt hatte, nach Rahels Erzählungen und nach seinen Briefen eine Beurteilung versucht. Er bescheinigte ihm einen »muntern Lebenssinn, außerordentliche Geistestätigkeit, wirksames Ergreifen von Menschen und Zuständen, eigentümliche, fast gewaltsame Liebenswürdigkeit ... Genial bis zum Dämonischen, übte er große Gewalt auf seine Umgebung, und auch begabte und sonst kräftige Geister mußten seine meist herbe

Überlegenheit fühlen. Wo ihn kein Widerspruch reizte, war er von der weichsten Gutmütigkeit ... Unbarmherzig deckte er Eitelkeit und Leerheit und Schwächen aller Art auf. Sein Witz verwundete tief und behielt gewöhnlich das Feld.«

Seine scharfe Kritik, mit der er nicht hinter dem Berg halten konnte, war es also, was Schadow als seine »böse Zunge« bezeichnete, die ihm bei den Behörden und in der Akademie, dessen ordentliches Mitglied er 1795 wurde, geschadet hatte und ihn beruflich auf keinen grünen Zweig kommen ließ. Dieser Eigenschaft hatte er es wohl auch zu verdanken, daß Ludwig Tieck, mit dem er zwar nicht im gleichen Hause, aber doch in der gleichen Familie lebte, ihn gar nicht mochte, ja, man kann wohl sagen, ihn haßte. Die unterschiedlichen Kunstauffassungen des Romantikers und des Klassizisten werden dabei wohl eine geringere Rolle gespielt haben als die Tatsache, daß sich Genelli bei dem Ehescheidungsprozeß von Tiecks Schwester auf die Seite Bernhardis gestellt hatte. Vielleicht aber ist die Entzweiung von zwei Genies, die so eng beieinander leben, auch naturgegeben. Jedenfalls redete jeder von ihnen schlecht vom anderen, wobei zweifellos Tieck der Gehässigere war.

Für Genelli war Tieck ein »poetisches Ungeheuer, das seine Zauberhöhle in Ziebingen aufgeschlagen hatte«, in dem Haus also, das Genelli erbaut hatte, in dem er aber nicht wohnen wollte, weil Tieck zu einer Art von Genie gehörte, mit der unter einem Dach zu schlafen Genelli vermied. Tieck seinerseits versuchte 1808 August Wilhelm Schlegel einzureden, der Architekt sei lügenhaft und niederträchtig, eine »elende Geburt«, mit der er nur gezwungenermaßen zusammenlebe, so »wie man Kröten in seinem Garten dulden muß«. Noch im hohen Alter, als Genelli schon dreizehn Jahre tot war, bemühte sich Tieck, sein Andenken in häßlichster Weise herabzusetzen, indem er Varnhagen, dem Chronisten der Berliner Romantik, einen langen Brief voller Verleumdungen über Genelli schrieb: Er sei der größte Heuchler und Schmeichler gewesen, habe Karl von Rahel abspenstig machen wollen und, sogar »in Gegenwart von Bedienten«, Abscheulichkeiten über Rahel erzählt. Varnhagen scheint aber die üble Nachrede nicht ernst genommen zu haben; nichts davon floß in seine Beurteilung Genellis ein.

Die lebendigste Schilderung dieses sympathischen und sicher auch etwas skurrilen Architekten und Designers aber hinterließ Alexander, der jüngere von der Marwitz, in seinen Briefen an Rahel, mit der er bis zu seinem Tod in den Befreiungskriegen, 1814, in Freundschaft verbunden war. Im Sommer 1811, als der Staatskanzler den Grafen von Finckenstein und F.A.L. von der Marwitz ihrer oppositionellen Schriften wegen in Spandau inhaftiert hatte, war Alexander von der Marwitz, um seinen Bruder als Gutsherren zu vertreten, nach Friedersdorf gefahren, wo er den Tod der beiden Kinder des Inhaftierten miterleben mußte. Am 31. Juli, nachmittags sechs Uhr, schrieb er an Rahel: »Ich schreibe, liebe R., ganz begeistert von Genelli, der eben hier war und die größten Szenen vor mir aufgeführt hat, redend, richtend, prophetisch, priesterlich. Mit mir hat er die wahrsten und scharfsinnigsten Dinge gesprochen, über die Lage der Welt und unseres Staates, über die Bildung der Deutschen, Goethe, Schiller p.p. Dann ging er mit mir und der jüngsten Gräfin Finck (einem hübschen, schuldlosen Mädchen) zu einem toten Kinde meiner Schwägerin. (Hier ist nämlich großes Herzleid. Mein Bruder ist entfernt, das jüngste Kind ist vorgestern an Krämpfen gestorben, und das älteste, der Knabe, von dem ich Ihnen schrieb, liegt tödlich krank an der Ruhr darnieder.) Das Kind im Sarge lag vor uns in einem heildunkeln grünen Zimmer; ich stand hinter dem Sarge; links von mir saß auf einem Ruhbett meine Schwägerin in Tränen, neben ihr auf der einen Seite Genelli, auf der anderen stand die kleine Finck. Er sah eine Weile das Kind an, dann küßte er meiner Schwägerin mehrere Male die Hand, die er mit beiden Händen gefaßt hielt, und sagte mit tiefer Rührung und aus der innersten Überzeugung: Dafür gibt es keinen anderen Trost als Gott. Fühlen Sie, daß der ist, so lassen sie Ihre Tränen reichlich fließen, sie werden Ihnen nicht zu Schaden kommen. Wir gingen, ich mit ihm, in ein anderes Zimmer. Ich möchte eine Mutter sein, hub er wieder an, tiefgerührt und mit Tränen im Auge, nur um diesen Schmerz zu fühlen; eine solche Fülle des Herzens ist darin, sich selbst, seine eigne Seele sterben zu sehn. Wir kamen nun auf andere Gespräche. Ich kenne keinen Mann, in dem der Kern des Menschen so ausgebildet, alles einzelne so auf die höchsten Ideen bezogen wäre, wie bei G. Das Herz brannte mir, mit ihm über Sie zu reden, aber teils war keine Gelegenheit, teils hat er das Unbequeme, daß er mehr Reden hält, als Gespräche führt, und daher den anderen oft überhört. Mit einem solchen ist schwer zu streiten, wenn man nicht ebenso gute Reden halten kann wie er. Dann versteht er mich auch oft nicht und glaubt mich wahrscheinlich dümmer als ich bin.«

Um diese Zeit, also 1811, lebte Genelli schon seit etwa zehn Jahren in Madlitz. Er war in den neunziger Jahren nur im Sommer dort gewesen, wo er unter anderem, mit Hilfe des Präsidenten, Griechisch gelernt hatte. Im Dezember 1800 war er noch mehrfach bei den Festessen gewesen, die in Berlin zu Ehren Jean Pauls gegeben wurden, und auch im nächsten Jahr waren seine Briefe an August Wilhelm Schlegel noch aus Berlin datiert. Danach aber siedelte er ganz nach Madlitz über, wo er in ständigem Kontakt mit dem interessierten und kundigen Präsidenten seinen Altertumsstudien nachgehen konnte, ohne Sorgen ums tägliche Brot haben zu müssen, was ihm besonders in den Kriegs- und Besatzungszeiten zugute kam. An August Wilhelm Schlegel, für dessen Theaterstück »Jon« er 1801 Bühnenbilder entworfen hatte und der mit ihm gern bei der Erforschung des antiken Theaters zusammengearbeitet hätte, schrieb er im Oktober 1809: »Dieser Krieg hat, wie Sie sich leicht denken können, mir alle meine Erhaltungsquellen abgeschnitten. Seit dem Eintritt Napoleons in Berlin sind meine kleinen Gehälter [von der Porzellanmanufaktur] zurückgehalten worden … Seitdem ist an keine … Zahlung von Seiten der Regierung zu denken; und Napoleons siegende Hand ist so versiechend gewesen, daß auch kein Privatmann Geld übrig behalten hat. So daß Sie sich wohl vorstellen können, wie es für unsereinen nichts zu verdienen gibt. Was es noch zu verdienen geben kann, fällt in die Hände derer, die es aushalten konnten auf dem Platz zu bleiben. Drei Jahre lang lebe ich demnach von der Gnade und Barmherzigkeit des Reichsgrafen von Finckenstein, oder falls Sie gemilderte Ausdrücke vorziehen, von der alten Güte und Gewogenheit dieses Mannes.«

Anders als Tieck scheint sich Genelli nicht nur mit dem Präsidenten und Karl, sondern auch mit den jüngeren Geschwistern verstanden zu haben. Er blieb auch nach dem Tode des Präsidenten in Madlitz, und er konnte auch seine jüngere Schwester nachkommen lassen, die unverheiratet, also auch unversorgt war. Die enge Bindung an die Grafenfamilie zeigt auch die Tatsache, daß die letzte Ruhestätte der Genelli-Geschwister nicht der Friedhof der Gemeinde, sondern der Finckensteinsche auf dem Friedrichsberg war.

Besonders Genellis wegen konnte Madlitz auch nach dem Tode des Präsidenten noch eine Rolle für das Kunstleben der nächsten Generation spielen. Besonders für seinen Neffen, den Zeichner und Maler Buonaventura Genelli, der berühmter als sein Onkel wurde, blieb Madlitz ein Anziehungspunkt. Grund dafür war aber nicht nur der Onkel, von dem sich der junge Mann nach dem frühen Tod seines Vaters, des Landschaftsmalers Janus Genelli, künstlerisch Rat holte, sondern auch dessen Freundin, die angebetete Gräfin Caroline, die zweite Tochter des Präsidenten, die für Buonaventura die geistvollste und schönste der kunst- und musikliebenden Schwestern war. In seiner gezeichneten Autobiographie, dem Zyklus »Aus dem Leben eines Künstlers«, in dem die klassizistischen Einflüsse des Onkels deutlich werden, sind zwei der schönsten Blätter Madlitz gewidmet. Das Blatt IX, »Des Oheims Lehre« betitelt, auf dem der wißbegierige Jüngling stehend seinem Lehrer lauscht, der einem

Buonaventura Genelli gedenkt in seiner gezeichneten Autobiographie »Aus dem Leben eines Künstlers«, die nach 1850 entstand, aber erst 1868, in seinem letzten Lebensjahr, veröffentlicht wurde, auch seines Onkels Hans Christian Genelli, der ihm nach dem frühen Tod des Vaters väterlicher Freund und künstlerischer Ratgeber wurde. Während der Onkel ihm Wissenschaftliches vorliest, gewährt das Fenster einen Blick auf den Madlitzer Park.

antiken Philosophen ähnelt, während das Fenster einen Ausblick auf den Madlitzer Garten gewährt, trägt zur Erklärung folgenden Text: »Der Beruf ist gefunden, dem Dienst der Schönheit weiht sich der jugendliche Schöpferdrang. Aber des Vaters Unterweisung ist dem Jüngling nicht mehr gegönnt; als würdiger

Lehrer tritt ihm der Oheim zur Seite, Hans Christian Genelli, der geniale Architekt, des edlen Carstens beratender Freund. Mit der doppelten Beredsamkeit der Liebe und des erleuchteten Verständnisses führt er den Lernbegierigen in die Geheimnisse der Kunst und des veredelnden Wissens ein.«

Auf dem anderen Madlitzer Blatt, Nummer XIII, mit dem Titel »Weihestunde«, lagert der junge Künstler zu den Füßen der »erhabenen Freundin«, der griechischen Vorbildern nachgestalteten Gräfin Caroline, lauscht »der süßen Musik ihrer Stimme« und merkt nicht, wie die Stunden verfliegen und die Nacht, allegorisch dargestellt, naht. Die Gräfin, die übrigens Griechisch wie ihre Muttersprache lesen konnte, ist hier allein mit ihrem Zögling; in Wirklichkeit aber gehörte sie, auch für den Neffen, mit dem Onkel zusammen. Immer waren es beide, die ihn betreuten und ihm, wenn er in Rom oder München war, Briefe schrieben. Beide waren es, an denen er hing.

Buonaventura soll ein Porträt von Caroline gezeichnet haben, das den Maler-Müller in Rom, der in den neunziger Jahren schon die Brüder Janus und Hans Christian beherbergt hatte und nun auch den Neffen betreute, so sehr beeindruckte, daß er meinte: Was seinem alten Freund Genelli dieses entlegene Madlitz so golden mache, sei ihm durch dieses ausdrucksvolle weibliche Antlitz nun endlich klar.

Über dieses dauerhafte und innige, aber weder standesgemäße noch bürgerlich legitimierte Verhältnis, das Liebesbriefe nicht hinterlassen hat, wissen wir wenig. Es scheint schon früh begonnen zu haben. Jedenfalls kann man vermuten, daß die Abweisung eines Grafen Dohna, der Caroline, wie wir von Schleiermacher wissen, 1798 einen Heiratsantrag gemacht hatte, schon mit ihrer Liebe zu Genelli zusammenhing. Daß die Liebenden es nicht leicht hatten zu Anfang, ist anzunehmen, dann aber wurde vom Präsidenten und der Familie ihr Verhältnis offensichtlich weitgehend akzeptiert. Die Behauptung Varnhagens, Caroline und Genelli hätten sich heimlich trauen lassen, ist mit Sicherheit

Anlaß für häufige Besuche in Madlitz bot dem jungen Künstler Buonaventura Genelli nicht nur der Onkel Hans Christian, sondern auch dessen schöne und kluge Freundin, die Gräfin Caroline, zu deren Füßen er hier anbetend sitzt.

unrichtig – was sich von einer anderen, kaum glaublichen, nicht so leicht sagen läßt. Der Kunsthistoriker Max Jordan nämlich, der von 1872 bis 1874 das Leipziger Museum leitete, sich als erster für Genellis Nachlaß interessierte und noch mit Leuten, die Genelli gekannt hatten, reden und korrespondieren konnte, war der Meinung (und nach ihm haben auch andere diese Lesart übernommen), es habe sich bei dem Verbindenden zwischen den beiden um eine rein geistig-seelische Liebe gehandelt, der der Reiz einer gewollten Enthaltsamkeit eine besondere Intensität gegeben habe; die beiden seien eben ein Paar der romantischen Zeit gewesen, deren Gefühlsart zu verstehen schon der nächsten Generation nicht mehr möglich gewesen wäre – eine Erfahrung, die, wie wir wissen, jede alt gewordene Generation wieder macht.

Vielleicht hat Jordan hier einer Legende zu viel Realitätsgehalt beigemessen, vielleicht aber war er, da näher daran, kompetenter als wir heutzutage. Da gibt es nichts zu beweisen oder zu widerlegen, da muß man sich damit trösten, daß jede Art und Weise, sich zu lieben, letztlich nur die Beteiligten angeht, und als Vorschlag zur Güte könnte man zu bedenken geben, daß jede Jahrzehnte dauernde Liebe ihren Charakter verändert, ohne dabei flacher werden zu müssen. So wahrscheinlich auch bei dieser Liebe, die mit Sicherheit mehr als zwei Jahrzehnte währte, bis zu Genellis Tod.

1818, nach dem Tod seines Gönners, des Präsidenten, hatte Genelli für die Haude-Spenerschen »Berlinischen Nachrichten von Staats- und gelehrten Sachen« den Nachruf auf ihn geschrieben, voller Verehrung, aber ohne sein persönliches Verhältnis zu ihm zu berühren. Eine zehntägige Krankheit hatte beim Präsidenten zum Tode geführt.

Genelli mußte fünf Jahre später qualvoller sterben. Caroline, die bei ihm war bis zur letzten Minute, berichtete dem Neffen in Rom darüber: vom Zungenkrebs, der den Oheim befallen hatte, von den vergeblichen Operationen, seinen schrecklichen Leiden, dem Tod und dem Begräbnis, an dem neben der gräflichen Familie auch die Madlitzer Bevölkerung Anteil nahm.

Als der Verfasser dieses Buches die verwüstete Begräbnisstätte der Finckensteins zum erstenmal aufsuchte, war unter den Trümmern zwar noch der Grabstein von Genellis Schwester Christiane, nicht aber der seine zu finden. Er hatte folgende Aufschrift getragen:

Hans Christian
Genelli
Königlicher Professor
Starb den 30. Decbr. 1823
In einem Alter von 60 Jahren

Barnime

Wenn der junge Joseph von Eichendorff aus seiner schlesischen Heimat über Crossen und Frankfurt/Oder nach Berlin reiste, kam er auch durch Ziebingen, das deshalb in seinen Tagebüchern zweimal erwähnt wird, am 5. März 1810 mit folgenden Stichwörtern: »Schöner warmer Tag. Lerchen singen. Zu beiden Seiten unübersehbar durch Raupen verdorrte Nadelwälder. Schreckliche Sandflächen und fürchterlicher Weg ... Um 3 Uhr in dem großen Dorfe Ziebingen (wo einst, bei Herrn von Burgsdorff, Tieck, Arnim und Schütz gewesen und wo die 11 Comtessen von Finckenstein, die gestern zum Ball in Crossen) gut zu Mittag getäfelt ... Gräßliche Sandsteppen. Mordio-Wege ... Fastumschmeißereien.«

Die elf Finckensteinschen Komtessen lassen sich, falls Eichendorff richtig gezählt haben sollte, vielleicht dadurch erklären, daß zu den sechs Töchtern des Präsidenten noch ihre Cousinen aus dem neumärkischen Drehnow gestoßen waren, das Ziebingen benachbart war. Interessanter aber als dieser Ball in Crossen, über den wir nichts wissen, ist die Tatsache, daß Eichendorff in einem Atemzug mit Tiecks und Arnims berühmten Namen auch Schütz erwähnt, den heute kaum jemand noch kennt. Dabei spielte er in der Berliner Romantik eine nicht unbedeutende Rolle, und mancher hielt ihn für einen talentierten Poeten, am längsten wohl der gutmütige und gutgläubige Fouque.

Schütz war als Sohn eines höheren Berliner Beamten 1776 geboren worden. Er war also etwas jünger als Tieck, Burgsdorff und

Wackenroder, mit denen er zusammen auf Gedikes Friedrichwerderschem Gymnasium im Sinne der Berliner Aufklärung erzogen, von der Nüchternheit der rationalistischen Religionsauffassung abgestoßen und dadurch für den Katholizismus anfällig gemacht worden war. Ein Jurastudium in Würzburg und Erlangen brachte ihn zum erstenmal mit der, wie er später meinte, »wirklichen Religion«, der katholischen nämlich, zusammen, was aber vorerst keine anderen Folgen hatte, als daß er als Beamter in einem Ministerium, das die Klöster in den von Preußen okkupierten Teilen Polens zu säkularisieren hatte, bei dieser Aufgabe so verständnisvoll wie nur möglich verfuhr.

1798 hatte er in Berlin seine Beamtenlaufbahn begonnen und war bald danach in den Romantikerkreis aufgenommen worden, zu dem neben Tieck und August Wilhelm Schlegel auch Fichte, Bernhardi, Sophie Tieck-Bernhardi, Schleiermacher, Genelli und der Maler Bury gehörten und wo man große Hoffnungen in seine poetische Zukunft setzte, wie Tiecks Sonett »An S-z« (später: »An einen jüngeren Dichter«) deutlich machte, in dem es heißt: »Was ich gewollt, wird künftig dir gelingen« – doch sollte diese Prophezeiung, obwohl Schütz sein langes Leben hindurch schrieb und veröffentlichte, nicht in Erfüllung gehen.

Ein wenig Beachtung erfuhr er in den Jahren nach 1800 mit einigen Romanzen, gab mit Versen wie: »Sey kühn mit den Blicken, / Schon reizen die Brüste / Und wecken Gelüste« auch zur Empörung Anlaß und wurde kurzzeitig bekannt durch ein vielverlästertes, nie aufgeführtes, gefühlsseliges Schauspiel in Versen, dessen Titel »Lacrimas« (was Goethe, nach Caroline von Humboldt, mit »Heularsch« zu übersetzen vorgeschlagen hatte) fortan von Freunden und Feinden, um ihn von Namensvettern zu unterscheiden, an seinen Namen angehängt wurde. Als Schütz-Lacrimas also ging er in das Kleingedruckte der deutschen Literaturgeschichte ein.

Immerhin war er bekannt genug, um von dem Kritiker Garlieb Merkel in seiner antiromantischen Satire »Ansichten der

Literatur und Kunst unseres Zeitalters« (Leipzig 1803) abgekanzelt und parodistisch zitiert zu werden, zum Beispiel mit folgenden Versen:

»Heiß von Bäumen tropft hier nieder
Deines Athems duftger Trank,
Und es schwillt auf diesem Flusse
Deines Busens Wellengang.«

Beigegeben war der Satire ein Kupfer mit dem Titel »Versuch, auf den Parnaß zu gelangen«, auf dem August Wilhelm Schlegel mit Kreuz, Schwert und Pistole bewaffnet voranstürmt, gefolgt von dem verwachsenen Schleiermacher, dem auf dem Gestiefelten Kater reitenden Tieck und Schütz als Bogenschütze mit stumpfem Pfeil.

Neben Gedichten entstanden nach dem »Lacrimas« noch zwei heute vergessene Schauspiele (»Niobe« und »Der Graf von Gleichen«); doch mehr als durch poetische Beiträge machte sich Schütz durch praktisch-organisatorische Hilfe für die Romantiker-Gruppe nützlich, indem er zum Beispiel die Vorlesungen August Wilhelm Schlegels in dem noch universitätslosen Berlin organisierte; sogar mit dem Verkauf der Eintrittskarten befaßte er sich. Bei der Scheidungs-Affäre der Sophie Tieck-Bernhardi beförderte er zwischen Bruder und Schwester heimliche Briefe, und als Schlegel Berlin verließ, um der Madame de Stael an den Genfer See zu folgen, bewahrte er dessen kostbare Bibliothek.

Als Ludwig Tieck im Oktober 1802 mit Frau und Kind nach Ziebingen übersiedelte, begann auch für Schütz eine neue Lebensperiode, die ganz unter dem Einfluß der Finckensteins stand. Er lernte den Präsidenten kennen, dessen starke Persönlichkeit wohl seine spätere politische Haltung prägte, und er verliebte sich in Barnime, die dritte der Madlitzer Komtessen, die er auch heiraten konnte; nach langer Wartezeit freilich erst. Denn im Gegensatz zu Rahel Levin, Tieck und Genelli, die den

Standesunterschied nicht zu überbrücken vermochten, konnte Schütz, der einen reichen und einflußreichen Geheimen Oberfinanzrat als Vater hatte, die Bedingungen seines künftigen Schwiegervaters erfüllen: Er wurde geadelt, kaufte ein Rittergut und wurde Landrat, und zwar im Kreis Beeskow-Storkow, der dem Lebusischen Kreise benachbart war.

Tieck hat später, 1832, in seiner Novelle »Die Ahnenprobe« die Heiratsschwierigkeiten seines Freundes gestaltet und auch, ganz wie im wirklichen Leben, zu gutem Ende geführt, mit dem Unterschied freilich, daß kein einflußreicher Vater die Sache regelt, sondern der gute König selbst: »Dem Könige habe ich die ganze Sache erzählt und vorgetragen«, heißt es da in der einschläfernden Sprache des späten Tieck. »Er hat seine volle Einstimmung gegeben, ja er hat mir mit übergroßer Gnade ein Adelsdiplom für meinen Eidam aufgezwungen! Ja, ich sage mit Recht aufgezwungen, denn ich suchte diese Gnade nicht und verbat sie im Gegenteil, aber er hat meine Einwendungen nicht beachtet. Danken wir ihm diese Huld und feiern seinen Namen.«

Daß dieser Graf der Novelle mit seinen drei Töchtern dem Präsidenten ähnelt, ist anzunehmen. Er wird als »langer alter Mann, aufrecht wandelnd« geschildert, der die preußischen Reformen (die Novelle spielt 1810) mit folgenden Argumenten ablehnt: »Je mehr in unsern Tagen alle jene ehrwürdigen Anstalten der Vorzeit unterzugehen drohen, um so mehr ist es die Aufgabe und die höchste Ehre derjenigen, die von dem Werthe dieser Einrichtungen durchdrungen sind, sie aufrecht zu erhalten. Diese, die am Alten festhalten, sind Streiter für das Göttliche, sie kämpfen für die ewigen Rechte. Wer nachgibt, diese überkommenen Vorrechte wissentlich oder leichtsinnig schmälert, seinen Nachkommen die angestammte Herrlichkeit verkümmert, ist ein Frevler und Sünder.«

Ein Sünder in diesem Sinne ist Wilhelm Schütz, der 1809 als Kriegs- und Domänenrat, Ritterschaftsdirektor und Landrat Wilhelm von Schütz die Gräfin Barnime von Finckenstein hei-

Auf dieser zeitgenössischen Karikatur, auf der die Berliner Literaten den Parnaß erobern wollen, erscheint Wilhelm von Schütz als Bogenschütze mit stumpfem Pfeil. Der voranstürmende Große ist der Theoretiker des Freundeskreises, August Wilhelm Schlegel, der Kleine mit dem Regenschirm Schleiermacher und der Reiter des gestiefelten Katers Ludwig Tieck.

ratete, nie gewesen; denn er hat, bis in den Vormärz hinein, die Vorrechte des Adels immer verteidigt, wie sonst von den Autoren nur Fouque. Mit der Heirat siedelte er auf sein Gut Kummerow, nahe bei Beeskow, über, ohne damit seine Beziehungen zu Berlin und Madlitz aufgeben zu müssen. Er dichtete sogar weiter, nun aber, sicher nicht ohne den Einfluß des Präsidenten, mit politischen, das heißt mit antireformerischen Tendenzen. Sein stark didaktisch gehaltenes Poem in fünf Kapiteln von insgesamt fast tausend Versen hieß »Triumph deutscher Vorzeit«, wurde 1810 geschrieben, vom Präsidenten, von Tieck, Friedrich Schlegel, Adam Müller und anderen Gleichgesinnten mit Beifall aufgenommen, aber erst 1820, als diese restaurativen Ideen wieder dem Zeitgeist entsprachen, gedruckt.

Später hat Schütz noch viel geschrieben, aber nicht mehr gedichtet. Er verfaßte literaturkritische, kulturhistorische und politische Aufsätze, die alle die »deutsche Vorzeit« als Muster aufstellten, also die Rückkehr zum Alt-Feudalen mitsamt der beherrschenden Rolle der Kirche empfahlen. Er trat, darin Friedrich Schlegel folgend, zum Katholizismus über und wurde einer seiner eifrigsten Verfechter, so wie er auch als Neugeadelter einer der fanatischsten Verteidiger der Adelsrechte geworden war.

Landrat war er nur zwei Jahre; denn als sein Schwiegervater und der Friedersdorfer Marwitz 1811 mit der »Letzten Vorstellung des Lebusischen Kreises« gegen die Reformen protestierten und der Kreis Beeskow-Storkow sich unter Schützens Einfluß dem Protest anschloß, wurde er zwar nicht inhaftiert, aber er mußte sein Amt auf geben. Und da Barnime, nachdem sie ihm eine Tochter geboren hatte, 1812 schon starb, verließ er Kummerow wieder, ließ seine Tochter in Madlitz aufwachsen und lebte selbst dort und in Ziebingen bis zum Tode des Präsidenten. Dann folgte er dem Freund Tieck, der nach Dresden ging.

Dankbarkeit für den Präsidenten hat sich Schütz immer bewahrt. Noch 1844 hat er über dessen poetische Verdienste, vor allem als Verfasser der »Arethusa«, in höchsten Lobestönen geschrieben und ihn als einen hervorragenden Vertreter der norddeutsch-protestantischen Dichtung mit Ewald von Kleist und Johann Heinrich Voß auf eine Stufe gestellt. Seiner Charakterisierung des Präsidenten allerdings muß man nicht unbedingt Glauben schenken, wenn es da heißt, Graf Finckenstein »war eine Persönlichkeit, der ich keine zweite an die Stelle zu setzen wüßte. Ich möchte ihn die vollendete Tugend nennen; denn an diesem Mann auch nur den kleinsten Makel zu entdecken gehörte zu den Unmöglichkeiten, und dabei kannte er seine Trefflichkeit nicht, sondern durchlebte seine Tage fast nach allen Seiten hin praktisch und wissenschaftlich gebildet und thätig, wie ein seliges, stets lachendes seiner Vorzüge sich völlig unbewußtes Kind, überall, nur nicht in der vornehmgezierten Welt sein Paradies findend, und ohne Stoicismus, jeder Beziehung nach die reinste Enthaltsamkeit selbst.«

Einquartierung

Heereszüge, ob feindliche, verbündete oder eigne, waren für die Landbevölkerung immer ein Übel; denn die Soldaten mußten verpflegt werden, und die Pferde fraßen die durch den Krieg sowieso schon reduzierten Futtervorräte weg. Das war im Siebenjährigen Krieg so gewesen und auch zur napoleonischen Zeit. Jede Dorfchronik weiß von armmachenden Einquartierungen oder auch Plünderungen zu berichten, auch in den Jahren 1806 bis 1813, die man die Franzosenzeit nannte, obwohl durch die Rheinbundtruppen der deutsche Anteil an Napoleons Besatzungsheeren beträchtlich war.

Auch Madlitz hatte häufig unter militärischen Durchzügen zu leiden, besonders empfindlich im August 1807, als württembergische Truppen sich einquartierten, den Bauern die Vorräte stahlen und den Weinkeller des Schlosses ausraubten, wobei es auch zur Mißhandlung von Leuten kam. Da die Offiziere, die vom Präsidenten mit der damals selbstverständlichen Höflichkeit empfangen worden waren, den Ausschreitungen nicht Einhalt geboten, sondern sich daran sogar noch beteiligten, fühlte sich der Präsident nach ihrem Abzug dazu verpflichtet, in einer Eingabe an den württembergischen König auf ihre Bestrafung zu drängen, worauf tatsächlich eine Untersuchungskommission eingesetzt wurde, die die Anklage bestätigen mußte. Der verantwortliche Oberst und ein Major wurden bestraft.

Nach Napoleons Niederlage in Rußland, General Yorcks tapferer Eigenmächtigkeit bei Tauroggen und der Übersiedlung

Friedrich Wilhelms III. nach Breslau wird man, wie überall in Preußen, auch in Madlitz dem Beginn des Kampfes gegen Napoleon entgegengefiebert und den lange erwarteten Aufruf des Königs begrüßt haben, wenn auch keiner der anwesenden Intellektuellen, die alle so um die Vierzig waren, als Freiwillige nach Breslau aufbrachen, wie im Havelland zum Beispiel Fouqué. Der gichtkranke Tieck hielt es für ratsamer, mit Henriette zusammen dem Krieg nach Prag auszuweichen, wo er dann manchem Berliner Bekannten begegnen konnte, zum Beispiel der Rahel Levin und dem jüngeren Marwitz, der dann ein Jahr später in Frankreich fiel. Genelli und Schütz waren für Kriegsdienste wohl auch nicht geeignet, und der Präsident war schon fast siebzig Jahre alt.

Sein ältester Sohn, Karl, war anderthalb Jahre zuvor an Typhus gestorben und hatte auf dem Friedrichsberg schon seinen marmornen Grabstein erhalten. Einer der jüngeren Söhne war kriegsuntauglich, weil ein Beinbruch, den er sich beim Reiten zugezogen hatte, so schlecht verheilt war, daß er stark hinkte und am Stock gehen mußte. Die beiden anderen Söhne aber, Wilhelm und Alexander, machten sich gleich im Februar 1813 freiwillig auf den Weg zur Armee.

Erhalten hat sich aus diesen aufregenden Tagen, in denen die napoleonischen Truppen, verfolgt von den Russen, durch die Mark Brandenburg flohen, ein vierseitiger Brief des Präsidenten an die in Prag weilende Henriette, der hier wörtlich wiedergegeben werden soll:

»An meine Tochter Henriette. Madlitz, den 24. Feb.

Ich mache mir das Vergnügen, meine Nachrichten diesmal an dich zu richten. Am Sonntag fuhr ich mit Julie [Henriettes jüngere Schwester] nach Petershagen und Falkenhagen, wo ich vom Angriff der Russen auf Berlin die erste Nachricht erhielt. Das Nähere und Zuverlässige vom 19. bis 22. enthält der beygehende Aufsatz [der nicht erhalten ist].

Sonntag, den 21., war hier alles ruhig, aber abends als wir schlafen gehen wollten, hörten wir in der Richtung nach dem

Fenn unaufhörlich Trommeln. Dieses hat die halbe Nacht fortgewährt; es waren Franzosen, welche von der Chaussee nach Fürstenwalde marschierten.

Montag, den 22., waren 700 Mann italienischer Cavallerie von der Garde durch Petershagen gegen Berlin marschieret. Diese, die noch keinen Russen gesehen haben mochten, fanden Wüsten-Görlsdorf (von hier wenig Meilen weit) von 50 Kosacken besetzt. Sie griffen an, um sie herauszutreiben, dieses gelang ihnen aber nicht, und als sie zurück gingen, wurden sie von einer überlegenen Zahl von allen Seiten angegriffen und mit Verlust von 100 Toten gefangen oder zerstreut. Wir hörten von 2 Uhr nachmittags bis gegen Sonnenuntergang hier vom Haus und noch besser vom Eichberge aus das Feuern aus den schweren Carabinern in einem fort und nahmen es für eine entfernte Kanonade. Beim Untergang der Sonne ging die Jagd auf der Chaussee von Arensdorf her bis Petershagen los. Viele Wilmersdorfer sahen es von ihrem Felde mit an, und man hörte das Geschrei bis hier auf dem Sandberge. Nur etwa 20 Mann entkamen durch Petershagen. Dies ist das Gefecht von dem die Anlage spricht. Ein Entlaufener labte sich am Abend in unserer Kirche.

Dienstag, den 23., hörten wir daß Kosacken in Hasenfelde wären. Mir fiel ein, mit Schierstädt [Schwiegersohn] dorthin zu fahren, da aber Amelie und Julie [jüngere Schwestern von Henriette] nicht allein hier bleiben konnten und die Kinder [die Enkelkinder] noch weniger, so ward alles mit aufgepackt, und Hermann [ein Enkel] repetierte fleißig sein ›Hidrosti [?] Hurra Cosaki.‹ Wir langten glücklich an und sahen die schönen Gesichter und Gestalten der Kosacken im Gegensatz zu einigen breiten, kurzen, dickköpfigen und schmaläugigen Kalmücken, betrachteten ihre Bewaffnung, besonders ihre einfachen, leichten Lanzen, und hatten unsere Neugier befriedigt. Auch der Offizier war sehr freundlich, und Hermann mußte »Alexander Hurra!« rufen, welches ihm erst schwach abging. Schade war es, daß keiner ein Wort Deutsch konnte. »Schnaps komm!« und

In Berichten über die russischen Truppen, die 1813 als Verbündete nach Deutschland kamen, ist ihres malerischen Aufzuges wegen von Kosaken, Baschkiren und Kalmücken häufig die Rede. Auch die Zeichner nahmen sich ihrer gern an. Obige Zeichnung aber, von Richard Knötel mit dem Titel: »Die ersten Kosaken«, entstand erst hundert Jahre danach.

»Franzuski Capitain kaputt!« war alles, was sie herausbringen konnten. Das Lager war auf dem Tempelberger Felde und der General Benckendorff im Ort selbst. Nachmittags 2 Uhr brachen sie auf, drei Regimenter Kosacken und eins Dragoner stark, lagerten bei Steinhöfel und schickten ein Regiment Kosacken gegen Fürstenwalde vor, von denen wir dann einige Schüsse hörten.

Der General von Benckendorff hat dem Herr von Alvensleben gesagt, daß ein Theil seiner Leute bey Ziebingen über die Oder gesetzt werden, und heute heißt es, daß Kosacken bey Markendorf wären.

Die Post hat mitgebracht, daß die Franzosen gestern, nachdem sie die Brücke angezündet, Frankfurth geräumt hätten und nach Müllrose gegangen wären; heute war die Brücke aber insoweit wieder hergestellt, das man zu Fuß herüber kommen konnte. Ein Bauer von Czernikow bei Seelow hat dem Umboch [?] erzählt, daß gestern abend die Russen, nachdem sie eine Pontonbrücke bey Zellin geschlagen, die Nacht durch übergegangen wären. Dieses würde also die Avantgarde der Armee seyn, und wir würden bald mehr von Berlin hören.

In Fürstenwalde, welches ringsum hohe Mauern hat, stehen 700 Franzosen, die sich nicht ergeben wollen. Die Russen rückten aber heute Nachmittag näher heran, und da sie sechs (6) Kanonen bey sich haben, werden sie wohl die Tore einschießen.

Madlitz, den 25. Febr.: Ein Kreisbote, der heute aus Frankfurth abgegangen, bringt mit, daß morgens um 7 Uhr ein Theil der vorgestern abgezogenen Franzosen die Stadt wieder besetzt hätten und alles, was an der Brücke repariert wurde zerstörten.

Febr. 26.: Gestern sind die Russen über die Spree gegangen und haben Fürstenwalde rings umzingelt, um die Stadt aber zu schonen, die Brücken zu erhalten ver ...« (Hier bricht der Bericht leider ab.)

Die Seele der patriotischen Kräfte im Kreise Lebus war F. A. L. von der Marwitz auf Friedersdorf, der 1811 mit dem Präsidenten zusammen die Festungshaft in Spandau erlitten hatte und der nun, im Dezember 1812, den alten Widersacher Hardenberg zum Losschlagen gegen die französische Besatzung drängte, ob nun der König, an den er auch schon eine Denkschrift geschickt hatte, das billigen würde oder auch nicht. Er versuchte auch Verbindungen zu den anrückenden russischen Truppen zu knüpfen, doch wurde er von diesen, wie auch vom Staatskanzler, enttäuscht. Der im Februar erfolgte Aufruf des Königs zur Bildung von Freiwilligenverbänden bedeutete deshalb für ihn eine Erlösung. Er machte sich sofort auf nach Breslau, und Graf Wilhelm von Finckenstein schloß sich ihm an.

Wilhelm, nach Karls Tod ältester Sohn des Präsidenten, 1777 geboren, war in Madlitz von einem Hofmeister erzogen worden.

Als Siebzehnjähriger hatte er in Landsberg an der Warthe seine Militärlaufbahn bei den Katte-Dragonern begonnen, sie 1805 aber, weil er heiraten wollte, auf eignen Wunsch abgebrochen. Seine Frau, eine Freiin von Matt, die er in Karlsbad kennengelernt hatte, folgte ihm nach der in Wien gefeierten Hochzeit in die Neumark, wo er ein Gut gekauft hatte, das er aber nicht lange halten konnte, da der Krieg und die Kontributionen ihn in Schulden stürzten, so daß er 1810 verkaufen und nach Madlitz zurückkehren mußte. Von seinen insgesamt neun Kindern waren 1813, als er Marwitz nach Schlesien folgte, um freiwillig in die Armee einzutreten, schon fünf auf der Welt.

Da Marwitz beim König und in dessen Umgebung noch immer als Rebell angesehen wurde, vergingen einige Wochen, bis man ihn in seinem alten Rang, als Major, wieder eingestellt hatte, auf eignen Wunsch bei der Landwehr, die er aber im Kreis Lebus erst ausheben, ausbilden und bewaffnen mußte, wobei ihm der Rittmeister Graf Wilhelm von Finckenstein und dessen jüngerer Bruder Alexander, als Leutnant, zur Seite standen. Ende April war die Lebuser Landwehrbrigade als die erste in der Mark zum Einsatz fertig, rückte im Mai in die Gegend zwischen Elbe und Havel, bestand bei Wittenberg ihre ersten Scharmützel, blieb dort während des sechswöchigen Waffenstillstands und zeichnete sich in der zweiten Augusthälfte in dem siegreichen Gefecht bei Hagelberg, nahe Belzig, wo die napoleonischen Truppen, gegen die hier gekämpft wurde, vorwiegend aus Westfalen und Sachsen bestanden, in hervorragender Weise aus.

Während des sommerlichen Waffenstillstandes, den beide Seiten zur Vervollkommnung ihrer Rüstungen nutzten, und während Napoleon in seinem Hauptquartier in Dresden letzte Verhandlungen mit Metternich führte, gab es in Madlitz Einquartierungen von durchziehenden preußischen Truppen, die in die künftigen Kampfgebiete südwestlich Berlins verlegt wurden. Mit ihnen marschierte auch der schon einmal zitierte Militärgeistliche Karl August Köhler, auch ehemals Absolvent des

Friedrichwerderschen Gymnasiums, der ein ausführliches Tagebuch führte, durch das die Schilderung eines Tages in Madlitz der Nachwelt erhalten blieb.

Köhler war mit seiner Truppe aus Schlesien gekommen, hatte in Ziebingen bei dem mit Tieck befreundeten Pastor Kadach übernachtet, war in Frankfurt über die Oder gegangen und am letzten Tag des Waffenstillstands, dem 14. August 1813, vormittags in Madlitz eingetroffen. »Wir fanden schon zwei Dragoneroffiziere im Quartiere, und nun kamen wir dazu: 12 Offiziere, eine Dame mit zwei Kindern und einem Dienstmädchen, 20 Bediente und 42 Pferde! Ich fühlte mich höchst unglücklich; denn es war mir noch im frischen Andenken, wie unangenehm eine starke unvermutete Einquartierung ist, und nun war ich mit unter denen, die wie ein Schwarm Heuschrecken in ein friedliches Haus einfielen. Außerdem war es noch ein Graf, dem ich gern, ich weiß nicht, ob aus Stolz oder Demut oder Vorurteil aus dem Wege gehe. Ich resolvirte [beschloß], gar nicht zu sprechen, und war in meinem Vorhaben noch mehr bestärkt, weil ein paar Offiziere viel redeten und dadurch von der feinen Familie, welche aus dem Grafen, 5 Töchtern und zwei Schwiegersöhnen bestand, sehr abstachen.

Mein Vorsatz ward, wie so viele in der Welt, nicht lange gehalten; denn der Graf schien es drauf anzulegen, mir durchaus Rede abzugewinnen, ob ich gleich immer nur sehr kurze Antworten gab. Außerdem entdeckte der eine Schwiegersohn, der Regierungsrat von Schütz, in mir einen Schulfreund. Nun änderte sich mit einem Male die Sache; ich vergaß meinen Vorsatz, und die Erinnerung an die frohe, glückliche Jugend, an den trefflichen Gedike und die anderen unvergeßlichen Lehrer verscheuchten allen Unmut. Ich vergaß es, daß ich einquartiert war, sah, daß ich durch ein gefärbtes Glas gesehen hatte, und fand die Familie sehr liebenswürdig.

Nach Tische ging ich mit Schütz und dem Grafen in dem Garten spazieren. Das Schloß liegt in einem englischen Garten so, wie es immer sein sollte; denn er ist so groß und natürlich, daß man gar kein Menschenschnitzwerk merkt. Alles ist Natur, Bäume von verschiedenen Arten, Gänge, oft mit Rasen bewachsen, eine Aussicht auf einem Berge, Wasser, eine Insel, eine gewöhnliche Hütte, einmal ein Sitz unter einem Baume, ein Fleckchen mit Gemüse, Obstbäume, eine Wiese, Getreide, da hast du alles. Man sieht nicht, daß Menschen etwas daran gemacht hatten, es scheint alles Zufall zu sein, aber jede Baumgruppe muß gerade da stehen, jeder Sitz dort angebracht sein, alles ist berechnet, daß es zum schönen Garten paßt. Vor und hinter dem Hause ist ein langer Rasenplatz; hier und da stehen ein paar Sträucher. Aus dem oberen Stocke des Schlosses ist es unbeschreiblich schön, in die Nacht von mannigfaltigstem Laube und den langen grünen Weg dazwischen zu sehen.

Die Töchter sind feingebildete, sehr unterrichtete Wesen, die aber die fröhliche, gutmütige Heiterkeit gerettet haben, die so häufig durch die Politur der Welt zur Künstelei wird und zurückstößt. Beim Tee rückten wir in unsrer Bekanntschaft immer weiter vor, und nach demselben ward auf einem schönen englischen Piano gespielt. Die Gräfinnen sangen schön und herrlich, anspruchslos, ohne alle Ziererei und ohne sich bitten zu lassen.

Ich komme mit Schütz auf den Unterschied zwischen der griechischen und unserer Musik zu sprechen, und da erst erfahre ich, daß der Graf der bekannte Übersetzer vom Pindar ist, daß er mehrere Versuche gemacht hat, die griechische Musik wieder herzustellen und daß er auf diese Art mehrere Oden Pindars komponiert hat, welche eine seiner Töchter singen könne.

Auf meine Bitte, mir eine Probe dieser Musik zu geben, ging die Gräfin mit dem Grafen, Schütz und mir in einen Saal, dessen Glastüren offen waren, weil sie die heiligen Lieder nicht vor ungeweihten Ohren singen wollte. Da hörte ich Pindars Oden, nicht in moderner Übersetzung, sondern griechisch, wie sie der göttliche Sänger vor vielen tausend Jahren dichtete, im Halbdunkel einer hellen Mondscheinnacht singen. Wer das noch nicht gehört hat, weiß noch nicht, welche Kraft eine einfache Musik hat; wer sie hörte, weiß nun, wie Orpheus Menschen und Tiere und Steine bewegte, wie er milder machte die wilden Sitten und die Menschen in Gesellschaften vereinte. Es war bald, als wenn die Helden Asiens daherstürmten, bald als wenn Minona die Klagen um den Geliebten aushauchte; ja, Pindar selbst war aus dem Grabe erstanden, um uns in der eisernen, wilden Zeit zu trösten und zu besänftigen.

Ich habe einen sehr glücklichen Tag unter diesen Menschen gehabt, die sich durch das Innere noch weit mehr auszeichnen als durch den Zufall des Standes. Dazu kam noch ein alter, unscheinbarer Mann, den man als einen Architekten aufführte, und der voller Verstand und Gelehrsamkeit steckte.

Recht schwer riß ich mich gegen 12 Uhr von der Gesellschaft los. Wir lagen unserer 8 in einer Stube, in welcher uns eine Streu freundlich aufnahm. Allein wir hatten eine Gitarre mitgenommen, und wir sangen, lachten und scherzten noch lange und rekapitulierten den schönen Tag. Als wir uns nach 2 Uhr niedergelegt hatten, überfiel ein paar von uns eine Legion ausgehungerter Flöhe, worüber wieder ein großer Lärm entstand, bis sich endlich die Kreuzträger ein ruhigeres Lager im Pferdestall suchten.

Aus dem Schlafen ward wieder nicht viel, denn um 4 Uhr standen wir auf. Ich war noch eine Stunde bei Schütz und trennte mich mit schwerem Herzen von einem Ort, an dem ich nichts suchte und soviel fand.«

Der hier erwähnte unscheinbare, gelehrte Architekt war natürlich Genelli, der zweite Schwiegersohn ein Herr von Schierstedt, der auch zum Berliner Romantikerkreis gehört hatte und wohl durch Schütz nach Madlitz gekommen war. Er hatte 1806 Amalie, die vierte Tochter des Präsidenten, geheiratet, die 1814 schon sterben sollte, worauf der Witwer sich mit der nächstjüngeren Tochter, Albertine, vermählte, die wiederum nach Schierstedts Tod, 1827, einem Landrat von Voß aus der Neumark das Ja-Wort gab.

Die Brüder Wilhelm und Alexander, die den Krieg, einschließlich dem der Hundert Tage, vom ersten bis zum letzten Tag mitgemacht hatten, kamen 1815 hochdekoriert und befördert zurück zu ihren Familien, die in dem nicht sonderlich großen Haus in Madlitz gemeinsam mit dem kriegsuntauglichen Bruder Heinrich und dessen Familie lebten, weshalb Wilhelm nach Ziebingen auswich, wo er sich offensichtlich mit Tieck nicht vertrug.

Daß es um den Präsidenten in den letzten Lebensjahren stiller wurde, läßt sich angesichts der mehr als zwanzig Enkelkinder, die er allein von seinen drei lebenden Söhnen hatte, schlecht sagen, aber stiller wurde es um seine Beziehungen nach außen hin. Die Söhne, die alle adlig geheiratet hatten und sich fast nur in adligen Kreisen bewegten, hatten andere Interessen und Sorgen als ihr Vater in ihrem Alter, und das geistige Berlin hatte sich natürlich auch verändert und verjüngt. Manchmal kamen noch der mit Tieck befreundete Philosoph Solger und Friedrich August Wolf, der berühmte Altphilologe und Homer-Forscher, der die Bemühungen des Präsidenten um die Literatur der Antike schätzte, aber für die Jüngeren spielte Madlitz bald keine Rolle als Musenhof mehr.

Als im Juni 1816 der sechsundzwanzigjährige Leopold von Gerlach, der später großen Einfluß auf Friedrich Wilhelm IV. ausüben sollte, Madlitz besuchte und dort eine Vornehmheit konserviert fand, die er im neuen Berlin vermißte, konnte er zwar mit dem alten Grafen auch über neuere Gedichte und über Zeitgenossen wie Schenkendorf, Blücher und Hardenberg reden, aber er mußte sich dabei doch auch fragen, ob dieser seit dem Müller-Arnold-Prozeß immer in Opposition zu neuen Entwicklungen stehende alte Herr nicht doch eigentlich schon ein Relikt der Vergangenheit war.

Der Präsident starb am 18. April 1818 »eine halbe Stunde nach Mittag zu Madlitz, in einem Alter von 73 Jahren und 2 Monaten, nach zehntägiger Krankheit«, auf seinem Sterbelager umgeben von seinen sieben noch lebenden Kindern, wie es im Nachruf Genellis in der Haude- und Spenerschen Zeitung hieß. Er wurde auf dem Friedrichsberg, wo schon seine Frau und mehrere seiner Kinder lagen, begraben. Sein Herz aber wurde im Madlitzer Park bestattet auf einer, von nun an Herzberg genannten, Erhöhung am Wasser, auf der dreizehn Steinsitze auch heute noch an die Zahl seiner Kinder erinnern.

Industrie und Ackerbau

Mit dem Beamten Wilhelm Schütz, dem das Geld seines Vaters ein Von vor dem Namen und ein Rittergut hatte beschaffen können und der sich dann durch die Nobilitierung zum eifrigen Verfechter von Adelsvorrechten gemausert hatte, machte sich zu Beginn des Jahrhunderts auch im Finckenstein-Umkreis eine Entwicklung bemerkbar, die das Verhältnis von Adel und Bürgertum künftig bestimmen sollte. Es wurde ein Konkurrenzverhältnis, das aber auch durch gegenseitige Anpassung gekennzeichnet war.

Obwohl die durch die Französische Revolution und Napoleon erzwungenen Reformen nur halbherzig durchgeführt, immer wieder gebremst und in Teilen auch zurückgenommen worden waren, hatten sich doch die ökonomischen Strukturen von feudalen zu bürgerlich-kapitalistischen gewandelt, ein Vorgang, den von der Marwitz, der Verfasser der »Letzten Vorstellung der Stände des Lebusischen Kreises«, einen Krieg genannt hatte, einen »Krieg ... der Industrie gegen den Ackerbau, des Beweglichen gegen das Stabile, des krassen Materialismus gegen die von Gott eingeführte Ordnung, des (eingebildeten) Nutzens gegen das Recht, des Augenblicks gegen die Vergangenheit und Zukunft, des Individuums gegen die Familie ...«, und dieser Krieg war von den Neuerern letztlich gewonnen worden. Trotzdem aber büßte der Adel seine beherrschende Stellung in Teilen von Staat und Gesellschaft nicht ein. Er hatte sich den neuen Verhältnissen, in denen Rittergüter für jedermann käuflich wurden und sich nur durch industrielles Wirtschaften halten ließen, anpassen können, ohne daß er dabei sein Selbstverständnis, seine Art der Lebensgestaltung und seine Ehrbegriffe verloren hatte, so daß die nach oben drängende neue Elite sich die Existenzformen des Adels, weil sie die der Herrschenden waren, zum Vorbild nahm. Während die bürgerlichen und die frisch nobilitierten Aufsteiger es lernten, sich wie Adlige zu benehmen, lernten die adligen Gutsbesitzer, sich der Mittel des industriellen Zeitalters zu bedienen, also die Arbeit zu mechanisieren, Brennereien und Ziegeleien zu gründen oder gar, wie in Oberschlesien, Kohlenbarone zu werden, Herren der Großindustrie.

Traditionen waren nach wie vor im Adel so mächtig, daß von der neuen Freiheit, jeden Beruf ergreifen zu können, so gut wie nie Gebrauch gemacht wurde. Wer nicht sein Gut bewirtschaftete, ging in den Staatsdienst, in die Diplomatie vor allem oder zum Militär. Bevorzugt wurden dabei die traditionsreichen Regimenter, in denen schon ihre Väter gestanden hatten, während der technisierte Teil der Truppe als weniger vornehm galt. Unter Artilleristen und Pionieren hatte es schon zu Friedrichs Zeiten einzelne bürgerliche Offiziere gegeben; unter den preußischen Kavallerieoffizieren aber gab es noch um 1850 nur einen einzigen, der nicht-adliger Herkunft war.

Natürlich konnte sich adliges Denken und Fühlen besonders in jenen Bereichen behaupten, in denen die Adligen weiterhin dominierten. Theoretisch war Bürgerlichen jetzt der Aufstieg, sieht man von Hofämtern ab, überall möglich, praktisch aber war er in jenen Berufszweigen schwierig, die dem Adel als standesgemäß und erstrebenswert galten. Gelang aber der Aufstieg, war für Nicht-Adlige Anpassung nötig, so daß Lebenshaltung und Ehrenkodex des Adels in Pseudoformen auch bürgerliche Kreise ergriffen. Es waren besonders die Reserveoffiziere, die als schneidig geltende Aristokratenallüren auch ins Zivilleben und an die Universitäten trugen. Die für die wilhelminische Zeit so typische Mischung von industriellem Aufschwung und militärischer Prachtentfaltung, von Prahlerei, Gewinnstreben, Neureichenprotz und preußischen Tugenden entwickelte sich durch diese gegenseitige Anpassung, die mit dem Ersten Weltkrieg ihr schreckliches Ende fand.

Die gräflich-Finckensteinsche Familie auf Madlitz und Ziebingen verhielt sich in dieser Hinsicht nicht anders als andere Adelsfamilien. Von den insgesamt achtzehn erwachsen gewordenen Kindern der drei überlebenden Söhne des Präsidenten schloß nur eine Tochter eine nicht-standesgemäße Ehe mit einem bürgerlichen Gutsbesitzer aus Schlesien, und von den zehn Söhnen wurden zwei Beamte und acht Offiziere, deren aller Karriere im traditionsreichen 1. Garderegiment zu Fuß in Potsdam begann. Zwei von ihnen wurden Flügeladjutanten des Kaisers, vier brachten es bis zum Obersten und einer zum General.

Für die Militärgeschichte bedeutsam wurde aber nicht der General, sondern einer der Obersten, ein Graf Finckenstein mit dem in der Familie seltenen Vornamen Reinhold, der sowohl in den Darstellungen des Deutsch-Österreichischen (1866), als auch des Deutsch-Französischen Krieges (1870/71) vorkommt. In der Schlacht von Königgrätz, auch genannt: von Sadowa, am 3. Juli 1866, in der die Preußen gegen die Österreicher und die mit ihnen verbündeten Sachsen kämpften, befand er sich in der Suite des Königs und bewährte sich als ausgezeichneter Reiter, als er, unter Zurücklassung seiner langsameren Eskorte, in einem nächtlichen Ritt der Armee des Kronprinzen Moltkes Befehl zum Angriff so schnell überbrachte, daß diese rechtzeitig auf dem Schlachtfeld erschien. Während der Schlacht gehörte der Graf zum Gefolge des Königs und konnte diesen, als österreichische Kürassiere ihn angriffen, schützen, indem er die Leibwache zum Gegenstoß führte – eine Tat, die wenig später in einem Gemälde verewigt wurde. Der Künstler hieß Georg Bleibtreu und war einer der fruchtbarsten Schlachtenmaler, der viele der preußischen Siege zwischen Großbeeren (1813) und Sedan (1870) in Farben verherrlicht hatte. Laut Theodor Fontane, der viele seiner

Reinhold Graf Finckenstein, Oberst, Flügeladjutant König Wilhelms I., Kommandeur des 2. Garde-Dragoner-Regiments, der sich bei Königgrätz besonders hervortat und fünf Jahre später bei Mars-la-Tour fiel.

Gemälde in Berliner Ausstellungen gesehen und besprochen hatte, war er ein besonderer Liebling des Publikums.

Seine zweite Ehrung durch ein Gemälde konnte der hochdekorierte Graf nicht mehr erleben; das Bild stellt nämlich seine letzte Attacke dar. Moritz Blanckarts, ein Düsseldorfer Maler, der, als früher Bildreporter, die Kriegsschauplätze im Gefolge von Heerführern bereiste, um für Schlachtengemälde Studien zu machen, wählte als Thema für sein Gemälde »Mars-la-Tour«

den Angriff der Gardedragoner, an deren Spitze Oberst Graf Finckenstein, von Säbelhieben getroffen, am 16. August 1870 als Sechsundvierzigjähriger fiel.

Blanckarts, der auch als Schriftsteller wirkte, hat diesen Tod auch in Versen besungen. Das Gedicht beginnt mit der Zeile: »Bei Mars-la-Tour in blut'ger Schlacht«, um dann so zu enden:

»Er aber kämpft mit Löwenmut,
Bis er den letzten Tropfen Blut
Fürs Vaterland vergossen.

So hat im wilden Hufgestampf,
Bedeckt von schweren Wunden,
Graf Finckenstein im grimm'sten Kampf
Den Heldentod gefunden.
Doch lebt sein Name hehr und groß
Mit Preußens Siegen wandellos
Für alle Zeit verbunden.«

Erhaltung für ewige Zeiten

Obwohl der Adel in vielen Bereichen von Staat und Gesellschaft seinen Einfluß bewahren konnte, vermochte er die Umverteilung der Besitzverhältnisse auf dem Lande nicht aufzuhalten. Um die Mitte des neunzehnten Jahrhunderts waren etwa die Hälfte der märkischen Rittergüter nicht mehr in Adelsbesitz. Im Kreis Lebus war die Entwicklung noch nicht ganz so weit fortgeschritten. 1850 kamen hier auf fünfzehn adlige Rittergutsbesitzer zwölf bürgerliche; doch ändert sich auch hier dieses Verhältnis zugunsten der Bürgerlichen, zählt man die größeren Besitzungen, die nie Rittergüter gewesen waren, sondern Klöstern oder Städten gehört hatten, hinzu.

Ähnliche Tendenzen zeigten sich, wenn auch mit unterschiedlichen Zahlen, in den benachbarten Kreisen. In Beeskow-Storkow gab es, beeinflußt durch die ehemals ausgedehnten königlichen Ländereien, die fast alle in bürgerliche Hände übergegangen waren, nur noch drei adlige Besitzer. Und im Barnim, wo um 1800 siebenunddreißig Adlige gegen dreizehn Bürgerliche gestanden hatten, waren fünfzig Jahre später sechsunddreißig bürgerliche Güter daraus geworden, und die Zahl der adligen war auf dreiundzwanzig geschrumpft.

Um diese Entwicklung aufzuhalten oder doch zu verlangsamen, gingen viele adlige Familien dazu über, ihre Besitzungen in Fideikommisse umzuwandeln, also eine Rechtsform zu wählen, die Friedrich der Große, der seines Offiziersnachwuchses wegen am Erhalt der Güter interessiert sein mußte, gefördert hatte, die von der Nationalversammlung 1848 verboten, in der Reaktionszeit danach aber wieder erlaubt worden war. Es handelte sich dabei sozusagen um ein Familiengesetz, das, im Interesse der Nachkommen, den Erben das Verkaufen des Gutes verbot. Der Erbe hatte sich nicht als Privateigentümer, sondern als Verwalter des zu bewahrenden Familieneigentums zu verstehen.

Für Madlitz wurde ein solches Fideikommiß 1866 von den zwei noch lebenden Söhnen des Präsidenten »für ewige Zeiten« errichtet und dabei gleich festgelegt, daß das gesamte Gut Madlitz einschließlich »Wilmersdorf, Antheil Petersdorf und zwei Antheile Kersdorf« aus dem Gemeinschaftsbesitz der drei Brüder an den noch minderjährigen ältesten Sohn des schon verstorbenen Bruders Wilhelm übergehen sollte, der es dann wieder an den »ältesten männlichen ehelichen, den gräflichen Namen Finck von Finckenstein führenden Nachkommen« zu vererben habe, und so fort. »Da der Zweck der gegenwärtigen Fideicommißstiftung«, so heißt es in § 2 umständlicher und genauer, »auf die Conservation und den Flor der Gräflichen Familie in der männlichen ehelichen Nachkommenschaft der oben genannten drei Söhne des Regierungspräsidenten Reichsgrafen Friedrich Ludwig Carl Finck von Finckenstein gerichtet ist, so wird hierdurch ausdrücklich angeordnet, daß die durch gegenwärtige Stiftung zum Fideicommiß bestimmten Güter niemals getrennt und durch Theilung geschwächt werden, daß vielmehr die Succession in dieses Fideicommiß zunächst unter den etwaigen männlichen ehelichen Nachkommen des obengenannten Curanden lediglich mit dem Rechte der Erstgeburt erfolgen, daß also, falls derselbe dereinst mehrere Söhne hinterließe, sein erstgeborener Sohn und dessen männliche eheliche Nachkommen die nachgeborenen Brüder und deren Linie ausschließen und diese Ausschließung der nachgeborenen Brüder und übrigen Verwandten durch den erstgeborenen Sohn des jedesmaligen Besitzers und durch dessen männliche eheliche Nachkommen durch alle Geschlechtsfolgen geschehen soll.«

Ausgeschlossen waren aus dieser Erbfolge nicht nur die unehelichen, sondern auch »die durch nachfolgende Ehe legitimierten Kinder und deren Nachkommen«, ebenso jene, die gerichtlich »zu einer entehrenden Strafe verurtheilt« oder »für einen Verschwender erklärt« und unter Vormundschaft gestellt werden würden. Für die vielen leerausgehenden Verwandten aber wurde zur Ergänzung dieser Bestimmungen dreißig Jahre später, 1895, eine Familienstiftung ins Leben gerufen, aus deren »Zinsen und sonstigen Einkünften« die von der Erbfolge Ausgeschlossenen unterstützt werden konnten. Auch unter den veränderten wirtschaftlichen und gesellschaftlichen Verhältnissen war offensichtlich die gegenseitige Verantwortlichkeit in der Familie noch da.

Hätte es die Bestimmung nicht gegeben, daß nur männliche Nachkommen erbten, wäre Madlitz schon beim nächsten Generationswechsel an eine andere Familie geraten. Denn der von den Fideikommißgründern Eingesetzte, damals noch Minderjährige, der sich vom Rittmeister bei den Dragonern zum tüchtigen Gutsherrn auf Madlitz wandelte, mit dem Titel eines kaiserlichen Kammerherrn und einem Sitz im Herrenhaus geehrt wurde, besondere Erfolge als Forstmann erzielte, häufig, seit 1888 jährlich, Kaiser Wilhelm II. in Madlitz zu Gast hatte, weil dieser, ein passionierter Jäger, den reichen Rotwildbesatz zu schätzen wußte – dieser Finckenstein also hatte zwar fünf Kinder, aber nur nicht erbende Töchter, was vielleicht auch Anlaß für die Errichtung der oben erwähnten Familienstiftung war.

Ziebingen, das von den Söhnen des Präsidenten hatte verkauft werden müssen, um Madlitz überhaupt halten zu können, war 1857 von einem Bruder des Madlitzer Grafen zurückgekauft und von ihm und seinem Sohn durch Deichbauten, Entwässerung von Überschwemmungsgebieten der Oder und Errichtung von Ziegeleien modernisiert worden; und von dort kam nun auch, wie vom Fideikommiß vorgeschrieben, der männliche Erbe, ein

Ernst-Wilhelm, 1884 in Ziebingen geboren, der insofern schon einer veränderten Zeit angehörte, als er keine Ritterakademie oder Kadettenanstalt, sondern ein normales Gymnasium, in Bad Freienwalde, besuchte, nicht Offizier wurde und nicht in den Staatsdienst strebte, sondern in Bonn, Heidelberg und Eberswalde erst Jura, dann Forstwirtschaft studierte, in der Mark und in Schlesien eine Ausbildung für Landwirte absolvierte und dann erst, 1918, das Madlitzer Familienerbe übernahm. Seine Frau stammte aus der Familie von Wulffen, die vor den Finckensteins zweihundert Jahre lang in Madlitz gesessen hatte. Und da der neue Gutsherr in Madlitz der letzte vor dem Untergang sein sollte, scheint dem nachgeborenen Betrachter der Einzug einer von Wulffen in das alte Haus ihrer Familie doch nicht ohne tiefere Bedeutung zu sein.

Ein weiteres Finckensteinsches Fideikommiß wurde in dieser Zeit auch im Oderbruch errichtet, in Reitwein, wo ein Jahrhundert zuvor die preußische Armee vor und nach der Niederlage bei Kunersdorf die Oder überquert hatte und der König seinen verzweifelten Brief an den vertrauten Minister von Finckenstein geschrieben hatte, an jenen Finckenstein, durch den die Familie in der Mark ansässig geworden war.

In Reitwein, einem der ältesten, wahrscheinlich schon in vordeutschen Zeiten besiedelten Oderbruchdörfer, hatten zweihundert Jahre lang die von Burgsdorffs gesessen, nun gingen Schloß und Gut durch die Heirat eines Enkels des Präsidenten 1841 an die Finckensteins über, an einen Grafen Rudolf, der als Oberleutnant beim Garde-Regiment zu Fuß gestanden hatte, nach der Heirat mit der Reitweiner Erbin aber, um sich ganz seinen Besitzungen widmen zu können, den Abschied nahm. Ihm, einem frommen Mann, der seine Kirchenpatronatspflichten sehr ernst nahm, hatte Reitwein nicht nur einige soziale Einrichtungen, wie Kindergarten und Altenheim, zu verdanken, sondern auch eine neue größere Kirche, gebaut nach Plänen Friedrich August Stülers, ein neugotischer Bau, dessen Backsteine in einer eigens dafür erbauten Ziegelei aus Reitweiner Lehm hergestellt wurden, auch die für den gotischen Zierat nötigen Formsteine, von denen dreiundsechzig verschiedene gebraucht wurden, wie uns ein Ortschronist überliefert hat.

Fertiggestellt wurde der für viele Generationen berechnete Bau 1858, doch waren ihm nur siebenundachtzig Jahre beschieden; denn als im Januar 1945 die Rote Armee die Oder erreichte, sie überquerte und bei Reitwein einen wochenlang umkämpften Brückenkopf bildete, wurde die Kirche zerstört. Die Ruine, die immer weiter verfällt, steht noch und ist begehbar. Doch von den Erinnerungen an die Burgsdorffs und Finckensteins ist nichts mehr vorhanden, und deshalb sei hier die verlorene Gedächtnistafel, die an den Bauherrn erinnern sollte, zitiert:

»Im Jahre des Heils 1886 am 19. Mai ging heim zu seinem Heilande Herr Rudolf, Reichsgraf Finck von Finckenstein, geb. am 3. Januar 1813, baute er diese Kirche in den Jahren 1856–1858 zur Ehre Gottes, zur Erinnerung an seine erste Gemahlin Erdmuthe, geb. von Burgsdorff, Erbfrau allhier auf Reitwein und zur Erbauung dieser Gemeinde auf dem Felsen des göttlichen Wortes, auf welchem auch seine Seele ruhete bis in den Tod. – HERR, ich habe lieb die Stätte Deines Hauses und den Ort, da Deine Ehre wohnet. Psalm 26, Vers 8.«

Theodor Fontane hat in seinen »Wanderungen durch die Mark Brandenburg« Reitwein so wenig wie Madlitz und Ziebingen behandelt, er hat aber in seinem Roman »Vor dem Sturm« die Gegend um Reitwein zum Schauplatz gemacht. Seinem erfundenen Ort Hohen-Vietz hat er etwa die Lage von Reitwein gegeben, nämlich im Südteil des Oderbruchs am Fuße des Höhenzuges, der sich, von der Lebuser Hochfläche ausgehend, halbinselartig ins Bruch erstreckt. Auch im Roman liegt die Kirche auf halber Höhe und das Schloß weiter unten am Rande des Dorfes, von dem aus die Helden des Buches zu Fuß bald die Oder erreichen, an deren jenseitigem Ufer sich Göritz befindet, das im Roman Kirch-Göritz heißt.

Reitwein um 1860, als die von Stüler entworfene Kirche schon stand und im Schloß nicht mehr die Burgsdorffs, sondern die Finckensteins lebten. Die bewaldete Höhe hinter der Kirche ist der Reitweiner Sporn, der sich einige Kilometer weit ins südliche Oderbruch erstreckt. Vom Schloß ist heute keine Spur mehr vorhanden, und die Kirche ist seit 1945 eine Ruine.

Sieht man ab von der Kirchenruine, sind heute in Reitwein keine Spuren aus gräflicher Zeit mehr zu finden, solche aus Kriegszeiten um so mehr. Auf dem bewaldeten Höhenzug im Rücken des Dorfes, dem sogenannten Reitweiner Sporn, von dem aus der sowjetische Marschall Shukow im April 1945 den verlustreichen Angriff auf die Seelower Höhen befehligte, sind im zerklüfteten Waldboden noch Reste der Unterstände und Schützengräben erkennbar, und unterhalb der Kirchenruine, wo einst der Schloßpark grünte, reihen sich die Gräber russischer Soldaten. Vom Schloß aber, das in seinem Kern aus der Renaissance stammte, ist nichts mehr vorhanden. Nach Plünderung und Verwahrlosung wurde es in den sechziger Jahren abgetragen, wie so viele in Ostpreußen, Pommern, Mecklenburg und der Mark.

Einer ideologisch begründeten Zerstörungswut sind in den Jahren nach 1945 neben den Stadtschlössern Berlins und Potsdams auch viele Häuser des vertriebenen und enteigneten Adels zum Opfer gefallen, und zwar nicht nur in der Sowjetischen Besatzungszone, sondern auch in den deutschen Ostgebieten, die nun zum kommunistischen Polen gehörten, wo auch mehrere Schlösser der ostpreußischen und neumärkischen Finckensteins verfielen oder beseitigt wurden, wie zum Beispiel das in Trossin (heute Troszyn), zwischen Küstrin und Königsberg/Neumark, das erst 1873 durch Erbschaft an die Finckensteins gefallen war. Der dortige Graf hatte auch das Patronat über die Kirche in Sellin (heute Zielin), wo Gottfried Benns Vater als Pastor wirkte und mit der Finckensteinschen Familie befreundet war. Gottfried, der spätere Dichter, und sein gleichaltriger Freund, Heinrich Graf Finckenstein, wurden von Pastor Benn auf den Besuch des Gymnasiums vorbereitet, das sie dann gemeinsam in Frankfurt/Oder besuchten, wo sie 1903 ihr Abitur ablegten. Der Freund, dem die Familie auch künstlerische Neigungen nachsagte, ließ sich dann doch zum Juristen und später zum Landwirt ausbilden, während Benn erst Theologie und dann Medizin studierte. Graf Heinrich gehörte im August 1914 zu den ersten Gefallenen des Weltkrieges. Der Dichter, der später im Berliner Westen als Arzt praktizierte, blieb mit der Familie Finckenstein immer befreundet, auch nach der Vertreibung noch.

1948 wurden durch Befehle der sowjetischen Militärregierung, ergänzt durch SED-Dekrete, alle ländlichen Gutshäuser und Schlösser, die nicht als Wohnungen oder Heime verwendet wurden, von wenigen kunsthistorisch bedeutsamen Ausnahmen abgesehen zum Abriß freigegeben, um Baumaterial zu gewinnen. Und von dieser Möglichkeit zur Denkmalszerstörung wurde häufig Gebrauch gemacht. Wenn sich auch später das Verhältnis der DDR-Oberen zur preußischen Geschichte veränderte und dadurch das Interesse an Denkmalserhaltung größer wurde, so war doch, da nur in seltenen Fällen der Verfall auf gehalten werden konnte, die Gefahr des Abrisses bis zum Ende der DDR immer noch groß. Das ruinös gewordene Gutshaus der Knesebecks in Karwe wurde noch in den achtziger Jahren abgerissen. Und da fast überall in den fremdgenutzten Gebäuden Verfallserscheinungen sichtbar wurden, hätte bei einem Weiterbestehen der DDR sicher noch vielen von ihnen, wie wohl auch dem Madlitzer, der Abriß gedroht.

Hatte schon die Verteufelung und Vertreibung des Adels irrationale Züge, so noch viel mehr, angesichts des in Trümmern liegenden Landes, der nachträgliche Vernichtungsfeldzug gegen die adligen Häuser. Doch war letzteres insofern von einer gewissen Logik, als das Haus für den Adel immer von großem Symbolwert gewesen war. Seit dem Mittelalter, ja schon seit der Antike hatte der Begriff des Hauses mehr bedeutet als nur das Bauwerk. Er war einerseits Synonym für Besitz, Wohnsitz, Heimat, andererseits aber auch für die Gemeinschaft der Personen, die in ihm lebten, gelebt hatten und leben würden, also für die Familie, ebenso aber auch für ideelle Güter, wie Würde und Ehre, und für soziale, wie Vorrecht und Pflicht. Die Vernichtung der Stadtschlösser Berlins und Potsdams sollte die endgültige Vernichtung des »Hauses Hohenzollern« bedeuten. Und als man die Häuser der Itzenplitze in Kunersdorf und der Marwitze in Friedersdorf abriß, waren damit nicht nur die Bauwerke, sondern auch deren Bedeutung gemeint.

Leider wird das Sterben der Herrensitze mit der Wiederherstellung der deutschen Einheit kein Ende haben, da die Enteigneten der Nachkriegsjahre ihre Häuser, von Ausnahmen abgesehen, nicht zurückbekamen, Länder und Kommunen sie oft nicht nutzen können und sich finanzkräftige Käufer selten nur finden lassen. Die Fremdnutzung zu DDR-Zeiten als Wohnungen, Heime, Schulen oder dergleichen, die zwar häufig, wie zum Beispiel in Paretz, Verschandelungen mit sich brachte, aber doch die nötigsten Erhaltungsmaßnahmen erforderlich machte, ist in vielen Fällen nun der Nichtnutzung gewichen, die für die Bausubstanz bedeutend gefährlicher ist. So wird wohl noch manches unwiederbringliche ländliche Bauwerk östlich der Elbe in den nächsten Jahren verschwinden – nicht aber Finckensteins Madlitz, das nach aufwendiger Restaurierung heute wieder in altem Glanze erstrahlt.

Die Oderfront

Als Ende Januar 1945 die sowjetischen Truppen auf ihrem Vormarsch in Richtung Berlin die Oder erreichten, die Kämpfe also keine vierzig Kilometer von Alt Madlitz entfernt tobten, war die Gräfin Barbara Finckenstein, geborene Wulffen, mit ihrer Entscheidung, zu bleiben oder nach Westen zu fliehen, allein. Ihr Mann, der 1918 das Gut übernommen hatte, war schon 1932 gestorben, und ihre Söhne, der zweiundzwanzigjährige Karl Wilhelm und der neunzehnjährige Hans Werner, waren beim Militär.

Während die Briten und Amerikaner das westliche Deutschland besetzten und die Russen im Süden bis Wien Vordringen konnten, bewegte sich die Front an der Oder bis Mitte April kaum von der Stelle, doch wurde um die Brückenköpfe, die beide Seiten am jeweils anderen Ufer hatten, erbittert gekämpft. Ziebingen, mit dem Schloßbau Genellis, südlich von Frankfurt am östlichen Ufer gelegen, war schon am 2. Februar von den Russen erobert worden. Der vereiste Fluß hatte ihnen die Überquerung ermöglicht, so daß sie hier schon kurz vor Fürstenberg standen, während die Wehrmacht nördlich davon mit der Frankfurter Dammvorstadt noch eine Stellung am östlichen Ufer hielt. Flußabwärts, in Höhe des Oderbruchs verhielt es sich ähnlich. Küstrin, rechts der Oder gelegen, wurde noch von deutschen Truppen gehalten, auf dem linken Ufer aber hatte die Rote Armee die Brückenköpfe, von denen Reitwein, wo Friedrich der Große vor und nach seiner Niederlage bei Kunersdorf den Fluß überquert hatte, der bedeutendste und lange umkämpfte war.

In den frontnahen Dörfern lebte man also bis zum April zwischen Bangen und Hoffen. Man wußte den Krieg verloren, wagte das aber nicht zu sagen. Gern glaubte man den Gerüchten, daß Briten und Amerikaner bis nach Berlin Vordringen würden. Der Bevölkerung war es verboten, ohne ausdrücklichen Räumungsbefehl die Flucht zu ergreifen. Da aber dieser Befehl auch zum Ausdruck gebracht hätte, daß der Befehlende selbst an die offizielle Version von der Unüberwindbarkeit der deutschen Stellung nicht glaubte, wagte niemand die rechtzeitige Evakuierung, so daß der Räumungsbefehl meist in letzter Minute erfolgte, also häufig zu spät.

Flüchtlinge von jenseits der Oder, die müde und hungrig mit ihren Pferdewagen und Handkarren die Dörfer durchzogen, wußten von russischer Grausamkeit und chaotischen Zuständen zu berichten. Auf den Chausseen begegnete man Verwundetentransporten. Bei Lietzen wurde mit der Anlage eines Soldatenfriedhofs begonnen. Alte Männer und Frauen wurden zum Ausheben von Schützengräben und zum Bau von Panzersperren beordert. Eigne Truppen kamen und gingen, verschreckten das Vieh mit dem Lärm ihre Panzer, beschlagnahmten Pferde, brauchten Quartiere und stimmten selten nur zuversichtlich; sie waren oft mangelhaft ausgebildet, ohne Kampferfahrung und eilig zusammengestellt.

Von der Oder her war häufig Kanonendonner zu hören. Das Fluchtgepäck stand bereit, denn täglich konnte der Angriff der Russen beginnen. In ständiger Angst vor den Tieffliegern wurden im März die Acker bestellt.

Der Madlitzer Gräfin war daran gelegen, das Familienarchiv und die Kunstgegenstände nach Westen zu bringen. Doch war das des Fluchtverbots wegen nicht möglich; auch war für das Auto kein Treibstoff da. Sie bangte um ihre Söhne, deren jüngster, Hans Werner, der als Fahnenjunker zu den Verteidigern

Küstrins gehört hatte, in diesen Tagen verwundet und von den Russen gefangen wurde. Der Ältere aber erschien unerwartet in den letzten Tagen des März.

Karl Wilhelm, 1923 in Madlitz geboren, war mit seinem drei Jahre jüngeren Bruder zusammen in einem Internat am Chiemsee erzogen worden. Seine Militärzeit hatte 1941 im Infanterieregiment Nr. 5 in Stettin begonnen. Er hatte an der Belagerung Leningrads teilgenommen, war sechsmal verwundet worden und hatte zuletzt zur eingekesselten Kurlandarmee gehört. Nach erneuter leichter Verwundung war es ihm gelungen, den Kessel in einem Jagdflugzeug zu verlassen. Er war beim Oberkommando des Heeres in Zossen gelandet und hatte dort die Erlaubnis zu einem kurzen Besuch seiner Mutter erwirkt.

Madlitz war überfüllt mit Flüchtlingen, die kaum noch ernährt werden konnten. Auch ein Trakehnergestüt aus Ostpreußen hatte hier mit achtzig Pferden eine vorläufige Bleibe gefunden. Das Dorf, das schon im Bereich der sowjetischen Artillerie lag, hatte unter den Kämpfen noch nicht gelitten, war aber, wie der zweiundzwanzigjährige Leutnant feststellen mußte, besonders gefährdet, weil auf dem Wirtschaftshof des Gutes ein riesiges Lager von Brennspiritus, der bei Beschuß in Flammen aufgehen mußte, angelegt worden war. Diese Gefahr abzuwenden war also seine Hauptsorge. Es waren aber keine Fahrzeuge zum Abtansport da.

In dieser Notlage entsann sich Graf Finckenstein einer Bekanntschaft, die er im Kurlandkessel gemacht hatte. Die vom Nachschub abgeschnittene, hungernde Truppe hatte versucht, sich durch Jagd in den dortigen Wäldern zu helfen. Leutnant Finckenstein, der schon als Kind in Madlitz das Weidwerk gelernt hatte, war mit der Aufstellung von Jagdkommandos beauftragt worden, und zu denen hatten manchmal auch höhere Offiziere gehört. Dabei war er mit einem von ihnen näher bekannt geworden, der ihm jetzt vielleicht helfen konnte, mit dem General der Infantrie Busse nämlich, der inzwischen Chef der

Die Halbinsel im nördlichen Teil des Scharmützelsees, mit Dorf Saarow und dem ehemaligen Herrenhaus der Löschebrands, wo sich im Frühjahr 1945 das Hauptquartier der 9. Armee befand. Die Verteidigung der Oderfront zwischen der Neißemündung und dem Oder-Havelkanal wurde von hier aus kommandiert.

9. Armee und damit Befehlshaber dieses Oderfrontabschnitts geworden war.

Der Befehlsstand sollte sich in Bad Saarow befinden, in Richtung der Rauenschen Berge also, auf die (vom Präsidenten als Blaue Berge bezeichnet) eine der Sichtachsen des Madlitzer Gartens gerichtet war. Noch fuhren Personenzüge, wie auch erstaunlicherweise die Post in diesen Tagen noch funktionierte. Finckenstein machte sich also auf und konnte den General wirklich finden. Der Stab hatte nicht in einer der prächtigen Villen reicher Berliner Quartier genommen, sondern sich in das Dörfchen Saarow, das auf einer Halbinsel des Scharmützelsees liegt, zurückgezogen, in ein Herrenhaus aus dem achtzehnten Jahrhundert, das die seit dem Mittelalter hier ansässigen von Löschebrands gebaut hatten, das seit 1919 aber ein Sanatorium beherbergte und jetzt »Eibenhof« hieß.

Hier, in dieser idyllischen Umgebung, durch die keine drei Wochen später die Reste der deutschen Truppen in Richtung Halbe fliehen sollten, um dort eingekesselt zu werden, konnte der Leutnant dem General seine Bitte, Madlitz durch Beseitigung des Gefahrenherdes zu retten, in Eile vortragen, und er fand tatsächlich Gehör. Kurz bevor Finckenstein wieder zu seiner Truppe mußte, konnten zum Abtransport des Spirituslagers Güterwagen der Reichsbahn bereitgestellt werden, so daß wenige Tage vor der sowjetischen Offensive, die in der Nacht zum 16. April einsetzte, das gefährliche Gut beseitigt war. Er konnte auch noch den Fluchttreck der Madlitzer vorbereiten, der dann allerdings von den Russen bald überrollt wurde, und er konnte für das eine noch nicht requirierte Auto Benzin besorgen und in ihm die Teile des gräflichen Familienarchivs in Sicherheit bringen, die noch erhalten sind.

Da die Stoßkeile des sowjetischen Angriffs nördlich und südlich von Madlitz vorbeigingen, war hier, verglichen mit den Oderbruchdörfern, die Zerstörung gering. Die Gräfin floh erst in letzter Minute. Sie sollte Madlitz nie Wiedersehen.

Trümmer

Über die Leiden der Landbevölkerung unter fremder Besatzung sind in Ortschroniken, die über den Siebenjährigen Krieg und die napoleonische Zeit berichten, viele Details festgehalten, doch über die ungleich schlimmeren Vorkommnisse des Jahres 1945 schweigt man sich, von Ausnahmen abgesehen, in den Darstellungen ostdeutscher Stadt- und Dorfgeschichten aus. Die Tabuisierung aus DDR-Zeiten wirkt hier anscheinend weiter, und das Wissen um die deutschen Verbrechen in Rußland läßt das Schweigen über russische Verbrechen an Deutschen moralisch erforderlich erscheinen, als rechtfertige die eine die andere Tat.

Da nur wenige Lehrer oder Pastoren, die sich als Zeitchronisten verstanden, den Mut aufbrachten, die Eroberung und Besetzung ihres Ortes durch die Rote Armee im Detail zu beschreiben, weiß man zwar durch mündliche Berichte, daß so gut wie immer nach dem Abflauen der Kämpfe die Plünderungen, Vergewaltigungen, Verhaftungen und auch Morde begannen, aber Einzelheiten sind nur in seltenen Fällen bekannt und dokumentiert.

Neben den Nazis und den als solche fälschlich Denunzierten hatten auf dem Lande vor allem Großgundbesitzer, besonders wenn sie von Adel waren, um ihr Leben zu fürchten; doch ging die Rote Armee dabei völlig willkürlich vor. Es gab Fälle von Erschießungen, von gräßlichen Grausamkeiten, von Verhaftungen, Brandstiftungen und sofortigen Vertreibungen und auch andere, bei denen man die Leitung der Güter noch bis in den

Herbst hinein den Besitzern überließ. Viele Schlösser und Gutshäuser wurden niedergebrannt, besonders in Ostpreußen und Pommern, alle geplündert, manchmal auch von den Deutschen, und von den Kunstschätzen, Archiven und Bibliotheken, die in Jahrhunderten gesammelt worden waren, gingen fast alle durch Raub, Brand oder spätere Veruntreuung verloren. Allein im Madlitzer Umkreis wurden außer den Büchern des Präsidenten auch die kostbare Eckardtsteinsche Bibliothek in Prötzel, die 33 000 Bände umfassende Bibliothek der Frau von Friedland in Kunersdorf (in der sich auch Handschriften Chamissos befanden), die Kunstschätze Neuhardenbergs und das Archiv Bethmann Hollwegs in Hohenfinow vernichtet. Nur selten geschah es, daß Reste einstiger Kulturgüter gerettet wurden, wie die Bücher derer von Massow auf Steinhöfel und Demnitz, deren sich die Dombibliothek in Fürstenwalde annahm, oder Teile des Marwitzschen Familienarchivs, das Bodo von der Marwitz aus dem im Kampfgebiet liegenden Friedersdorf nach Groß Kreutz geschafft hatte, von wo es die Russen wegschleppten, aber auf einem Hausboden liegenließen, so daß es 1951 in das Brandenburgische Landesarchiv geriet.

Das Zerstörungswerk, das in den an Polen und Rußland fallenden deutschen Ostgebieten, also in Ostpreußen, Pommern, der Neumark und Schlesien, begonnen und im Herbst 1945 in der Sowjetischen Besatzungszone mit der Enteignung und Vertreibung des Adels fortgeführt wurde, traf eine fast achthundert Jahre alte Kultur. Das Erbe Preußens, das Hitler gleichgeschaltet und nach dem Aufstand der Offiziere vom 20. Juli 1944 bekämpft hatte, wurde so endgültig vernichtet. Der formellen Auflösung des preußischen Staates durch die Siegermächte 1947 hätte es nach seinem faktischen Ende nicht mehr bedurft.

In der DDR entstand eine Gesellschaft, in der die alten Familien, ohne deren Namen die deutsche und preußische Geschichte nicht denkbar wäre, fehlten und mit ihnen ein Element, das Fontane als »poetisch« bezeichnet hatte, damit aber wohl mehr gemeint hatte als das. Poetisch oder poesiewürdig zu sein heißt ja nicht nur, schön, malerisch, interessant, sondern auch bedeutend zu sein, eine Bedeutung zu haben, etwas zu bedeuten über sich selbst hinaus. Was poetisch ist, steht nicht nur für sich selbst, sondern gleichzeitig für anderes, Größeres: für einen Namen, eine Familie, eine Lebensform, eine Haltung, eine Verantwortlichkeit, eine Verpflichtung. Jahrhunderte hindurch waren in diesen Familien, für die mit Besitz und Privilegien auch Pflichten verbunden waren, Lebensformen kultiviert worden, die, weil sie nicht jeder Mode und Zeitströmung gehorchten, sowohl Kulturbewahrendes als auch Individualistisches hatten, konservierend und anregend zugleich. Das Engstirnige, Graue, Muffige und Banale, das die DDR-Gesellschaft hatte, hing nicht nur mit der Ein-Parteien-Herrschaft der Kleinbürger zusammen, sondern auch mit dem Fehlen einer traditionsbewahrenden und kulturtragenden Schicht. Die Abwanderung des Bildungsbürgertums und die Vertreibung des Adels hatten eine Leere zur Folge, die nie ausgefüllt werden konnte, da die in den vierzig Jahren nie abreißende Fluchtbewegung immer wieder Selbstbehauptungswillen und Kreativität in den Westen trieb.

Durch die entschädigungslosen Enteignungen vom Herbst 1945, die Bodenreform genannt wurden, alle Landbesitzer von mehr als hundert Hektar betrafen und auch deren Vertreibung aus dem Heimatkreis verfügten (was in den meisten Fällen eine Flucht nach Westen zur Folge hatte), wurde die ländliche Gesellschaft besitzmäßig und kulturell gleichgeschaltet und ihrer führenden Schicht beraubt. Um auch deren Andenken zu vernichten und dabei Baumaterial für Neusiedler zu gewinnen, wurde, wie schon erwähnt, im September 1947 der Abbruch von Gutshäusern angeordnet, wobei historische Grenzen mißachtet, also auch Gärten, Parks und Hofstellen parzelliert wurden, so daß man Schlösser manchmal von Kleingärten, Kaninchenställen und Lauben umgeben findet, und in Dörfern, in denen das

Gutshaus beseitigt wurde, ist es schwierig herauszubekommen, wo es einst stand.

Wer in den siebziger und achtziger Jahren Alt Madlitz besuchte und ein wenig von seiner Geschichte wußte, war über den Zustand von Schloß, Park, Dorf und Kirchhof entsetzt. Ursache war nicht der Krieg, der hier wenig zerstört hatte, es war auch weniger die Armut, die sich hier zeigte, als vielmehr ein Schlendrian, der von Verantwortung für mehr als das eigne Grundstück nichts wußte und neben schlechtem Geschmack auch einer Mißachtung der Vergangenheit und ihrer Denkmäler gehorchte, deren Ursache teils angelernte ideologische Voreingenommenheit, teils Unwissenheit war.

Die Aufteilung des gräflichen Grundbesitzes an Landarbeiter und Vertriebene hatte 1945 viele kleine, kaum existenzfähige Wirtschaften entstehen lassen. Eine besitzfeindliche Politik hatte die Mittelbauern in den fünfziger Jahren ruiniert oder vertrieben, und die 1960 vollendete Zwangskollektivierung hatte die Bauern ihrem Land weitgehend entfremdet und zu Arbeitern gemacht. Das alles hatte die Struktur des Dorfes verändert. Die Scheunen und Ställe auf den Einzelhöfen wurden nicht mehr gebraucht und verfielen, und da das Land wenig Wert hatte, wurden weiträumig außerhalb des Dorfes Lagerschuppen und barackenähnliche Ställe für die Massenviehhaltung errichtet, zwischen denen um vergessene Betonteile und verrostete Maschinen das Strauchwerk wuchs.

Der Madlitzer Park war nicht wie an manchen anderen Orten parzelliert und abgeholzt worden, man hatte ihn aber verwildern lassen und teilweise entstellt. Seine kunstvoll geführten Pfade waren von Unterholz überwachsen oder zu Fahrstraßen erweitert worden, so daß ihr System nicht mehr erkennbar war. Das künstliche Kleingebirge hatte undurchdringliches Strauchwerk überwuchert, und die Wasserläufe und Teiche, die stellenweise als Müllgruben benutzt wurden, waren durch Meliorationsmaßnahmen auf den umliegenden Feldern teils ausgetrocknet, teils versumpft. Die hölzernen Gartenarchitekturen, wie die Meierei und Kleists Ehrenpforte, waren verschwunden, die beiden massiv gebauten in lädiertem Zustand jedoch noch vorhanden: der Monopteros, eine Nachbildung aus der zweiten Hälfte des neunzehnten Jahrhunderts, dessen ionische Kapitelle man dilettantisch mit Ölfarbe bestrichen hatte, und die dorische Säulenhalle, die als Kleintierstall diente und von eingezäunten Gemüsebeeten umgeben war.

Die große, von den Parkbäumen umsäumte Rasenfläche, die von den Fenstern des Gartensaals aus den Durchblick in die Ferne gewährte, hatte die pflegelose Zeit überstanden, da sie teils als Sportplatz, teils als Wiese und Weide benutzt worden war. In ihre Mitte hatte man ein häßliches Pumpwerk gesetzt.

Am trostlosesten aber war der Anblick des Hauses, das man immer benutzt, aber nie repariert hatte; nur das Dach war irgendwann neu gedeckt worden, wobei man die Mansardform vereinfacht hatte, was das Hauptgebäude nun vom Seitenflügel, der baulich noch hinfälliger war, unterschied. Die Umgebung des Hauses war durch Abwässer aufgeweicht, durch Abfälle verunziert und durch Zäune, Schuppen und Hundehütten verstellt. Sichtbar war in den Hausmauern die Nässe mannshoch emporgestiegen, hatte den Putz abplatzen und an den Ecken auch schon das Mauerwerk bröckeln lassen. Verheerender aber noch hatte die Nässe im Innern gewirkt.

Im Gartensaal, dessen Kamin man vermauert, das Gräfliche Wappen aber erhalten hatte, war bis etwa 1980 der Dorfkindergarten untergekommen, dann hatte man ihn zum Abstellraum degradiert. In die anderen Räume des Hauses waren nach dem Krieg Vertriebene aus der Neumark und Schlesien eingewiesen worden, in behelfsmäßig hergerichteten Wohnungen, die auch vierzig Jahre später noch wie Notunterkünfte wirkten, da wenig verbessert und repariert worden war. Besonders die sanitären Anlagen waren, soweit überhaupt vorhanden, mit Mängeln behaftet. Jeder, der eine bessere Wohnung in Aussicht hatte, versuchte hier wegzukommen. Zurück blieben fast nur noch Alte. Das Schloß wurde zu einer Art verwahrlostem Dorfarmenhaus.

Der Finckensteinsche Kirchhof, am Weg zur Madlitzer Mühle gelegen, war auf der sanften Anhöhe des Friedrichsberges leicht zu finden. Inmitten riesiger Felder gelegen, täuschten seine Laubbäume aus der Ferne gesehen ein idyllisch gelegenes Wäldchen vor. Aus der Nähe gesehen aber bot sich ein anderes Bild.

Als 1810 die Gemahlin des Präsidenten zu Grabe getragen wurde, schrieb Wilhelm von Burgsdorff in seinem Kondolenzbrief an ihre älteste Tochter Henriette: »Ihr habt die Mutter ohne Zweifel zu dem Hügel begleitet, der Euch immer lieber werden muß. Dort sollte nun eine kleine Capelle gebaut werden und in ihr Gedächtnißtage gestiftet werden.« Diese Anregung wurde damals nicht aufgegriffen, aber 1823, in dem Jahr seines Todes, entwarf Genelli eine Friedhofsanlage mit Kapelle und massiver Umfassungsmauer. Der Entwurf hat sich in seinem Nachlaß erhalten, er wurde aber nie ausgeführt.

Der Begräbnisplatz für die Gemeinde, im Entwurf als »die Bauren« bezeichnet, war auch damals schon dem Gräflichen vorgelagert. Um vom Fahrweg zur Madlitzer Mühle, den der Entwurf »Mühlendamm« nennt, zu diesem zu gelangen, mußte man den der Gemeinde passieren. Eine Mauer, wie die meisten märkischen Dorffriedhöfe, hat dieser hier nie erhalten. Nur ein Drahtzaun schützt bis heute die Grabpflanzungen vor Wildverbiß.

Er schützt aber nur den Friedhof der Gemeinde, nicht die Wildnis aus Lebensbäumen, Efeu, Mahonien, Buchen und Eichen dahinter, die einmal der Campo Santo der Finckensteins war. Ein Durchgang vom einen zum anderen Teil ist nicht vorgesehen. Will man nicht den Zaun des gepflegten Dorffriedhofs überklettern, kann man nur über das Feld zum hinteren Teil kommen, wo sich um 1980 ein Bild mutwilliger, aber totaler Zerstörung bot.

Auf dem Friedhof der Finckensteins wurde von 1788 bis 1945 begraben, in den Jahren danach wurde er zerstört. Die Grabsteine waren alle in gleicher Art und gleichem Format gehalten. Zu den wenigen von ihnen, die unter den Trümmern später geborgen werden konnten, gehört der des Präsidenten.

Der Bericht einer Wandergruppe des »Touristenklubs für die Mark Brandenburg« von 1932 enthält eine Beschreibung des Familienfriedhofs, aus der hervorgeht, daß »ein prächtiges Marmorkreuz« die »langen Reihen der Gräber derer, die einst Glieder der Familie waren oder ihr nahestanden«, überragte, daß »am Fuße jedes der schlichten Gräber ... ein kleiner Stein Namen und Daten« nannte und daß sich »zwischen den Reihen schöne Steinkreuze mit Bibelworten« erhoben, »Symbole für alle, die hier ruhen«. Es werden auch einige Gedenksteine zitiert, wie der des 1824 in Madlitz geborenen »Oberstleutnants und Kommandeurs des 3. Brandenburgischen Infantrieregiments Nr. 66, geblieben in der Schlacht bei Beaumont am 30.8.1870«, oder der eines mit siebzehn Jahren gestorbenen Mädchens, dessen Rückseite die vom Friedersdorfer Marwitz her bekannten Worte zierte: »Hier ruht mein Glück.«

1980 waren von diesem kulturhistorisch so aufschlußreichen Denkmal nur noch efeuüberwachsene Trümmer vorhanden. Noch waren, wenn man genau hinsah, die Gräberreihen erkennbar, aber alle marmornen Steine mit Namen und Daten und auch die Gedenksteine zwischen den Reihen waren herausgerissen und zertrümmert worden. Der Zerstörungswut widerstanden hatte nur das erste der Denkmäler, der lyrisch verzierte Quader, der dem ersten in Madlitz begrabenen Finckenstein gesetzt worden war.

Bei späterer Untersuchung der Trümmer konnten noch einige wenig zerstörte Steine aus den Schutthaufen gerettet werden. Mitte der achtziger Jahre waren die Reste verschwunden. Wann und warum die Vernichtung erfolgt war, ist ungewiß.

Heimkehr

Verglichen mit der Zahl derer, die durch die Landenteignung und -Verteilung von 1945 begünstigt wurden, war die der Enteigneten nur gering. Darauf ist möglicherweise zurückzuführen, daß die auf Wählerstimmen angewiesenen Politiker bei der deutschen Wiedervereinigung das Unrecht von damals nicht rückgängig zu machen versuchten, sondern es festschrieben und damit von zwei Übeln das kleinere wählten. Denn die Anullierung des alten Unrechts hätte neues erzeugt.

Der größte Teil des enteigneten Landes war 1945 in den Besitz von Heimatvertriebenen, Kleinbauern und Landarbeitern übergegangen, deren Unrechtsbewußtsein, soweit vorhanden, mehr als durch die kommunistische Propaganda (»Junkerland in Bauernhand!«) durch die Not, in der sie lebten, weitgehend verdrängt worden war. Ein halbes Jahrhundert danach war es bei Kindern und Kindeskindern, die den Boden bebaut und bewirtschaftet hatten, völlig verschwunden. Eine Rückgabe des Landes an die ehemaligen Besitzer wäre als neuerliche Enteignung empfunden worden, nicht als Wiederherstellung des Rechts.

Diese Unterschiede des Rechtsempfindens, die sich durch die Vorurteile verstärkten, die Emigranten und Daheimgebliebene erfahrungsgemäß gegeneinander hegen, hatten zur Folge, daß die alten Besitzer, die nach dem Fall der Mauer, oft nur besuchsweise, in ihre Heimat zurückkehrten, mit Mißtrauen oder auch Feindseligkeit rechnen mußten, als stellten sie eine Bedrohung des mühsam Erworbenen und Bewahrten dar. Waren sie doch für fast alle Einwohner Fremde. Denn von denen, die sie aus früheren Zeiten kannten, waren nur wenige noch am Leben; meist mehr als die Hälfte der Dorfbewohner war nach 1945 aus dem Osten gekommen oder später erst zugezogen; und da sich die Dörfer durch Kriegszerstörung oder wirtschaftliche Erfordernisse baulich verändert hatten, fand mancher Heimkehrer von der Heimat, in die er sich über Jahrzehnte zurückgesehnt hatte, nicht mehr viel vor.

In Madlitz dagegen gestaltete sich die Rückkehr vergleichsweise günstig. Zwar hatte sich auch hier seit den mörderischen Frühlingstagen, in denen der junge Leutnant sein Vaterhaus zum letztenmal gesehen hatte, vieles verändert, doch war noch alles, wenn auch heruntergekommen, an seinem Platz. Der Graf, achtundsechzigjährig inzwischen, der ein erfolgreiches Berufsleben als Finanzkaufmann und Bankier hinter sich hatte, konnte alles sofort wiedererkennen, als er im April 1990 den Ort seiner Kindheit zum erstenmal wieder sah. Da lagen noch immer abseits des Dorfes die Heiligen Pfühle, die sich im Mai mit dem Gelb der Sumpflilien schmücken; da stand noch immer, wenn auch baufällig geworden, das Haus, in dem er geboren wurde; und der Park, wenn auch entstellt und verwildert, kündete für den Eingeweihten immer noch von den Zeiten, in denen Tieck hier den Grafen mit den Minnesängern bekannt machte, Graf Karl die Rahel zu vergessen versuchte und sich Burgsdorff mit den Töchtern des Präsidenten, für die er sich nicht entscheiden konnte, am Steinpfuhl erging.

Getrübt aber wurde die Wiedersehensfreude durch den erbärmlichen Zustand des Dorfes und des ehemaligen Gutes. Die Straße, an der sich fast alle Häuser des Dorfes reihen, bestand vorwiegend aus Schlaglöchern; defekte Landmaschinen rosteten irgendwo im Freien; die Gutsvorwerke waren teilweise verfallen. Rings um das Herrenhaus standen Hundehütten und Datschen. Die einst musterhaften Mischwälder waren durch Raubbau in dürftige Kiefernmonokulturen verwandelt worden. Die Acker waren, um sie weiträumig zu machen, von allen Hecken, Wegrainen, Alleebäumen und Feldgehölzen entblößt worden, so daß die leichten, schnell verwehenden Böden schutzlos den Winden ausgesetzt waren. Und die Gräber der Finckensteins hatte man mutwillig zerstört. Das weckte Entsetzen und Trauer, daneben aber auch ein Verantwortungsbewußtsein, das sich durch die zweihundertjährige Verbundenheit der Familie mit diesem Ort und mit dieser Landschaft erklärt. Der Vertriebene, der eine zweite Heimat am Chiemsee gefunden hatte, sich von der ersten aber innerlich nie völlig gelöst hatte, war bereit, hier Hilfe zu leisten, vorausgesetzt, sie wurde gewünscht.

Das aber versicherte ihm der Bürgermeister, ein Vertriebener aus Hinterpommern, der auch Vorsitzender der Genossenschaft war. Er brachte weder dem Westdeutschen Aversionen noch dem Altbesitzer Mißtrauen entgegen, erhoffte sich vielmehr von ihm Auswege aus der wirtschaftlichen Misere und begrüßte ihn mit den Worten: Wir haben auf Sie gewartet, Herr Graf!

Wochen später war die Landwirtschaftliche Produktionsgenossenschaft, die unter marktwirtschaftlichen Bedingungen nicht bestehen konnte, zusammengebrochen, und der Brief an den Chiemsee, der mit den Worten: Dies ist ein Hilferuf! anfing, veranlaßte den Grafen, sein Kapital und sein Wissen und Können für das Dorf einzusetzen, das so lange mit dem Namen seiner Familie verbunden gewesen war.

Da die dringendste Aufgabe war, den Madlitzern wieder Arbeit zu geben, wurde nach Aufstellung und Auswertung von Flächennutzungs- und Dorferneuerungsplänen und nach Kauf und Pachtung ehemals Finckensteinscher Acker und Wälder ein moderner Landwirtschaftsbetrieb, ausschließlich für Feldfruchtanbau, geschaffen, der unter fachmännischer Leitung eines Verwalters 1991 schon die erste Ernte einbringen konnte und im gleichen Jahr noch mit der Wiederaufforstung von Laubgehölzen begann. In der Feldmark erwuchs in den nächsten Jahren eine kilometerlange Windschutzbepflanzung, und die neuge-

Alt Madlitz.

gliederten Schläge wurden durch Hecken, die dem Niederwild und den Vögeln Schutz bieten, begrenzt. Unter Trägerschaft der Gemeinde entstand ein Ausbildungs- und Sozialzentrum, das, vom Christlichen Jugenddorf-Werk betrieben, vor allem der Fortbildung und Umschulung dienen soll. Die Dorfstraße erhielt neues Pflaster, wurde mit Bäumen bepflanzt und beleuchtet; und durch Abriß der erbärmlich aussehenden Massenviehhaltungsställe und durch Renovierung der Kirche wurde das Dorfbild verschönt.

Graf Finckenstein, von dem alle diese Aktivitäten ausgingen und bei ihm auch wieder zusammenliefen, der aber auch die Fähigkeit hatte, Verantwortlichkeiten an Fachleute zu delegieren, nahm in den ersten Monaten seinen Sitz in der idyllisch zwischen zwei Seen gelegenen Madlitzer Mühle, deren Reiz aber in DDR-Zeiten durch den Bau eines Stasi-Erholungsheims weitgehend verlorengegangen war. Später wohnte er in der Dorfmitte, über dem Büro des Landwirtschaftsbetriebes, in dem von ihm erworbenen Haus eines größeren Landwirtes, der in den fünfziger Jahren, wie auch andre Bauern des Dorfes, in den Westen geflohen und nicht mehr zurückgekehrt war. Von hier aus betrieb er den Kauf seines Geburtshauses, also des Schlosses samt Park.

Beides war schon in DDR-Zeiten auf die Denkmalsliste gesetzt worden, doch hatte das den Verfall des Gebäudes nicht aufhalten können; und die halbherzigen Versuche, die Parkanlagen zu rekultivieren, waren bald wieder eingeschlafen, so daß nach endlich erfolgtem Rückkauf von Haus und Garten die Restaurierung von Grund auf beginnen mußte, mit großem Aufwand an Arbeit und Geld.

Kaufbedingung war nicht nur die Beschaffung von Wohnraum für die noch im Schloß lebenden Mieter und die Wiederherstellung des Ganzen nach Denkmalschutzrichtlinien gewesen, auch die öffentliche Zugänglichkeit des Parks mußte für die Zukunft gewährleistet sein.

Wer heute Alt Madlitz besucht, wird das alles erfüllt finden. Das gräfliche Haus, das Schloß zu nennen sich eigentlich verbietet – denn es prunkt nicht mit Größe oder aufwendigem Zierat, besticht vielmehr durch wohlproportionierte Schlichtheit –, das Herrenhaus also ist wieder Finckensteinsches Wohnhaus geworden; es hat seinen Gartensaal mit dem Parkdurchblick, dem Kamin und dem Wappen wieder; äußerlich strahlt es wieder und ist auf seine bescheidene Art schön. Es liegt wieder inmitten von Gartenanlagen, die in die Schattenregionen des Landschaftsparks überleiten, wo die dorische Tempelhalle und die erhöht stehende Rotunde weiß durch Büsche und Bäume leuchten, wo am Steinpfuhl auf der Herzberg genannten Anhöhe dreizehn Steine an die dreizehn Kinder des Präsidenten erinnern, wo sich die wiedererstandenen Pfade, die immer erneut wechselnde Durchblicke bieten, zur großen, von dem häßlichen Pumpwerk befreiten Wiesenfläche, zu Eichen- und Buchenhainen und den Schluchten des Kleingebirges winden und wo den Literaturkun-

Teilweise hat der Madlitzer Landschaftspark seine alte Wegführung wieder. Von der dorischen Säulenhalle kommend, erblickt man den Monopteros, den nach Genellis Vorstellungen eine Aphrodite schmücken sollte.

digen alles an die romantische Künstlergesellschaft von Tiecks »Phantasus« erinnert, die, unter Parkbäumen sitzend, nach ihrer abendlichen Gesprächs- und Vorleserunde noch dem Gesang der jungen Gräfinnen, in die jeder verliebt ist, lauscht.

Ein Kleinod in märkischem Sand ist hier wiedererstanden, das nach einem halben Jahrhundert Verfall und Mißachtung des preußischen Erbes reine Freude erzeugen könnte, mischte sich nicht bei dem Gedanken an die vielen Adelssitze und Dorfkirchen, die in der Mark und in Mecklenburg weiter verfallen, Melancholie darunter, der man am besten auf dem kaum noch als solchen erkennbaren Friedhof der Finckensteins nachhängen kann. Auf dem Spaziergang zu den Seen an der Madlitzer Mühle und zur Russenschanze, die an die schwarzen Tage von 1759 erinnert, sollte man eine Gedenkminute an den überwachsenen Gräbern einlegen, wo ein Steinkreuz alle Schändung überdauerte und ein Gedenkstein an das erste hier gestorbene Kind der Familie erinnert: »… da hauchte sie leise der Tod an.«

Der Friedrichsberg ist wirklich nur eine sanfte, kaum merkbare Anhöhe, aber wenn nicht mannshoher Mais oder reifendes Korn die Sicht hindert, erlaubt er doch einen Blick auf das Dorf hinunter, dessen Dächer und Bäume, wie schon vor zweihundertfünfzig Jahren, als die Finckensteins hier seßhaft wurden, nur der spitze Turm der Kirche überragt. Von hier aus, aus der Ferne, zeigen sich Landschaft und Dorf als unzerstörbare Idylle, als ein preußisches Arkadien, das sich hier, aus der modernen Zeit fallend, in abseitigen Breiten erhalten hat. Es ist ein Trugbild, das uns Unvergänglichkeit einreden möchte. Auch der Kundige muß sich mühsam aus solchen Träumen reißen, muß sich die Leidenszeiten und Katastrophen Preußens und schließlich seinen Untergang vor Augen führen, muß sich angesichts des wiedererstandenen Madlitz sagen, daß hier in einzigartiger Weise Reichtum, angestammtes Verantwortungsbewußtsein und Achtung vor der Geschichte zusammenkamen und Vorbildliches schufen, das aber nicht Wiedergeburt des Vergangenen,

Schloß Madlitz nach seiner Sanierung 1997.

sondern von Ehrfurcht vor dem Vergangenen getragenes Neues und Heutiges ist.

Was hier entstand, zeugt von der Liebe zu einer Familie, die, aus Ostpreußen, also dem Ur-Preußen kommend, dem Staat über Jahrhunderte hin an entscheidender Stelle diente und deren bedeutendste Gestalten die verschiedenen Epochen und Charakterzüge des klassischen Preußen zu verkörpern scheinen. Steht der Feldmarschall und Kronprinzenerzieher für das Militärische, mit dem der Aufstieg unter den beiden Königen, die er erzog, begonnen hatte, so der Kabinettsminister, dem Friedrich auch in den gefährlichsten Lagen vertrauen konnte, für Treue, Rechtschaffenheit und Pflichtbewußtsein, die er als Politiker und Beamter unter drei Königen vorgelebt hatte – bis hinein in jene Epoche, die dann sein Sohn, der Präsident, verkörperte: die Jahrzehnte geistigen und künstlerischen Glanzes, in denen der Ruhm der Rechtsstaatlichkeit und der Waffen durch den der großen Leistungen in Architektur, Bildhauerei, Philosophie und Literatur abgelöst wurde, Jahrzehnte, die politisch solche des Niedergangs und des Aufstiegs, der Änderung und der Beharrung waren, in die aber das Brandenburger Tor und das Marmorpalais gehören, wie auch Schinkel und Schadow, Heinrich von Kleist und Hegel, E.T.A. Hoffmann, Chamisso, die Tiecks, die Schlegels, die Humboldts, Fichte, Schleiermacher, die Rahel – und nicht zuletzt auch die ländlichen Musenhöfe mit ihren Gartenanlagen, von denen der Finckensteinsche in Madlitz und Ziebingen nicht der schlechteste war.

Nachweis der Zitate

Kunersdorf

»Den Untergang meines Vaterlandes …«, aus: Friedrich der Große, *Briefe, Berichte, Anekdoten*, hrsg. von Gustav Mendelssohn-Bartholdy, Ebenhausen 1912, Bd. 2, S. 6.

»Mirakel des Hauses Brandenburg …«, aus: Ebenda, Bd. 2, S. 62.

Der Kronprinzenerzieher

»Beglücktes Habersdorff …«, aus: Joachim, Erich und Melle Klinkenborg, *Familiengeschichte des Gräflich Finck von Finckensteinschen Geschlechts. Urkundenbuch*, Berlin 1921, S. 92 ff.

»Unter Allen, so Mir …«, aus: Ebenda, S. 95.

»Reglement, wie mein ältester Sohn …«, aus: Cramer, Friedrich (Hrsg.), *Zur Geschichte Friedrich Wilhelms I. und Friedrichs II.*, Leipzig 1835, S. 20-25.

»Es war jedoch Befehl gegeben worden …«, aus: *Gespräche Friedrichs des Großen mit Gatt*, hrsg. von Willy Schüßler, Leipzig 1926, S. 87.

Jugendfreunde

»den Krieg weiterführen, als ob …«, aus: Friedrich der Große, *Briefe, Berichte, Anekdoten*, hrsg. von Gustav Mendelssohn-Bartholdy, Ebenhausen 1912, Bd. 2, S. 16.

»nachdem die Prinzessinnen …«, aus: *Aus den Tagebüchern des Grafen Lehndorff*, hrsg. von Haug von Kuenheim, Berlin 1982, S. 123.

Madlitz

»alle drey in Persohn gegenwärtig …«, aus: Joachim, Erich und Melle Klinkenborg, *Familiengeschichte des Gräflich Finck von Finckensteinschen Geschlechts, Urkundenbuch*, Berlin 1921, S. 114–118.

Theokrit und Kleist

»Meine Felder und meine Gärten ...«, aus: Kleist, Ewald von, *Werke*, hrsg. von August Sauer, Berlin 1882, Theil 2, S. 499.

Der gerechte König

»So getreu und natürlich ...«, aus: Nettelbeck, Joachim, *Eine Lebensbeschreibung, von ihm selbst aufgezeichnet*, Meersburg – Leipzig 1930, S. 190 f.
»Die Reichen haben viele Advokaten ...«, aus: *Goethes Poetische Werke. Die Aufgeregten. 1. Aufzug, 6. Szene*, Berlin 1980, Bd. 6, S. 353.
»Denn ich will, daß in meinem Lande ...«, aus: Schoeps, Hans-Joachim, *Preußen. Bilder und Zeugnisse*, Berlin 1967, S. 78.
»die symbolisierte Opposition«, aus: Schoeps, Hans-Joachim, *Aus den Jahren preußischer Not und Erneuerung. Tagebücher und Briefe der Gebrüder Gerlach*, Berlin 1963, S. 565.
»30. April ... lachender Himmel ...«, aus: Handschrift im Brandenburgischen Landeshauptarchiv, Bestand Pr. Br. Rep. 37 Alt Madlitz Nr. 376.

Reform und Opposition

»Geschichte meiner Liebe, geschrieben ...«, aus: Ebenda.
»auffallend unehrerbietigen Tone ...«, aus: Marwitz, F.A.L. von der, *Ein märkischer Edelmann im Zeitalter der Befreiungskriege*, hrsg. von Friedrich Meusel, Berlin 1913, Bd. 2.2, S. 24 ff.
»Der Frühlingstag im Garten«, aus: Finckenstein, Friedrich Ludwig Karl, *Der Frühlingstag im Garten*, hrsg. von Michael Niedermeier und Clemens Alexander Wimmer (Mitteilungen der Pücklergesellschaft, 12. H. – Neue Folge – 1997), S. 75–90.
»sandige Steppen ... diese pfiffige ...«, aus: Pertz, G. H., *Aus Steins Leben*, Berlin 1856, Bd. 1, S. 439.
»Ein Unglück für den preußischen Staat ...«, aus: Ebenda, Bd. 1, S. 441.
»Was haben Sie zu dem Vorfall gesagt ...«, aus: *Briefe an Ludwig Tieck*, hrsg. von K. von Holtei, Breslau 1864, Bd. 4, S. 50.

Der Frühlingstag im Garten

»In einer der traurigsten Gegenden ...«, aus: Tieck, Ludwig, *Phantasus*, hrsg. von K. G. Wendriner, Berlin 1911, Bd. 1, S. 65.
»Man kann Ihren Garten ...«, aus: *Rahels erste Liebe. Rahel Levin und Karl Graf von Finckenstein in ihren Briefen*, hrsg. von Günter de Bruyn, Berlin 1985, S. 73 f.

»einer der ausgezeichnetsten Landwirthe ...«, aus: Wimmer, Clemens Alexander, *Schloßpark Alt Madlitz*, Denkmalpflegerisches Gutachten, 1994, S. 14.
»Getümmel der Welt« und folgende Zitate aus: Ebenda, S. 89–109.

Musenhöfe

»Auf den König v. Preußen«, aus: *Friedrich II. und die deutsche Literatur des 18. Jahrhunderts*, hrsg. von H. Steinmetz, Stuttgart 1985, S. 338.
»Anknüpfend an den Aufenthalt ...«, aus: Fontane, Theodor, *Wanderungen durch die Mark Brandenburg*, Berlin 1991, Bd. 6, S. 183 f.
»Laue Abende der köstlichsten Art ...«, aus: Varnhagen von Ense, Karl August, *Denkwürdigkeiten des eignen Lebens*, Berlin 1971, Bd. 1, S. 238 f.
»In Blumberg ist mein Sitz ...«, aus: Canitz, F. R. L. Freiherr von, *Gedichte*, hrsg. von Jürgen Stenzel, Tübingen 1982, S. 281.
»Hier in Kunersdorf ist es ...«, aus: *Briefwechsel zwischen Goethe und Zelter*, Leipzig 1915, Bd. 2, S. 124 ff.
»Das geschäftige Treiben in ...«, aus: Bernstorff, Elise Gräfin von, *Ein Bild aus der Zeit von 1789-1835*, Berlin 1896, Bd. 2, S. 85 f.
»viele Stunden mit Vorlesen verbrachte ...«, aus: Varnhagen von Ense, Karl August, *Denkwürdigkeiten des eignen Lebens*, Berlin 1971, Bd. 1, S. 225.
»Hegst die Zeichen trauter Baum ...«, aus: Chamisso, Adelbert von: *Sämtliche Werke*, München 1982, Bd. 1, S. 506.

Arethusa

»Dem Pflanzen, Baum und Strauch ...«, aus: Sembdner, Helmut, *Schütz-Lacrimas*, Berlin 1974, S. 33.
»Denn man darf wohl behaupten ...«, aus: Kleist, Ewald von, *Frühling*, kritisch bearbeitet von Graf Friedrich Karl von Finckenstein, Berlin 1804, S. 12.
»Rahels Freund, der Graf ...«, aus: Kleist, Ewald von, *Werke*, hrsg. von August Sauer, Berlin 1881, Bd. 1, S. 165 f.
»war nichts, was Kunst, Poesie ...«, aus: *Köpke, Rudolf, Ludwig Tieck. Erinnerungen aus dem Leben des Dichter*s, Leipzig 1855, Bd. 1, S. 305 f.

Burgsdorff

»verdiente, gehängt zu werden ...«, aus: Ebenda, Bd. 1, S. 106.
»Concentral-Schönheit aller Reize ...«, aus: Körner, Theodor, *Briefwechsel mit den Seinen*, hrsg. von A. Weldler-Steinberg, Leipzig 1910, S. 19.

»schön wie eine Nymphe ...«, aus: *Wilhelm und Caroline von Humboldt in ihren Briefen*, hrsg. von A. von Sydow, Berlin 1909, Bd. 3, S. 36 und 80.
»dem wenigen, was er sprach ...«, aus: *Schillers Werke*, Nationalausgabe, Weimar 1972, Bd. 36.1, S. 395.
»viel Kopf und vielleicht ...«, aus: Ebenda, Bd. 35, S. 265.
»er gefällt mir ebenso ...«, aus: Ebenda, Bd. 29, S. 10.
»Ich liebe so ruhig empfangende Naturen ...«, aus: Ebenda, Bd. 29, S. 30.
»An eigne Tätigkeit sei ...«, aus: Ebenda, Bd. 37.1, S. 74.
»Er schwärmt auf Bällen ...«, aus: Ebenda, Bd. 36.1, S. 445.

Tieck

»lebusische ... niederbarnimsche ...«, aus: Fontane, Theodor, *Vor dem Sturm*, München 1980, Bd. 1, Kapitel »Schmidt von Werneuchen«.
»jene schreckliche Ironie ...«, aus: Fontane, Theodor, *Von Zwanzig bis Dreißig*, Berlin 1982, Kapitel 7: George Hesekiel.
»Bummelcorps ... Rasselbande ...«, aus: Fontane, Theodor, *Wanderungen durch die Mark Brandenburg*, Berlin 1991, Bd. 6, S. 146-149.
»etwas dunkle Partie ...«, aus: Ebenda, Bd. 6, S. 146.
»ruchlosen Bau ... entgegengesetzte ...«, aus: *Briefe an Ludwig Tieck*, hrsg. von K. von Holtei, Breslau 1864, Bd. 4, S. 65f.

Begegnung in der Oper

»Karl Finckenstein sah ich ...«, aus: *Rahel. Ein Buch des Andenkens für ihre Freunde*, Berlin 1834, Bd. 3, S. 433f.

Krank in Madlitz

»Ich mußte einmal wieder ...«, aus: *Rahels erste Liebe. Rahel Levin und Karl Graf von Finckenstein in ihren Briefen*, hrsg. von Günter de Bruyn, Berlin 1985, S. 129.

Nervenfieber

»unbekannt mit ihr zu werden«, aus: Ebenda, S. 298.
»Graf Finckenstein, ein Enkel ...«, aus: Marwitz, F. A. L. von der, *Nachrichten aus meinem Leben*, hrsg. von Günter de Bruyn, Berlin 1989, S. 305.
»Der preußische Gesandte ...«, aus: Varnhagen von Ense, Karl August, *Ausgewählte Schriften*, Leipzig 1871, Bd. 3, S. 311f.,
»Gestern vormittag ... war Finckenstein ...«, aus: *Aus Rahels Herzensleben. Briefe und Tagebuchblätter*, hrsg. von L. Assing, Leipzig 1877, S. 121–124.

»Der Graf Finckenstein ist tot ...«, aus: *Rahel und Alexander von der Marwitz in ihren Briefen*, hrsg. von H. Meisner, Gotha 1925, S. 126.

»Ja, sagte er. Man ergriff mich ...«, aus: *Rahel. Ein Buch des Andenkens für ihre Freunde*, Berlin 1834, Bd. 2, S. 53 f.

Henriette

»In eine edle Familie eingeführt werden ...«, aus: *Tiecks Werke*, hrsg. von G. L. Klee, Leipzig – Wien 1892, Bd. 2, S. 356 f.

»göttlichen Kirchenmusikfräulein ... Seit dem Gesang ...«, aus: Brentano, Clemens, *Das unsterbliche Leben*, hrsg. von W. Schellberg und F. Fuchs, Jena 1939, S. 327.

»zwei von den Gräfinnen singen ...«, aus: *Schleiermacher als Mensch. Sein Werden. Familien- und Freundesbriefe 1783 bis 1804*, hrsg. von H. Meisner, Gotha 1922, S. 104.

»Wer in dieser Familie eine Weile gelebt hat ...«, aus: Tieck, Ludwig, *Gesammelte Novellen*, Berlin – Breslau 1835-1842, Bd. 7, S. 7–10.

»das Ende vom Liede ist, daß wir uns hier ...«, aus: Tieck, Ludwig, *Phantasus*, hrsg. von K. G. Wendriner, Berlin 1911, Bd. 1, S. 34.

»Singstücke von Palestrina lieblich ...«, aus: Ebenda, Bd. 1, S. 353.

»Musik spricht«, aus: Ebenda, Bd. 1, S. 337.

»Weihung«, aus: Tieck, Ludwig, *Gedichte*, Dresden 1821, Bd. 2, S. 3.

»Liebe denkt in süßen Tönen«, aus: Ebenda, Bd. 2, S. 33.

»Ich bin ein Engel ...«, aus: Ebenda, Bd. 2, S. 5.

Brief Tiecks vom 6. Nov. 1806, aus: Günzel, Klaus, *König der Romantik. Das Leben des Dichters Ludwig Tieck in Briefen, Selbstzeugnissen und Berichten*, Berlin 1981, S. 238.

»Sie hat sich liebenswürdig ...«, aus: *Briefwechsel zwischen Varnhagen und Rahel. Aus dem Nachlaß von Varnhagen von Ense*, Leipzig 1875, Bd. 3, S. 142.

»Ideal eines unverheirateten Frauenzimmers ...«, aus: Schoeps, Hans-Joachim, *Aus den Jahren preußischer Not und Erneuerung. Tagebücher und Briefe der Gebrüder Gerlach*, Berlin 1963, S. 566.

»Wie ein blinder Passagier ...«, aus: *Caroline. Briefe aus der Frühromantik*, hrsg. von G. Waitz und E. Schmidt. Leipzig 1913, Bd. 2, S. 545.

»würdiger, anmuthiger Lump ...«, aus: Ebenda.

»sein einziger Beschützer Burgsdorff ...«, aus: Arnim, Achim von, *Briefe an Savigny*, hrsg. von Heinz Härtl, Weimar 1982, S. 46.

Caroline

»durch Trägheit und böse Zunge ...«, aus: Schadow, Johann Gottfried, *Kunstwerke und Kunstansichten. Ein Quellenwerk*. Kommentierte Neuausgabe, Berlin 1987, Bd. 1, S. 11.

»zum Schönsten gehören, was ...«, aus: Ebenda, Bd. 1, S. 14.

»Ihr ungebundener Geist duldete ...«, aus: Ebenda, Bd. 1, S. 98.

»wenigen Kenntnisse ... wie ein Zigeuner ...«, aus: Ebert, Hans, *Über Hans Christian Genelli*, in: Forschungen und Berichte der Staatlichen Museen Berlin (DDR), Bd. 17, Berlin 1976, S. 175.

»Genelli ist bei mir gewesen ...«, aus: *Rahels erste Liebe. Rahel Levin und Karl Graf von Finckenstein in ihren Briefen*, hrsg. von Günter de Bruyn, Berlin 1985, S. 200 f.

»Ich gewinne ihn alle Tage lieber ...«, aus: Ebenda, S. 102.

»munteren Lebenssinn, außerordentliche ...«, aus: Varnhagen von Ense, Karl August, *Galerie von Bildnissen aus Rahels Umgang und Briefwechsel*, Leipzig 1836, Bd. 1, S. 187 f.

»poetisches Ungeheuer«, aus: Nachlaß Genelli in der UB Leipzig, III/38-324.

»elende Geburt ... wie man Kröten ...«, aus: Tieck, Ludwig, *Letters*, ed. by E. H. Zeydel, New York – London 1937, S. 429 f.

»Ich schreibe, liebe R. ...«, aus: *Rahel und Alexander von der Marwitz in ihren Briefen*, hrsg. von H. Meisner, Gotha 1925, S. 82 f.

»Dieser Krieg hat ...«, aus: *Briefe von und an A. W. Schlegel*, hrsg. von Josef Körner, Zürich – Leipzig 1929, Bd. 1, S. 244.

»Der Beruf ist gefunden ...«, aus: Genelli, Buonaventura, *Aus dem Leben eines Künstlers*, hrsg. von Ulrich Christoffel, Berlin 1922, S. 37 und 42.

Barnime

»Schöner warmer Tag. Lerchen singen ...«, aus: Eichendorff, Joseph von, *Sämtliche Werke*. Historisch-kritische Ausgabe, hrsg. von Wilhelm Kosch und August Sauer, Bd. 11: Tagebücher, Regensburg 1908, S. 259.

»Was ich gewollt wird künftig ...«, aus: Sembdner, Helmut, *Schütz-Lacrimas*, Berlin 1974, S. 16.

»Sey kühn mit den Blicken ...«, aus: Ebenda, S. 17.

»Heiß von Bäumen tropft hernieder ...«, aus: Ebenda, S. 26.

»Dem Könige habe ich ... Je mehr in unsern Tagen ...«, aus: Ebenda, S. 63.

»war eine Persönlichkeit, der ich ...«, aus: Ebenda, S. 32.

Einquartierung

»An meine Tochter Henriette«, aus: Handschrift im Brandenburgischen Landeshauptarchiv, Bestand Pr. Br. Rep. 37 Alt Madlitz Nr. 425.

»Wir fanden schon zwei Dragoneroffiziere ...«, aus: Köhler, Karl August, *1813/14. Tagebuchblätter eines Feldgeistlichen*, hrsg. von Jäkel, Berlin 1912, S. 18 ff.

»eine halbe Stunde nach Mittag ...«, aus: (Genelli, Hans Christian), »F. L. K. Reichsgraf von Finckenstein«, in: Berlinische Nachrichten von Staats- und gelehrten Sachen, Nr. 55 vom 7. Mai 1818.

Industrie und Ackerbau

»ein Krieg der Industrie ...«, aus: Marwitz, F. A. L. von der, *Ein märkischer Edelmann im Zeitalter der Befreiungskriege*, hrsg. von Friedrich Meusel, Berlin 1913, Bd. 1, S. 492.

»Bei Mars-la-Tour in blutger Schlacht ...«, aus: Joachim, Erich und Melle Klinkenborg, *Familiengeschichte des Gräflich Finck von Finckensteinschen Geschlechts*, Berlin 1920, S. 338.

Erhaltung für ewige Zeiten

»für ewige Zeiten ...«, aus: Joachim, Erich und Melle Klinkenborg, *Familiengeschichte des Gräflich Finck von Finckensteinschen Geschlechts. Urkundenbuch*, Berlin 1921, S. 216.

»Im Jahre des Heils 1886 ...«, aus: Joachim, Erich und Melle Klinkenborg, *Familiengeschichte des Gräflich Finck von Finckensteinschen Geschlechts*, Berlin 1920, S. 352.

Trümmer

»Ihr habt die Mutter ...«, Burgsdorff, Wilhelm von, *Briefe*, hrsg. von A. F. Cohn, Berlin 1907, S. 87.

»langen Reihen der Gräber ...«, aus: Mitteilungen des Touristenklubs für die Mark Brandenburg, 38. Jg., 1933, Nr. 1-2, S. 1-5.

Ausgewählte Literatur

Zu den Finckensteins

Brandenburgisches Landeshauptarchiv. Bestand Pr. Br. Rep. 37 Alt Madlitz.

Finckenstein, Friedrich Ludwig Karl, *Der Frühlingstag im Garten*. (1811/12). Leopold von Reichenbach: *Der schöne Garten* (1788). *Zwei Gartenlehrgedichte*, hrsg. von Michael Niedermeier und Clemens Alexander Wimmer. (Mitteilungen der Pückler-Gesellschaft. 12. H. – Neue Folge – 1997.)

Finckenstein, Melanie von, *Der Landschaftsgarten von Alt Madlitz in der Mark Brandenburgs*, Magisterarbeit an der Phil. Fak. der Albert-Ludwigs-Universität zu Freiburg i. Br. o. J. (etwa 1996).

Götze, Robby Joachim, *Rosina Matthieu nat. Lisiewska pinx. 1749*, in: Weltkunst 1998, H. 11.

Joachim, Erich und Melle Klinkenborg, *Familiengeschichte des Gräflich Finck von Finckensteinschen Geschlechts*, Berlin 1920.

Joachim, Erich und Melle Klinkenborg, *Familiengeschichte des Gräflich Finck von Finckensteinschen Geschlechts. Urkundenbuch*, Berlin 1921.

So ist die Anmuth gestaltet. Graf Friedrich Ludwig Karl Finck von Finckenstein und sein Madlitz, hrsg. von Melanie Gräfin Finckenstein, Clemens Alexander Wimmer, Georg Graf Wallmitz. (Mitteilungen der Pückler-Gesellschaft. 13. H. – Neue Folge – 1998.)

Rahels erste Liebe. Rahel Levin und Karl Graf von Finckenstein in ihren Briefen, hrsg. von Günter de Bruyn, Berlin 1985.

Wimmer, Clemens Alexander, *Schloßpark Alt Madlitz*. Gartendenkmalspflegerisches Gutachten, 1994.

Zur Geschichte

Aus den Tagebüchern des Grafen Lehndorff, hrsg. von Haug von Kuenheim, Berlin 1982.

Bernstorff, Elise Gräfin von, *Ein Bild aus der Zeit von 1789 bis 1835*, Berlin 1896.

Briefe Friedrichs des Großen, hrsg. von Max Hein, Bd. 1–2, Berlin 1914.

Cramer, Fiedrich (Hrsg.), *Zur Geschichte Friedrich Wilhelms I. und Friedrichs II.*, Leipzig 1835.

Europäischer Adel 1750-1950, hrsg. von Hans-Ulrich Wehler, Göttingen 1990.

Friedrich der Große, Briefe, Berichte, Anekdoten, hrsg. von Gustav Mendelssohn-Bartholdy, Bd. 1–2, Ebenhausen 1912.

Friedrich II. und die deutsche Literatur des 18. Jahrhunderts, hrsg. von H. Steinmetz, Stuttgart 1985.

Gespräche Friedrichs des Großen mit Catt, hrsg. von Willy Schüßler, Leipzig 1926.

Hinrichs, Carl, *Friedrich Wilhelm I. Jugend und Aufstieg*, Hamburg 1940.

Köhler, Karl August, *1813/14. Tagebuchblätter eines Feldgeistlichen*, hrsg. von Jäkel, Berlin 1912.

Koselleck, Reinhart, *Preußen zwischen Reform und Revolution*, Stuttgart 1967.

Koser, Reinhold, *Friedrich der Große als Kronprinz*, Stuttgart – Berlin 1902.

Koser, Reinhold, *König Friedrich der Große*, Bd. 1–4, Stuttgart – Berlin 1902–1904.

Lieven, Dominic, *Abschied von Macht und Würden. Der europäische Adel 1815–1914*, Frankfurt/Main 1995.

Marwitz, F. A. L. von der, *Ein märkischer Edelmann im Zeitalter der Befreiungskriege*, hrsg. von Friedrich Meusel, Berlin 1913.

Marwitz, F. A. L. von der, *Nachrichten aus meinem Leben*, hrsg. von Günter de Bruyn, Berlin 1989.

Nettelbeck, Joachim, *Eine Lebensbeschreibung, von ihm sehst auf gezeichnet*, Meersburg – Leipzig 1930.

Pertz, G. H., *Aus Steins Leben*, Berlin 1856.

Schoeps, Hans-Joachim, *Aus den Jahren preußischer Not und Erneuerung. Tagebücher und Briefe der Gebrüder Gerlach*, Berlin 1963.

Schoeps, Hans-Joachim, *Preußen. Bilder und Zeugnisse*, Berlin 1967.

Tharau, Friedrich-Karl, *Die geistige Kultur des preußischen Offiziers*, Mainz 1968.

Die Werke Friedrichs des Großen, hrsg. von G. B. Volz, Bd. 1–10, Berlin 1913.

Zur Geistesgeschichte, Kunst und Literatur

Universitätsbibliothek Leipzig. Handschriftenabteilung. Nachlaß 255: Genelli.

Arnim, Achim von, *Briefe an Savigny*, hrsg. von Heinz Härtl, Weimar 1982.
Aus Rahels Herzensleben. Briefe und Tagebuchblätter, hrsg. von L. Assing, Leipzig 1877.
Brentano, Clemens, *Das unsterbliche Leben*, hrsg. von W. Schellberg und F. Fuchs, Jena 1939.
Briefe an Ludwig Tieck, hrsg. von K. von Holtei, Bd. 1–4, Breslau 1864.
Briefe von und an A. W. Schlegel, hrsg. von Josef Körner, Zürich – Leipzig 1929.
Briefwechsel zwischen Goethe und Zelter, Bd. 1–2, Leipzig 1915.
Briefwechsel zwischen Varnhagen und Rahel. Aus dem Nachlaß von Warnhagen von Ense, Bd. 1–6, Leipzig 1874–1875.
Burgsdorff, Wilhelm von, *Briefe*, hrsg. von A. F. Cohn, Berlin 1907.
Canitz, F. R. L. Freiherr von, *Gedichte*, hrsg. von Jürgen Stenzel, Tübingen 1982.
Caroline. Briefe aus der Frühromantik, hrsg. von G. Waitz und E. Schmidt, Bd. 1–2, Leipzig 1913.
Chamisso, Adelbert von, *Sämtliche Werke*, München 1982.
Ebert, Hans, *Über Hans Christian Genelli*, in: Forschungen und Berichte der Staatlichen Museen Berlin (DDR), Bd. 17, Berlin 1976.
Eichendorff, Joseph, *Sämtliche Werke. Historisch-kritische Ausgabe*, hrsg. von Wilhelm Kosch und August Sauer, Bd. 11: Tagebücher, Regensburg 1908.
Fontane, Theodor, *Von Zwanzig bis Dreißig*, Berlin 1982.
Fontane, Theodor, *Vor dem Sturm*, München 1980.
Fontane, Theodor, *Wanderungen durch die Mark Brandenburg*, Bd. 1–8, Berlin 1991.
Genelli, Buonaventura, *Aus dem Leben eines Künstlers*, hrsg. von Ulrich Christoffel, Berlin 1922.
Goethe, Johann Wolfgang von, *Goethes Poetische Werke*, Berliner Ausgabe, Berlin 1980.
Günzel, Klaus, *König der Romantik. Das Leben des Dichters Ludwig Tieck in Briefen, Selbstzeugnissen und Berichten*, Berlin 1981.
Kleist, Ewald von, *Frühling*, kritisch bearbeitet von Graf Friedrich Karl von Finckenstein, Berlin 1804.
Kleist, Ewald von, *Werke*, hrsg. von August Sauer, Bd. 1–3, Berlin 1881–1883.

Köpke, Rudolf, *Ludwig Tieck. Erinnerungen aus dem Leben eines Dichters*, Bd. 1–2, Leipzig 1855.

Körner, Theodor, *Briefwechsel mit den Seinen*, hrsg. von A. Weldler-Steinberg, Leipzig 1910.

Ludwig Tieck und die Brüder Schlegel. Briefe, hrsg. von E. Löhner, München 1972.

Patitz, Ingrid, *Ewald von Kleists letzte Tage und sein Grabdenkmal in Frankfurt an der Oder*, Frankfurt/Oder 1994.

Rahel. Ein Buch des Andenkens für ihre Freunde, Bd. 1–3, Berlin 1834.

Rahel und Alexander von der Marwitz in ihren Briefen, hrsg. von H. Meisner, Gotha 1925.

Schadow, Johann Gottfried, *Kunstwerke und Kunstansichten. Ein Quellenwerk*. Kommentierte Neuausgabe, Bd. 1–2, Berlin 1987.

Schillers Werke. Nationalausgabe, Weimar 1972.

Schleiermacher als Mensch. Sein Werden. Familien- und Freundesbriefe 1783 bis 1804, Gotha 1922.

Schmitz, Hermann, *Berliner Baumeister vom Ausgang des 18. Jahrhunderts*, Berlin 1914.

Scholz, Kai-Uwe, *Gottfried Benn (1886–1956). Kindheitsorte*, Frankfurt/Oder 1998 (Frankfurter Buntbücher).

Sembdner, Helmut, *Schütz-Lacrimas*, Berlin 1974.

Tieck, Ludwig, *Gedichte*, Bd. 1–3, Dresden 1821.

Tieck, Ludwig, *Gesammelte Novellen*, Bd. 1–10, Berlin – Breslau 1835–1842.

Tieck, Ludwig, *Letters*, ed. by E. H. Zeydel, New York – London 1937.

Tieck, Ludwig, *Phantasus*, hrsg. von K.G. Wendriner, Bd. 1–3, Berlin 1911.

Tiecks Werke, hrsg. von G. L. Klee, Bd. 1–3, Leipzig – Wien 1892.

Varnhagen von Ense, Karl August, *Ausgewählte Schriften*, Leipzig 1871.

Varnhagen von Ense, Karl August, *Denkwürdigkeiten des eignen Lebens*, Bd. 1–2, Berlin 1971.

Varnhagen von Ense, Karl August, *Galerie von Bildnissen aus Rahels Umgang und Briefwechsel*, Bd. 1–2, Leipzig 1836.

Wilhelm und Caroline von Humboldt in ihren Briefen, hrsg. von A. von Sydow, Bd. 1–3, Berlin 1909.

Erbfolge der Madlitzer Finckensteins

0 Albrecht Konrad (Der Feldmarschall) 1660–1735

1 Karl Wilhelm (Der Kabinettsminister) 1714–1800
    Friedrich Wilhelm
  (2) Friedrich Ludwig
    Karl Franz Albert Wilhelm
    Elisabeth Amalie Charlotte
    Marie Susanne Caroline
    Friederike Wilhelmine Henriette

2 Friedrich Ludwig Karl (Der Präsident) 1745–1818
    Karl Friedrich Albrecht (Der Gesandte)
    Henriette Amalie Dorothea
    Caroline Marie Ernestine
  (3) Wilhelm Maximilian Aemilius
    Louise Wilhelmine Sophie Barnime
    Alexander Heinrich Ludwig
    Friederike Amalie Ernestine
    Albertine Ulrique Louise
    Friedrich Wilhelm Ernst
    Wilhelmine Juliane Elisabeth
    Caroline Albertine Juliane

3　Wilhelm Maximilian Aemilius 1777–1843
　　(4)　Karl Ignatius Wilhelm
　　　　Charlotte Henriette Emilie
　　　　Otto
　　　　Wilhelm Clemens
　　(6)　Wilhelm Karl Alexander Heinrich
　　　　Wilhelmina
　　　　Konrad Ernst Maximilian
　　　　Reinhold Karl August

4　Karl Ignatius Wilhelm 1808–1850
　　(5)　Wilhelm Heinrich Karl

5　Wilhelm Heinrich Karl 1850–1899
　　　　Julie Caroline Elisabeth Klara
　　　　Regina Caroline Luise Magdalene
　　　　Caroline Elisabeth Katharine
　　　　Elisabeth Klara Christine
　　　　Elisabeth Caroline Albertine Sophie Barbara

6　Wilhelm Karl Alexander Heinrich 1815–1876
　　　　Anna Marie Sophie
　　　　Metta Arnoldine Wilhelmine
　　(7)　Wilhelm Arnold Karl
　　　　Arnoldine Maria Dorothea
　　　　Elisabeth
　　　　Johanna Alexandra Klara
　　　　Therese Adolfine Laura Sophie
　　　　Adolf Bernhard Karl
　　　　Alexandra
　　　　Frieda
　　　　Bernhard Reinhold Rudolf Romanus
　　　　Ilse Wilhelmine Marie

7　Wilhelm Arnold Karl 1855–1915
　　(8)　Ernst-Wilhelm Arnold Karl
　　　　Ursula Arnoldine Maria Anna Margarete
　　　　Hans-Werner Karl Arnold

8 Ernst-Wilhelm Arnold Karl 1884–1932
      Ursula Margarete Marie Luise
  (9) Karl-Wilhelm Arnold
      Hans-Werner Bernhard Karl

9 Karl-Wilhelm Arnold Ernst geh. 1923

Abbildungsnachweis

Artemis & Winkler, Zürich: 195
Bildarchiv Foto Marburg, Marburg: 32 (o)
Bildarchiv Preußischer Kulturbesitz, Berlin: 125 (u)
Volkmar Billeb: S. 83 (o)
Andrea Boockmann, Göttingen: 32 (u)
Karl Wilhelm Graf Finckenstein/Foto C.A. Wimmer: 71 (o)
Karl Wilhelm Graf Finckenstein/Foto K.W.F.: 71 (u)
Foto Arnhardt: 83 (u), 226, 239, 241
Gleimhaus Halberstadt: 105
IMAGO / Hohlfeld: 243
Sammlung Bernhard Klemm, Frankfurt (Oder): 59
Privatbesitz: 14, 95, 113, 219, 234,
Staatliche Museen Preußischer Kulturbesitz, Berlin,
   Alte Nationalgalerie: 158
Staatsbibliothek zu Berlin - Preußischer Kulturbesitz, Handschriftenabteilung, Sammlung Varnhagen: 119, 133, 137, 143, 147
Stadtarchiv Berlin, Ansichtensammlung: 125 (o)

Die übrigen Abbildungen stammen aus folgenden Büchern:

Marianne Bernhard (Hg.), *Deutsche Romantik. Handzeichnungen*, Bd. 2, München 1974 (S. 1393): 173
Ulrich Christoffel (Hg.), *Buonaventura Genelli. Aus dem Leben eines Künstlers*, Berlin 1922 (Tafel IX, Tafel XIII): 187, 189
Die Werke Friedrichs des Großen. Bd. 3: Geschichte des Siebenjährigen Krieges. 1. Teil, Berlin 1913 (S. 121): 41; Bd. 7: Antimachiavell und Testamente, Berlin 1913 (S. X/1): 43; Bd. 9: Dichtungen. 1. Teil, Berlin 1914 (S. 32/1): 45

Erich Joachim, *Familiengeschichte des Gräflich Finck von Finckensteinschen Geschlechts*. 1. Teil: Darstellung und biographische Nachrichten. 1. Halbband: Die Finck von Finckenstein in Altpreußen, Berlin 1920 (Tafel 35, Tafel 62): 22, 212

Richard Knötel, *Die eiserne Zeit vor hundert Jahren. 1806–1813. Heimatbilder aus den Tagen der Prüfung und der Erhebung*, Kattowitz u. a. 1906 (Tafel XVI): 201

Adolph von Menzel. Das graphische Werk in zwei Bänden, Bd. 1, München 1976 (S. 330, S. 415, S. 196, S. 137): 10, 20, 37, 93

Friedrich Meusel (Hg.), *Friedrich August Ludwig von der Marwitz. Ein märkischer Edelmann im Zeitalter der Befreiungskriege*, Berlin 1908 (Frontispiz): 155

Herman von Petersdorff, *Fridericus Rex. Ein Heldenleben*, Berlin 1925 (S. 179, S. 483): 57, 65

Hermann Schmitz, *Die Bauwerke und Kunstdenkmäler von Berlin. Berliner Baumeister vom Ausgang des achtzehnten Jahrhunderts*, Berlin 1925 (S. 189, S. 267, S. 43): 51, 167, 180

Preußens Luise

VOM ENTSTEHEN
UND VERGEHEN EINER LEGENDE

Inhalt

Verflechtungen	267
Die schönen Schwestern	269
Glaube und Liebe	279
Lektüre	290
Stein und Luise	297
Schutzgeist der Deutschen	300
Die preußische Madonna	313
Umwertungen	335
Vergebliche Wiederbelebung	346
Warnung für Selbstgewisse	355
Nachweis der Zitate	359
Ausgewählte Literatur	362
Abbildungsnachweis	366

Verflechtungen

Um die außergewöhnliche Verehrung der Königin Luise von Preußen entstehen, andauern und sich über ganz Deutschland ausbreiten zu lassen, mußten verschiedene Ereignisse und Umstände zusammenkommen. Schönheit und Anmut mußten selten gewesen sein auf preußischen Thronen; bürgerliche Tugenden mußten öffentliche Wertschätzung genießen; ein früher Tod mußte die Königin in der Erinnerung jung erhalten, Preußen die schlimmste Niederlage seiner Geschichte erleiden, und die Periode seiner Demütigungen mußte siegreich zu Ende gehen.

Daß aber Luise, die siebente von insgesamt elf preußischen Königinnen, für das Deutsche Reich von 1871 mit dem Hohenzollernkaiser an der Spitze zu einer Art Ursprungsmythos werden konnte, hing sowohl mit dem zu ihren Lebzeiten erstarkenden deutschen Nationalbewußtsein und der besonderen Rolle Preußens in den Befreiungskriegen zusammen als auch – und das in erster Linie – mit ihrem Sohn Wilhelm, der sechzig Jahre nach ihrem Tode deutscher Kaiser wurde.

Passend dazu war die Verflechtung ihres Lebens mit außerpreußischen deutschen Ländern. Sie war eine mecklenburgische Prinzessin, wurde aber in Hannover geboren und hatte ihre Jugend südlich des Mains verbracht. Sie sprach Hochdeutsch mit hessischen Dialektanklängen und war schon als junges Mädchen mit der Mutter des in ganz Deutschland verehrten Goethe bekannt und vertraut gewesen. In ihr verbanden sich, wie man später in völkischer Tonart sagte, »die schlichte Treue und das

Die Prinzessinnen Luise und Friederike bei Goethes Mutter in Frankfurt am Main. Froh darüber, der Hofetikette entkommen zu sein, vergnügen sie sich am Brunnen. Gemälde von Wilhelm Amberg

Pflichtbewußtsein der schweren norddeutschen Stämme« mit der »Herzenswärme und Heiterkeit süddeutschen Blutes«. Und da sie zu den blonden und blauäugigen Schönheiten gehörte, eignete sie sich auch vom Äußeren her für eine Lichtgestalt deutscher Art.

Die schönen Schwestern

In Hannover war die Mecklenburgerin geboren worden, weil ihr Vater, bevor er regierender Großherzog von Mecklenburg-Strelitz wurde, als Gouverneur der Stadt in englischen Diensten gestanden hatte, und ins Hessische war sie mit sechs Jahren geraten, als ihre Mutter, eine geborene Prinzessin von Hessen-Darmstadt, gestorben war. Bei der Großmutter war sie im Darmstädter Alten Palais aufgewachsen und mit siebzehn Jahren in Frankfurt am Main gezielt mit dem preußischen Kronprinzen zusammengebracht worden. Und da die beiden sich ineinander verliebten und der König diese Verbindung wünschte, waren sie wenige Wochen später verlobt.

Am 10. März 1776 war Luise zur Welt gekommen, am 22. Dezember 1793 kam sie als Braut nach Berlin. Den Triumphzug der Einholung durch Bürger und Soldaten erlebte die Siebzehnjährige an der Seite ihrer jüngeren Schwester Friederike, die die Braut des jüngeren Bruders des Kronprinzen war. Schadow war so entzückt von den beiden, daß er ihren hessischen Dialekt als »die angenehmste aller deutschen Mundarten« bezeichnete. Er spricht von einem »Zauber«, der sich durch den Liebreiz der Schwestern über der Residenz ausbreitete und die Berliner durch die Frage entzweite, welche die Schönere von beiden sei. Er selbst entzog sich dieser Entscheidung, indem er beide in seinem heute berühmten Marmorstandbild, der sogenannten Prinzessinnengruppe, vereinte und so Luise, noch bevor sie Königin wurde, als Gebilde der Kunst in die Unsterblichkeit hob.

Der einunddreißigjährige Schadow in einer Arbeitspause. Kreidezeichnung von Friedrich Georg Weitsch

Für die Ausformung der Luisen-Legende hatte die Prinzessinnengruppe allerdings kaum eine Bedeutung, sieht man von einer indirekten, über die Literatur vermittelten Wirkung ab. Schuld daran war Luises Gatte, Friedrich Wilhelm III., der noch Kronprinz war, als der König das Kunstwerk in Auftrag gegeben hatte, bald nach dessen Fertigstellung aber selbst König wurde und es, wie vieles, das sein Vater getan oder veranlaßt hatte, verwarf.

Johann Gottfried Schadow, 1764 in Berlin geboren, Schüler des Hofbildhauers Tassaert, seit 1788 dessen Amtsnachfolger,

Dieser Ausschnitt eines Panoramas der Straße Unter den Linden von 1849 zeigt in der Mitte das Kronprinzenpalais, in dem Friedrich Wilhelm III. und Luise auch nach der Thronbesteigung noch lebten, rechts davon das Prinzessinnenpalais mit dem die Gebäude verbindenden Torbogen, links das Kommandantenhaus.

hatte schon Meisterwerke wie die Quadriga des Brandenburger Tores und das Zieten-Denkmal für den Wilhelmplatz in Berlin geschaffen, so daß der Minister von Heynitz, als er Friedrich Wilhelm II. vorschlug, die Schönheit der Schwestern von Schadow verewigen zu lassen, ihn mit Recht als einen Künstler bezeichnen konnte, »der jetzt unter allen Bildhauern Europas den ersten Platz« beanspruchen könne. Und der König, selbst vom Reiz seiner Schwiegertöchter beeindruckt, stimmte dem zu.

Getraut wurde Luise, als habe man mit ihrem späteren Heiligenschein schon gerechnet, am Heiligen Abend 1793, ihre Schwester am zweiten Weihnachtstag. Danach wohnten die jungen Paare benachbart, Friedrich Wilhelm und Luise im Kronprinzenpalais Unter den Linden, Prinz Ludwig und Friederike in dem durch einen Torbogen verbundenen Nachbargebäude, das später, da Luises Töchter hier bis zu ihrer Verheiratung lebten, den Namen Prinzessinnenpalais erhielt. Schadow wurde ein Arbeitszimmer im Seitenflügel des Kronprinzenpalais angewiesen, und täglich um die Mittagsstunde kam Friederike, die jetzt Prinzessin Ludwig oder Louis genannt wurde, herüber, um ihm zu sitzen, mit ihm zu plaudern und die Reize ihrer knapp siebzehn Jahre auszuspielen, die manchen Männern

Schadows Büste der Prinzessin Friederike von 1794. An weiblicher Ausstrahlung übertraf die jüngere Schwester die Kronprinzessin. Deren Oberhofmeisterin, die Gräfin Voß, schreibt in ihrem Tagebuch, alle Männer des Hofes seien in Friederike verliebt gewesen. »Wer sie sah, wollte sie haben.«

des Hofes gefährlich wurden. Ihr Mann aber, der sie nur aus Gehorsam geheiratet hatte und sein Junggesellenleben auch in erotischer Hinsicht weiterführte, machte sich wenig aus ihr.

Die Arbeit mit der Kronprinzessin dagegen war weniger intim

Schadows Büste der Kronprinzessin Luise entstand 1794 oder 1795. Die Binde unter dem Kinn, die nach Schadows Auskunft zur Modeerscheinung wurde, sollte eigentlich nur eine Schwellung am Hals verdecken, die später wieder verschwand.

und gemütlich. Sie kam immer in Begleitung ihres steifen, mit Zeit und Worten geizenden Gatten, saß dem Künstler auch nicht in seinem Arbeitszimmer, sondern ließ sich von ihm während der Audienzen des Kronprinzenpaares studieren, so daß

Schadow von seiner Saalecke her meist nur die offizielle Luise sah.

Zuerst entstanden die Büsten der Schwestern, von denen die Friederikes lebendiger wirkt. Vielleicht ist das auch ein wenig auf die unterschiedlichen Arbeitsbedingungen zurückzuführen, bestimmt aber entspricht es den von Schadow erkannten unterschiedlichen Charakteren der Schwestern. Luise, die ältere, hat trotz ihres jugendlich-vollen Gesichts etwas Feierliches und Hoheitsvolles, der geradeaus gerichtete Blick macht das schöne Gesicht unlebendig. Die pflichtbewußte Königin, zu der sich das lebensfrohe, oft ausgelassene und tanzwütige Mädchen entwickeln sollte, ist hier von Schadow vorweggenommen. Auch das tiefe Dekollete, das übrigens nach Einspruch des Gatten in einer späteren Fassung verändert wurde, vermittelt keinen sinnlichen Reiz.

Friederike dagegen, vielseitig begabt, aber leichtlebiger und koketter als ihre Schwester, ist bei Schadow, fern von antiken Schönheitsidealen, fern auch von Repräsentation und Etikette, nichts als ein reizendes junges Mädchen, dessen geschlossene Lippen die Andeutung eines Lächelns ziert und dessen seitlich geneigter Kopf Ungezwungenheit zeigt. Sie ist mehr Ika, wie sie in der Familie gerufen wurde, als Frau des preußischen Prinzen. Der Zauber, den sie auf den Künstler ausübte, liegt auch in ihren träumerisch nach unten gerichteten Blicken. Sie ist natürlich, lebendig und ganz gegenwärtig. Hier ist nichts vorweggenommen, nicht die unglückliche Ehe mit Ludwig, nicht die Witwenschaft mit achtzehn Jahren, nicht die Liebschaften, nicht die unstandesgemäße zweite Heirat, die ihre Entfernung vom Hofe bedeutet, und auch nicht die dritte Ehe, durch die sie schließlich Königin von Hannover wird. Ein wenig vom sinnlichen Reiz der Prinzessinnengruppe ist in Friederikes Büste bereits zu sehen.

An dem Doppelstandbild begannen die Arbeiten wenig später, und Schadow fand dabei die bereitwillige Unterstützung der

Friedrich Georg Weitsch: Die Prinzessinnen Luise und Friederike bekränzen die Büste Friedrich Wilhelms II. (1795). Allegorie auf den Frieden von Basel.

Schwestern. Er durfte aus ihrer Garderobe die seinen Absichten entsprechenden Kleider auswählen, und er hatte das Glück, daß die damalige antikisierende Mode der weiten, hochgegürteten Gewänder ihm die Verbindung von Anmut, Würde und sinnlichem Reiz erlaubte. Sogar maßnehmen durfte er bei Luise und ihrer zierlichen Schwester »nach der Natur«.

In der Akademie-Ausstellung von 1795, die im September eröffnet wurde, waren die Prinzessinnen gleich in zwei Kunstwerken vertreten: Am Eingang prangte Weitschs großes Gemälde, auf dem die weißgekleideten Schwestern als Dank für den im April geschlossenen Frieden von Basel eine Büste Friedrich Wilhelms II. bekränzen, und im Mittelpunkt des Saales war das Gipsmodell der Prinzessinnengruppe zu sehen. Der Beifall für dieses einzigartige Werk war groß und einhellig, was Schadow bescheiden mit »den vielen schwachen Kunsterzeugnissen, welche umherstanden« erklärte. Er konnte hoffen, daß die Marmorausführung, die er zwei Jahre später in der Ausstellung zeigte, noch größeres Lob ernten würde. Aber er wurde bitter enttäuscht.

Nicht die Kunstkritik, die kaum stattfand, war es, die den Mißerfolg bewirkte und Schadow verbitterte, sondern der Wechsel an der Spitze der Monarchie. Friedrich Wilhelm II. starb wenige Wochen nach dem Ende der Ausstellung, und der neue König, nüchterner und sparsamer als sein Vater, verachtete alles, was mit dessen Sinnenfreuden, seiner Mätressenwirtschaft und der Verschwendung von Staatsgeldern zusammenhing. Er wollte Preußen wieder preußischer und moralischer machen, ließ gleich nach seiner Thronbesteigung die Gräfin Lichtenau, die lebenslange Nebenfrau seines Vaters, angeblicher Unterschlagungen wegen, die sich später als nicht zutreffend herausstellten, verhaften; und zu Schadows anrührendem Grabmal des Grafen von der Mark und zur marmornen Prinzessinnengruppe soll er in seiner wortkargen Art gesagt haben: »Mir fatal!«

Fatal am Grabmal war ihm, daß das tote Kind, das damit so aufwendig geehrt wurde, einer nichtehelichen Liebschaft seines Vaters entstammte; und das Standbild der Schwestern, deren liebliche Körperformen man unter den lose fallenden Gewändern erahnen konnte, war ihm wohl zu intim. Ihm mißfiel der

An der Prinzessinnengruppe arbeitete Schadow, nach eigenen Worten, »in stiller Begeisterung«.

besondere Vorzug der Darstellung, ihre Natürlichkeit und Lebendigkeit, die nicht ausdrückten, welch hohe Stellung die Schwestern einnahmen. Möglich ist aber auch, daß seine Ablehnung nur der inzwischen wegen unstandesgemäßer Heirat vom Hofe entfernten Friederike galt.

Der königliche Auftrag für das Marmorstandbild hatte keine Bestimmung über dessen Aufstellungsort enthalten. Schadow ließ es von der Akademie wieder in seine Werkstatt befördern und machte dem jungen König immer wieder Vorschläge für seine Aufstellung, doch wich der König, wie es auch in wichtigeren Fragen seine Art war, lange einer Entscheidung aus. Drei Jahre standen die marmornen Schwestern in einer Holzkiste, in der die Mäuse sich Nester bauten, dann ließ der König, um hochgestellte Besucher zu ehren, sie in eines der Gästezimmer des Schlosses bringen, wo sie, selbst der Hofgesellschaft weitgehend unzugänglich, etwa neunzig Jahre lang standen und so gut wie vergessen wurden. Auch als sie 1893 in der Bildergalerie des Stadtschlosses und 1918 in dessen Parolesaal aufgestellt wurden, nahmen nur Kenner und Liebhaber von ihnen Notiz. Fontane hat sie in seiner Lobpreisung des alten Schadow, im »Spreeland«, keiner Erwähnung für wert gefunden. Obwohl die Königliche Porzellanmanufaktur Verkleinerungen in Biskuitporzellan von ihnen hergestellt und vertrieben hatte, wurden die jugendlichen Schwestern nie so populär wie Rauchs idealisierte Königin im Mausoleum. Für den Luisen-Kult hatte Schadows Lebensechtheit kaum eine Bedeutung. Aber auch in unseren Tagen pilgert man eher zu Rauchs toter Königin im Charlottenburger Schloßpark als zur ewig lebendigen Kronprinzessin, die heute, immer noch Arm in Arm mit ihrer kleinen Schwester, als Gipsmodell in Schinkels Friedrichwerderscher Kirche und marmorn auf der Museumsinsel in der Nationalgalerie steht.

Glaube und Liebe

Friedrich Wilhelm III. und die Königin Luise. Relief in Eisenguß von Leonhard Posch (etwa 1804). Hergestellt von der Eisengießerei in Gleiwitz, später mehrmals, auch in Bronze, nachgegossen.

Obwohl die Hochzeit Luises im Weißen Saal des Berliner Stadtschlosses am 24. Dezember 1793 nach dem alten, noch aus barocken Zeiten stammenden Zeremoniell, mit dem Fackeltanz der Minister und Generäle, dem frivolen Zerschneiden des Strumpfbandes der Braut und dessen Verteilung an die Zeugen, gefeiert

Bildnis der Kronprinzessin Luise. Rötelzeichnung von Johann Gottfried Schadow, etwa 1795.

wurde, machte diese Liebesheirat doch deutlich, daß in Preußen manches anders geworden war. Nicht nur Adlige und höhere Beamte, sondern auch viele Bürger Berlins waren als Zuschauer zugelassen. Die Anwesenheit der Witwe Friedrichs des Großen, die immer von ihrem Mann getrennt und wie im Verborgenen gelebt hatte, erinnerte an die sechsundvierzig Jahre, in denen Preußen praktisch keine Königin gehabt hatte. Der gegenwärtige König, Friedrich Wilhelm II., hatte mit seinen wechselnden Frauenaffären die moralisch nachtschwarze Kulisse geschaffen, vor der das treue und tugendhafte Kronprinzenpaar leuchten konnte; und das alles klang, obwohl unausgesprochen, in der Traurede mit.

Unter den Linden in Berlin.
Begrüßung der Prinzessin-Braut bei ihrem Einzuge durch blumengeschmückte Mädchen. (22. Dezember 1793.)
Die Prinzessin zog eines der Mädchen zu sich empor und küßte es auf die Stirn.
Oberhofmeisterin Gräfin von Voß: „Königliche Hoheit, um Gotteswillen, was haben Sie getan?"
Kronprinzessin voll edler Hoheit: „Wie, darf ich das nicht mehr thun?"

*Farbige Chromlithographie von W. Friedrich aus dem weitverbreiteten Bildband:
»Die Königin Luise in 50 Bildern für Jung und Alt«.*

Gehalten wurde diese vom Hofprediger Sack, der den Bräutigam schon konfirmiert hatte, und sie war ganz auf dessen moralische Lebensführung und Luises Rolle dabei abgestellt. »Dieses Herz«, sagte er an Luise gewandt, »das Ihnen jetzt seine Liebe und Treue am Altar der Religion weiht, dieses Herz verehrt Gott, und es liebt redlich Gerechtigkeit und Tugend. Sie sind von der Vorsehung auserwählt, es zu beglücken, und Ihr schöner Beruf ist es, in demselben die sanfte Flamme zärtlicher Empfindungen zu unterhalten, die das Furchtbare der Heldentugenden mildert, und die, da sie selbst Liebe ist, auch Liebe erzeugt. Von Ew. Königlichen Hoheit erwartet der Prinz, für den Sie zu leben angeloben, was Würde und Macht ihm nicht geben können: das

Bildnis der Gräfin von Voß, der Oberhofmeisterin der Königin Luise. Das Autograph, wahrscheinlich eine Stammbucheintragung, lautet: »Fürchte Gott und sey gehorsam den Eltern und Vorgesetzten. Sophia Gräfin v. Voß, geb. v. Pannwitz.«

heilige Glück der Freundschaft -und ein neues leuchtendes Vorbild erwartet von Ihnen der Hof und das Vaterland.«

Zu den Vorzügen der Legendengestalt Luise zählte neben ihrer Anmut und Schönheit auch das, was man ihre Natürlichkeit nannte, dem Hofzeremoniell entgegensetzte und als Ausdruck von Güte und Menschlichkeit sah. In keinem der vielen Bücher, die über sie geschrieben wurden, fehlen die Szenen, in denen sie die vorgeschriebenen Normen mißachtet, weil sie ihren edlen Gefühlen gehorcht. Obwohl es nicht schicklich ist, küßt und umarmt sie das weißgekleidete Bürgermädchen, das sie bei ihrer Ankunft als Braut vor der Ehrenpforte Unter den Linden mit einem Gedicht bewillkommnet, so daß die Oberhofmeisterin ausrufen muß: »Mein Himmel! Das ist ja gegen alle Etikette.« Zum Entsetzen von Friedrichs Witwe grüßt sie, statt sich grüßen zu lassen, die ankommenden Hochzeitsgäste. Die Konventionen mißachtend, modernisiert sie den Hof durch zeitgemäßes Walzertanzen, und leicht ist sie, auch in der Öffentlichkeit, zu Tränen gerührt. Immer steht ihre Menschlichkeit gegen die Starrheit der überkommenen Formen, in die sie sich aber auch, soweit es ihre hohe Aufgabe erfordert, heroisch fügt. Die treue Oberhofmeisterin, Gräfin Voß, ihre Lehrmeisterin im Königin-Werden, wird dadurch zum notwendigen Bestandteil der Legende. Sie verkörpert streng und gerecht, aber mit gutem Herzen das alte Preußen, dessen Zucht Luise erzieht und verwandelt und das durch sie verwandelt wird.

Die Ehe, die das Kronprinzenpaar führte, war mustergültig im bürgerlichen Sinne. Man liebte nicht nur einander, sondern sagte auch du zueinander, was allen bisherigen Gepflogenheiten widersprach. Durch regelmäßige Niederkünfte erfüllte Luise ihre Mutterpflichten, und die Kinder wuchsen in ständiger Nähe der Eltern auf. Da Friedrich Wilhelm III. die Öffentlichkeit scheute, gern häuslich zurückgezogen lebte, so daß er das kleine Kronprinzenpalais auch noch als König dem großen Stadtschloß vorzog und im Sommer gern im bescheidenen Herrenhaus von

Paretz lebte, wo er nichts als ein Gutsherr sein wollte, konnte den an Luise gerühmten Eigenschaften auch die der Genügsamkeit hinzugefügt werden, die seit den Zeiten des Soldatenkönigs in Preußen viel galt.

Als Luise im November 1797 Königin wurde, waren also einige der Bestandteile der Legende, die im 19. Jahrhundert ihr Andenken bestimmen sollten, im öffentlichen Bewußtsein schon vorhanden, und Maler und Dichter waren dabei, sie zu festigen und auszuschmücken, in dieser frühen Zeit besonders Novalis, wie sich Friedrich von Hardenberg als Dichter nannte, der zum Ruhme der Königin und ihres Mannes einen schwärmerisch-dunklen Beitrag lieferte, der dem König allerdings nicht gefiel.

Im September 1797 war die Marmorausführung von Schadows Prinzessinnengruppe ausgestellt worden, im November hatte Friedrich Wilhelm III. den Thron bestiegen, und im Juni und Juli 1798 erschien in der nach dem Thronwechsel gegründeten Monatszeitschrift »Jahrbücher der Preußischen Monarchie unter der Regierung von Friedrich Wilhelm III.« der Aufsatz »Glaube und Liebe oder der König und die Königin« von Novalis. Er versucht darin, den idealen Republikanismus, der nicht nur durch die Französische Revolution, sondern auch durch Kants Schrift »Zum ewigen Frieden« im Gespräch war, mit dem idealen Monarchismus nicht nur zu versöhnen, sondern zu vereinen, und projiziert dabei seine Wunschvorstellungen, die von der im ganzen Lande verbreiteten Hoffnung auf die Reformfreudigkeit Friedrich Wilhelms III. genährt wurden, auf das junge preußische Königspaar. »Nichts ist erquickender«, schreibt er, »als von unseren Wünschen zu reden, wenn sie schon in Erfüllung gehen.« Und als erfüllt sieht er an, daß sich schon »wahre Wunder der Transsubstantiation ereignen« – »Verwandelt sich nicht ein Hof in eine Familie, ein Thron in ein Heiligthum, eine königliche Vermählung in einen ewigen Herzensbund?« Er träumt hier den Traum einer Republik, der der Monarch als

In der Widmung dieses Leipziger Taschenbuches an die »Großmächtigste Königin« heißt es: »Ew. Majestät Gnade versichert mir Verzeihung dieser Freiheit, mit der ich ein Werk zu Ew. Majestät Füßen lege, das ein theoretisches System derjenigen weiblichen Tugenden enthält, welche die Welt aus Ew. Majestät praktischem Leben hat kennengelernt.«

Zentrum und Vorbild nicht verlorengeht, und in der die Gemeinschaft der Staatsbürger durch eine ästhetische Religion, in der auch die Sittlichkeit und die Schönheit der Königin eine Rolle spielen, zusammengehalten wird.

Schon in den dem Aufsatz vorangestellten Gedichten, mit dem Gesamttitel »Blumen«, wird Luise als die »schöne Fürstinn«, das »schöne Wesen«, die »Rose des Bergs«, die »Herrlichste« verherrlicht. »An den König« gerichtet sind die Verse: »Mehr als ein Königreich gab der Himmel Dir in Louisen. Aber Du brachtest ihr auch mehr als die Krone, Dein Herz.« Und unter dem Titel »Der König« heißt es:

»Nur wer mehr als König schon ist, kann königlich herrschen,
Also soll König seyn, welcher die Herrlichste liebt.«

Glaube und Liebe sollten das hohe Paar und die Staatsbürger miteinander verbinden, und besonders die Frauen sollten sich an Luises Vorbild bilden. Mit jeder Trauung sollte eine Huldigung der Königin verbunden werden; ihr Porträt sollte man in die Wohnzimmer hängen und »so das gewöhnliche Leben veredeln, wie sonst die Alten es mit ihren Göttern taten. Dort entstand ächte Religiosität durch diese unaufhörliche Mischung der Götterwelt in das Leben. So könnte hier durch diese beständige Verwebung des königlichen Paars in das häusliche und öffentliche Leben ächter Patriotismus entstehen.« Und die gute Gesellschaft Berlins sollte »eine Loge der sittlichen Grazien stiften«, Schadows Prinzessinnengruppe erwerben, »sie in dem Versammlungssaale aufstellen« und dort »Königsdienst ... feiern wie Gottesdienst«. Und am Schluß heißt es dann, auf Kants in weiter zeitlicher Ferne liegenden ewigen Frieden anspielend: »Wer den Ewigen Frieden jetzt sehen und lieb gewinnen will, der reise nach Berlin und sehe die Königin.«

Als Dichtung und politische Vision hatte diese kleine Schrift des Novalis durchaus Bedeutung. 1807 wird der Reformpolitiker Hardenberg in seiner »Rigaer Denkschrift« von »demokratischen Grundsätzen in einer monarchischen Regierung« sprechen, und 1922 wird Thomas Mann in seiner Rede »Von deutscher Republik«, mit der er sich zu der von Weimar bekennt, Novalis ausführlich zitieren. Als aktueller politischer Beitrag aber hatte der Essay für Eingeweihte sicher auch seine komischen Seiten, besonders der Charakterisierung des Königs wegen, der in Wirklichkeit völlig anders war. Novalis macht den ständigen Zauderer und hausbackenen Praktiker, der für Poesie und geistige Höhenflüge nichts übrig hatte, zum Lehrmeister der Künstler und Bahnbrecher der Wissenschaften – was dem so Angeschwärmten, der Schmeicheleien nicht mochte, den Gedankengängen vielleicht auch nicht folgen konnte und sich durch die Idealisierung überfordert fühlte, nicht nur nicht gefiel, sondern gefährlich dünkte, so daß die Zensur, die er bei der

Anonymer Kupferstich in Punktmanier von etwa 1799, der in Bild und Text das am preußischen Königsthron ungewöhnliche Familienglück zeigt.

Thronbesteigung liberalisiert, aber nicht abgeschafft hatte, tatsächlich die aus politischen Aphorismen bestehende Fortsetzung zu drucken verbot.

Ob auch die Königin, die mehr Sinn für Literatur hatte, die Schrift von Novalis gelesen hat, ist nicht bekannt. Vielleicht wäre ihre Reaktion darauf gnädiger ausgefallen; denn die nicht weniger schmeichelhafte Dedikation, die zwei Jahre später Jean Paul seinem Roman »Titan« voranstellte, nahm sie gern an.

»Der Traum der Wahrheit« ist sie überschrieben, »Den vier schönen und edlen Schwestern auf dem Thron« gewidmet, und sie erzählt von Aphrodite, Aglaja, Euphrosyne und Thalia, die, um nicht so entfernt zu sein »von den Seufzern der Hülflosen«, vom Olymp auf die Erde herabsteigen, »wo die Seele mehr liebt, weil sie mehr leidet«, sterbliche Schwestern werden, sich Luise und Friederike, Charlotte (Herzogin von Sachsen-Hildburghausen) und Therese (von Thurn und Taxis) nennen und Throne besteigen, um den Menschen Liebe und Freude zu bringen. Die Königin wird also nicht, wie bei Novalis, vergöttlicht, sondern die Göttin wird Königin.

Jean Pauls Verehrung galt mehr Luises Schönheit und Güte als ihrer Krone: »Warum hat sie zwei Throne, da ihr zum Herrschen der Thron der Schönheit genug sein könnte?« schreibt er unter dem Eindruck einer Begegnung mit ihr. Denn im Gegensatz zu Novalis kannte er sie persönlich, und er bezeugte, wie fast jeder, ihre besondere Ausstrahlung. Nie aber versuchte er, ihr Äußeres zu beschreiben, und wenn er, auch ihr gegenüber, erklärte, für die Gestalt der empfindsamen Clothilde aus seinem Roman »Hesperus« habe er sie zum Vorbild genommen, wird deutlich, daß er mit Schönheit wohl auch besonders die der Seele meint.

Dreimal ist er Luise begegnet: 1799 in Hildburghausen am Hofe ihrer Schwester Charlotte, 1800 in Potsdam, wo er in Sanssouci mit ihr speiste, und 1805 in Alexandersbad am Fichtelgebirge, wo er für ihren Besuch der Luxsburg, die seither Luisenburg heißt, ein Festspiel dichtete, den »Wechselgesang der Oreaden und Najaden«, in dem die vier Schwestern durch Flüsse personifiziert werden, deren Wasser sich ins Meer, deren Schönheit sich aber in die Herzen ergießt.

Auch seine »Schmerzlich-tröstlichen Erinnerungen an den neunzehnten Julius 1810«, mit denen er um die Frühverstorbene trauerte, sind, obwohl auch politische Aspekte ihres Andenkens berührt werden, vor allem auf ihre Schönheit, Güte und Frömmigkeit gestimmt. »Einst wird die ferne Zeit kommen, die uns um die Freude über das Große und Schöne, das wir besaßen, beneidet«, heißt es am Anfang. Und am Ende tritt, vor Luises Geburt, ihr »Genius vor das Schicksal« und sagt: »Ich habe vielerlei Kränze für das Kind, den Blumenkranz der Schönheit, den

Das sogenannte Gothische Häuschen auf der Luisenburg bei Alexandersbad. Es wurde 1805 zur Bewirtung der königlichen Gäste erbaut. Lithographie von 1852 aus dem Fichtelgebirgsmuseum.

Myrtenkranz der Ehe, die Krone eines Königs, den Lorbeer- und Eichenkranz deutscher Vaterlandsliebe, und auch eine Dornenkrone: welche darf ich dem Kinde geben. – Gib ihm alle deine Kränze und Kronen, sagte das Schicksal, aber es bleibt noch ein Kranz zurück, der alle übrigen belohnt. – Am Tage, an dem der Totenkranz auf dem erhabenen Haupte lag, erschien der Genius wieder, und nur seine Tränen fragten. – Da antwortete eine Stimme: Blickt auf! – und der Gott der Christen erschien.«

Lektüre

Um aufgeschlossener für Kunst und Literatur zu sein als der König, bedurfte es wenig, und dieses Wenige zumindest war bei Luise da. Vergleicht man ihr literarisches Interesse mit dem der anderen preußischen Königinnen, ist ihr, nach Sophie Charlotte, der Frau Friedrichs I., ein Ehrenplatz gewiß. Sie las, wie ihre Briefe bezeugen, Goethe und Herder, Jean Paul und Wieland (den »Agathon« in Ferientagen auf der Pfaueninsel sogar zweimal), besonders gern aber Schiller, den sie 1804, nicht lange vor seinem Tode, mit einem Essen in Sanssouci würdigte und gern nach Berlin geholt hätte. Und manchmal las sie ihrem wahrscheinlich gelangweilten Mann auch vor. Literatur gehörte zu ihrem Leben; ihr Bildungseifer und ihr weiches Gemüt verlangten nach ihr.

Die Bildung, die sie in Darmstadt erhalten hatte, war dürftig und oberflächlich gewesen, und es spricht für sie, daß sie das wußte, häufig beklagte und ändern wollte. Sie bat Gelehrte, sie über Geschichte und Philosophie zu unterrichten, und sie wählte sich Freundinnen, die ihr weiterhalfen, wie Caroline von Berg, die mit vielen Geistesgrößen korrespondierte und Luise an die zeitgenössische Literatur heranführte, indem sie ihr Bücher oder bestimmte Passagen aus ihnen empfahl. In einem Brief Luises aus Paretz wird die Freundin von ihr gebeten, aus Schillers Gedichten, der »Braut von Messina« und Herders Humanitäts-Briefen jene Stellen herauszusuchen, »von denen Sie annehmen, daß sie mir gefallen und mir am meisten nützen«. Im gleichen

Pastellporträt der Caroline von Berg, um 1800, von Johann Heinrich Schröder. Sie war die engste Freundin Luises, unterhielt in Berlin einen literarischen Salon und korrespondierte mit Goethe, Herder, Wieland, Jean Paul und dem Freiherrn vom Stein. 1814 veröffentlichte sie ein Buch über die Königin Luise.

Brief fällt auch der für ihr Literaturverständnis typische Ausdruck, sie liebe an Schiller nur das, »was zum Herzen spricht«.

In einem Brief an eine andere Freundin, Marie von Kleist, die Verwandte und Vertraute des Dichters, lästert sie über eine ihrer Hofdamen, die Gräfin Charlotte von Moltke, später Frau von der Marwitz, weil diese den Verstand über das Gefühl stelle, während sie, Luise, eher »alle Bücher in die Havel werfen« würde, als sich durch Wissen die Empfindsamkeit beeinträchtigen zu lassen. »Möge Gott mich davor bewahren, meinen Geist zu pflegen und mein Herz zu vernachlässigen!«

Sie ließ sich von Gedichten rühren und trösten. In keiner ihrer Lebensbeschreibungen fehlt die Szene aus dem Kriegswinter

1806/07, in der sie auf der Flucht in Ostpreußen Goethes Verse »Wer nie sein Brot mit Tränen aß«, wie die Sage es will, mit dem Diamanten ihres Fingerrings in die Fensterscheibe einer Bauernhütte, die ihr als Herberge diente, ritzte, in Wahrheit aber in ihr Tagebuch schrieb. Dichtung war also mit der schönen und tragischen Gestalt der Königin immer verbunden, und unzählige Verse jeglichen Niveaus wurden schon zu ihren Lebzeiten auf sie oder ihr zu Ehren gedichtet, zu ihren Geburtstagen, Niederkünften oder Huldigungsreisen, zu denen auch August Wilhelm Schlegel ein Gedicht beisteuerte, in dem es, nachdem erst vom König die Rede war, von ihr heißt:

»Wie könnte je sich ihm der Himmel schwärzen?
Er sucht und fand der Liebe schönsten Lohn.
Luises Lächeln heißt den Kummer scherzen,
Vor ihrem Blick ist jedes Leid entflohn.
Sie wär in Hütten Königin der Herzen.
Sie ist der Anmut Göttin auf dem Thron.
Ihr zartes Werk, ihr seligstes Gelingen,
In seinen Lorbeer Myrten einzuschlingen.«

Daß ihre glücklichen Jahre, von denen das frühe Gedicht Schlegels von 1798 handelt, in den späteren Erzählungen über ihr Leben so golden gemalt wurden, daß die dazugehörigen idyllischen Schauplätze wie Sanssouci, die Pfaueninsel und Paretz noch bis heute mit dieser Erinnerung leben, bezweckte vor allem, den Absturz ins Elend, der im Oktober 1806 mit dem Sieg Napoleons bei Jena erfolgte, besonders tief erscheinen zu lassen. Denn erst hier, auf der überstürzten Flucht mit ihren Kindern nach Ostpreußen, in Königsberg und auf der Kurischen Nehrung, in Memel und Tilsit, wo die Erniedrigung Preußens im demütigenden Gespräch Luises mit dem Sieger mündete, bewährte sich die »Königin der Herzen« richtig; aus der Göttin der Anmut wurde die verehrungswürdige Dulderin.

Französisches Spottbild nach dem Sieg Napoleons bei Jena und Auerstedt mit der Unterschrift: »Überstürzte Abreise der Königin von Preußen«.

Zu den Demütigungen, die ihr persönlich von Napoleon zugefügt wurden, gehörte auch, daß er sie in seinen Kriegs-Bulletins wieder und wieder haßerfüllt oder spöttisch verleumdete, ihr die Schuld am Ausbruch des Krieges zuschob, sie zur blutrünstigen Amazone machte oder sie eine Schönheit nannte, »die den Völkern Preußens ebenso verhängnisvoll war wie Helena den Trojanern«.

Nun ist zwar erwiesen, unter anderem durch ein Gespräch, das Friedrich Gentz 1806 mit ihr führte, daß sie tatsächlich zur sogenannten Kriegspartei am Hofe gehörte, aber dieser Umstand wurde später so gut wie gar nicht tradiert. Denn er paßte nicht in die weiblich-passive Rolle, die sie als Vorbild der Frauen zu spielen hatte. Sie mußte die unschuldige Dulderin bleiben, die vom Aggressor ins Elend getrieben wurde und mit ihren Kindern Zuflucht in ärmlichen Hütten suchen mußte. Waren vor 1806 besonders ihre Schönheit und ihre Gatten- und Mutterliebe besungen worden, so wurde danach zusätzlich ihre Leidensfähigkeit thematisiert.

Auch Heinrich von Kleist, den die Königin vermutlich jahrelang finanziell unterstützt hatte und der etwa zur gleichen Zeit wie das Königspaar, nämlich im Winter 1809/10, nach Berlin zurückgekehrt war, hebt in seinem Luisen-Gedicht, dem schönsten von allen, das Duldenkönnen besonders hervor. Das Gedicht entstand aus Anlaß des letzten Geburtstages, den Luise erlebte. Der Dichter, der im Jahre darauf seinem Leben ein Ende setzen sollte, konnte es ihr, die nur noch vier Monate zu leben hatte, selbst überreichen, und sie war darüber, wie Kleist seiner Schwester berichtete, »vor den Augen des ganzen Hofes zu Tränen gerührt«. Das Gedicht, das in seiner dritten Fassung die bei den Romantikern so beliebte Sonettform erhalten hatte, preist neben Anmut und Schönheit Luises, die schon oft gerühmt worden waren, auch ihre Größe im Leiden, und als ahnte Kleist schon ihre spätere Heiligsprechung, legt er ihr hier bereits den Strahlenkranz um das Haupt.

»An die Königin von Preußen
Zur Fcier ihres Geburtstages, den 10. März 1810

Erwäg ich, wie in jenen Schreckenstagen,
   Still deine Brust verschlossen, was sie litt,
   Wie du das Unglück, mit der Grazie Tritt,
Auf jungen Schultern herrlich hast getragen,

Wie von des Kriegs zerrißnem Schlachtenwagen
   Selbst oft die Schar der Männer zu dir schritt,
   Wie, trotz der Wunde, die dein Herz durchschnitt,
Du stets der Hoffnung Fahn uns vorgetragen:

O Herrscherin, die Zeit dann möchte ich segnen!
Wir sahn dich Anmut endlos niederregnen,
   wie groß du warst, das ahndeten wir nicht!

Heinrich von Kleists Grab am Kleinen Wannsee um 1850. Skizze von P. Meyerheim.

Dein Haupt scheint wie von Strahlen mir umschimmert;
Du bist der Stern, der voller Pracht erst flimmert,
Wenn er durch finstre Wetterwolken bricht!«

Es war ihr 34. Geburtstag, an dem der Königin dieses Gedicht von Kleist überreicht wurde. Am 19. Juli 1810 starb sie, in Gegenwart ihres Mannes, ihrer Freundin Caroline von Berg und Doktor Heims, ihres Arztes, in Hohenzieritz, Mecklenburg-Strelitz. Bei der Obduktion fand man einen zerstörten Lungenflügel und einen Polypen im Herzen. Im Tagebuch der Gräfin Voß heißt es dazu: »Die Ärzte sagen, der Polyp im Herzen sei eine Folge zu großen und anhaltenden Kummers« – woraus dann die Sage vom Opfertod der Königin entstand.

Die persönlichen Aufzeichnungen des Königs, die unmittelbar nach Luises Tod und an den folgenden Jahrestagen entstanden, die aber, abgesehen von fehlerhaften Auszügen, erst nach 1918 vollständig veröffentlicht wurden, erschüttern durch die Aufrichtigkeit des Schmerzes. Mehr als den Monarchen zeigen sie den Liebenden und den frommen Christen. Von politischen Gedanken sind sie ganz frei. Und doch war er es, der König, der zu einer Luisen-Verehrung mit institutionellem Rahmen den Auftakt gab.

Stein und Luise

Im Jahre 1811 machte der an Rhein, Lahn und Mosel reichbegüterte Freiherr vom Stein, der vor Napoleon hatte nach Prag fliehen müssen, seinem Ärger über den reformunwilligen märkischen Adel in einem Brief an Gneisenau in folgenden Worten Luft: »Ein Unglück für den Preußischen Staat ist es, daß die Hauptstadt in der Churmark liegt. Welchen Eindruck können ihre dürren Ebenen auf das Gemüt der Bewohner machen? Wie vermögen sie es aufzuregen, zu erheben, zu erheitern? Was kündigen sie an? Kümmerliches Auskommen, freudenloses Hinstarren auf den kraftlosen Boden, Beschränktheit in den Mitteln, Kleinheit in den Zwecken. Man nenne mir nicht Friedrich den Großen; die Hohenzollern sind Schwaben und sie haben sich fortgepflanzt durch Weiber aus fremden Völkerstämmen ...« – bei denen Stein vielleicht an die Hannoveraner dachte, von denen sich die ersten beiden preußischen Könige ihre Frauen geholt hatten, bestimmt aber an den Volksstamm der Mecklenburger, dem die im Vorjahr verstorbene Königin Luise entstammte, unter der er für kurze Zeit preußischer Minister gewesen war. Mit ihr hatte er sich besser verstanden als mit dem König. Er hatte mit ihr Briefe gewechselt. Ihre Freundin Caroline von Berg war auch die seine gewesen. In Bildungs- und Literaturfragen hatte er sie beraten. Sie hatte zwischen ihm, der leicht aus der Haut fuhr, und dem König, der sich leicht beleidigt fühlte, geschickt vermittelt. Und bei seinem Versuch zur Reformierung des Staates hatte er sie an seiner Seite gewußt.

Bildnis des Freiherrn vom Stein von Friedrich Olivier (1821). Stein hatte bei seinen Reformplänen die Königin an seiner Seite. Intensiver als zu ihr aber war seine Beziehung zu ihrer Freundin Caroline von Berg.

Zwischen Luise und Stein gab es also historisch interessante Beziehungen, doch spielten die in dem später tradierten Leben Luises eine nur ganz untergeordnete Rolle, und zwar nicht, weil Stein sich manchmal auch kritisch über Luises Charakter geäußert hatte und nicht bereit war, an der goldenen Legende mitzuweben, sondern weil damit das Feld der politischen Auseinandersetzungen betreten wurde, auf dem Frauen nichts zu suchen hatten, und besonders das Vorbild der Frauen nicht.

Um ein Leben zu einem vorbildlichen zu machen, muß nicht unbedingt etwas hinzugefügt werden, es genügt oft, Unpassendes auszulassen oder abzuschwächen, wie es zum Beispiel mit einer Verstimmung zwischen Stein und Luise geschah. Gegen Ende seiner Amtszeit als preußischer Minister im Jahre 1808, im

November, als man von Ostpreußen aus das klein und bitterarm gewordene Preußen regierte, wollte Luise, trotz der äußersten Notlage, von Königsberg aus einer Einladung des Zaren zu Weihnachts- und Neujahrs-Festtagen in Sankt Petersburg folgen, Stein aber konnte der kostspieligen und politisch ganz unnützen Reise in Elendszeiten nicht zustimmen, und er hielt der Königin vor, daß das Reisegeld in Masuren, das vom Kriege verheert worden war, zur Linderung äußerster Not gebraucht würde; aber umstimmen ließ sich die Königin nicht.

Diese achtwöchige Winterreise, zu der die auf Feste versessene und in den Zaren vernarrte Luise den auch erst reiseunwilligen König bewegen konnte, wird in jeder verherrlichenden Darstellung ihres Lebens beschrieben, die Auseinandersetzung mit dem Minister aber wird selten und nur am Rande erwähnt.

Nie aber werden Steins Ablehnungsgründe näher erläutert, also die obdachlosen Bauern Masurens erwähnt. Denn Luises Mißachtung dieser Gründe hätte einen Zug ihres Charakters verdeutlicht, der der Erinnerung nicht würdig war. Um die Gestalt jener Luise, die nach ihrem Tod als musterhafte Frau weiterlebte, auf das Wesentliche verdichten zu können, mußten unangemessene Details geopfert werden. Der Mythos sollte eindeutig und handhabbar sein.

Nach dem gleichen, auch heute noch üblichen Muster ging vor, wer die Königin schmähen wollte; der strich, wie Franz Mehring zum Beispiel, der sie zum Scheusal machte und ihre Verehrung »byzantinischen Schwindel« nannte, ihren Streit mit Stein über die Reise zum Zaren als etwas die ganze Person Kennzeichnendes groß heraus.

Schutzgeist der Deutschen

Im Sommer 1811, etwa ein Jahr nach dem Tod der Königin Luise, kam ein Herr Pilegaard aus Frankfurt an der Oder, ein wohlhabender Mann mit wenig Bildung, der sich als Salzinspektor und Premierleutnant bezeichnete, in die Berliner Werkstatt des Bildhauers Schadow, um mit ihm ein marmornes Auftragswerk zu besprechen, von dem er genaue Vorstellungen hatte. Er wollte in seinem Haus eine Luisen-Gedenkstätte, »ein Monument, ein Epitaphium, Tempel oder Mausoleum errichten« und dafür ein Relief von Schadow gearbeitet haben, das die Apotheose der Königin darstellen sollte, und zwar in allegorischer Reichhaltigkeit. Außer der aufschwebenden Verklärten sollte es eine Weltkugel mit eingezeichnetem Sterbeort, Hohenzieritz, zeigen, dazu einen Todesengel und zwei trauernde Gestalten: Brennus und Borussia.

Der um seine Königin trauernde Auftraggeber, dem Schadow allerdings neben Trauer auch Geltungssucht unterstellte, kam mit seiner Vorstellung der zum Himmel aufgefahrenen Heiligen sicher einer verbreiteten Volksstimmung entgegen, was sich aber für das mythische Paar der Borussia und des Brennus wohl kaum sagen läßt. Denn die wehrhafte Brünhildenfigur, die Preußen verkörpern sollte, erlangte eine gewisse Popularität erst im weiteren Verlauf des Jahrhunderts, und die Zeiten des bärtigen Brennus waren, abgesehen von Ausnahmen wie der des Geheimen Staatsrats Stägemann, der als Befreiungskriegsdichter die brandenburgischen Soldaten noch poetisch »Brennenleuen«

Apotheose der Königin Luise von Preußen von Johann Gottfried Schadow. Stich nach dem Relief in der Paretzer Dorfkirche von Th. Järtniz.

nannte, inzwischen vorbei. Durch einen Irrtum oder eine absichtliche Verfälschung war der Gallier, der 387 vor Christus Rom erobert hatte, zum Gründer der Stadt Brandenburg gemacht worden, zu einem Aeneas der Mark. Der Irrtum oder die Irreführung war durch die Ähnlichkeit von Stammesnamen entstanden. In der Mark hatten die germanischen Semnonen gesessen, und Brennus hatte zum Gallierstamm der Senonen gehört. Ältere Historiker der Mark waren die Erfinder dieser Legende gewesen, Friedrich der Große hatte sie in seine »Geschichte des Hauses Brandenburg« übernommen, und der Dichter Ramler, der sich zum Sänger von Friedrichs Heldentaten berufen fühlte, hatte sie populär gemacht. Zwischen dem Siebenjährigen Krieg und der Niederlage von 1806/07 waren Brennus und seine »Brennen« bei Dichtern und Geschichtsschreibern in Mode gewesen, dann war die Wirkung dieses historisch unhaltbaren Mythos wieder verebbt.

Der Mythos Luise dagegen sollte sich als haltbarer erweisen, weil er viel mehr Substanz hatte und historisch beglaubigt war. Er war schon zu ihren Lebzeiten entstanden. Herr Pilegaard, von dem wir nichts weiter wissen, als daß er in den auf die Auftragserteilung folgenden Kriegsjahren Bankrott machte und das bestellte Werk nicht bezahlen konnte, war nur einer von vielen ihrer Verehrer, die sie nach ihrem frühen Tode mit einem Heiligenschein versahen, der auf Schadows Relief als Sternenkranz tatsächlich zu sehen ist.

Das Relief, das Schinkel mit einem aufwendigen Rahmen versehen hatte, wurde später von Friedrich Wilhelm III., dem Witwer, erstanden und (aus Platzgründen ohne den Rahmen) in der Patronatsloge der Paretzer Dorfkirche installiert. Hier sah es 1870 Theodor Fontane, der es, obwohl er Schadow sehr schätzte, nicht mochte, es »mehr eigentümlich als schön« nannte, die Vermischung von heidnischer und christlicher Symbolik als »Kunstmengerei und Religionsmengerei« bezeichnete und dabei unausgesprochen auch seiner Ablehnung übertriebener Luisen-

Der Luisenaltar auf der Luisen-Insel im Tiergarten.
„Ihrer heimkehrenden Königin die Bewohner des Tiergartens 1809".
(Errichtet auf Anregung von Fr. Aug. Wolff 1810, ein Werk Schadows.)

Schwärmerei Ausdruck gab. Er schätzte, wie es an anderer Stelle heißt, an der historischen Luise »Reinheit, Glanz und schuldloses Dulden«, verachtete es aber, wenn die Verehrung den Boden geschichtlicher Wahrheit verließ. »Mehr als von der Verleumdung ihrer Feinde«, sagte er, habe Luise »von der Phrasenhaftigkeit ihrer Verherrlicher zu leiden gehabt«.

Suspekt war Fontane die Verherrlichung Luises zu politischen Zwecken, wie sie bis ins 20. Jahrhundert hinein üblich war. Sie war aus der großen Verehrung hervorgegangen, die Luise zu Lebzeiten und mehr noch nach ihrem Tode zuteil geworden war. Die Romantiker, die in Gedichten ihren Gefühlen für sie Ausdruck gaben, fühlten sich mehr als Stimme des Volkes denn als politische Propagandisten, und der Luisen-Kult begann schon vor seiner staatlichen Förderung auf örtlicher Ebene, sozusagen von unten her. Luisen-Stätten gab es zu ihren Lebzeiten nicht nur, wie schon erwähnt, in Alexandersbad am Fichtelgebirge, sondern auch an vielen anderen Orten, an denen die Königin sich aufgehalten hatte. Bürger Berlins hat-

Das Luisen-Denkmal in Gransee, nach einem Entwurf von Schinkel ausgeführt von der Königlichen Eisengießerei in Berlin. Es steht an der Stelle, an der bei der Überführung der Toten nach Berlin in der Nacht vom 23. Juli 1810 der Sarg abgestellt worden war.

ten nach der Rückkehr des Königspaares aus Ostpreußen, 1809, auf einer Insel im Tiergarten den »Luisenstein«, eine Arbeit Schadows, mit der Inschrift »Ihrer heimkehrenden Königin« errichtet, und schon bald nach ihrem Tode erschienen, neben vielen Trauer- und Gedächtnispredigten, die ersten gedruckten Versuche, ihr Leben zu beschreiben, wie die anonymen Bände »Luise ... Ein Denkmal« oder »Zum Angedenken der Königin Luise ... eine Sammlung der vollständigsten und zuverlässigsten Nachrichten ...«, beide noch in ihrem Todesjahr. In Halle sah man, wie Henrich Steffens berichtet, beim Tode Luises »Schmerz ... auf allen Gesichtern; die tiefste Trauer herrschte in allen Häusern, und ein Gefühl schien einen jeden zu durchdringen, als wäre die letzte schwache Hoffnung mit dem Leben der angebeteten hohen Frau entwichen. ... Allgemein schrieb

Die *Verklärung der Königin Luise*. Nach einer Zeichnung von Ludwig Wolf, gestochen von J. J. Krethlow. Das Bild ist »Allen treuen Preußen gewidmet« und mit einem längeren Gedicht versehen, dessen letzte Zeilen lauten:

»Mit Blumen ist der Pfad des Lichts bekränzet,
Der IHR der Engel der Vergeltung beut
Und über der Verklärten Haupte glänzet
Die Sternenkrone der Unsterblichkeit;
Im heil'gen Kampf verhängnisvoller Tage
Ertönt um SIE des treusten Volkes Klage.«

man den Tod der Königin der unglücklichen Lage des Landes zu: der Feind, sagte man sich, habe die Schutzgöttin des Volkes getötet.« Und wenn Alexander von Humboldt später, wie Varnhagen notiert, den Charakter der Königin ungünstig beurteilte, so wurde er dazu nur durch die anhaltende Luisen-Verehrung gereizt.

Daß er, neben der eigenen Trauer, auch die »Volksgesinnung« ausdrücke, sagt Achim von Arnim ausdrücklich in der Vorrede zur Druckfassung seiner Kantate »Nachtfeier nach der Einholung der Hohen Leiche Ihrer Majestät der Königin«, einem in wenigen Tagen gefertigten Auftragswerk. Darin versucht er, das trauernde Volk mit dem Gedanken zu trösten, daß die zum Himmel Aufgefahrene von dorther als »Schutzgeist« über Preußen wachen werde – so daß die Trauerkantate frohgemut schließen kann:

»Uns umstrahlet die Entfernte,
Frisch zur Arbeit, frisch zur Ernte,
Wie die Sonne kehret wieder,
Blickt die Herrscherin hernieder,
Triumph, Triumph! Sie bleibt uns nah!
Singt dem Herrn Halleluja.«

Luise als »Schutzgeist«, nun aber »der deutschen Sache«, hat dann drei Jahre später auch Theodor Körner, der Sachse, besungen. Und Friedrich Rückert aus Franken, der in seiner Ballade »Magdeburg« vorschlägt, Luise, die »Makellose«, die »reine Himmelsmagd«,
zur Schutzheiligen dieser Stadt zu machen, weil sie bei Napoleon in Tilsit um deren Rückgabe an Preußen gebeten hatte, läßt sie nach der höhnischen Ablehnung des Kaisers schon wenige Zeilen weiter zum Himmel steigen:

»O schönste aller Schönen,
Der Reinen reinste Du,
So hörtest Du das Höhnen
Und schwiegest still dazu;
Du hobest in die Lüfte
Den nassen Blick hinauf
Und wandtest über Grüfte
Bald selbst dorthin den Lauf.

Dort fandest Du gelinder
Für Deine Bitt ein Ohr
Um die Burg Deiner Kinder,
Die unsere Schuld verlor.
Dort hast Du sie erbeten
Für uns von Gott zurück
Und freust Dich, zu vertreten
Im Himmel Preußens Glück.«

Das wurde 1814, nach der Wiedergewinnung Magdeburgs gedichtet; im Jahr zuvor aber hatte der königliche Witwer schon das Andenken der Verstorbenen zu einer staatlichen Sache gemacht. Er legte nämlich die Stiftung des Eisernen Kreuzes in einer nachträglichen Datierung auf den 10. März, also auf Luises Geburtstag. Das sollte die von ihm selbst entworfene und von Schinkel ausgeführte Kriegsauszeichnung, die, im Gegensatz zu früheren Orden, auch an einfache Soldaten vergeben wurde, nicht nur würdiger, sondern auch volksnäher machen. Das Lob des Eisens wurde daraufhin von Max von Schenkendorf, der an das schwarze Kreuz der Ritter des Deutschen Ordens erinnerte, und auch von Friedrich Rückert in einem seiner »Geharnischten Sonette« gesungen, wo er für die Träger des Eisernen Kreuzes den Ausdruck »Eisenritter« wählte, der sich aber nicht durchsetzen konnte; doch wurde die Auszeichnung, die dann 1870, 1914, 1939 erneuert und im Kaiserreich von einer

Die Begegnung der Königin Luise mit Napoleon am 6. Juli 1807 in Tilsit. Gemälde von Franz Skarbina (um 1880).

lebenslangen »Ehrenzulage« von ein paar Mark im Monat begleitet wurde, durchaus populär. Fortan galt das Luisen-Gedenken als Symbol der Verbundenheit zwischen König und Untertanen, gleichsam als Verfassungsersatz.

Die Tradition der Verbindung von Eisernem Kreuz und Luise führte Wilhelm I. dann weiter, als er 1870, am Vorabend des Feldzuges gegen Frankreich, demonstrativ das Charlottenburger Mausoleum besuchte, das seit 1815 von Rauchs marmornem Grabdenkmal Luises geschmückt wurde, und die Erneuerung des Eisernen Kreuzes auf den Todestag seiner Mutter legte, so daß man sich auch im erneuten Kampf gegen die Franzosen an

Die Begegnung Napoleons mit der Königin Luise aus französischer Sicht. Gemälde von Nicolas Louis Gosse (1838). Von links nach rechts: Kaiser Napoleon, Zar Alexander, Königin Luise, König Friedrich Wilhelm III.

Theodor Körner halten konnte, der Luises Bildnis als ein »Heiligenbild für den gerechten Krieg« auf die Fahnen heften wollte und die im Kampf Gefallenen damit tröstete, daß Luise sie »sanft« zu ihrer »ew'gen Klarheit« bringen würde.

»Luise sei der Schutzgeist deutscher Sache. Luise sei das Losungswort der Rache.«

Will man dem weniger rachelüsternen Sänger der Befreiungskriege Fouque glauben, so kursierte unter den Soldaten die »holde Sage, Königin Luise lebe, ihr Tod sei nur eine Täuschung gewesen ... Wer hätte dem zu widersprechen vermocht? Es lag ja so tief und lebendig in der Sehnsucht eines liebenden Volkes,

Textillustration von Franz Stassen zu dem Werk von Hermann Müller-Bohn: »Die deutschen Befreiungskriege«. Der erklärende Text dazu lautet: »Engel tragen das Bild der Königin Luise, Preußens Schutzgeist, zu den Sternen.«

das ... seine gute, schöne Königin Luise wiederhaben wollte.« Das wußte der Dichter zwar besser, aber er fühlte, »die verewigte Königin bete für ihr Preußen an Gottes Thron«.

Es ist die Rolle der Jungfrau Maria, die Luise hier zugewiesen wird, nicht die der Kämpferin, der Jeanne d'Arc. Nie erscheint sie geharnischt, wie Borussia oder Germania. Nie tritt sie aus ihrer Frauenrolle heraus. Nicht ihrer Taten, sondern ihres Martyriums wegen wird sie wie eine Heilige verehrt. Denn im weiteren Verlauf des Jahrhunderts wird sie vor allem als Vorbild der Frauen gebraucht.

Ein heute mit Recht vergessener Dichter, Engelbert Albrecht, ein bayerischer Arzt, der nach 1871 seinen deutschen Patriotismus entdeckte und unter anderem »Kaiserlieder« veröffentlichte, hat, sich auf eine Marschall-Blücher-Anekdote beziehend, die Bedeutung Luises für das Kaiserreich noch einmal bildhaft zusammengefaßt.

»Blücher auf dem Montmartre

Es lag im Sonnenglanze die Stadt, noch stolz im Fall,
Da rief auf hoher Schanze der greise Feldmarschall:
Nun büßest du's, o Riese, der sich mit Hohn erfrecht,
Zu kränken uns Luise – Luise ist gerächt.

Noch seh ich deine Thränen, o holde Königin.
Dein Träumen und dein Sehnen nach deutschem Heldensinn,
Der all' die Stämme raffe empor zur Nation
Und aus den Trümmern schaffe den alten Kaiserthron.

Noch seh ich her dich ragen in jener Zeit der Schmach,
Wie nie du wolltest zagen, da alles sank und brach,
Auch nicht im fernen Memel, o edle Königin,
Wo Thron dir war ein Schemel und Stroh dein Baldachin.

Dein Mut war's, dein Vertrauen, das Scharnhorst ließ und Stein
Und das auch mich ließ bauen im hoffenden Verein
In jenen Jammertagen auf unsern alten Gott,
Der flammend nun getragen aus Schanden uns und Not.

Noch heute grimmig pochen die Pulse mir vor Schmerz,
Als endlich dir gebrochen das königliche Herz,
Und dich die Trauerkunde noch sterbend hoffen sah,
Den Ruf aus bleichem Munde: Ade, Germania!

O Königin von Preußen, als so das Herz dir brach,
Da mußten endlich reißen die Ketten tiefster Schmach!
Da mußte sich ermannen das Volk zum heil'gen Streit,
Zu rächen deinen Manen im Grabe noch das Leid.

Da liegt er nun, der Strudel, zu Füßen mir so still,
Der seiner Völker Rudel mit wütendem Gebrüll
Einst in die Welt gesendet, zu würgen alles Recht;
Das Werk ist nun vollendet, Luise ist gerächt.

So sprach der Held, der greise, und zog den Degen blank:
Da brach es los im Kreise von hellem Jubeldank.
Da flatterten die Tücher, es donnerte: Hurra!
Hurra, du tapfrer Blücher! Hurra Germania!«

Die preußische Madonna

In den Befreiungskriegen war es in Ausnahmefällen auch vorgekommen, daß Bürgermädchen sich direkt an den Kämpfen beteiligten, wie Johanna Stegen zum Beispiel, die in Lüneburg die Soldaten im Gefecht mit Patronen versorgte, oder Eleonore Prohaska, die als Mann verkleidet bei den Lützowern eingetreten war. Doch waren das unverheiratete Mädchen aus den niederen Schichten, denen man den Rollenwechsel aus vaterländischen Motiven verzeihen konnte, und wenn man sie feierte, wurden nie der Hinweis auf ihre Sittsamkeit und ihr ansonsten häusliches Wesen versäumt.

Zu dem Kultbild Luises, dem alle kriegerischen und politischen Aktivitäten fehlten, gehörte aber selbstverständlich eine tiefe Anteilnahme am Schicksal des Vaterlandes, doch mußte diese passiv sein. Schon Schleiermacher hatte in seiner Trauerpredigt auf den Tod Luises darauf hingewiesen, daß die Königin in politischen Fragen nie die Grenzen, die durch den »Unterschied des Geschlechts« bestimmt werden, überschritten habe und doch nicht unwirksam gewesen sei. Ihre Wirksamkeit sei eine Stille des Gemüts gewesen. Sie habe dem König und den königlichen Kindern »im häuslichen Kreise stärkend, beruhigend, erheiternd Glück« bereitet und die Ideen des »Guten und Schönen« in sie gepflanzt. Auch die Gedichte auf ihren Tod von Fouqué (»Zwei Augen ruhn im Grabe / So fromm und blau …«), von Schenkendorf (»Rose, schöne Königsrose, / Hat auch Dich der Sturm getroffen?«) und Körner (»Du schläfst so sanft! Die

In dem Statut des Luise-Ordens vom 3. August 1814 wird die Auszeichnung so beschrieben: »*Das auf beiden Seiten himmelblau emaillierte runde Schild in der Mitte des Kreuzes hat auf der Außenseite den Buchstaben L und um denselben einen Sternenkranz.*«
Die sieben Sterne des Kranzes sollten die sieben bei Luises Tod noch lebenden Kinder symbolisieren.

stillen Züge hauchen ...«) reden von Hoffnungen und Tröstungen, nie von Taten. Die vielfach bezeugte Parteinahme Luises für die Reformer und ihre Versuche, den stets zögernden König zu Entscheidungen zu bewegen, spielten auch im späteren Gedenken kaum eine Rolle. Immer war man um die Hervorhebung ihrer als weiblich geltenden Eigenschaften bemüht.

Mit dem Luisen-Orden, den Friedrich Wilhelm III. 1814 stiftete und den seine Nachfolger zweimal erneuerten, wurden Frauen nicht für kriegerische Verdienste, sondern dafür ausgezeichnet, daß sie »den Männern unserer tapfern Heere ... in pflegender Sorgfalt Labsal und Linderung« brachten, wie es im Ordensstatut heißt. Pflegerische, soziale oder erzieherische Aufgaben hatten auch alle Einrichtungen, die nach Luise benannt wurden. Neben Luisen-Schulen und Luisen-Gymnasien für Töchter gab es ein Stift ihres Namens zur Waisenkinderfürsorge und eine Stiftung zur Erziehung deutscher Erzieherinnen, die die in den vornehmen Familien noch üblichen französischen Gouvernanten ablösen sollten. Diese Einrichtung wurde unmittelbar nach Luises Tod, noch im Jahre 1810, gegründet, und der Spendenaufruf, der trotz der schlechten wirtschaftlichen Lage Erfolg hatte, sah in Luise das »Muster, das Sie Selbst als Gattin und Mutter uns aufstellte«, und wollte ihre »Tugenden ... zum Eigentum vieler werden« lassen, worunter besonders verstanden wurde: »Ihr Sinn für Häuslichkeit, Ihre treue Liebe zum Gemahl und zu Ihren Kindern, Ihr Gefühl für alles, was gut und edel und groß ist«.

Das Mütterliche war in Luise schon immer verehrt worden, doch trat dieser Aspekt mehr und mehr in den Vordergrund, als ihr Sohn Wilhelm Kaiser geworden war. Leicht ablesbar ist das, neben der Trivialbiographik, auch in der bildenden Kunst. Familienszenen von Luise, ihrem Mann und den Kindern waren auch schon zu ihren Lebzeiten entstanden, doch hatten die meisten der bis 1810 gemalten Bildnisse allein sie zum Thema. Vergleicht man nun diese etwa drei Dutzend Porträts miteinander, so muß man, da sie drei Dutzend verschiedenartige Frauen zeigen, zu dem Ergebnis kommen, daß man vom tatsächlichen Aussehen Luises nichts weiß. Schon in Kleists »Berliner Abendblättern« war 1810 auf diesen seltsamen Umstand aufmerksam gemacht worden, und anläßlich der Berliner Akademie-Ausstellung, in der das angeblich besonders authentische Luise-Porträt von Wilhelm Schadow gezeigt wurde, erklärte man sich das so: »Bey Lebzeiten Ihrer Majestät ist es keinem Mahler gelungen, ein nur einigermaßen ähnliches Bild von Ihr hervorzubringen. Wer hätte es auch wagen dürfen, diese erhabene und doch so heitere Schönheit, die lebendige, bewegliche, geistreiche, holdselige Freundlichkeit und den ganzen unendlichen, immer neuen Liebreiz

Schmuckkreuz und Brosche aus Eisen, die nach Luises Tod viel getragen wurden. Der Rand um die Bildnisse war vergoldet.

Ihres Wesens neben dem Ausdrucke sinnigen Ernstes und der würdevollen Hoheit in dieser königlichen Frau festhalten oder gar wiedergeben zu wollen? Erst nachdem sie selbst hinweggenommen worden ist und die niederschlagende Vergleichung mit dem unerreichbaren Original nicht mehr stattfinden kann, scheint die begeisterte Trauer, womit um sie geklagt wird, Ihr Bild treuer ergriffen zu haben.«

Schon 1796 war in Nachahmung von Raffaels »Madonna della Sedia« ein Ölbild der Kronprinzessin mit ihrem ältesten Sohn im Arm gemalt worden, doch häuften sich die Mutterbilder erst nach 1871, als Luise Kaisermutter wurde, und dann 1876, zu ihrem hundertsten Geburtstag. Dabei tendierte die damals blühende Historienmalerei beim Luisen-Thema oft zum Kitsch. Da kommt Luise im weißen Kleid, ihr blondes Söhnchen Wilhelm an der Hand führend, beschwingt eine Freitreppe herunter (Gustav Richter); da geht Luise mit ihren Söhnen Friedrich

Kronprinzessin Luise mit ihrem ältesten Sohn Friedrich Wilhelm (IV.). Pastellbild von Johann Heinrich Schröder (1796), das das bürgerlich-romantische Ideal inniger Familienbeziehung ausdrückt, aber auch schon auf die spätere Verehrung Luises als Madonna hinweist.

Wilhelm (IV.) und Wilhelm (I.) in Königsberg im Park spazieren (Karl Steffeck); und ein Bild mit dem Titel »Königin Luise bekränzt den Prinzen Wilhelm auf ihrer Flucht nach Memel mit Kornblumen« wird 1889 von der Zeitschrift »Der Bär« so beschrieben: »In fesselnder Weise hat uns der Maler A. Zick jenen sagenhaften, aber volkstümlich gewordenen Vorfall dargestellt, welcher sich bei der Flucht der Königin Luise von Königsberg nach Memel ereignet haben soll: die Bekränzung des Prinzen Wilhelm mit Kornblumen. Der Wagen, welcher die

Königin Luise mit ihrem Sohn Wilhelm, dem späteren ersten deutschen Kaiser. Nach einem Gemälde des Berliner Malers Gustav Richter (1879).

Luise als stolze Mutter eines Königs und eines Kaisers – wie die Kaiserzeit sie sich vorstellte. Gemälde des auch als Pferdemaler bekannten Carl Steffeck (1886).

Luise bekränzt den Prinzen Wilhelm (I.) auf der Flucht nach Memel mit Kornblumen. Illustration in der »Der Bär«, 16. Jahrgang (1889-1890). Nach einem Gemälde von A. Zick.

Königin mit ihren Kindern nach der weitentlegenen Feste des preußischen Staates bringen soll, ist zusammengebrochen; die Fürstin ist genötigt, am Raine eines Getreidefeldes zu verweilen; sie pflückt die Cyanen, welche ihr Lieblingsdichter Schiller so schön besungen hat; sie flicht sie in das goldblonde Haar ihres jüngeren Sohnes. Die historische Kritik hat mit Recht den poesievollen – angeblich tatsächlichen – Vorgang angezweifelt; aber die vaterländische Sage hat das Recht, von der bildenden Kunst der Nation gepflegt zu werden. Blumen des heimischen Feldes – die allerbescheidensten – sind es gewesen, welche zuerst das schöne Haupt geschmückt, das hehr und hoch wie nimmer eins erstrahlen sollte ob dem ganzen deutschen Volke. Die Geschichtswissenschaft sowie die monumentale Kunst des Vaterlandes haben nunmehr die heilige Pflicht übernommen, ihr ganzes Können einzusetzen, um statt des Kornblumenkranzes den vollsten Lorbeer um des großen Kaisers majestätische und doch so leutselig-holde Stirn zu winden.«

Aber auch die Bildhauer waren bei der Luisen-Ehrung nicht müßig. Gegen Ende des Jahrhunderts entstanden in Berlin in kurzer Zeit gleich drei Plastiken. Erdmann Encke, der schon für die Hasenheide das Jahn-Denkmal geschaffen hatte, wurde mit einer »Luise« für den Tiergarten beauftragt, bei der er aber wenig Gestaltungsmöglichkeiten hatte, da das Denkmal als Pendant zu Drakes schon vorhandenem »Friedrich Wilhelm III.« gedacht war. Eine schlichte, nachdenklich blickende Luise steht hier im Empirekleid mit Spitzenschleier auf einem reliefverzierten Rundsockel und läßt heute nicht mehr ahnen, mit welchem Pomp am 10. März 1880 ihre Enthüllung in Anwesenheit des Kaisers gefeiert worden war. Ein riesiges Ölgemälde von Fritz Werner hat dieses Ereignis der Nachwelt erhalten. Da stehen auf dunkelrotem Teppich unter Girlanden und wehenden Fahnen der greise Kaiser und sein schneidiger Enkel, daneben die Militärs und Minister, die Künstler und Schriftsteller, darunter Begas und Menzel, Fontane, Spielhagen und Wildenbruch.

Denkmal für die Königin Luise im Tiergarten von Erdmann Encke (1880). Finanziert wurde es durch eine Geldsammlung bei den Berlinern, zu der 1876, zum 100. Geburtstag Luises, aufgerufen worden war.

Emil Hundriesers »Luise« von 1888, die er für die Nationalgalerie später in Marmor ausführte, hat das Besondere, daß sie sitzt und ein Buch in der Hand hält, was ihr fast intellektuelle Züge verleiht. Eine Anerkennung größerer Bevölkerungskreise konnte er damit nicht erringen; diese wurde dagegen wenig später Fritz Schaper, der sich genauer auf der vorgegebenen Linie des Luisen-Kults bewegte, in reichlichem Maße zuteil.

Seine Statue »Königin Luise mit dem Prinzen Wilhelm«, die bald schon als »Preußische Madonna« bekannt wurde, hatte Schaper ursprünglich als Stuckfigur für eine 1897 gestaltete Feststraße zum hundertsten Geburtstag Kaiser Wilhelms I. geschaffen und erst auf Anforderung Wilhelms II. überlebensgroß in Marmor ausgeführt. Für dieses Werk, das später das Pestalozzi-Fröbel-Haus zierte und heute verschollen ist, erhielt er auf der Akademie-Ausstellung von 1901 die Große Goldmedaille, und da die majestätisch eine Treppe hinabschreitende Luise, die den künftigen Kaiser wie den Jesusknaben im Arm hält, auch beim breiten Publikum gut ankam, wurde sie auch in Bronze gegossen und im Kleinformat aus Elfenbeinmasse, Gips oder Marmor für den Hausgebrauch hergestellt.

Die Kaiserzeit war nicht nur die Hoch-Zeit der Luisen-Verehrung, sie tendierte auch zu einer stärkeren Differenzierung. Neben ihre volkstümliche Variante, die immer sagenhafter und pseudosakraler wurde, trat die wissenschaftliche, die um historische Wahrheit bemüht war, aber im allgemeinen die erstere als volksbildnerisch wertvoll auch gelten ließ. Gelegenheiten zu Luise-Feiern gab es viele, besonders natürlich die hundertste Wiederkehr ihres Geburts- und Todestages, 1876 und 1910.

Vorrangig war es natürlich, schon den Kindern das Vorbild Luise näherzubringen. So wurde zum Beispiel im Februar 1876 von der Schulverwaltung eine Anweisung zur Gestaltung der Feiern an Volksschulen herausgegeben, in der es heißt: »Ich bestimme daher, daß am 10. März in allen öffentlichen und Privat-Mädchenschulen der Unterricht ausfallen und an dessen Stelle

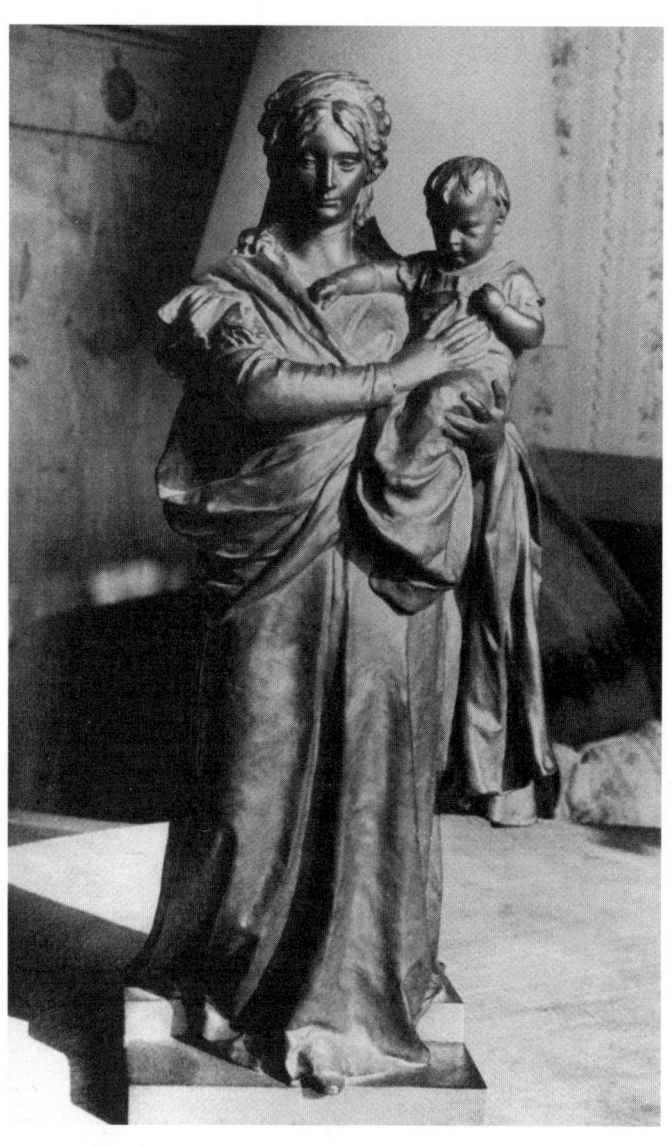

Königin Luise mit dem Prinzen Wilhelm von Fritz Schaper (1897), die sehr populär wurde und den Beinamen Preußische Madonna erhielt. Sie entstand, da Luise eine Verehrerin Pestalozzis war, im Auftrag des Pestalozzi-Fröbel-Hauses. Der Kopf Luises mit dem unter dem Kinn entlanggeführten Tuch ist deutlich Schadow nachempfunden.

Die königliche Familie auf der Pfaueninsel. Rechts Luise und Friedrich Wilhelm III.; die beiden älteren Knaben sind Friedrich Wilhelm (IV.) und Wilhelm (I.), der blumenpflückende jüngere Karl, das jüngere Mädchen Alexandrine und das ältere Charlotte, die spätere Zarin Alexandra Feodorowna. Gemälde von Waldemar Friedrich (um 1890).

eine Feier treten soll, in welcher der Geschichtslehrer oder der Dirigent der Anstalt den Schülerinnen im freien Vortrage das Lebensbild der erlauchten Frau vorführt, welche in den Zeiten des tiefsten Leidens so opferfreudig an der Erhebung des Volks mitgearbeitet und allen kommenden Geschlechtern ein hohes Beispiel weiblicher Tugend gegeben hat.« An besonders fleißige Schülerinnen sollten Lebensbilder der Königin als Prämien ausgegeben werden. »In den Knabenschulen ... tritt die Feier an die Stelle der beiden letzten Unterrichtsstunden des Vormittags.«

Auch auf diese Schulprämien war es wohl zurückzuführen, daß die Verlage in diesen Jahrzehnten eine Unzahl von populären, für die Jugend bestimmten Luise-Büchern herausbringen und auch verkaufen konnten, wie zum Beispiel »Luise, Königin von Preußen. Ein Vorbild weiblicher Tugenden. Historische Erzählung für die Jugend von C. V. Derboeck, Verfasser von Nordenskölt im ewigen Eise, mit Farbdruck-Illustrationen nach Original-Zeichnungen von Gustav Annemüller« oder Marie von Felsenecks Luise Erzählung, »der deutschen Jugend gewidmet«, die ebenso wie die anderen ihrer mehr als fünfzig süßlichen Mädchenbücher für kleine Leserinnen ein Training im Frau-Sein der Kaiserzeit war.

Die meist farbigen Illustrationen dieser und anderer Bücher zeigen immer wieder die gleichen Anekdoten-Szenen: Luise und Friederike am Brunnen im Hof des Hauses bei der Frau Rath Goethe, Luise als Braut vor der Ehrenpforte, das weißgekleidete Mädchen umarmend, Luise beim Erntefest unter den Bauern von Paretz, Luise auf der Flucht über die Kurische Nehrung und beim Gespräch mit Napoleon, die sterbende Luise in Hohenzieritz – oder auch, als Braundruck, Luise als Engel, darunter der Dreizeiler:

»Zu gut für eine Welt voll Mängel,
Schwebt sie, ein früh verklärter Engel,
Dem Himmel, ihrer Heimat, zu.«

Eines der vielen Luise-Bücher für die Jugend. Es schließt mit folgenden Sätzen: »Ja, ein Engel an Sanftmut und Milde, an Schönheit und Majestät war die Verewigte gewesen, gleich groß und erhaben in Freud und Leid. Ihr Gedächtnis wird im deutschen Volke fortleben – und so lange noch deutsche Zungen von deutschen Fürstentugenden berichten, so lange wird der Name Königin Luise strahlen in heller, hoher Herrlichkeit.«

»Ein fleißiger Sammler hat allein 391 Dichtungen aufgezählt, welche die große Liebe zu der Verklärten beweisen«, heißt es in einem der vielen, »dem deutschen Volke erzählten« Luise-Büchern der Jahrhundertwende, deren erfolgreichstes wahrscheinlich der großformatige, auch als Vorzugsausgabe in kostbarer Ausstattung erschienene, 1981 erneut nachgedruckte Bildband der Uniform- und Schlachtenmaler Carl Röchling und Richard Knötel war. »In 50 Bildern für Jung und Alt«, die mit knappen Erklärungstexten auskommen, läuft hier das Leben Luises wie ein farbiger Film vor den Augen des Betrachters ab. Verglichen mit den oft einfältigen Illustrationen der Jugendbücher, waren hier, besonders die Uniformen betreffend, wirkliche Könner am Werk.

Auf deutschen Bühnen erfolgreich war nach der Reichsgründung unter anderen auch der ostpreußische Dramatiker und Romanschreiber Ernst Wiehert (nicht zu verwechseln mit Wiechert), der 1877 ein »Dramolet in einem Aufzuge« unter dem Titel »Die gnädige Frau von Paretz« herausbrachte, in dem sich Luise auch im idyllischen Landleben als Kennerin und Förderin der Künste erweist. Hauptperson neben ihr ist hier überraschenderweise, aber historisch nicht ganz abwegig, Christian Daniel Rauch, ihr junger Kammerdiener, dessen künstlerische Talente von ihr entdeckt werden, und den sie am Ende, zu seiner und des Publikums Freude, zur Ausbildung nach Italien schickt.

Unter den ernsthaften Biographen Luises verdient der Schriftsteller Friedrich Adami besondere Beachtung. Seine Biographie, die auf den nachgelassenen Aufzeichnungen der Caroline von Berg fußt, erschien erstmals 1851, dann verbessert und vermehrt immer wieder. 1906 war die 18. Auflage erreicht. Bei aller Verehrung, die er der Königin entgegenbrachte, bemühte er sich doch um historische Wahrheit und setzte sich von mancher frommen Legende ab.

Vor ähnlichen Problemen standen auch die prominenten Historiker, die bei den Jubiläen die offiziellen Festreden hielten:

Königin Luise
als Engelsbild im Ring der Ewigkeit
gez. von J. Wolff, gest. von Joh. Friedr. Jügel.

„Zu gut für eine Welt voll Mängel,
Schwebt sie, ein früh verklärter Engel,
Dem Himmel, ihrer Heimat, zu."

Eines der »50 Bilder für Jung und Alt«: Die Begegnung Luises mit Napoleon in Tilsit. Kaum ein Luise-Buch ist so volkstümlich geworden wie dieses mit seinen bunten und übersichtlichen Bildern, das keine Anekdoten-Station ihres Lebens ausläßt.

1876 Theodor Mommsen und Heinrich von Treitschke, 1910 Otto Hintze. Alle waren darum bemüht, sich als Wissenschaftler zu erweisen, ohne den staatlich sanktionierten Mythos Luise, den Treitschke als »volkstümliche Überlieferung« bezeichnet, zu diskreditieren, was am souveränsten Otto Hintze gelang.

Mommsen rettete sich aus der Welt der Tatsachen in die der Gefühle: Luise sei die deutsche Frau, die »die beiden innigsten Empfindungen, die dem Menschen gegönnt sind: die Ahnung des ewig Weiblichen und das Opfergefühl, für uns personifiziert«. Treitschke erklärte zwar zu Beginn seiner Rede, daß die »Erinnerung ihres dankbaren Volkes« die Königin zu einer »Lichtgestalt« verklärt habe, die historische Wissenschaft aber einem solchen Idealbild nicht folgen könne, da sie auch »die Schranken der Begabung, die endlichen Bedingungen des Wirkens« auch edler Menschen zu zeigen habe. Dann folgt er indes

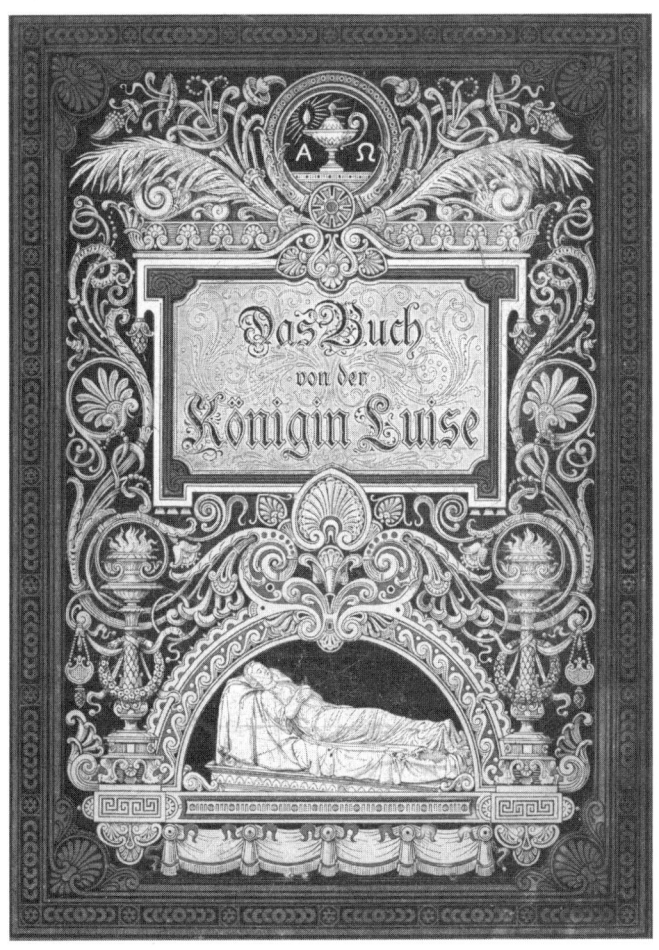

Ein großformatiger Prachtband von Georg Horn, 1884 in 3. Auflage erschienen. Das antiquarisch erstandene Exemplar trägt folgende handschriftliche Widmung: »Zur Erquickung und Erhebung bei der Christbescherung 1887 einer treuen, braven Braut mit den herzlichsten Grüßen spendet von Dr. (unleserlich), Prediger, Rathenow, den 24. Dezember 1887.«

nur den gängigen, zur Schablone gewordenen Lebensstationen Luises, vom Besuch der Prinzessinnen bei Goethes Mutter bis »zum verzehrenden Kummer über das Schicksal des Landes«, dem »ihr zarter Körper erlag«. Besonderen Wert legt der Redner dabei auf die Feststellung, daß Luises Vorzüge rein weibliche waren, die, dem »bis zur Herbheit männlichen Charakter« Preußens entsprechend, mit Politik nichts zu tun hatten: »Dem öffentlichen Leben sind die Frauen Preußens immer fern geblieben ... Ganz deutsch, ganz preußisch gedacht ist das alte Sprichwort, das jene Frau die beste nennt, von der die Welt am wenigsten redet. Keine aus der Reihe begabter Fürstinnen, welche den Thron der Hohenzollern schmückten, hat unseren Staat regiert. Auch Königin Luise bestätigt nur die Regel. Ihr Bild, dem Herzen ihres Volkes eingegraben, ward eine Macht in der Geschichte Preußens, doch nie mit einem Schritte übertrat sie die Schranken, welche der alte deutsche Brauch ihrem Geschlechte setzt. Es ist der Prüfstein ihrer Frauenhoheit, daß sich so wenig sagen läßt von Taten.«

Daß Luisen-Legende und historische Erkenntnis nicht immer übereinstimmten, sagt zu Beginn seiner Rede auch Otto Hintze, und als überzeugendes Beispiel dafür dient ihm Luises Tod. Nicht an gebrochenem Herzen, sondern an Lungenentzündung sei sie gestorben; ihr Opfertod sei, wie der ihr von Kleist verliehene Strahlenkranz, eine poetische Verklärung, die zwar auch ihren »tiefen Sinn« für das Volk habe, dem Historiker aber in ihrer Vereinfachung nicht genügen könne; denn dem komme es darauf an, die bewunderungswürdige Gestalt der Gegenwart menschlich näher zu rücken, was nur durch Differenzierung und Aufzeigen ihrer Entwicklung möglich sei.

Und Hintze versucht tatsächlich, der Verehrung, ohne sie zu verringern, einen anderen Akzent zu geben, indem er Luises Selbsterziehung als rühmenswert darstellt und ihr selbständiges Denken attestiert. »In dem religiösen Glauben und in der preußischen Gesinnung hatte sie einen gemeinsamen Boden des

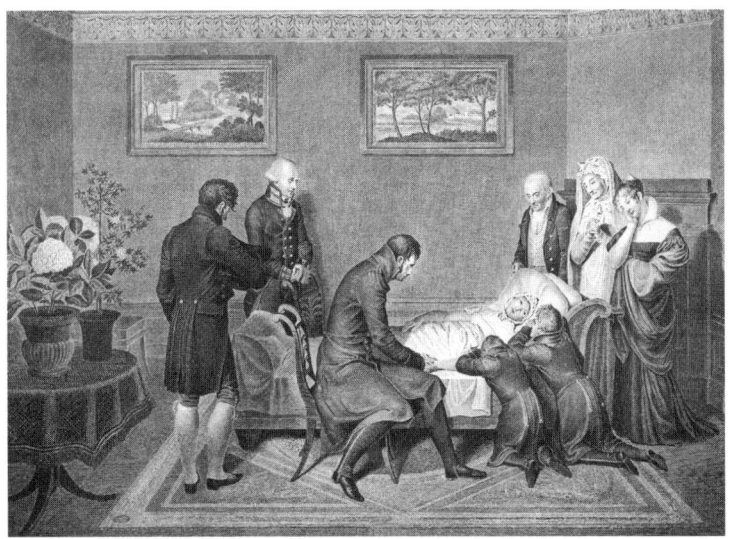

Friedrich Wilhelm III. mit seinen Söhnen Friedrich Wilhelm (IV.) und Wilhelm (I.) am Sterbebett der Königin Luise in Hohenzieritz. Am Kopfende des Bettes stehen der Arzt Heim, die Gräfin Voß und Caroline von Berg, am Fußende Luises Vater und Bruder. Nach einer Zeichnung von Heinrich Anton Dähling gestochen von Daniel Berger (1811).

Lebens und des Verständnisses mit ihrem Gemahl. Aber darüber hinaus hatte sie noch ihre eigne geistige Welt; und diese ... hat sie sich auch durch die Gleichgültigkeit, ja Abneigung des Königs nicht rauben oder verleiden lassen: das war die Welt der großen Dichter und Denker ...« Durch des Königs Mißtrauen sei zwar ein Musenhof in Berlin nicht entstanden, »aber es war doch nicht ohne tiefere Bedeutung, daß die geistigen Bande, die sich eben damals zwischen Weimar und Berlin bildeten, auch in den höchsten Kreisen eine Anknüpfung fanden. Auf der Verbindung zwischen dem harten preußischen Staatsgeist und der neuerblühten deutschen Bildung beruhte ja damals die Zukunft unserer nationalen Entwicklung.... So hat sich die Königin Luise in den Schranken ihres Hauses und Hofes zu einer geistig und sittlich bedeutenden Persönlichkeit entwickelt«, deren »Hauptverdienst« es dann auch war, die ihr geistig verwandten Reformer an den auch in dieser Hinsicht zögernden König heranzubringen. Hintze war also, ohne die Legendenbildung zu verunglimpfen, um die historische Begründung der als berechtigt angesehenen Verehrung bemüht.

1908 veröffentlichte der Historiker Friedrich Meusel den vollständigen Text der Autobiographie des Reformgegners F. A. L. von der Marwitz, der in zweiter Ehe eine Hofdame der Königin, die Gräfin Moltke, geheiratet hatte, deshalb manches Intime über Luise wußte, sie als Freundin der Reformer nicht sonderlich schätzte und, neben Lobendem, auch Kritisches über sie schrieb. Das aber wurde in wilhelminischen Zeiten als so ungehörig empfunden, daß der sonst so zuverlässige Meusel bei der Herausgabe der Marwitzschen Memoiren bei Passagen mit besonders kritischen Äußerungen über Luise mit der Fußnotenbegründung, hier urteile Marwitz zu subjektiv, eine Textlücke ließ.

Umwertungen

»Das Deutsche Reich ist tot! Preußen folgt nach! – Mit harten Tritten ging Stein zur Türe. – Deutschland ist nicht tot! rief Frau von Berg zitternd in die verstört stehende Gesellschaft. Nun werdet ihr die Luise kennenlernen!«
Nach dem »Fridericus« von 1918 erschien 1919 der zweite Band von Walter von Molos Romantrilogie »Ein Volk wacht auf« unter dem Titel »Luise«, ein Zeitroman in historischem Gewand. Die von Preußen verlorene Schlacht von Jena und Auerstedt, in deren Vorfeld obige Szene spielt, steht hier für den von Deutschland verlorenen Weltkrieg, und in Luise wird die Hoffnung auf Deutschlands Zukunft personifiziert. Ein Briefzitat von ihr wird als Motto vorangestellt: »Wir müssen durch: sorgen wir nur dafür, daß wir mit jedem Tag reifer und besser werden.«
Im Gegensatz zu der von den Hohenzollern geförderten Legende, die Luise als Mustergattin und -mutter zeigte, macht Molo aus ihr nach der Entmachtung der Hohenzollern eine Entwicklungsheldin, die sich, enttäuscht von der Flachheit und Leere des Lebens bei Hofe, von einer ungebildeten und unpolitischen Prinzessin zu einer Vorkämpferin für ein freies und einiges Deutschland mausert und damit zum Widerpart ihres feige zögernden Mannes und zur Parteigängerin Hardenbergs, Steins, Blüchers und eines zum Widerstand gegen Napoleon entschlossenen Volkes wird.
Die letzten Romanseiten zeigen Luise auf der Flucht in der Kälte des ostpreußischen Winters. In einem ärmlichen Quartier

liegt sie, in einen Pelzmantel gehüllt, vor dem Kamin auf den Knien und betet das Vaterunser, wobei sie den Bitten »Und vergib uns unsere Schuld« und »Erlöse uns von dem Übel« eine auf den Mangel an Kriegsbereitschaft in Preußen und das Übel Napoleon bezogene aktuell-politische Bedeutung gibt. Die letzten Worte, mitsamt den das Pathos verstärkenden Absätzen und Pünktchen, sind dann diese:

»Wie ein Heiligenschein floß das durchleuchtete Haar um ihr Haupt, wie Schlangen ringelte es sich über den offenstehenden Pelz zu den Brüsten, deren Weiße Luisens bekennende Finger umschlossen und bergend an sich preßten, als gewönne sie dadurch Kraft. Denn Dein ist das Reich und die Kraft und die Herrlichkeit ... in Ewigkeit ... Amen! Denn Dein ist das ... Reich?

Luisens Augen glänzten auf, sie ... lächelten ins Flammenlicht.

Denn Dein ist das ... Reich!?
Dein ist ... das Deutsche Reich!?
Frohlockend hob sie die Arme.
Sie rang die Hände zum Sternenhimmel.
Deutsch sein heißt Mensch sein! Oh Gott! Schaffe dies
   Deutschland!«

Das zielte nicht nur auf eine Menschwerdung der Untertanen durch die Stein-Hardenbergschen Reformen, sondern auch auf eine menschliche Gemeinschaft im neuen Staat von 1919. Aus der braven Luise der Hohenzollern war bei Walter von Molo, der sich später übrigens nie mit den Nationalsozialisten gemein machte, sondern in den zwölf Hitlerjahren konsequent die innere Emigration wählte, eine politisch aufbegehrende, republikanische Deutsch-Nationale geworden – ein Beispiel von vielen für die literarische Nutzung von Mythen für Zwecke der Gegenwart.

Illustration zu Marie von Felsenecks Luise-Buch für die Jugend: Luise schreibt in ihrem armseligen Winterquartier in Ostpreußen Goethes Verse: »Wer nie sein Brot mit Tränen aß ...« mit ihrem Diamantring an die Fensterscheibe. Die Szenerie des Bauernhauses benutzt Walter von Molo für seinen pathetischen Schlußmonolog.

Ein Erfolg dieser Methode, wie ihn Molo damals erzielte, setzte voraus, daß die Mythe, die nuanciert oder völlig umgewertet wurde, zum allgemein bekannten Bildungsgut gehörte, und das war kurz nach dem Ende des Kaiserreiches bei der Königin Luise durchaus noch der Fall. Darauf setzten auch die Dramatiker, die in den zwanziger Jahren neben griechischen Göttern auch Tristans und Gudruns, Yorks und Louis Ferdinands auf der Bühne agieren und Probleme des zwanzigsten Jahrhunderts bereden ließen. Auch Luise durfte hier wieder auferstehen.

Der Autor des Schauspiels »Kronprinzessin Luise«, dem wenig später noch eine »Königin Luise« folgte, war der aus Mainz stammende Ludwig Berger (eigentlich Bamberger), den Max Reinhardt 1919 nach Berlin geholt hatte, wo er an den wichtigsten Bühnen als Regisseur, besonders klassischer Stücke, große Erfolge erzielte, der ab 1925 auch als Filmregisseur bei der UFA und in Hollywood bekannt wurde, 1933 in die USA emigrierte, 1947 nach Deutschland zurückkehrte und noch einige historische Erzählungen und Biographien schrieb.

Uraufgeführt wurden seine beiden Luise-Stücke im Januar und Februar 1926 am Berliner Schauspielhaus und am Lessing-Theater, und sie wurden große Publikumserfolge, was vielleicht an der Preußen Nostalgie jener Jahre lag, vielleicht aber auch an der Luise der Käthe Dorsch. Das Stück von der Kronprinzessin nutzt das nie verstummte, aber auch nie bewiesene Gerücht von einer mehr oder weniger keuschen Liebesgeschichte zwischen Prinz Louis Ferdinand und Luise zur Austragung des alten Konflikts zwischen Neigung und Pflicht. Die noch unreife Luise, die unter den Zwängen des Hofes leidet, droht der Verführung durch die Freiheitsphantasien Louis Ferdinands zu erliegen. Schon hat sie ja gesagt zu seinem Plan einer Entführung, da kann ihr Mann ihr in letzter Minute noch den rechten Weg weisen, indem er fest an ihre Unschuld glaubt. Er, der Liebende, ist hier der Stärkere, und er hat als Verkörperung preußischer Pflichterfüllung die greise Oberhofmeisterin Gräfin Voß ständig

KRONPRINZESSIN
LUISE

EIN SCHAUSPIEL VON LUDWIG BERGER

Die heitere sorglose Jugend der Kronprinzessin und ihr melancholisch-reines Liebesverhältnis zu Louis Ferdinand. In diesem Widerstreit siegt der gerade Charakter des Kronprinzen. Heimkehr zur Pflicht.

Schutzumschlag des 1926 im Propyläen-Verlag Berlin erschienenen Schauspiels. Das Szenenfoto zeigt Käthe Dorsch als Luise und Lothar Müthel als Prinz Louis Ferdinand in der Uraufführung.

Gustaf Gründgens als der unentschlossene Friedrich Wilhelm III. in den Tagen vor Jena und Auerstedt. An seiner Seite die Luise der Henny Porten. Szenenfoto aus dem Film »Luise, Königin von Preußen« von 1931.

an seiner Seite. Im zweiten Schauspiel, dem von der Königin, wird dann im Unglück Luise die Stärkere sein.

Da jeder, der zu Kaisers Zeiten die Schule besucht hatte, den Luisen-Stoff kannte, konnte auch der Film, die Kunst für die Massen, an dieser Geschichte mit Herz und Schmerz nicht vorbeigehen. Nachdem schon 1913 und 1927 sich der Stummfilm an ihm versucht hatte, wurde 1931 im Zuge einer filmischen Preußen-Welle ein Luise-Tonfilm, frei nach dem Roman von Walter von Molo, gedreht. Unter der Regie von Carl Froelich, der zwei Jahre später im »Choral von Leuthen« Friedrich den Großen und seine Kriege verherrlichen sollte, spielte hier, neben Gustaf Gründgens als Friedrich Wilhelm III., die damals sehr beliebte Henny Porten die Titelrolle, so daß ein Publikumserfolg sicher

Am 4. Dezember 1931 wurde in Berlin der Film »Luise, Königin von Preußen« uraufgeführt. Regie: Carl Froelich, in den Hauptrollen: Henny Porten und Gustaf Gründgens. Das Szenenfoto zeigt Henny Porten als Luise in den idyllischen Zeiten in Paretz.

war. Weniger angetan waren die Kritiker, die, wie bei allen damals noch aktuellen preußischen Stoffen, ihre politische Rechts- oder Linksorientierung zum Ausdruck brachten. Doch waren diesmal beide Seiten nicht recht zufrieden, weil der Film, wie es Ludwig Marcuse in der »Vossischen Zeitung« sagte, »viel Militarismus«, ein »bißchen Pazifismus« und »viel unfreiwillige Komik« hatte und weder über die Königin Luise noch über seine eigene Aussage etwas wußte, sich also ganz unentschieden verhielt. Von konservativer Seite wurde, in der »Deutschen Allgemeinen Zeitung«, die Süßlichkeit und Sentimentalität von Henny Portens Darstellung bemängelt, »diese volkstümlich zurechtgestutzte Innigkeit, die gerade das kompromittiere, was sie verherrlichen« wolle. Und »Die Volksbühne« meinte, daß der Film sich zwischen einer Luise als Walküre oder als Pazifistin nicht habe entscheiden können, weshalb ein kläglicher Kompromiß zwischen »Radaupatriotismus und Friedensliebe« gewählt worden sei, »der eine doppelte Lüge ergab«.

Der Begriff Lüge sollte hier wahrscheinlich bedeuten, daß die kriegsbegeisterte Luise die friedliebende unglaublich machte und umgekehrt. Möglicherweise aber meinte der Kritiker mit der Lüge auch eine Verfälschung der historischen Wahrheit oder eine Abweichung von der Legende aus Hohenzollernzeiten, die ja in vielen Köpfen noch weiterlebte und durch neue Veröffentlichungen Nahrung erhielt. Es erschienen weitere Luise-Biographien, wie 1927 die von Gertrude Aretz, die eine andere Umwertung vornahm, indem sie Luises Einfluß auf die Politik für groß hielt und als verhängnisvoll einschätzte. Es erschienen die Briefe der Königin, die bisher nur verstreut und in zensierter Auswahl vor allem im »Hohenzollern-Jahrbuch« veröffentlicht worden waren, und die französisch geschriebenen wurden jetzt auch ins Deutsche übersetzt. Auch die Aufzeichnungen Friedrich Wilhelms III. über den Tod Luises, die bisher mehr oder weniger verschlossen im Hohenzollerischen Hausarchiv gelegen hatten, konnten nun publiziert werden. Die Kenntnis von Luises Leben

Die Deutschnationale Volkspartei (DNVP), der der Frontkämpferverband »Stahlhelm« und auch der später gegründete Luisenbund nahestanden, machte 1920 mit Luise-Bildnissen Wahlwerbung.

und Denken wurde also vollständiger und differenzierter. Aber der dadurch bedingte Wegfall »falscher Ausschmückung«, wie Karl Griewank das nannte, beschädigte die Verehrte in keiner Weise, und das »Geheimnis ihrer geschichtlichen Nachwirkung« wurde durch die stärkere Individualisierung und Vermenschlichung eher noch vertieft.

In der Republik, die bekanntlich viele ihrer Bürger nicht mochten, ging der Kult um Luise auch ohne staatliche Verordnung bei vielen Leuten noch weiter, und sie wurde auch politisch

Die Kronprinzessin Cecilie war wie Luise eine geborene mecklenburgische Prinzessin. Hier spricht sie auf der Tagung des Luisenbundes am 18. September 1932.

benutzt. Die Deutschnationale Volkspartei machte 1920 nicht nur mit Bildnissen Friedrichs des Großen, sondern auch mit Luise-Porträts Wahlwerbung, und 1923 wurde der Königin-Luise-Bund gegründet, eine monarchistische Frauenorganisation mit einer Adligen an der Spitze, die sich politisch an den Frontkämpferbund »Stahlhelm« anlehnte und auf ihren Bundestreffen auch Cecilie, die ehemalige Kronprinzessin (die in ihren 1930 erschienenen »Erinnerungen« selbstverständlich noch an Luises aus Sorgen ums Vaterland »gebrochenes Herz« glaubte), reden ließ. Zusammen mit anderen an den Hohenzollern orientierten Verbänden wurde der Bund 1934 von den Nationalsozialisten aufgelöst.

Im Gegensatz zu Friedrich dem Großen und anderen historischen Gestalten der preußischen Geschichte, die in der Hitlerzeit zu propagandistischen Zwecken mißbraucht wurden, war das bei Luise anscheinend nicht der Fall. Man unternahm weder etwas gegen die Luisen-Verehrung der älteren Generationen, noch war man um eine Neubewertung im eignen Sinne bemüht.

Foto von der Tagung des Luisenbundes in Potsdam am 18. September 1932. Unter dem Schutz von Mitgliedern des »Stahlhelm« empfängt die Bundesführerin Freifrau von Hadeln die Kronprinzessin Cecilie.

Für Literatur, Film oder politische Reden war also Luise kein Thema, und selbst die Propaganda für Kinderreichtum, die 1940 zur Stiftung des Mutterkreuzes führte, kam ohne Rückgriff auf Luise oder den Luisen-Orden aus. Die schöne Dulderin wurde in einer Zeit, die männliche Kraft und Härte zu ihren Idolen machte, nicht mehr gebraucht.

Vergebliche Wiederbelebung

Die wenigen Besucher, die zehn, zwanzig oder dreißig Jahre nach Beendigung des Zweiten Weltkrieges nach Paretz kamen, um in dem Dörfchen, in dem Luise die glücklichsten Tage ihres Lebens verlebt hatte, nach Spuren von ihr zu suchen, konnten häufig das ehemalige Herrenhaus, das David Gilly dem Kronprinzenpaar zu einem bescheidenen Schlößchen umgebaut hatte, nicht finden, bis Einheimische sie auf ein häßliches, langgestrecktes Gebäude verwiesen, auf dem über grauem Einheitsputz erst »Bauernhochschule«, dann »Institut für Landwirtschaft

Schloss Paretz, Institut für Landwirtschaft. (Aufnahme 1990)

Das von David Gilly 1796/97 für Friedrich Wilhelm III. aus einem alten Herrenhaus umgebaute Schlößchen Paretz auf einem Foto von etwa 1900.

Edwin Hoernle« und später »VEB Tierzucht« zu lesen war. Das Gebäude, einst Wallfahrtsort der Luisen-Verehrung, war in den letzten Kriegstagen zwar geplündert, aber nicht zerstört worden. Es war auch der Abrißkampagne entgangen, der auf dem Lande viele Herrenhäuser, im nahen Potsdam die Garnisonkirche und das Stadtschloß zum Opfer gefallen waren; aber man hatte es innen und außen baulich so verschandelt, daß von Gillys Werk nichts mehr zu ahnen, geschweige zu sehen war. Vielleicht war dabei nur Banausentum siegreich gewesen, wahrscheinlicher aber ist, daß diese Unkenntlichmachung aus ideologiebedingter Absicht geschah.

Die Verdammung Preußens, die die Siegermächte des Zweiten Weltkrieges dazu bewogen hatte, es 1947 formell aufzulösen, hatte in den Nachkriegsjahren auch die öffentliche Meinung in

Deutschland bestimmt. Sie war eine späte Folge der Goebbelsschen Propaganda gewesen, die das Hitlerreich in der Nachfolge Preußens gesehen hatte. Schon in Weimarer Zeiten war eine Ahnenreihe zwischen Friedrich dem Großen, Bismarck und Hitler konstruiert und am sogenannten »Tag von Potsdam« wirkungsvoll inszeniert worden. Die Widerlegung dieser Vereinnahmung durch die Offiziersverschwörung gegen Hitler im Jahre 1944 war als solche nicht genügend gewürdigt worden, so daß Jahrzehnte vergehen mußten, ehe eine objektivere und differenziertere Betrachtung Preußens möglich war. Prinzipiell galt das für beide deutschen Teilstaaten, nur wurden im Osten, wo Diskussionen darüber nicht möglich waren, das Verdammen und das Auslöschen aller Erinnerungen rigoroser durchgeführt. Während im Westen die zahlreichen Wilhelm- und Luisestraßen und -plätze ihre Namen meist weiterhin behielten, die jüngeren Bundesbürger aber keine historischen Erinnerungen mehr damit verbanden, war in der DDR alles, was an die Monarchie erinnerte, umbenannt oder, wie manches Friedrich-Denkmal, beseitigt worden. An die Stelle der Friedrichs und Wilhelms sollten die Lenins und Thälmanns treten. Doch gab es auch Ausnahmen, wie Schinkels Luise-Denkmal auf dem Granseer Marktplatz, wo wahrscheinlich Ehrfurcht vor diesem berühmten Namen der Kunstgeschichte für die Erhaltung ausschlaggebend gewesen war.

Kam man in den siebziger Jahren nach Paretz und hatte das Glück, auf den dort im Ruhestand lebenden Pastor zu treffen, der einem, nachdem er Vertrauen gefaßt hatte, alle noch vorhandenen Luise-Reliquien wie unter dem Siegel strengster Verschwiegenheit zeigte, konnte man hier noch einmal erleben, wie ähnlich der Kult um Luise, der mit der Generation dieses Verehrers aussterben sollte, der katholischen Heiligenverehrung gewesen war.

Als gegen Ende der siebziger Jahre in der Bundesrepublik Deutschland, und später auch in der DDR, eine gerechtere Be-

Königin Luise, Friedrich Wilhelm III. und ihre Kinder in Paretz am zehnten Geburtstag des Kronprinzen, der aus diesem Anlaß zum Offizier ernannt wurde. Nach einem Gemälde von Heinrich Anton Dähling gestochen von J. F. Krethlow (1807).

trachtung Preußens einsetzte und Friedrich wieder Unter den Linden reiten durfte, war Luise als nationale Ikone im Bewußtsein breiter Bevölkerungsschichten nicht mehr vorhanden; und wenn in den Sommermonaten ihr Mausoleum im Charlottenburger Schloßpark besucht wurde, galt die Verehrung wohl weniger ihr als Schinkel und Rauch. Nie wurde in Ost oder West der Versuch unternommen, an den Kult der Kaiserzeit anzuknüpfen oder ihn zu erneuern. Die Königin war zu einer Gestalt

Ruth Leuwerik als Königin Luise und Charles Regnier als Talleyrand in politisch gespannter Atmosphäre auf einem Hofball in Berlin. Szenenfoto aus dem Bavaria-Film »Königin Luise. Liebe und Leid einer Königin« von 1957.

der Geschichte unter anderen geworden, die freilich die Besonderheit aufweist, daß die an ihre Person gebundene Legende historisch bedeutungsvoller war als sie selbst.

Das aber hat auch in neuerer Zeit die Schreiber von Biographien nicht davon abgehalten, Luises interessantes und rührendes Schicksal zum Gegenstand neuer Bücher zu machen, diesmal aber, wie meist betont wurde, von allen verklärenden Zutaten befreit. Daß sich dabei alle ihre Biographen in die schöne und bedauernswerte Königin verlieben, liegt sozusagen in der Natur der Sache; aber selbst wenn sie, wie Heinrich Hartmann in den achtziger Jahren, ihr Buch ausdrücklich »dem Hause Hohenzollern« widmen, wird nicht der Versuch einer Kulterneuerung gemacht. Auch die verdienstvolle Herausgabe von Luises Briefen

»Ich bin nicht der, für den du mich hältst.« König Friedrich Wilhelm III. (Dieter Borsche) ist seiner Entschlußlosigkeit wegen verzweifelt und sucht Trost bei Luise, und die gibt ihm den falschen Rat, nämlich den, sich mit dem Zaren zu verbünden. Szenenfoto aus dem Luise-Film von Wolfgang Liebeneiner.

in deutscher Sprache will nicht neue Schwärmer heranziehen, sondern, »unbelastet durch Traditionen des Urteilens«, die Königin zeigen, wie sie tatsächlich war.

Als ein Versuch, die möglicherweise noch lebendige Verehrung Luises zu nutzen, kann der letzte Film über sie betrachtet werden, der 1957 gedreht wurde, doch blieb ihm, trotz Starbesetzung, ein Erfolg, wie ihn etwa zur gleichen Zeit die »Sissi«-Filme erlangten, versagt. Der unter der Oberaufsicht von Goebbels zu Ansehen gelangte Regisseur Wolfgang Liebeneiner versuchte hier, die zum Mythos gewordene Luise durch ihre Verwandlung in eine Lehrmeisterin der Friedensliebe zu retten. Sie sei die einzige, die aus dem schrecklichen Krieg etwas gelernt habe, sagt Hardenberg.

Der in München gedrehte Film, der der Not gehorchend auf die Authentizität der Schauplätze verzichtet, die politischen Geschehnisse verkürzt und vereinfacht und es auch in Einzelheiten mit der historischen Wahrheit nicht so genau nimmt, beginnt mit den glücklichen Jahren in Paretz und endet, statt in Hohenzieritz, auch dort. Alle bekannten Anekdoten-Stationen, teils zeitlich versetzt, teils verändert, kann man wiedererkennen, vom Walzertanzen und dem Ausruf der Gräfin Voß, das sei doch gegen jede Etikette, bis zum gebrochenen Wagenrad, der ostpreußischen Bauernhütte und der Unterredung mit Napoleon. Schwester Friederike muß die Naiv-Kokette spielen, der genialische Prinz Louis Ferdinand in Kleist-Zitaten reden, Rene Deltgen als Napoleon den ungehobelten Emporkömmling geben, und da man sich 1957 im Kalten Krieg befindet, muß Bernhard Wicki als Zar Alexander so falsch und verlogen wie möglich sein. Die Tragik Luises aber besteht darin, daß sie ihren friedliebenden Gatten, dessen innere Kämpfe sich ständig auf dem Gesicht Dieter Borsches abzeichnen, zum Krieg gegen Napoleon verleitet, sich in der Katastrophe dann aber läutert und durch Schulderkenntnis nicht nur pazifistisch, sondern auch demokratisch wird. Das Volk müsse jetzt mitreden dürfen, verkündet die Luise Ruth Leuweriks mit ihrer hellen, auch in der Heiterkeit immer tränenauslösenden Stimme – mit der sie dann auf dem Sterbelager die sie umgebenden Kinder ermahnt, immer so friedliebend wie ihr Vater zu sein. Und als Gräfin Voß der Sterbenden schluchzend sagt, daß die Leute schon um sie weinen, richtet sie an ihr Volk noch die letzte Mahnung: Es solle nicht weinen, es solle lernen – aus dem Unglück nämlich, das sie alle,

Luise als Wohltäterin auf einem Teller mit goldverziertem Rand. Hohenzollernmuseum des Johanniter-Ordens in Berlin.

nicht schuldlos, getroffen hat. Dann kniet die Schar ihrer Kinder nieder, und der König, die Voß und Doktor Heim falten die Hände. Und die tote Königin ist schön wie nie zuvor.

Der hohe Anspruch, den dieser Film an sich selber stellte, war mit seinen sentimentalen Schablonen nicht einzulösen. Und seine Legendenumbildung ins Zeitgemäße zielte ins Leere, weil mit Leuten gerechnet wurde, zu deren Kindheitserinnerungen noch die Luisen-Verehrung gehörte, doch war inzwischen deren Zahl schon gering. Der Film appellierte an Kenntnisse und Gefühle, die die meisten Zuschauer nicht hatten. Das vor allem erklärt wohl seinen geringen Erfolg.

Wirklichkeitsnäher, wenn auch noch zu lehrhaft, weil zu sehr in der Furcht vor dem Aufleben alter Mythen befangen, präsentierte sich 1981 in Berlin die große Ausstellung »Preußen – Versuch einer Bilanz«. Hier fehlte Luise sowohl in den Zeittafeln mit den für Preußen wichtigen Daten als auch in den beiden Kapiteln, die die Geschehnisse zu ihren Lebzeiten behandeln. Die Bedeutung von Individuen für die Geschichte war den Ausstellern überhaupt suspekt. Luise war vollständig, als habe es sie in Wirklichkeit gar nicht gegeben, in die Abteilung »Mythen und Legenden« verwiesen, wo dann aber nur ein Aspekt der Legende beachtet wurde, nämlich der ihrer Bedeutung für die Bildung der kleindeutschen Nation.

Ein Stichwort »Luise« aber gab es auch in der gleichzeitig in Berlin gezeigten Ausstellung von Marie-Louise Plessen und Daniel Spoerri, die unter dem Titel »Le Musee Sentimental de Prusse« Relikte und Reliquien aus der preußischen Alltagswelt zeigte und als ironischer Kontrapunkt zur großen historischen Schau gedacht war. »Luise« rangierte hier gleichberechtigt mit den »Langen Kerls«, dem »Panoptikum« und den »Teltower Rübchen« und war mit einem bemalten Teller, der sie als Wohltäterin der Armen zeigte, und mit einer gerahmten Schleife aus ihrer Morgenhaube vertreten – mit Kuriositäten also, die wissen ließen, daß wir aufgeklärten Nachgeborenen für solche Skurrilitäten nur noch ein spöttisches Lächeln haben, so wie für Moden, die uns einmal gefallen haben, nun aber komisch geworden sind.

Warnung für Selbstgewisse

Kollektive Mythen, die historische Gestalten und Geschehnisse in anschaulichen Erzählungen deuten, waren in der Menschheitsgeschichte schon immer eine immaterielle Macht. So auch im Europa des 19. Jahrhunderts, wo sie das Entstehen der Nationalstaaten beförderten oder zu ihrer Erhaltung beitrugen, indem sie festlegten, in welcher Weise die Vergangenheit im Sinne der Gegenwart und der Zukunft zu sehen war. Mythen waren Hilfsmittel zur Identitätsfindung und damit zur Abgrenzung von anderen Gemeinschaften, meist von den feindlichen, die die eigene unterdrückten, bedrohten oder zu bedrohen schienen, so daß Einheit auch durch Gemeinsamkeit von Feindschaft entstand.

Den Deutschen dienten dazu vor allem die Franzosen, an deren kultureller Hegemonie im 18. Jahrhundert sich in den gebildeten Schichten das deutsche Nationalbewußtsein entzündete; an deren großer Revolution den Deutschen, die an ihren Fürsten festhielten, klar wurde, daß sie ganz anders waren; und deren Napoleon schließlich durch seine Eroberungen zum Geburtshelfer eines deutschen Nationalismus wurde, der teilweise ins Extreme geriet.

Die mit Sieg endende Bekämpfung Napoleons vor allem durch Preußen konnte später die Legende von der sogenannten »Deutschen Sendung« Preußens bestätigen. Und da auch der kleindeutsche Nationalstaat sich wieder im Kampf gegen Frankreich verwirklichte, konnten alle Mythen, die sich direkt oder im übertragenen Sinne (wie im Germanenkampf gegen die Römer)

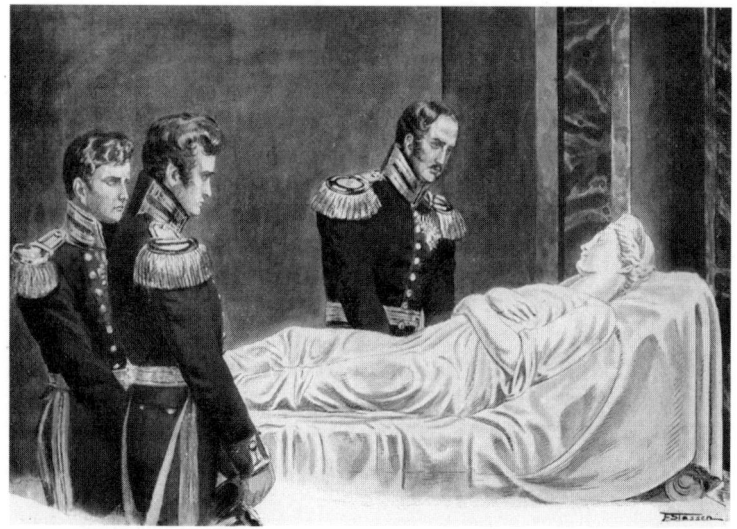

Die Illustration von Franz Stassen zu Müller-Bohns »Die deutschen Befreiungskriege« zeigt Friedrich Wilhelm III. und seine Söhne Friedrich Wilhelm (IV) und Wilhelm (I.) 1815 im Charlottenburger Mausoleum vor ihrem Ausmarsch nach Frankreich, in das Napoleon von Elba aus zurückgekehrt war.

auf den »Erbfeind« bezogen, im Bismarck-Reich weiter ihre Zwecke erfüllen – so auch die Lichtgestalt einer Luise, die ihren Glanz erst einbüßen mußte, als in der zweiten Hälfte des 20. Jahrhunderts der Feind keiner mehr war.

Denn Mythen verblassen, wenn ihre Zwecke den Notwendigkeiten der Zeit nicht mehr entsprechen. Mythische Helden erfüllen nur so lange ihre kriegerischen Funktionen, wie heldische Einzelkämpfer benötigt werden; und Luise konnte als Vorbild nur in Zeiten dienen, deren Frauenideal dem, nach dem sie geformt war, entsprach. Als dann aber Dulderinnen, die sich durch eheliche Treue und passive Vaterlandsliebe auszeichnen, nicht mehr als erstrebenswert galten, mußte das Modell Luise veralten; es mußte umgeformt oder verworfen werden, oder es wurde durch andere Idole und Legenden ersetzt.

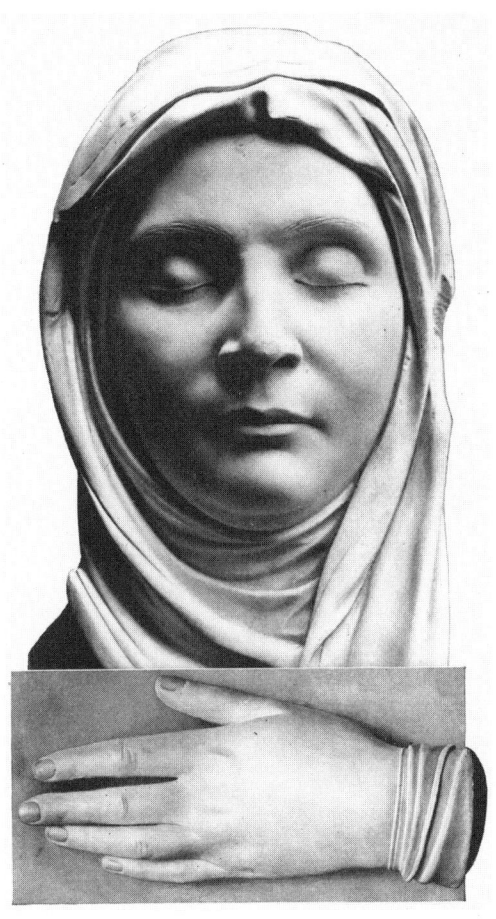

Totenmaske und Abguß der Hand der Königin Luise, abgenommen von dem Neustrelitzer Bildhauer und Architekten Christian Philipp Wolff, der 1815 den Luisen-Rundtempel in Hohenzieritz baute. Die Wachsabgüsse befanden sich früher in der Luise-Gedenkhalle des Hohenzollern-Museums im Schloß Monbijou, das im Zweiten Weltkrieg zerstört und später abgetragen wurde.

Selbstverständlich ließ sich nicht jeder von den Legenden überzeugen, die in den Schulbüchern zu finden waren. Kritiker der Mythen hat es immer gegeben, und zwar sowohl solche, die an die Stelle der einschichtigen Legenden die mehrschichtigen Wahrheiten setzen wollten, als auch jene, die, weil sie andere politische Ziele verfolgten, andere Idole brauchten, wie zum Beispiel in wilhelminischen Zeiten die Sozialdemokratie. Franz Mehring wollte Luise vom Thron der Verehrung vertreiben, weil er andersgeartete Inthronisierungen wollte. Und der Skeptiker Fontane, der sich gegen das süßliche Luise-Bild wehrte und am Eisernen Kanzler auch die schlechten Seiten entdeckte, hatte gegen ein anderes, herberes Preußen-Idol, gegen das Friedrichs des Großen nämlich, nicht nur nichts einzuwenden, sondern er arbeitete auch fleißig an der Festigung dieser Legende mit.

Auf unsere Gemüter können Mythen nur so lange wirken, wie sie uns als Wahrheiten gelten; wenn wir wissen, warum sie entstanden, und welchen Zwecken sie dienen, sind wir ihrer Macht schon entflohen. Mit überlegenem Lächeln können wir auf jene zurückblicken, die ihnen, ohne es zu wissen, verfallen waren. Wir können uns für aufgeklärt und immunisiert halten – dabei aber genausowenig wie jene, die wir belächeln, wissen, daß die Entlarvung von Mythen nicht deren Ende, sondern nur ihren Wechsel bringt.

Auch die Vorstellung, keiner Mythen mehr zu bedürfen, kann eine sein.

Nachweis der Zitate

Verflechtungen

»die schlichte Treue …«, aus: Seidel, S. 4

Die schönen Schwestern

»die angenehmste aller deutschen …«, aus: Schadow, Bd. 1, S. 39
»der jetzt unter allen Bildhauern …«, aus: Krenzlin, S. 141
»nach der Natur …«, aus: Schadow, Bd. 1, S. 40
»den vielen schwachen …«, aus: Schadow, Bd. 1, S. 40
»Mir fatal!«, aus: Mackowsky, S. 355

Glaube und Liebe

»Dieses Herz, das Ihnen …«, aus: Adami, S. 54
»Mein Himmel! Das ist ja …«, aus: Adami, S. 51
»Nichts ist erquickender …«, aus: Novalis, S. 498
»wahre Wunder der Transsubstantiation …«, aus: Novalis, S. 501
»Blumen … schöne Fürstinn …«, aus: Novalis, S. 486-487
»so das gewöhnliche Leben …«, aus: Novalis, S. 497
»Wer den ewigen Frieden …«, aus: Novalis, S. 502
»Der Traum der Wahrheit«, aus: Jean Paul, Bd. I/3, S. 10–12
»Warum hat sie zwei Throne …«, aus: Jean Paul: Briefe, Bd. 3, S. 340
»Wechselgesang der Oreaden …«, aus: Jean Paul, Bd. II/3, S. 266-269
»Schmerzlich-tröstlichen …«, aus: Jean Paul, Bd. II/3, S. 208–209

Lektüre

»von denen Sie annehmen …«, aus: Luises Briefe, S. 224
»alle Bücher in die Havel …«, aus: Luises Briefe, S. 228
»Wie könnte je sich ihm …«, aus: Adami, S. 95
»die den Völkern Preußens …«, aus: Hartmann, S. 251

»vor den Augen des ganzen Hofes ...«, aus: Kleist, Bd. 7, S. 83
»An die Königin von Preußen ...«, aus: Kleist, Bd. 1, S. 42

Stein und Luise

»Ein Unglück für den Preußischen Staat ...«, aus: Pertz, S. 441
»byzantinischen Schwindel«, aus: Mehring, S. 79

Schutzgeist der Deutschen

»ein Monument, ein Epitaphium ...«, aus: Schadow, Bd. 1, S. 92
»Brennenleuen«, aus: Kletke, S. 503
»mehr eigentümlich als schön«, aus: Fontane: Havelland, S. 349
»Reinheit, Glanz und schuldloses ...«, aus: Fontane: Grafschaft Ruppin, S. 517
»Schmerz ... auf allen Gesichtern ...«, aus: Steffens, S. 205
Varnhagen notiert, aus: Varnhagen: Tagebücher, Bd. 1, S. 26–27
»Uns umstrahlet die Entfernte ...«, aus: Arnim, Bd. 3, S. 381–404
»Schutzgeist ... der deutschen Sache ...«, aus: Körner, T. 1, S. 26–27
»Magdeburg«, »Makellose«, aus: Dreyhaus, S. 22-25
»Eisenritter«, aus: Ziehen, S. 64
»Heiligenbild für den gerechten Krieg«, aus: Körner, T. 1, S. 27
»holde Sage ...«, aus: Dreyhaus, S. 84
»Blücher auf dem Montmartre«, aus: Tetzner, S. 189¾190

Die preußische Madonna

»Unterschied des Geschlechts«, aus: Dreyhaus, S. 68–70
»den Männern unserer tapferen Heere ...«, aus: Bellardi, S. 74–75
»Bey Lebzeiten Ihrer Majestät ...«, aus: Berliner Abendblätter, 6. Bl., 6.10.1810, S. 23
»In fesselnder Weise ...«, aus: Der Bär, Jg. 16 (1898), S. 35
»Ich bestimme daher ...«, aus: Wülfing, S. 103
»Zu gut für eine Welt ...«, aus: Brendicke, S. 105
»Ein fleißiger Sammler ...«, aus: Brendicke, S. 6
»volkstümliche Überlieferung«, aus: Treitschke, S. 277
»die beiden innigsten Empfindungen ...«, aus: Der Bär, Jg. 17 (1899), S. 286
»Erinnerung ihres dankbaren Volkes«, aus: Treitschke, S. 276–277
»tiefen Sinn«, aus: Hintze, S. 1
»In dem religiösen Glauben ...«, aus: Hintze, S. 4–5

Umwertungen
»Das Deutsche Reich ist tot …«, aus: Molo, S. 225
»Wir müssen durch …«, aus: Molo, S. 5
»Und vergib uns …«, aus: Molo, S. 311
»Wie ein Heiligenschein …«, aus: Molo, S. 312
»viel Militarismus …«, aus: Preußen im Film, S. 250
»diese volkstümlich …«, aus: Preußen im Film, S. 250
»Radaupatriotismus …«, aus: Preußen im Film, S. 250
»falscher Ausschmückung«, aus: Griewank, S. 8
»Geheimnis ihrer geschichtlichen …«, aus: Griewank, S. 8
»gebrochenes Herz«, aus: Cecilie, S. 220

Vergebliche Wiederbelebung
»dem Hause Hohenzollern«, aus: Hartmann, S. 6
»unbelastet durch Traditionen …«, aus: Luises Briefe, S. 15

Ausgewählte Literatur

Königin Luise. Briefe und Aufzeichnungen. Herausgegeben und erläutert von Karl Griewank. Leipzig: Bibliographisches Institut 1924
Königin Luise von Preußen. Briefe und Aufzeichnungen 1786–1810. Mit einer Einleitung von Hartmut Boockmann. Herausgegeben von Malve Gräfin Rothkirch. München: Deutscher Kunstverlag 1985

Adami, Friedrich: Luise, Königin von Preußen. 18. Auflage. Gütersloh: Bertelsmann 1906 Aretz, Gertrude: Königin Luise. Dresden: Aretz 1927
Arnim, Achim von: Werke. Herausgegeben von Reinhold Steig. Band 3. Leipzig: Insel (um 1900)
Bär, Der. Illustrierte Wochenschrift. Jahrgang 16 und 17. (1898–1899)
Bailleu, Paul: Königin Luise. Ein Lebensbild. Berlin, Leipzig: Giesecke und Devrient 1908
Bellardi, Paul: Königin Luise. Ihr Leben und ihr Andenken in Berlin. Berlin: Plahn 1893
Berger, Ludwig: Kronprinzessin Luise. 3 Akte. Berlin: Propyläen 1926
Berger, Ludwig: Luise, Königin von Preußen. Berlin: Propyläen 1926
Berliner Abendblätter. Herausgegeben von Heinrich von Kleist. (Reprint) Nachwort von Helmut Sembdner. Darmstadt: Wissenschaftliche Buchgesellschaft 1973
Brendicke, Hans: Königin Luise. Leben und Wirken einer deutschen Frau. Herausgegeben und dem deutschen Volke erzählt. Berlin: Bartels (um 1900)
Cecilie, Kronprinzessin von Preußen: Erinnerungen. Leipzig: Koehler 1930
Derboeck, C. V.: Luise, Königin von Preußen. Ein Vorbild weiblicher Tugenden. Historische Erzählung für die Jugend. Berlin: Drewitz (um 1900)

Dreyhaus, Hermann: Die Königin Luise in der Dichtung ihrer Zeit. Berlin: Wegweiser (um 1925)

Eckart, Götz: Johann Gottfried Schadow und die Königin Luise. In: J. G. Schadow: Die Königin Luise in Zeichnungen und Bildwerken. (Katalog) Potsdam: Verein Historisches Potsdam 1993

Ethos und Pathos. Die Berliner Bildhauerschule 17861914. Herausgegeben von Peter Bloch, Sibylle Einholz und Jutta von Simson. Berlin: Staatliche Museen 1990

Felseneck, Marie von: Königin Luise. Ein Lebensbild nach authentischen Quellen bearbeitet. Der deutschen Jugend gewidmet. Berlin: Weichert (um 1910)

Fontane, Theodor: Wanderungen durch die Mark Brandenburg. Band 1: Die Grafschaft Ruppin, Band 3: Havelland. Berlin: Aufbau 1994

Friedrich II., König von Preußen: Die Werke Friedrichs des Großen. Band 1–10. Berlin: Hobbing 1913

Friedrich Wilhelm III., König von Preußen: Vom Leben und Sterben der Königin Luise. Eigenhändige Aufzeichnungen. Herausgegeben von Heinrich Otto Meisner. Leipzig: Koehler 1926

Gubitz, Friedrich Wilhelm: Bilder aus Romantik und Biedermeier. Herausgegeben von Paul Friedrich. Berlin: Pantheon 1922

Häker, Horst: Brennus in Preußen. Geschichte eines Mythos. In: Jahrbuch Preußischer Kulturbesitz. Jahrgang 18 (1981)

Hartmann, Heinrich: Luise. Preußens große Königin. Herrsching: Pawlak 1988

Hintze, Otto: Königin Luise. Festrede zur Feier ihres 100. Todestages. In: Hohenzollern-Jahrbuch. Jahrgang 14 (1910)

Jean Paul: Werke. Band I/3 und II/3. Herausgegeben von Norbert Miller. München: Hanser 1965 und 1978

Kleist, Heinrich von: Gesamtausgabe. Herausgegeben von Helmut Sembdner. Band 1–7. München: dtv 1974

Kletke, Hermann (Hrsg.): Deutsche Geschichte in Liedern, Romanzen, Balladen und Erzählungen. Berlin: Adolf 1846

Körner, Theodor: Werke in 2 Teilen. Herausgegeben von Augusta Weidler-Steinberg. Berlin, Leipzig: Bong (um 1900)

Krenzlin, Ulrike: Johann Gottfried Schadow. Ein Künstlerleben in Berlin. Berlin: Bauwesen 1990

Luise Auguste Wilhelmine Amalie, Königin von Preußen. Ein Denkmal. Berlin: Braunes 1810

Mackowsky, Hans: Johann Gottfried Schadow. Jugend und Aufstieg. 1746–1797. Berlin: Grote 1927

Mackowsky, Hans: Die Bildwerke Gottfried Schadows. Berlin: Deutscher Verein für Kunstwissenschaft 1951

Mann, Thomas: Von deutscher Republik. In: T. Mann: Essays. Band 2. Frankfurt am Main: S. Fischer 1993

Marwitz, Friedrich August Ludwig von der: Ein märkischer Edelmann im Zeitalter der Befreiungskriege. Band 1: Lebensbeschreibung. Herausgegeben von Friedrich Meusel. Berlin: Mittler 1908

Mehring, Franz: Gesammelte Schriften. Band 6. Zur deutschen Geschichte von der Französischen Revolution bis zum Vormärz. 1789-1847. Berlin: Dietz 1965

Molo, Walter von: Luise. Roman. München: Langen 1919 (Band 2: Ein Volk wacht auf)

Müller-Bohn, Hermann: Die deutschen Befreiungskriege 1806-1815. Veranlaßt und herausgegeben von Paul Kittel. Band 1-2. Berlin: Kittel (um 1910)

Novalis: Werke in einem Band. München: Hanser 1984

Pertz, Georg Heinrich: Aus Steins Leben. 1. Hälfte. Berlin: Raumer 1856

Plessen, Marie-Louise und Daniel Spörri: Le Musee Sentimental de Prusse. Eine Ausstellung der Berliner Festspiele im Berlin-Museum. Berlin: Fröhlich und Kaufmann 1981

Preußen – Versuch einer Bilanz. Eine Ausstellung der Berliner Festspiele. 15. August bis 15. November 1981. Katalog in 5 Bänden. Reinbek bei Hamburg: Rowohlt 1981

Röchling, Carl, Richard Knötel und Waldemar Friedrich: Die Königin Luise in 50 Bildern für Jung und Alt. Berlin: Kittel 1896

Schadow, Johann Gottfried: Kunstwerke und Kunstansichten. Band 1-3. Berlin: Henschel 1987

Schadows Berlin. Zeichnungen von Johann Gottfried Schadow. Berlin: Stiftung Archiv der Akademie der Künste 1999

Schröder, Johann Heinrich: Preußische Porträts. Ausstellung im Schloß Paretz. Potsdam: Sanssouci 1994

Schuster, Georg: Königin Luise. Historische Bilddokumente. Berlin: Schröder 1934

Seidel, Ina: Luise, Königin von Preußen. Ein Bericht über ihr Leben. Königstein/Ts.: Der Eiserne Hammer (um 1930)

Steffens, Henrich: Was ich erlebte. Herausgegeben von Willi A. Koch. Leipzig: Dieterich 1938

Taschenbuch für edle teutsche Weiber. Mit Kupfern. Leipzig: Müller 1800

Tetzner, Franz (Hrsg.): Deutsche Geschichte in Liedern deutscher Dichter. Teil 1–2. Leipzig: Reclam 1892|1893

Treitschke, Heinrich von: Ausgewählte Schriften. Band 1. Leipzig: Hirzel 1917

Varnhagen von Ense, Karl August: Tagebücher. Band 1. Leipzig: Brockhaus 1861

Voß, Sophie Marie Gräfin von: 69 Jahre am Preußischen Hofe. Leipzig: Duncker und Humblot 1894

Wichert, Ernst: Die gnädige Frau von Paretz. Dramolet in einem Aufzuge. Leipzig: Reclam 1877

Wülfing, Wulf, Karin Bruns und Rolf Parr: Historische Mythologie der Deutschen 1798-1918. München: Fink 1991

Ziehen, Julius (Hrsg.): Die Dichtung der Befreiungskriege. Leipzig: Ellermann (um 1930)

Abbildungsnachweis

Jörg P. Anders, Berlin: *275*
bpk: *324*
Bundesarchiv Koblenz (Pl. Slg. 2/29/9): *343*
Staatsbibliothek zu Berlin – Preußischer Kulturbesitz: *271*
Hohenzollernmuseum des Johanniter Ordens, Berlin (Inv. Nr. 12/719): *353*
Kunstbibliothek SMPK (Bildarchiv Preußischer Kulturbesitz): *347*
Märkisches Museum, Berlin: *287*
Phot. Zander & Labisch, Berlin: *339*
Schlesisches Museum, Breslau (Photographische Gesellschaft, Berlin): *319*
Schloßmuseum Gotha (Inv. Nr. 632/577): *317*
SPSG: 346
Staatliche Schlösser und Gärten Berlin (GK I 30314): *291*
Stiftung Archiv der Akademie der Künste, Berlin: *Umschlag*: *280*
Ullstein Bild: *277, 340, 341, 350, 351*

Die übrigen Abbildungen stammen aus folgenden Bänden:

Arenhövel, Willmuth: Eisen statt Gold. Preußischer Eisenkunstguß aus dem Schloß Charlottenburg, dem Berlin Museum und anderen Sammlungen, Berlin 1982, S. 66 (T. 116): *279*
Bailleu, Paul: Königin Luise. Ein Lebensbild. Berlin, Leipzig 1908, T. 27: *357*
Bellardi, Paul: Königin Luise. Ihr Leben und ihr Andenken in Berlin. Berlin 1893, S. 2: *322*
Brendicke, Hans: Königin Luise. Leben und Wirken einer deutschen Frau. Berlin (um 1900), S. 59, 105, 121: *293, 303, 329*

Brockhaus' Konversations-Lexikon. 14., vollständig neubearbeitete Aufl. Bd. 12. Leipzig 1908, S. 628 (Abb. 18): *314*

Der Bär 16 (1889), S. 33: *320*

Die Königin Luise von Preußen und die Luisenburg. Ein Vortrag von Elisabeth Jäger am 10. März 1980 im Rathaussaal in Wunsiedel anläßlich der Enthüllung eines Porträts der Königin Luise, Wunsiedel o.J., S. 15: *289*

Felseneck, Marie von: Königin Luise. Ein Lebensbild nach authentischen Quellen bearbeitet. Berlin (um 1910), S. 80: *337*

Goldammer, Peter: Heinrich von Kleist. 2., durchgesehene Aufl. Leipzig 1986, S. 80: *295*

Hohenzollern-Jahrbuch 6 (1902), S. 40, 42, 44, 48, 56: *293, 301, 304, 305, 333, 349*

Horn, Georg: Das Buch von der Königin Luise. Berlin 1884, S. 110, 164: *308, 325*

Königin Luise. Historische Bilddokumente. Hrsg. von Georg Schuster. Berlin 1934, S. 25, 37, 90: *268, 272, 273, 309*

Mackowsky, Hans: Johann Gottfried Schadow. Jugend und Aufstieg. 1746–1797. Berlin 1927, T. 29: *270*

Müller-Bohn, Hermann: Die deutschen Befreiungskriege 1806–1815. Bd. 1. Berlin (um 1910), S. 264: *310*

Müller-Bohn, Hermann: Die deutschen Befreiungskriege 1806–1815. Bd. 2. Berlin (um 1910), S. 844: *356*

Oeser, Hans Ludwig: Menschen und Werke im Zeitalter Goethes, Berlin o.J., S. 101: *298*

Röchling, Carl, Richard Knötel und Waldemar Friedrich: Die Königin Luise in 50 Bildern für Jung und Alt. Berlin 1896, S. 8, 45: *281, 330*

Voß, Sophie Marie Gräfin von: 69 Jahre am Preußischen Hofe. Leipzig 1894: *282*

Unter den Linden

Inhalt

Ein Ende	373
Geist und Macht	376
Die Bäume	381
Das Schloß	388
Küchengarten und Exerzierplatz	394
Die Brückenpuppen	402
Der schöne Platz	423
Der Jungfernkranz	437
Friedrich reitet	453
Aufrecht am Eckfenster	465
Mars und Minerva	475
Kranzler und Bauer	483
Größer, aber nicht schöner	501
Die Tunnel	517
Das Quarrée	523
Das große Portal	535
Nachweis der Zitate	545
Literatur	549
Abbildungsnachweis	557

Ein Ende

Am Vormittag des 3. Februar 1945, einem Sonnabend, wurden die Berliner zum zweihundertachtundachtzigsten Mal seit dem Beginn des Krieges durch auf- und abschwellende Töne der Sirenen vor einem Fliegerangriff gewarnt. In den Vororten war zu beobachten, wie unter einem klaren, nur von Wolkenschleiern durchzogenen Himmel wohlgeordnete Geschwader viermotoriger Flugzeuge in großer Höhe anflogen, über der Innenstadt ihre Bombenlast abluden und, Kondensstreifen nach sich ziehend, abdrehten, während die nächste Staffel der im Sonnenlicht glitzernden Maschinen schon nahe war.

Neunhundertsiebenunddreißig sogenannte Fliegende Festungen der 8. US-Luftflotte, die von sechshundertdreizehn Jagdmaschinen begleitet waren, warfen innerhalb von zwei Stunden zweitausendzweihundertvierundsechzig Tonnen Spreng- und Brandbomben auf einen von Rauchzeichen markierten Umkreis, dessen Zentrum etwa die Straße Unter den Linden war. Als der langanhaltende Ton der Sirenen die Überlebenden aus den Kellern und Bunkern lockte, verdunkelte eine Qualmwolke die Sonne, und der historisch bedeutsamste Teil der Stadt war zerstört oder verbrannt.

Zwischen dem Pariser Platz und dem Lustgarten waren nur noch wenige intakte Gebäude zu finden. Aber auch diese sollten nicht lange erhalten bleiben, weil die westlichen Alliierten in den nächsten Wochen die Stadt weiter zerbombten und in den letzten Apriltagen, als sich die Schlacht um Berlin in ihrer Endphase

Universität und Zeughaus im Jahre 1945. Links das im Krieg eingemauerte Reiterstandbild Friedrichs des Großen, rechts in der Ferne der Turm des Roten Rathauses. Über der Zeughausruine ist die zerstörte Kuppel des Doms zu sehen.

Der westliche Teil der Linden im Jahre 1945.

auf den Verteidigungsring um die Reichskanzlei konzentrierte, das Zerstörungswerk seine Vollendung fand.

Im Mai 1945 säumten nur noch Ruinen die ehemalige Prachtstraße, auf deren Mittelpromenade Fahrzeugwracks rosteten. Verkohlt waren die jungen Linden, die erst nach den Olympischen Spielen von 1936 wieder gepflanzt worden waren. Im Osten ragte das Skelett der Schloßkuppel in den Himmel. Im Westen aber, am Rande des zerfetzten und zerwühlten Tiergartens, wo den Denkmälern der brandenburgisch-preußischen Kurfürsten, Könige und Kaiser in der Siegesallee die letzte Stunde geschlagen hatte, stand noch immer, wenn auch beschädigt und mit zerschossener Quadriga, das Tor, durch das zwölf Jahre zuvor die braununiformierten Kolonnen mit Fackeln marschiert waren, um in der Wilhelmstraße den Beginn eines tausend Jahre währenden Reichs zu feiern, mit dem es nun, nach zwölf Jahren schon und doch viel zu spät, zu Ende gegangen war.

Geist und Macht

Begonnen hatte die Geschichte der Straße Unter den Linden schon unter den Kurfürsten, aber geprägt wurde sie von den ersten vier preußischen Königen. Vom Schloß ausgehend, wuchs die Allee gemeinsam mit dem Anwachsen des Königreiches, um gegen Ende des 18. Jahrhunderts, als Preußen seine größte Ausdehnung nach Osten hatte, mit dem Brandenburger Tor ihren Abschluß zu finden. Die baulichen Veränderungen, die ihr das folgende Jahrhundert brachte, betrafen vor allem ihre jüngere, also die westliche Hälfte, nahmen ihr aber weder das Repräsentative noch ihre Vornehmheit. Auch im bürgerlichen Zeitalter und als Promenade der Müßiggänger behielt sie ihren Charakter als Staatsstraße. Sie repräsentierte Preußen, und zwar sowohl das militärische, das sich im Zeughaus in aller Pracht zeigte, als auch das geistig-künstlerische, für das schon früh das Opernhaus stand.

Beide Seiten verkörpern sich auch in dem ersten Gebäude, das in der Straße Unter den Linden errichtet wurde, in dem Haus nämlich, das Johann Gregor Memhardt, der Städte- und Festungsbaumeister des Großen Kurfürsten, für sich selbst gebaut hatte und das deshalb heute den Namen Memhardt-Haus tragen könnte, wäre es nicht später vom Staat erworben und zum Sitz des Berliner Militärbefehlshabers erkoren worden, weshalb es seit 1800 etwa in den Stadtplänen als Kommandantenhaus oder Kommandantur erscheint.

Der Dualismus von Geist und Macht wurde auch noch im 20. Jahrhundert Unter den Linden deutlich: Da wohnte an ei-

Ausschnitt aus dem Gemälde Anton von Werners, das die Eröffnung des Reichstages durch Wilhelm II. 1888 im Weißen Saal des Schlosses darstellt. Der Historienmaler von Werner wurde vom Kaiser, der Max Liebermanns Bilder nicht mochte, sehr geschätzt.

nem Ende, im Schloß, Wilhelm II., am anderen, am Pariser Platz, ein Berliner Künstler, den der Kaiser vielleicht auch deshalb nicht mochte, weil in seinem Werk die Hohenzollernverherrlichung fehlt und der doch so gut wie der Herrscher zu dieser preußischen Straße gehörte – der Maler Max Liebermann.

Heute hat kein Berliner mehr am Pariser Platz seine Wohnung, und die Straße Unter den Linden schmückt zwar Berlin und bildet sein Zentrum, hebt sich aber von allem Städtischen ab. Nie ist jemand auf den Gedanken gekommen, das Rathaus oder die Parlamente zwischen die Paläste zu setzen. Die Bürger der Stadt fühlen sich in ihr dem Alltag enthoben. Sie sind stolz darauf, eine so weltberühmte Straße zu haben, aber heimisch sind sie in ihr so wenig, wie man es in Kirchen oder Museen ist. Keinem ihrer Besucher können sie eine Besichtigung ihrer Prachtstraße erlassen, fühlen sich aber im Strom der Touristen selbst ein wenig als Gäste, weil sie doch eigentlich in Pankow, am Wedding oder in Dahlem zu Hause sind. Hier sind sie zwar nicht in der Fremde, aber doch außerhalb des Gewohnten. In ihrem Empfinden liegt die Straße nicht im Verwaltungsbezirk Mitte, sondern außerhalb aller Wohnquartiere und behördlichen Einteilung. In ihr wird der wie ein Kleinstädter an seinen Ortsteil gebundene Großstädter zum Hauptstädter. Sie beschert den Bewohnern der weiträumigen, aus konturlos ineinanderlaufenden Ortschaften bestehenden, von Parks, Seen und Wäldern durchsetzten Gegend, die sich als Berlin bezeichnet, eine gemeinsame Identität.

Daß sich der Name der Straße über alle Regimewechsel hinweg unverändert erhalten konnte, ist sicher auch der politisch neutralen Baumart zu danken, hat aber wohl auch etwas mit der Macht von Traditionen zu schaffen, die weder die monarchischen und demokratischen noch die auf Umbenennungen besonders versessenen diktatorischen Regierungen zu verletzen wagten – was für die Berliner den Vorteil hatte, daß ihre sprach-

Vier Jahre nach der Thronbesteigung des letzten Kaisers zog Max Liebermann in das von seinem Vater geerbte Haus am Pariser Platz. Die Zeichnung zeigt ein Selbstporträt von 1923.

liche Inbesitznahme der Straße konstant bleiben konnte. Seit vielen Generationen nennen sie sie einfach »Die Linden«, und neben der Absicht, es sich sprachlich bequem zu machen, schwingen in dieser Kurzform auch andere, nur dem Eingeweihten merkbare Informationen mit.

An die Stelle des feierlichen »Unter den Linden«, das ein wenig an Dorfidylle erinnert, das burschikose »Die Linden« zu setzen, heißt erstens, den poetischen Namen der eigenen Nüchternheit anzupassen, und zweitens, diskret anzudeuten, daß man, bei aller Verehrung der Kurfürsten, Könige, Kaiser und Präsidenten, sich von dem Glanz, den sie auszustrahlen meinen, nicht so leicht imponieren läßt. Die Respektierung der Regierenden folgt eigenem Willen und vergißt dabei nicht den Respekt vor sich selber, zeigt also auch vor kunstvollstem Herrschaftsgepränge so etwas wie Bürgerstolz. So wie der märkische Uradel gern auf seine fragwürdige Herkunft aus altem slawischem Adel pochte, um den Hohenzollern bedeuten zu können, daß sie erst später als die Quitzows und Bredows zu Märkern geworden waren, so legen auch die Berliner Wert auf die Feststellung, schon immer vor den Regierenden dagewesen zu sein. Besonders stark war dieses Empfinden im 20. Jahrhundert, als nach dem Kaiser in kurzer Folge die Spitzenleute aus Heidelberg, Ostpreußen, Österreich, Sachsen und sogar aus dem Saarland kamen und teilweise auch die Linden zur Schaustellung ihrer Triumphe nutzten. Da fand sich zwar auch immer die obligatorische jubelnde Menge, doch untergründig war auch die Überlegenheit dessen zu spüren, der immer schon da war und nicht, wie der Bejubelte, heute kommt und morgen schon wieder geht.

Die Bäume

Als zu Anfang des 15. Jahrhunderts mit Friedrich I., dem Burggrafen von Nürnberg, die Hohenzollern in die Mark Brandenburg kamen, sich den rebellischen Adel unterwarfen und den Städten größere Sicherheit, aber auch den Verlust an Selbständigkeit brachten, waren die Berliner tatsächlich seit mindestens zweihundert Jahren schon da. An der schmalsten Stelle der Spreeniederung, wo sich die Höhenzüge von Barnim und Teltow einander nähern, hatten sie zwischen Spreearmen die Städte Cölln, im Westen, und Berlin, im Osten, gegründet und sie wirtschaftlich und politisch so gut entwickelt, daß die Hohenzollern bald ihre Residenz in sie verlegten und das Schloß bauten, das zweihundert Jahre später zum Ausgangspunkt der berühmten Linden-Allee werden sollte. Mit dem Schloßbau hing aber auch der sogenannte Berliner Unwille zusammen, die erste Erhebung der Hauptstädter gegen die fürstliche Macht.

Durch eine geschickte Politik, die auch Gewaltandrohung nicht scheute, hatte der Kurfürst Friedrich II. Streitigkeiten in und zwischen den beiden Städten dazu benutzt, sich städtische Privilegien zu sichern und auch das Recht zu erwirken, sich zwischen den Flußarmen, auf Cöllner Gebiet, ein Schloß zu erbauen. 1442 legte er persönlich dazu den Grundstein, doch verzögerte sich die Fertigstellung, weil die Bürger beider Städte, deren Einkünfte sich durch den Entzug von Rechten, wie dem der Zollerhebung und der Niederlage, verringert hatten, ihrer Unzufriedenheit unter anderem auch durch Verwüstung und

Überflutung der fürstlichen Baustelle Luft machten. Doch da andere Städte ihnen nicht zu Hilfe kamen, willigten sie schließlich notgedrungen in die Vorherrschaft der Kurfürsten ein.

1451 wurde das Schloß als feste Residenz bezogen, und es beherbergte damals schon, wie später immer, neben den Wohn- und Repräsentationsräumen des Kurfürsten und seines Hofes Landesämter, Kanzleien, Gerichte und ähnliches, so daß die späteren Um- und Anbauten nicht nur dem steigenden Luxusbedürfnis des Hofes geschuldet waren, sondern auch der Vergrößerung des Landes und der Perfektionierung der Bürokratie. Dabei wurde auch bald schon die Reihe der Künstler und Architekten, die den baufreudigen Hohenzollern dienstbar waren, mit Caspar Theiss, Rochus von Lynar und Johann Gregor Memhardt eröffnet, welch letzterer dann schon zu Zeiten des Großen Kurfürsten wirkte und somit auch etwas mit der von Linden beschatteten Straße zu tun hatte, deren bescheidene Anfänge in das Elend einer Nachkriegszeit fielen, das dem der Berliner Notzeiten nach 1945 nicht unähnlich war.

Der Dreißigjährige Krieg hatte, wie überall in der Mark, auch in Berlin und Cölln durch die ständigen Truppendurchzüge und Plünderungen, durch Kämpfe, Brände und Epidemien gewütet. Die Einwohnerzahl beider Städte hatte sich fast um die Hälfte verringert, mehr als ein Drittel der Häuser war zerstört oder verfallen, und auch das Schloß war in den langen Kriegsjahren in einen so desolaten Zustand geraten, daß Friedrich Wilhelm, der Große Kurfürst, der seit 1640 regierte und 1646 die oranische Prinzessin Luise Henriette geheiratet hatte, wahrscheinlich dieser zuliebe, der er die zerstörte Residenz nicht zumuten wollte, nach Abschluß des Westfälischen Friedens (1648) noch zwei Jahre am Niederrhein, im brandenburgischen Kleve blieb. Von dort aus leitete er brieflich die Wiederherstellung des Berliner Schlosses und ordnete dabei auch die Anlage eines Jagd- und Reitweges an. Dieser sollte vom Schloß zum Tiergarten führen und von Linden- und Nußbäumen beschattet werden. Der brief-

Kurfürst Friedrich II. von Brandenburg machte die Doppelstadt an der Spree zu seiner Residenz und erbaute das Schloß, das unter seinen Nachfolgern durch Um- und Anbauten ständig wuchs.

liche Erlaß des Kurfürsten vom 16. April 1647, in dem er Einzelheiten dazu festlegte, zeigt, neben seinen Gartenbauinteressen, die sich beim mehrjährigen Aufenthalt in den Niederlanden herausgebildet hatten, auch die Eigenart des absolutistischen Herrschers, möglichst jedes Detail persönlich zu regeln. Noch sein Enkel Friedrich Wilhelm I. und sein Urenkel Friedrich II. regierten ihr inzwischen größer gewordenes Preußen auf diese direkte und persönliche Art.

So wird in dem Erlaß zum Beispiel angeordnet, daß für die im Herbst zu pflanzenden Bäume »anitzo« schon »Kuhlen oder Grüben, da die Bäume eingesezet werden«, gegraben und mit »guter Erde« ausgefüllt werden sollen, »welches dann bey der Einsezung den Bäumen wohl zu Statten kommen und die Bewürzelung und Wachsung umb so beßer befördern wirdt«.

Die für Jagdausflüge des Hofes bestimmte Allee begann an der Schloßbrücke, die damals Hundebrücke genannt wurde und zum Passieren der Schiffe hochgezogen werden konnte, führte über noch unbebautes Gelände und endete etwa in Höhe der heutigen Schadowstraße, wo schon der Tiergarten begann. Daß der Kurfürst bei der großzügigen Anlage von sechs Baumreihen, die später auf vier reduziert wurden, bereits an eine Prachtstraße für die aufblühende Residenz gedacht hatte, ist anzunehmen, wenn man den zügigen Ausbau der Stadt in westliche Richtung bedenkt.

Wichtiger freilich waren ihm, nach den bösen Erfahrungen des Dreißigjährigen Krieges, die Befestigungsanlagen, die er von einigen der besten Baumeister Europas, Memhardt darunter, ausführen ließ. Den Wällen, Gräben und Bastionen, die eine Bewährungsprobe im Kriege glücklicherweise nie zu bestehen hatten, mußte auch der östliche Teil der neuangelegten Lindenallee weichen, so daß die Baumreihen erst außerhalb von Wall und Graben begannen, dort nämlich, wo sie, in Höhe der Universitätsstraße, auch heute, mit der Mittelpromenade zusammen, beginnen und sich Rauchs Friedrich-Denkmal erhebt.

Friedrich Wilhelm, der Große Kurfürst, der die Grundlagen zum späteren Aufstieg Preußens legte, war auch Schöpfer des vom Schloß zum Tiergarten führenden Reitweges, der späteren Straße Unter den Linden, deren Bebauung zu seiner Zeit schon begann.

Dort gab es ein Stadttor und eine Zugbrücke über den Festungsgraben. Doch dauerte dieser Zustand nicht lange, da sich in den nächsten Jahrzehnten die neuen Städte, die erst nach der Königskrönung Friedrichs I. unter einem Magistrat und dem Namen Berlin vereinigt wurden, rasch nach Westen schoben, wobei auch die Linden auf ihre endgültige Länge von knapp

Der Merian-Kupferstich zeigt die Doppelstadt zur Zeit des Großen Kurfürsten nach der Anlage der Befestigungswerke, denen ein Teil der Lindenallee, die ursprünglich an der Hundebrücke begonnen hatte, weichen mußte. In die so entstandene Lücke wurde später das Forum Fridericianum gebaut.

anderthalb Kilometer gebracht wurden und unter Friedrich Wilhelm I. mit dem Quarrée genannten viereckigen Platz ihren passenden Abschluß fanden. Das neue Tor, das hier nun errichtet wurde, war zwar noch nicht unser Brandenburger Tor, hieß aber schon so.

Damit waren die Abmessungen und der Rahmen für die künftige Staats- und Paradestraße, die aber von Anfang an auch als Flanierkorso dienen sollte, von drei Herrschergenerationen gegeben worden. Der Große Kurfürst hatte die Bäume gewählt und die Richtung gewiesen; sein Sohn, der erste König in Preußen, war am Ausgangspunkt der Straße mit dem Umbau des Schlosses zu einem imposanten Barockbau maßstabbildend gewesen; und dessen Sohn, der Soldatenkönig, hatte mit dem Viereck vor dem Tiergarten einen Abschluß gefunden, der der Bedeutung des königlichen Boulevards entsprach.

Was aber weitgehend noch fehlte, das war die Füllung dieses kostbaren Rahmens. Zwar säumten beim Tode Friedrich Wilhelms I., 1740, schon Häuser die ganze Länge der Straße, aber es waren meist schmucklose, billige Bauten, wie sie den Sparsamkeitsprinzipien des Soldatenkönigs entsprachen. Nur am Anfang, gleich hinter dem Kupfergraben, dem Haus gegenüber, das einst Memhardt gehört hatte, erhob sich der mächtige und prächtige barocke Bau des Zeughauses. Aber er stand vor den unbrauchbar gewordenen Festungsanlagen ziemlich allein.

Das Schloß

Um dem 1701 entstehenden Königreich Preußen ein repräsentatives Zentrum zu geben, war das Schloß auf der Spreeinsel, von dem die Linden ausgingen, ab 1698 von Andreas Schlüter und seinem Konkurrenten und Amtsnachfolger Eosander von Göthe zu einem mächtigen Barockbau gestaltet worden, der zeitweilig, neben dem Stockholmer Schloß Karls XII., als die modernste Residenz Europas galt. Wie schon vorher unter den Kurfürsten, war das Schloß auch im 18. Jahrhundert mit seinen nun etwa 700 Zimmern und Sälen mehr als der hauptsächliche Wohn- und Regierungsort des Herrschers; es war auch Sitz vieler zentraler Behörden, Tresor des Staatsschatzes, Hotel für vornehme Gäste, administrativer Mittelpunkt der zerstreut liegenden Landesteile und nicht nur städtebaulicher, sondern auch besonders in den Karnevalswochen gesellschaftlicher Mittelpunkt der adligen Kreise der Stadt.

Auch als Anfang des 19. Jahrhunderts die neugeschaffenen Fachministerien eigene Gebäude bezogen, dauerte die Multifunktionalität des Schlosses noch fort. So konnte zum Beispiel Scharnhorst, als er 1801 die Militärische Gesellschaft gründete, seinen Unterricht für Offiziere in den Schloßräumen abhalten. Und da verstärkt auch Bürgerliche an den Repräsentationsveranstaltungen des Hofes teilnehmen konnten, wurde selbst unter Friedrich Wilhelm III. und Wilhelm I., die im Schloß keine Wohnräume hatten, die gesellschaftliche Bedeutung des riesigen Baues verstärkt.

Gemälde von Franz Krüger, das die Huldigung vor Friedrich Wilhelm IV. nach seiner Thronbesteigung 1840 zeigt. Im Gegensatz zu seinem Vater, der die Öffentlichkeit möglichst mied, trat der neue König gern als Volksredner auf. Links im Bild das Schloß, rechts das Zeughaus und die Kommandantur.

Im Schloß wurden die Hochzeiten und Taufen des Herrscherhauses festlich begangen, an jedem 18. Januar der Jahrestag der Krönung gefeiert, und auch wichtige politische Zusammenkünfte fanden hier statt. So trat im April 1847 zum Beispiel im Weißen Saal des Schlosses der Vereinigte Landtag zusammen, auf dem Friedrich Wilhelm IV. zum Ärger der Progressiven seine Ablehnung einer Verfassung mit einer blumigen Wendung begründete, die meist nur verkürzt zitiert worden ist. »Es drängt mich zu der feierlichen Erklärung«, so lautet sie richtig, »daß es keiner Macht der Erde je gelingen soll, mich zu bewegen, das natürliche ... Verhältnis zwischen Fürst und Volk in ein konventionelles, konstitutionelles zu wandeln, und daß ich es nun und nimmermehr zugeben werde, daß sich zwischen Unsern Herrgott im Himmel und dieses Land ein beschriebenes Blatt gleichsam als eine zweite Vorsehung eindränge, um Uns mit seinen Paragraphen zu regieren und durch sie die alte heilige Treue zu ersetzen.« Zwei Jahre später war eine Verfassung, wenn auch nicht die vom Volk gewünschte, da.

Auch die revolutionären Ereignisse von 1848 nahmen vom Schloß her ihren Ausgang. Im Schloßhof wurde der König gezwungen, den aufgebahrten gefallenen Barrikadenkämpfern seine Ehrerbietung zu erweisen. Und es war der Rittersaal des Schlosses, in dem der König 1849 die Annahme der ihm von der Frankfurter Nationalversammlung angetragenen deutschen Kaiserkrone verweigerte, weil eine solche demokratische Krönung seiner Auffassung vom Gottesgnadentum des Monarchen zuwiderlief.

Da bei Feierlichkeiten des Hofes im 19. Jahrhundert die Zuschauermassen immer mehr auch zu Mitfeiernden wurden, zog man auch häufiger die dem Schloß benachbarten Plätze und auch die Straße Unter den Linden in die Festivitäten mit ein. Als im Dezember 1793 die mecklenburgischen Prinzessinnen Luise und Friederike als Bräute des Kronprinzen Friedrich Wilhelm (III.) und seines Bruders Ludwig feierlich in Berlin einfuhren, um im Schloß empfangen zu werden, hatte man die Ehrenpforte für sie schon in Höhe der heutigen Universität errichtet, die Linden also zum Vorhof des Schlosses gemacht.

Beim Fest der Thronbesteigung Friedrich Wilhelms IV., 1840, wurde nach den Huldigungen des Klerus und der Stände, die im Schloß und im Dom stattgefunden hatten, auf dem Schloßplatz für die breitere Öffentlichkeit gefeiert. Die Ehrengäste durften hier auf Tribünen sitzen, und für den König, der als erster der Hohenzollern auch als Volksredner wirkte, wurde ein Baldachin errichtet. Öffentliche Ansprachen hielt dann auch gern der letzte Kaiser, Wilhelm II., und da er pompöse Auftritte in wechselnden Uniformen liebte, benutzte er dazu oft den Lustgarten und die Straße Unter den Linden, die unter seiner Regierung aber auch zur modernen Verkehrsader wurde. War seine Zeit doch nicht nur von Traditionalismus, sondern auch von wissenschaftlichem und technischem Fortschritt bestimmt.

Die Ruine des Schlosses, die 1950 auf Weisung von Ulbricht gesprengt wurde, auf einem Photo von 1947. Erhalten blieb das Eosander-Portal, das später in das Staatsratsgebäude eingebaut wurde.

Der Verkehrslärm, der heutzutage geruhsame Spaziergänge Unter den Linden verhindert, wurde unter anderem dadurch verschuldet, daß man in den achtziger Jahren des 19. Jahrhunderts die vorher im verkehrstoten Winkel an Schloß und Lustgarten beginnende Straße durch ihre Verlängerung in östlicher Richtung zur Durchgangsstraße gemacht hatte, zur kürzesten Verbindung zwischen dem Alexanderplatz und Charlottenburg. Vorher hatten die Linden für den von Westen kommenden Verkehr am Lustgarten geendet. Um den Alexanderplatz erreichen zu können, hatte man vor dem Schloß rechts abbiegen und den Weg über die Königs-, die heutige Rathausstraße oder den Mühlendamm nehmen müssen. Nun aber, zu wilhelminischen Zeiten, schlug man durch das mittelalterliche Berlin mit seinen Gassen und Gäßchen die breite Schneise der Kaiser-Wilhelm-(heute Karl-Liebknecht-)Straße und öffnete damit, wie man meinte, dem Fortschritt die Tür.

Julius Rodenberg, der Flaneur jener Jahre, hat in seinen »Bildern aus dem Berliner Leben« nicht nur von den Schuttbergen dieses Begradigungs- und Zerstörungswerks, sondern auch von seinen zwiespältigen Gefühlen umständlich erzählt. Wehmütig beschreibt er den Verlust mancher Stätten, die an Moses Mendelssohn, Nicolai und Lessing erinnerten; er trauert um krumme Gassen, idyllische Höfe und gemütliche Kneipen, bekennt sich aber auch tapfer zu dem Geist, der die Stadtplaner damals bewegte, indem er das »Demolierungswerk der Kaiser-Wilhelm-Straße« als ein »Reinigungswerk« bezeichnet, das Licht und Luft in die dunkelsten Winkel des alten Berlin gebracht habe und der Gesundheit und der Verkehrszirkulation diene. Die neue, breite Kaiser-Wilhelm-Straße, so resümiert er, wird den kommenden Generationen »das großartigste Zeichen für das Berlin Kaiser Wilhelms« sein.

Was die Kaiserzeit von dem rechts der Spree gelegenen alten Berlin übriggelassen hatte, wurde im Zweiten Weltkrieg zertrümmert und in den Nachkriegsjahrzehnten in eine vom Fernsehturm überragte innerstädtische Leere verwandelt, in der die Betonattrappe des Nikolaiviertels nur schlecht ans Verlorene erinnert und die erhalten gebliebene Marienkirche wie ein Fremdkörper wirkt. Mit dem alten Cölln verfuhr man nicht anders. Auch hier wurde die alte Straßenführung vielfach mißachtet, Fahrbahnen wurden verbreitert, Plattenbauten errichtet und manche wiederaufbaufähige Ruine einfach beseitigt – so auch der Ausgangspunkt der Straße Unter den Linden, das Stadtschloß, das 1950 gesprengt wurde und einen nach Marx und Engels benannten riesigen Platz zurückließ, der Massenaufmärschen dienen sollte, aber so deprimierend wirkte, daß 1976 der sogenannte Palast der Republik auf Teilen von ihm gebaut wurde. Aber die Ödnis beseitigte er nicht.

Nur der Wiederaufbau der Schlüterschen Schloßfassade, dem der Bundestag im Sommer 2002 zugestimmt hat, kann die häßliche Lücke in Berlins Mitte füllen, das Ensemble von Dom,

Altem Museum, Zeughaus und Lustgarten wieder vervollständigen und den Linden einen würdigen Anfang geben. Doch wird auch dann noch bedauerlich bleiben, daß der Verkehrsstrom der zur Durchgangsstraße gemachten Linden die Korrespondenz zwischen den aufeinander bezogenen Prachtbauten stört.

Küchengarten und Exerzierplatz

Am Ursprung der Linden, an Schloß und Lustgarten also, begann auch der Jurastudent Heinrich Heine seinen Linden-Spaziergang, von dem er in seinen 1822 erschienenen »Briefen aus Berlin« heiter und ironisch erzählt. Es war die Zeit, in der der Geheime Oberbaurat Karl Friedrich Schinkel die Stadt in einer uns heute zusagenden Weise verschönerte. Schon war auf dem Gendarmenmarkt sein Schauspielhaus zu bewundern. Schon stand am Kastanienwäldchen die Neue Wache. Den Umbau des Doms (ein Werk des älteren Boumann von 1750, wesentlich kleiner und bescheidener als der uns heute Vertraute aus Zeiten des letzten Kaisers) hatte er gerade beendet und war dabei, die hölzerne Zugbrücke über den Kupfergraben durch die steinerne Schloßbrücke zu ersetzen. Schon gab es die Entwürfe für die Friedrichwerdersche Kirche, und auch mit dem Bau des Museums, das wir heute das Alte nennen, wurde wenig später begonnen; es schloß und schließt noch bis heute den Lustgarten nach Norden hin ab.

Heine aber sah den Lustgarten noch ohne diese bauliche Begrenzung. An ihrer Stelle teilte ein breiter, im Zuge der Memhardtschen Befestigungsbauten entstandener Graben die Insel, auf deren nördlichem Teil, wo sich heute die Museen drängen, ein Packhof zum Entladen der Schiffe stand. Der Lustgarten selbst, den der Große Kurfürst von einem Küchengarten des Schlosses in eine barocke Anlage hatte umwandeln lassen, hatte seit Friedrich Wilhelm I. nichts mehr von einem solchen. Er war

Dieses Porträt des jungen Heinrich Heine von C. Colla entstand etwa 1820, also zwei Jahre vor den »Briefen aus Berlin«.

so unansehnlich geworden, daß Heine sich beim Stichwort Lustgarten fragen konnte, wo denn aber hier der Garten sei.
Statt der Blumenornamente, der geometrisch geformten Hecken und seltenen Pflanzen, zu denen übrigens auch, erstmalig in Preußen, die Kartoffeln gehört hatten, sah er einen öden, von Pappeln gerahmten Platz, der vor allem zum Exerzieren und Paradieren geeignet war. Es war noch immer die von Friedrich Wilhelm I. geschaffene schlichte, leicht zu pflegende Anlage, auf der des Königs geliebte und mißhandelte Soldaten gedrillt wurden, während er, wenn er, was allerdings selten war, in Berlin

weilte, vom Fenster seines Arbeitszimmers aus zusehen konnte. Angeblich hatte er deshalb die Zimmer an der Lustgartenseite des Schlosses zum Wohnen gewählt.

Den nach Schönheit dürstenden jungen Dichter mußte die Öde des Exerzierplatzes zu Äußerungen über das Militär provozieren; doch fielen die, verglichen mit späteren Urteilen, relativ milde aus. Während er zwei Jahrzehnte danach, durch böse Erfahrungen veranlaßt, in seinem »Deutschland. Ein Wintermärchen« an den preußischen Soldaten nur ihre Pedanterie, ihre eckigen Bewegungen und den in den Gesichtern »eingefrorenen Dünkel« zu sehen vermochte, gesteht er hier, angesichts des Lustgartens, Freude an den Wachparaden zu haben, obwohl er »kein sonderlicher Freund vom Militärwesen« sei. Preußische Offiziere, »schöne, kräftige, rüstige, lebenslustige Menschen«, seien ihm ein erfreulicher Anblick. Zwar sehe man auch »hier und da ein aufgeblasenes, dummstolzes Aristokratengesicht aus der Menge hervorglotzen«, doch fände man beim größeren Teil der hiesigen Offiziere, besonders bei den jüngeren, eine Bescheidenheit und Anspruchslosigkeit, die man besonders deshalb bewundern müsse, weil »der Militärstand der angesehenste in Berlin« sei. Er lobt die allgemeine Wehrpflicht, weil diese den Kastengeist gemildert habe, witzelt über die von Schinkel »ganz kürzlich von außen neuverzierte« Domkirche und wird von einer »vielbewegten Menschenmasse« aus »Bekennern des Alten und des Neuen Testaments« erschreckt. »O Gott, welche Gesichter! Habsucht in jedem Muskel!« Es war die Börse, zu der die Menge sich drängte. Sie befand sich damals nämlich gleich links neben dem Dom.

Am Spreeufer hatte Memhardt dem Großen Kurfürsten neben dem Lustgarten auch ein Lusthaus mit Kuppel und offenen Galerien errichtet, in dessen Erdgeschoß die Kühle einer muschelverzierten Grotte lockte, während im Saal des Obergeschosses die Hofgesellschaft im Sommer tafeln und sich vergnügen konnte – bis der Soldatenkönig 1713 den Thron bestieg. Der

Der Stich von Christian Peter Jonas Haas nach Friedrich August Calau zeigt die alte Domkirche am Lustgarten von Johannes Boumann d. Ä., die 1750 eingeweiht wurde. Links neben ihr steht das Königliche Waschhaus und das von Memhardt erbaute Lusthaus, das später als Börse diente. Rechts ragt hinter dem Apothekenflügel des Schlosses der Turm der Marienkirche auf.

wirtschaftlichen Vernunft gehorchend, wurde das Lusthaus in eine Tapetenfabrik umgewandelt; und als diese sich nicht mehr rentierte, durfte die Kaufmannsgilde im Saal ihre Börse einrichten. Das Erdgeschoß aber wurde als Werkstatt des Hofbildhauers genutzt.

Wie viele Plätze Berlins hat auch der Lustgarten, bei dem nur der Name beständig war, sein Aussehen häufig verändert. Jede Zeit paßte ihn ihren politischen und ästhetischen Bedürfnissen an. Hatte absolutistische Prachtentfaltung den Nutzgarten in eine barocke Anlage verwandelt, so mußte diese im rationalistischen Zeitalter dem Exerzierplatz weichen, der dann aber für das klassizistische Berlin nicht mehr passend war. Kaum hatte Schinkel die nördliche Begrenzung des Platzes durch den Bau seines breitgelagerten Museums beendet, so wurde der Platz nach seinen Vorstellungen von Peter Joseph Lenné mit Baumreihen, Rasenflächen und einem fontänegeschmückten Wasser-

Das Photo zeigt die alte, von Schinkel umgebaute Domkirche am Lustgarten um 1890, kurz vor ihrem Abriß. Heines Spott entzündete sich an den beiden von Schinkel aufgesetzten Türmchen, die ihm wie »Vogelkörbe« (gemeint sind Käfige) vorkamen, in denen, wie ein Witzwort besagte, »Dompfaffen abgerichtet« wurden.

Das Photo von Waldemar Titzenthaler zeigt den Blick von der Treppe des Alten Museums auf den Lustgarten im Jahre 1913. Vorn steht die Granitschale, die Christian Gottlieb Cantian 1829 aus einem der Markgrafensteine der Rauenschen Berge geschaffen hatte, hinten das Schloß und in der Mitte, seit 1871, das Reiterstandbild Friedrich Wilhelms III.

becken zu einem Park umgestaltet, der aber schon in der nächsten Generation dem wachsenden Bedürfnis nach vaterländischen Denkmälern zum Opfer fiel.

Da Unter den Linden schon die Reformer und Kriegshelden der napoleonischen Ära ihre Denkmäler gesetzt bekommen hatten, schien es nötig zu sein, auch ihren König auf diese Weise zu ehren, nur mußte, seiner Stellung entsprechend, sein Denkmal viel imposanter ausfallen. Der Bildhauer Albert Wolff setzte Friedrich Wilhelm III. also auf ein Pferd und dieses auf einen Sockel, der einen dreistufigen Unterbau hatte, so daß die Entfernung vom Erdboden bis hinauf zum Generalshut mehr als zwölf Meter betrug.

Um der fünfzigsten Wiederkehr des Tages zu gedenken, an dem mit dem königlichen Aufruf »An mein Volk« die Befreiungskriege eröffnet worden waren, wurde die Grundsteinlegung des Denkmals am 3. März 1863 durch Wilhelm I. vollzogen, der damit auch den Auftakt für die erneute Umgestaltung der Lustgartenanlage gab. Die Denkmalsenthüllung sollte zum hundertsten Geburtstag des Geehrten, im August 1870, stattfinden, doch kam der Krieg gegen Frankreich dazwischen, und man enthüllte den königlichen Reiter erst ein Jahr später im Zusammenhang mit der Siegesfeier, die nicht nur der französischen Niederlage, sondern auch der Rangerhöhung Wilhelms I. zum Kaiser galt.

Der Lustgarten war als Standort für dieses Denkmal insofern wenig geeignet, als Friedrich Wilhelm III., der die Öffentlichkeit immer gescheut und dem Volke mißtraut hatte, in den kommenden Jahrzehnten hier oft von den Massen, die fortan das Zeitalter bestimmten, umgeben war. Nach den Festlichkeiten, auf denen sich Kaiser Wilhelm II. in schmucken Uniformen der Menge zu zeigen liebte, versammelten sich hier auch jene, die seinen Sturz betrieben und die Republik ausriefen. Parteien aller Schattierungen trafen sich hier zu Kundgebungen, in denen sie ihren Wünschen nach Beharrung oder Veränderung Ausdruck gaben. Die SA marschierte. Nach dem »Blitzkrieg« gegen Frank-

Franz Hessel, der 1938 vor den Nazis aus Berlin fliehen mußte und im französischen Exil starb, war nicht nur Lyriker, Romancier und Übersetzer, sondern auch ein ausgezeichneter Essayist. Bis heute lebendig geblieben ist vor allem sein 1929 erstmals erschienenes Buch »Spazieren in Berlin«.

reich 1940 konnte hier der berühmte Eisenbahnwagen von Compiegne besichtigt werden. Eine antisowjetische Ausstellung, die Widerstandskämpfer anzuzünden versuchten, sollte den Krieg gegen Rußland rechtfertigen. Und allen stand das Reiterstandbild im Wege, das dann mit dem Ende der Hitlerherrschaft durch Bomben zugrunde ging.

Erhalten aber blieb, als eine Sehenswürdigkeit aus vormärzlichen Tagen, die große Granitschale, die aus einem der Markgrafensteine der Rauenschen Berge gefertigt worden war. Sie war von Hitlers Leuten, weil sie bei Aufmärschen störte, wie ein Möbel verschoben worden, steht heute aber wieder dort, wo Schinkel sie hingestellt hatte. Denn seine mit dem Museum zugleich entworfene Parkanlage wurde in unseren Tagen glücklicherweise rekonstruiert.

Zu ihr gehört eigentlich die alte, bescheidene, von Schinkel veränderte Domkirche, nicht aber der zu groß geratene, unruhige Dom von Julius Raschdorff mit seiner Vielzahl an »Hochrenaissanceeinzelheiten«, der eine größere Fläche als der Kölner Dom bedeckt. Franz Hessel, der sensible Flaneur der Weimarer Jahre, wäre über den Abriß dieses »Riesengefüges von Quantität, Material und schlecht angewandter Gelehrsamkeit«, das alle »religiösen und menschlichen Gefühle« verletze, glücklich gewesen, weil das, wie er meint, die Unschuld der Vergangenheit wiederhergestellt hätte. Er, der von 1888 an in Berlin gewohnt, den 1905 fertig gewordenen Dombau also miterlebt hatte, mußte ihn noch als gegenwärtige Sünde empfinden. Wir aber, die wir in Jahrzehnten die liebevolle Wiederherstellung des von Bomben beschädigten Gotteshauses erlebt haben, können milder über ihn urteilen, weil er für uns zum rar gewordenen Vergangenheitszeugnis geworden ist.

Die Brückenpuppen

Vielleicht um nicht daran erinnert zu werden, daß er im teuren Berlin auf Kosten seines reichen Onkels Salomon Heine lebte, kehrte also der junge Dichter den Börsianern den Rücken, um sich Schönerem zuzuwenden, der Straße Unter den Linden nämlich, die an der Brücke über den Kupfergraben schiefwinklig auf Schloß und Lustgarten stößt. Die Brücke war, wie gesagt, damals noch schmal und hölzern und hieß Hundebrücke; doch waren, wie Heine bemerkte, schwatzende und »Branntewein« trinkende Bauarbeiter schon mit Vorbereitungen zu ihrem Abriß beschäftigt; denn nach Schinkels Plänen sollte sie durch die steinerne, dreibögige, auf die Breite der Prachtstraße gebrachte und mit plastischen Figurengruppen geschmückte Schloßbrücke ersetzt werden, deren Fertigstellung Heine aber nicht mehr erleben konnte, da er im Mai 1823 Berlin wieder verlassen mußte und seine zwei späteren Kurzbesuche noch ins gleiche Jahrzehnt fielen, während die Fertigstellung der Brückenfiguren aus Kostengründen lange noch auf sich warten ließ. Erst 1854 standen alle acht Bildwerke, die von Schinkel ersonnen und von acht Rauch-Schülern ausgeführt worden waren, auf ihren hohen Marmorpodesten – von denen sie im Zweiten Weltkrieg abmontiert und sicher gelagert wurden, so daß sie die Bomben und Granaten heil überstehen, im Kalten Krieg dem gespaltenen Berlin als Tauschobjekt dienen und 1982 ihren alten Platz wieder einnehmen konnten, auf einer Brücke freilich, die nun weder Hunde- noch Schloß-, sondern (glücklicherweise nur für einige Jahre) Marx-Engels-Brücke hieß.

Eine der acht Figurengruppen der Schloßbrücke: Pallas Athene ruft den Krieger zum Kampf.

Wäre Heinrich Heine kurz vor seinem Tode noch einmal nach Berlin gekommen, hätten ihn die Brückenfiguren damals sicher nicht weniger als uns heute befremdet; denn sie stellen in mythologischer Verkleidung die Schönheit des Todes auf dem Schlachtfelde dar. Der antikisch-nackte Jüngling, dessen Lebenslauf die acht Stationen erzählen, wird von den Göttinnen Nike, Athena und Iris über die Heldentaten der Vorväter unterrichtet, im Waffengebrauch unterwiesen, in die Schlacht geführt und schließlich als Toter hinauf zum Olymp getragen, in die Unsterblichkeit.

Gedacht war bei diesem klassizistischen Heldengedenken an die Gefallenen der Befreiungskriege, und zwar nicht nur, wie im 18. Jahrhundert üblich, an die Feldherren und gekrönten Häupter, sondern auch die einfachen Soldaten, die in friderizianischen Zeiten ohne besondere Ehrung geblieben waren. Dieser Zyklus von Brückenfiguren ist, in uns fremd gewordenem antikem Gewande, eine frühe Gedenkstätte für den unbekannten Soldaten, ein Denkmal im Geiste des reformierten Preußen, das mit der allgemeinen Wehrpflicht die unwürdige Behandlung der Soldaten beendet und mit dem Eisernen Kreuz eine Kriegsauszeichnung gestiftet hatte, die an jeden verliehen werden konnte, unabhängig von Rang und Stand.

Daß die Puppen, wie die Berliner die Brückenfiguren nannten, zur Zeit ihrer Fertigstellung Aufsehen erregten, hing aber nicht mit ihrer patriotischen Botschaft, sondern mit ihrer Nacktheit zusammen. Wie Varnhagen berichtet, traf man auf der Schloßbrücke immer wieder auf Gruppen von Menschen, die das Antike nicht als solches begriffen, sondern in ihm die Verletzung von Sitte und Anstand sahen, während andere wieder frivole Scherze darüber machten, die Varnhagen, so sehr sie ihn auch verdrossen, als ein Gegengift gegen die verordnete Frömmelei empfand. »Der König«, meinte er, »wird noch befehlen müssen, den Bildsäulen während der Nacht die Geschlechtsteile wegzumeißeln.« Und ihm kommt auch zu Ohren, daß der Kul-

Alfred Döblin. Tuschfederzeichnung von Rudolf Großmann, 1932.

turminister tatsächlich beim König den amtlichen Antrag gestellt habe, »die nackten Bildsäulen von der Schloßbrücke wieder abzunehmen« und ins Zeughaus zu stellen.

Der Spottname Puppenbrücke war auch Alfred Döblin in seiner Jugend geläufig, und als er sie wiedersah nach vierzehn Exiljahren, waren es nicht schön verklärte, sondern unangenehme Erinnerungen, die ihn beim Anblick der nun puppenlosen und von Ruinen umgebenen Brücke bewegten. Er, der in Stettin Geborene, aber in Berlin Aufgewachsene, der als Arzt und Autor die Stadt bis in ihre dunkelsten Winkel gekannt und diese durch seinen Roman »Berlin Alexanderplatz« weltberühmt gemacht hatte, gesteht in seinen Erinnerungen an die Exiljahre, die 1947 mit dem deprimierenden Besuch seiner zertrümmerten Heimatstadt enden, er habe diese Gegend um Schloß, Lustgarten und Linden nie gemocht. Hier, an der Puppenbrücke, habe er als Schüler an Kaisers Geburtstag in der Januarkälte oft stehen müssen, um mitzujubeln, wenn um die Mittagsstunde Wilhelm II. mit seinen Söhnen zwecks Paroleausgabe vom Schloß zum Zeughaus marschierte, immer glänzend uniformiert. Hier, in Schloßnähe, sei er an jenem verhängnisvollen heißen Augusttage 1914 Teil der singenden, dem »Delirium des Krieges« verfallenen Menge gewesen, die sich die Linden hinunter bis zur Friedrichstraßenkreuzung bewegt hatte – die er nun, 1947, bei seiner Rückkehr, die zur Heimkehr nicht wurde, völlig entstellt wiedersah. Er fand sie, diese früher verkehrsreichste Ecke, tot und leer wie die nun baumlosen Linden, und wie in einem Traum, den fünfzehn Jahre zuvor niemand geträumt hatte, spazierte inmitten der trostlosen Schuttberge ein russischer Soldat mit einem Mädchen an der Seite vorbei.

1822 aber überquerte, wie schon gesagt, der junge Heine den Kupfergraben noch auf der schmalen, aufziehbaren Holzbrücke, und da er Paris noch nicht kannte, war seine Behauptung, er kenne »keinen imposanteren Anblick, als, vor der Hundebrücke stehend, die Linden hinaufzusehen«, wohl keine Übertreibung; nur meinte er damit nicht die Straße Unter den Linden als solche, die ja eigentlich erst mit der Mittelpromenade hinter der Universität beginnt, sondern vor allem das Forum Fridericianum oder auch Friedrich-Forum, das die Gemeinde der Friedrich-Verächter, um diesen genialen, aber nicht unbedingt sympathischen König vergessen zu machen, auch Linden-Forum zu nennen liebt.

Heines Aufzählung der von ihm bewunderten Gebäude macht diese Teilsicht deutlich. Abgesehen vom Akademiegebäude nennt er nur zum Forum gehörende Bauten: das Zeughaus, die Universität und das »neue Wachthaus«, das Kronprinzenpalais,

Dieses vor dem Zweiten Weltkrieg aufgenommene Photo zeigt den Blick vom Schloß über die Schloßbrücke in die Straße Unter den Linden. Rechts das Zeughaus, links die Kommandantur.

Die Kommandantur, wie sie nach ihrem Umbau von 1874 aussah und nach ihrem Wiederaufbau aussehen wird. Links hinter dem Kupfergraben mit Lastkähnen und den Häusern der Schloßfreiheit die Schloßkuppel. Photo von F. Albert Schwartz, 1880.

die Oper und die Kommode. Und nur eines der ihm ins Auge fallenden Häuser wurde von ihm vergessen, gleich links das erste, das eher als alle anderen schon gebaut worden war.

Vielleicht war Heine das von Memhardt 1655 zum eigenen Gebrauch errichtete zweigeschossige Gebäude, das um 1800 der Staat gekauft und umgebaut hatte, mit seinem Walmdach, seinem Vorgärtchen und den vier Eingangssäulen zu unscheinbar für eine Erwähnung erschienen. Vielleicht aber unterschlug er es auch, weil er vom Militär schon genug geredet hatte und dieses Haus, mit einem Wachposten davor, das des Stadtkommandanten war. Damals hatte ein General von Brauchitsch dieses Amt inne, ihm folgten ein von Tippelskirch, ein von Nostiz, von Lützow, von Prittwitz und andere Träger ähnlich berühmter Namen. Einen Bürgerlichen gab es unter ihnen bis 1918 nicht.

Sechzehn Jahre vor Heines Berliner »Briefen«, im Oktober 1806 nämlich, hatte ein anderer junger Autor, der Henri Beyle hieß, später aber unter dem Pseudonym Stendhal berühmt werden sollte, als Angehöriger der napoleonischen Besatzungsarmee einige Tage in diesem Hause genächtigt, aber wenig Bewunderung für die Bauten der Linden erkennen lassen, sich vielmehr vor allem über den märkischen Sand beklagt. In einem Brief an seine Schwester Pauline vom 3. November wußte er zu berichten, daß Berlin an einer ungepflasterten Straße liege, die schon ein wenig vor Leipzig beginne und so sandig sei, daß man in ihr bis zum Knöchel einsinke. Im deutschen Schauspiel sei er, Ifflands wegen, bereits gewesen, und nun sitze er in »einem kleinen Palast, wo vier Säulen einen Balkon stützen«, sehe auf der gegenüberliegenden Straßenseite »das prächtige Gebäude des Zeughauses« und seitwärts das ölig-grüne Wasser eines Spreearms, hinter dem das »Königsschloß« aufrage. Die Umgebung der Stadt sei eine sandige Einöde, auf der nur einige Bäume und ein wenig Gras wachse. Wie jemand auf die Idee hatte kommen können, eine Stadt inmitten dieses Sandes zu gründen, könne er nicht verstehen.

Der damals zur Charakterisierung Berlins immer wieder benutzte Sand, den auch Goethe in seiner Parodie auf den dichtenden Pastor Schmidt von Werneuchen bemüht hatte, war auch Jean Paul eingefallen, als er sechs Jahre vor Stendhal einige Monate in Berlin gelebt hatte. Helmina von Chezy gegenüber hatte er Berlin als eine Sandwüste bezeichnet, aber hinzugefügt, daß es nur in einer solchen Oasen gäbe, und er hatte mit diesen wohl nicht nur die Salons gemeint, in denen er schwärmerisch verehrt wurde, sondern auch die Schönheiten und Freiheiten der großen Stadt.

Berlin war dem Mann aus dem Fichtelgebirge »ein architektonisches Universum«, »ein glänzendes Juwel«, dem leider nur eine schöne Fassung, nämlich die Berge, fehlte. Das damals noch neue, von historischer Symbolik noch freie Brandenburger Tor war ihm eine grandiose und edle Eingangspforte zur Straße Unter den Linden, deren »Kolossen-Reihen von Palästen« ihm besonders reizvoll erschienen, weil einige von ihnen ihm offenstanden. Denn die Bewunderung, die die Berliner ihm nicht weniger als Goethe und Schiller zollten, war nicht bestimmt durch Standesgrenzen, was ihm den richtigen Eindruck vermittelte, daß das gesellschaftliche Leben in der Haupt- und Residenzstadt Preußens freier als in Kleinstädten und -staaten war.

Um den Eindruck nachempfinden zu können, den Heine, Jean Paul oder auch die Maler des Biedermeier vom Forum Fridericianum hatten, müssen wir uns heute den Verkehrsstrom wegzudenken versuchen, der seit dem Durchbruch der Kaiser-Wilhelm-Straße Zusammengehörendes zerschneidet und dem Platz den Charakter eines solchen nimmt. Auf älteren Stadtplänen finden wir den östlichen Teil der Linden (also den ohne die namengebenden Bäume) noch als Platz am Zeughaus und Platz am Opernhaus (später Kaiser-Franz-Joseph-Platz) bezeichnet. Erst 1937 wurden die Plätze amtlich in die Straße mit einbezogen, indem man die Häuserzählung der verkehrstechnisch erzwungenen Unkenntlichmachung des Forums anpaßte. Die

Zählung begann nun, von Seite zu Seite springend, an der Schloßbrücke, so daß die Häuser der nördlichen Straßenseite mit geraden Zahlen, die der südlichen mit ungeraden versehen wurden, wodurch das Kommandantenhaus zur Nummer 1, das Zeughaus zur Nummer 2 wurde – eine Folge, die zufällig der Entstehungschronologie entsprach.

War das von Memhardt gebaute, in seiner ursprünglichen Form sehr bescheidene Haus schon zu Zeiten des Großen Kurfürsten entstanden, so gehörte das Zeughaus zu den Bemühungen seines Sohnes, der Residenz des 1701 entstehenden Königreiches auch königlichen Glanz zu verleihen. Fast gleichzeitig mit Schlüters großartigem Umbau des Schlosses entstand, seit 1695, der quadratische, um einen Innenhof geführte, mit reichem Figurenschmuck versehene Barockbau Arnold Nerings, der, nach dessen plötzlichem Tode, von Martin Grünberg, Andreas Schlüter und Jean de Bodt weitergeführt wurde und im 18. Jahrhundert als Waffenarsenal und Trophäensammlung Verwendung fand. Die berühmten zweiundzwanzig Köpfe sterbender Krieger, die Schlüter als Schlußsteine der Erdgeschoßfenster setzte, sind im Innenhof zu bewundern. Sie scheinen mit dem Aufzeigen der Qualen des Krieges im Gegensatz zu der triumphalen Geste des Gebäudes zu stehen.

Als Aufständische 1848, um sich mit Waffen zu versorgen, das Zeughaus stürmten, diente nur noch ein Teil des Hauses als Waffenkammer, im anderen hatte man Erinnerungsstücke aus den Befreiungskriegen gesammelt, die später als Grundstock für das Militärmuseum dienten, das, nach Umbauten im Innern, bei denen auch der Hof mit Glas überdacht wurde, 1881 eröffnet wurde und, den jeweils aktuellen Tendenzen folgend, bis zu seiner schweren Beschädigung durch Bomben des Zweiten Weltkrieges bestand. Zu bewundern waren hier historische Waffen, Uniformen und Fahnen, Festungsmodelle und nachgestellte Schlachten. Im Lichthof kündeten erbeutete Geschütze von den Siegen im Deutsch-Französischen Kriege. Und auf besonders

Vier von den insgesamt 22 Köpfen sterbender Krieger von Andreas Schlüter im Hof des Zeughauses. Es sind Gesichter unterschiedlichen Alters und Charakters, die dem Tod teils mit Verbitterung oder Verzweiflung, teils aber auch mit ergebener Ruhe entgegensehen. Sie gehören zu den bedeutendsten Werken europäischer Barockskulptur.

feierliche Weise wurde in der Herrscher- und der Feldherrnhalle durch Gemälde der Historienmaler und Skulpturen der vielbeschäftigten Berliner Bildhauer der Wehrwille geweckt.

Da das Zeughaus besser als manche benachbarten Bauten den Krieg überstanden hatte, wurde relativ früh mit seiner Wiederherstellung begonnen, und zwar in seiner ursprünglichen Gestalt, also auch ohne das Glas über dem Hof. In den fünfziger Jahren waren Teile schon nutzbar. 1965 war alles fertig, und wieder zog ein Museum in den historischen Bau. Das DDR-Museum für deutsche Geschichte war zwar weniger kriegerisch und heldenverherrlichend als das Kaiserliche, aber weniger didaktisch und einseitig war es nicht. Waren vorher die Siege Friedrichs und Moltkes Glanzpunkte gewesen, waren es nun die Klassenkämpfe, die den Besuchern die gewünschte Sicht auf die Geschichte vermitteln sollten. Erst als nach der Wiedervereinigung das Deutsche Historische Museum das Zeughaus mit wechselnden Ausstellungen für einige Jahre, bis zum Beginn neuer Bautätigkeiten, wieder belegte, wurde eine Sicht auf Geschichte möglich, die auch, wo nötig, zwei Seiten einer historischen Medaille zeigt.

Die Generalsanierung des Zeughauses begann im Sommer 1999 und dauerte etwa drei Jahre, während derer auch der leicht und luftig wirkende, aus Stahlträgern und Glas bestehende Anbau von I. M. Pei, das sogenannte Schauhaus, für Wechselausstellungen entstand. Der Architekt Pei entwarf auch die flache Glaskuppel, die künftig, um die Schlüterschen Masken sterbender Krieger vor Witterungseinflüssen zu schützen und dem Museum mehr Ausstellungsfläche zu geben, den Innenhof, wie schon einmal zur Kaiserzeit, überdecken wird. Frisch vergoldet prangt nun auch wieder über der Eingangspforte das Brustbild Friedrichs I., über den eine lateinische Inschrift in barocker Länge und Übertreibung erklärt: »Für die Gerechtigkeit durch Waffen, für die Abschreckung der Feinde, für den Schutz der eignen Völker und der Verbündeten hat Friedrich I., König in

Kolorierte Kreidelithographien aus dem »Neuruppiner Bilderbogen« von 1848.

Preußen, Vater des Vaterlandes, fromm, erhaben, unbesiegt, dieses Zeughaus, das mit aller Art Kriegsgerät sowie mit Kriegsbeute und Trophäen angefüllt ist, vom Fundament her erbauen lassen 1706.«

Als Ruhmeshalle der preußischen Armee wurde das Zeughaus zu Kaisers Zeiten bezeichnet, zur Hitlerzeit aber wäre es fast zu einer solchen in anderem Sinne geworden, im Jahre 1943 nämlich, als es von den Verschwörern um den Generalmajor Henning von Tresckow als Ort des Attentats auf Hitler ausersehen worden war.

Am 21. März 1943 wurde der sogenannte Heldengedenktag offiziell im Lichthof des Zeughauses gefeiert, und im Festprogramm war, nach einer kurzen Rede Hitlers, die halbstündige Besichtigung einer Ausstellung von erbeuteten sowjetischen Waffen geplant. Da die Heeresgruppe Mitte, in der Tresckow erster Generalstabsoffizier war, die Ausstellung gestaltet hatte, war es möglich, einen der Mitverschworenen, den Oberst Rudolph Christoph Freiherrn von Gersdorff, zu Hitlers Begleiter beim Ausstellungsrundgang zu machen. Gersdorff wollte, um den Diktator zu töten, sich selber opfern. Eine am Körper versteckte Sprengladung mit Zeitzünder sollte Hitler mit ihm zusammen zerreißen. Doch als Hitler die Ansprache beendet und Gersdorff den auf zehn Minuten eingestellten Zünder betätigt hatte, eilte Hitler mit schnellen Schritten durch die Ausstellung und verließ zwei Minuten später das Gebäude durch die Seitentür am Kastanienwäldchen, wo er für dort aufgestellte Beutepanzer Interesse zeigte. Gersdorff hatte noch Zeit, die Ladung auf der Toilette unbemerkt zu entschärfen. Wieder war ein Versuch, durch ein Attentat den Krieg zu beenden und Hunderttausenden das Leben zu retten, mißglückt.

Im Jahr darauf, am 20. Juli 1944, wurde bei der Offiziersverschwörung gegen Hitler auch das gegenüberliegende Kommandantenhaus zum Schauplatz dieses ehrenhaften Mißlingens, weil dem Stadtkommandanten, General Paul von Hase, der hier

Oberst i. G. Rudolph Christoph Freiherr von Gersdorff (1905–1980), einer der Hitlergegner, der der Gestapo entgehen konnte.

seinen Amtssitz und seine Privatwohnung hatte, bei dem Versuch der Entmachtung der Hitlerherrschaft eine wichtige Rolle zugedacht war. Über ihn, als Befehlshaber der Berliner Garnisonen, liefen die unter dem Decknamen »Walküre« zusammengefaßten Befehle, die nach dem Attentat auf Hitler zur Abriegelung und Besetzung der Machtzentralen führen sollten. Von hier aus setzte am 20. Juli, nachdem Stauffenberg irrtümlich den Tod Hitlers gemeldet hatte, General von Hase die dafür vorgesehenen Truppen des Heeres in Bewegung. Hier, Unter den Linden 1, traf am Nachmittag und am Abend der Mitverschworene von Hase auf seinen Widersacher, den hitlertreuen Kommandeur des Wachbataillons, den Major Remer, der viel zum Scheitern der Verschwörung und der Verhaftung von Hases beitrug. Wenig später wurden hier auch Frau und Kinder des Generals verhaftet. Er wurde schon am 8. August in Plötzensee hingerichtet. In seine Wohnung im Kommandantenhaus zog nun für kurze Zeit Heinrich Himmler mit seiner Familie ein.

Erfreulicher sind die Erinnerungen, die sich für uns heute mit dem Gebäude auf der anderen Seite der Straße oder besser: des Platzes verbinden, mit der Nummer 3 Unter den Linden, wo am 31. August 1990, mittags 13 Uhr 15, von den Verhandlungsführern der beiden deutschen Staaten, dem Bundesinnenminister Wolfgang Schäuble und dem DDR-Staatssekretär Günther Krause, der Vertrag unterschrieben wurde, mit dem nach mehr als vier Jahrzehnten die Teilung Deutschlands zu Ende ging.

Dieses Gebäude, das wir uns angewöhnt haben Kronprinzenpalais zu nennen, ist in Wahrheit, wie auch manches andere Gebäude in dieser Straße, nur eine Kopie desselben, aber im Äußeren nur. Sein Inneres ist modern gestaltet oder, besser gesagt, so, wie man 1969, als der Neubau fertig wurde, das Moderne verstand. Die Bomben des Zweiten Weltkrieges hatten von dem alten Gebäude und dem baulich mit ihm verbundenen Prinzessinnenpalais nur die Umfassungsmauern übriggelassen; billiger als die Wiederherstellung war die Neuerrichtung gewesen, mit

General Paul von Hase (1885–1944), am 20. Juli 1944 Stadtkommandant von Berlin, wurde in Plötzensee hingerichtet.

der auch eine neue Benennung verbunden gewesen war. Das Prinzessinnenpalais hatte zwanzig Jahre als Gaststätte gedient und Opern-Café geheißen; und dem Kronprinzenpalais hatte man amtlich den Namen Palais Unter den Linden gegeben und es als Gästehaus des Magistrats von Ost-Berlin genutzt.

Immer war es das Schicksal dieses Hauses gewesen, mit der wechselnden Nutzung sowohl die Gestalt als auch die Benennung zu ändern. Zu Anfang, gegen Ende des 17. Jahrhunderts, war es das Wohnhaus eines Hofbeamten des Großen Kurfürsten gewesen; dann hatte es Friedrich Wilhelm I. 1732 von Philipp Gerlach für den Kronprinzen umbauen lassen, doch hatte Friedrich (II.), der seine letzten Kronprinzenjahre in Ruppin und Rheinsberg verbrachte, sich hier, in der Nähe des gefürchteten Vaters, kaum aufgehalten und das Haus 1742 an den Bruder August Wilhelm übergeben, der als Thronerbe vorgesehen war, aber zu früh starb. Dessen Sohn Friedrich Wilhelm II. bestimmte es dann wieder zum Sitz des Kronprinzen, und dieser, Friedrich Wilhelm (III.), der seine ersten glücklichen Ehejahre mit der geliebten mecklenburgischen Luise hier verleben konnte, war von dem Gerlach-Bau, den man, verglichen mit Schlüters Schloß, als schlicht und bescheiden bezeichnen konnte, so angetan, daß er ihn auch nach seiner Thronbesteigung, 1797, als Berliner Wohnsitz behielt.

Schon als Sechzehnjähriger, 1786, war Friedrich Wilhelm, der seine Kindheit vorwiegend in Potsdam verbracht hatte, mit dem Grafen Brühl, seinem letzten Erzieher, zusammen in diese seine Berliner Wohnung gezogen, in der er 1840 auch sterben sollte. Ihm stand das Hochparterre zur Verfügung; im Obergeschoß wohnte Graf Brühl mit seiner Frau, die aus England stammte und trotz ihrer bürgerlichen Herkunft am Hof eine bedeutende Rolle spielte, und seinen Töchtern Marie und Franziska, die durch die Männer, die sie heirateten, in die preußische Geschichte der Reformzeit eingingen. Franziska, genannt Fanny, wurde die heißgeliebte und nach ihrem frühen Tod nie vergessene Frau des Reformgegners und späteren Generals von der Marwitz aus Friedersdorf, wo man noch heute ihr Grab findet; und Marie lebte mit dem Reformer und Militärtheoretiker von Clausewitz in glücklicher Ehe und gab als Witwe aus seinem Nachlaß das weltberühmte Werk »Vom Kriege« heraus.

Nach der zu Weihnachten 1793 erfolgten Hochzeit des Kronprinzen mit der von ihm und dem Volk so sehr geliebten Luise stand dem Ehepaar das ganze Palais zur Verfügung, und als die sieben – von zehn – Königskinder, die das damals gefährliche

Das Kronprinzenpalais, das Friedrich Wilhelm III. bis zu seinem Tode bewohnte. Das obere Bild zeigt es so, wie es 1733 von Philipp Gerlach erbaut wurde und Heinrich Heine es 1822 sah. 1858 wurde es von Johann Heinrich Strack aufgestockt und erweitert und nach seiner Zerstörung im Kriege 1969 in dieser seiner äußeren Form wieder aufgebaut. Das untere Photo von etwa 1978 läßt links das Außenministerium der DDR erkennen, das glücklicherweise bald nach der Wiedervereinigung abgerissen wurde.

Säuglingsalter überlebt hatten, heranwuchsen, wurde auch das 1733 erbaute Nachbargebäude, in dem Luises Schwester Friederike zwei unglückliche Ehejahre mit dem jüngeren Bruder des Kronprinzen verbracht hatte, durch einen Erweiterungsbau hin zur Straße und einen Schwibbogendurchgang von Heinrich Gentz baulich mit einbezogen. Doch wurde der Bau erst in Luises Todesjahr, 1810, fertig. Da später hier Luises Töchter Charlotte, Alexandrine und Luise bis zu ihrer Verheiratung lebten, wird das Haus, das heute die Nummer 5 trägt, noch immer Prinzessinnenpalais genannt.

Mit gutem Grund also wird Heinrich Heine bei seinem Linden-Spaziergang 1822 das kronprinzliche Palais als das königliche bezeichnen, Reiseführer von etwa 1890 werden das Gebäude das Palais der Kaiserin Friedrich nennen und damit die Witwe Friedrichs III., die in Deutschland nie glücklich gewordene englische Prinzessin Victoria, meinen; und zwischen 1919 und 1937 wird von dem gleichen, aber nun nicht mehr den Hohenzollern gehörenden Gebäude als von einer Nebenstelle der Nationalgalerie, in der die Kunst der Moderne gezeigt wird, die Rede sein.

Freilich hatte sich das Aussehen der kronprinzlich-königlichen Behausung auf dem Wege Preußens zum Kaiserreich, der auch einer von der Bescheidenheit zur Geltungssucht war, sehr verändert. So wie man später am Ursprung der Linden an die Stelle des alten Doms von Boumann und Schinkel das auftrumpfende Ungetüm von Raschdorff gesetzt hatte, so mußte auch das Kronprinzenpalais durch einen Umbau von Johann Heinrich Strack sein Walmdach verlieren und um ein Stockwerk erhöht sowie um einen Seitentrakt vergrößert werden. Und da der Nachbau von 1969 sich nach dieser letzten Fassung richtete, ist Heines anerkennende Feststellung, daß der König, also Friedrich Wilhelm III., sich das schlichteste der Gebäude als Wohnung gewählt hätte, ohne Kenntnis der Baugeschichte heute nicht zu verstehen.

Illustration von Waldemar Friedrich aus dem weitverbreiteten Bilderbuch von 1896:
»Die Königin Luise in 50 Bildern für Jung und Alt«.

Erstaunlicherweise hat der sonst so spöttische junge Dichter über den König, der so »einfach und bürgerlich« wohnt, nur Gutes zu vermelden, und man hat nicht den Eindruck, daß er es nur der Zensur wegen sagt. Er sieht ihn (»Hut ab!«) über die Linden in den Tiergarten fahren, nicht in dem »prächtigen Sechsspänner, der gehört einem Gesandten, nein, er sitzt in dem schlechten Wagen mit zwei ordinären Pferden«, gehüllt in einen grauen Regenmantel, auf dem Kopf trägt er eine gewöhnliche Offiziersmütze. Freundlich erwidert er die Grüße der Passanten, die ihm nur Schmeichelhaftes nachzusagen haben. Ein schöner Mann sei er, meint eine reizende Blondine; der seligen Luise sei er ein guter Ehemann gewesen, rühmt eine Matrone; und ein Offizier schreit dazwischen, er sei der beste Reiter der Armee.

Die unvergessene Königin Luise, die in diesem Hause sowohl den Nachfolger ihres Mannes, Friedrich Wilhelm IV., als auch dessen Bruder Wilhelm, den ersten Kaiser, geboren und aufgezogen hatte, war, als Heine hier spazierte, schon zwölf Jahre tot. Am 22. Dezember 1793 war sie, an der Seite ihrer nicht weniger schönen jüngeren Schwester Friederike, als Braut des Kronprinzen feierlich in Berlin eingezogen, natürlich die Linden entlang. An deren Einmündung in das Friedrich-Forum, also genau dort, wo seit 1851 Rauchs Friedrich der Große reitet, hatte man eine Ehrenpforte errichtet, sozusagen als Eingangstor zum Schloßbezirk. Dreißig Knaben der französischen Kolonie in grünen Gewändern und vierundvierzig weißgekleidete Bürgermädchen mit Blumenkränzen im Haar standen hier zur Begrüßung bereit. Eine von ihnen mußte ein langes Gedicht deklamieren, und als sie mit der Strophe endete

»Vergiß, was Du verlorst, es soll ein schönres Leben
Dir dieser Festtag prophezeihn.
Heil Dir! Der künftigen Welt wirst Du Monarchen geben,
Beglückter Enkel Mutter sein!«

da beugte sich die siebzehnjährige Gefeierte zu dem Kinde hinunter, umarmte es, küßte es und antwortete auf den Aufschrei der Oberhofmeisterin: »Beim Himmel, das ist ja gegen jede Etikette«, mit der, ihre Warmherzigkeit beweisenden Gegenfrage: »Wie? Darf ich das jetzt nicht mehr?«

Daß diese wieder und wieder erzählte und ausgeschmückte Anekdote, in der die Gefühle über starre Regeln triumphieren, vor der Kulisse des Friedrich-Forums stattfindet, erhöht ihre Bedeutung. Die schöne, empfindsame Braut, die zur liebevollen, treuen Gattin und fürsorglichen Mutter wird, also bürgerliche Tugenden auf dem Thron vorlebt und vom Geist der Weimarer Dichter erfüllt ist, signalisiert die Überwindung des friderizianischen Preußen; sie kündigt sozusagen die Reformzeit schon an.

Der schöne Platz

Der Plan zum Forum Fridericianum, dessen Hauptgebäude die Oper, die Akademie und ein Palast des Königs sein sollten, war schon in der Kronprinzenzeit Friedrichs in Rheinsberg entstanden, so daß bald nach seiner Thronbesteigung mit dem Bau des Opernhauses begonnen werden konnte. Doch war dem ursprünglichen Plan eine vollständige Ausführung nicht beschieden, was aber Schuld des Königs, nicht die seines Baumeisters war.

Georg Wenzeslaus von Knobelsdorff, ein neumärkischer Adliger aus der Gegend von Crossen, der als dreißigjähriger Hauptmann den Armeedienst aus gesundheitlichen Gründen beendet und sich der Kunst zugewandt hatte, war schon seit 1732 mit dem Kronprinzen Friedrich befreundet. Dieser ermöglichte ihm Studienreisen nach Italien und Frankreich, ließ Schloß Rheinsberg von ihm umbauen und machte ihn 1740 zum Leiter der Schlösser und Gärten. Während der junge König in Europa Aufsehen erregte, weil er die Folter abschaffte, die Religionsfreiheit verkündete und Schlesien raubte, begann Knobelsdorff mit dem Bau eines seiner Meisterwerke, der Berliner Oper, die 1742, obwohl äußerlich noch unfertig, schon eingeweiht wurde und seitdem, besonders in den Karnevalswochen, in denen sie auch als Ballsaal benutzt wurde, ein Zentrum des geselligen Lebens war.

Mit ihr wurde Unter den Linden die Schließung der Baulücke begonnen, die, der Festungsanlagen des Großen Kurfürsten wegen, zwischen dem Kronprinzenpalais und dem Zeughaus auf

Der Offizier, Architekt und Maler Georg Wenzeslaus Baron von Knobelsdorff auf einem Gemälde des Dresdner Hofmalers Adam Manyoki.

dem östlichen Ende und den Wohnhäusern in westlicher Richtung bestand. Nun wurde der Festungswall abgetragen und auf der Südseite der Linden die Oper errichtet, der, als Gegenstück auf der Nordseite, der königliche Palast folgen sollte, während für den Platz westlich der Oper das Gebäude der Akademie als Begrenzung vorgesehen war. Da aber Friedrich nach den beiden schlesischen Kriegen vorwiegend in Potsdam lebte, Knobelsdorff mit dem Bau von Sanssouci beauftragte, ihn dann aber wegen Meinungsverschiedenheiten von seinem Posten verjagte und den Ausbau Berlins, auch der schlechten Finanzlage wegen, vernachlässigte, zog sich die Vollendung des Forums, unter Mißachtung der Knobelsdorffschen Absichten, noch jahrzehntelang hin. An Stelle des königlichen Palastes entstand das Palais des Prinzen Heinrich, das 1810 der Universität überlassen wurde. Die rechteckige Form des Platzes wurde durch den Standort der katholischen St.-Hedwigs-Kirche, die man aus praktischen Gründen auf die Fundamente einer alten Bastion gesetzt hatte, entscheidend verändert. Und statt des Akademiegebäudes entstand in den letzten Lebensjahren Friedrichs die von den Berlinern Kommode genannte Königliche Bibliothek.

Als Friedrich Nicolai 1786, im Todesjahr Friedrichs, seine »Beschreibung der Residenzstädte Berlin und Potsdam« verfaßte, bezeichnete er das Forum als »einen der schönsten Plätze der Welt« und begründete dieses Urteil mit der erfreulichen Vielgestaltigkeit der Gebäude, die man freilich auch als Mangel empfinden kann. Denn mit der frühklassizistischen Strenge von Knobelsdorffs Oper harmoniert eigentlich nur das Universitätsgebäude, bei dem der ältere Boumann wahrscheinlich Knobelsdorffs Entwürfe für den Königspalast berücksichtigt hat. Die Hedwigskirche dagegen ist dem römischen Pantheon nachempfunden, und der Kommode mit ihrer barock geschwungenen Fassade liegt ein Entwurf von Fischer von Erlach zugrunde, der eigentlich für die Wiener Hofburg gedacht war.

Der Opernplatz, dessen amtliche Benennung nach Kaiser Franz Joseph sich früher so wenig hatte durchsetzen können wie heute die nach August Bebel, war 1895 in einen Park mit Rasen und Büschen verwandelt worden, in dessen Mitte auf einem thronähnlichen Sessel die marmorne Kaiserin Augusta von Fritz Schaper gesessen hatte. Zu DDR-Zeiten durfte der historische Platz zum Abstellen von Autos benutzt werden. Heute aber ziert ihn eine sensibel dem Ort angepaßte Gedenkstätte, der wohltuenderweise der großmannssüchtige Prestigeeifer, dem die Holocaust-Gedenkstätte in den Ministergärten nicht gigantisch genug sein konnte, völlig fehlt. Ohne jede pompöse Geste weist sie

Das Marmordenkmal der Kaiserin Augusta von Fritz Schaper auf dem Opernplatz, das 1895 eingeweiht wurde. Rechts im Bild ein Flügel der Kommode genannten Königlichen Bibliothek.

anrührend und nachdenklich machend auf die historische Stätte, an der die Schandtat geschah.

In der Mitte des neugepflasterten Platzes ist von dem Künstler Micha Ullmann eine begehbare Glasplatte in den Boden eingelassen worden, durch die man in einen fünf Meter tiefen Bibliotheksraum blickt. Dessen trostlos-leere Regale erinnern an die etwa 20 000 Bücher, die an dieser Stelle vor den Augen einer jubelnden Menge verbrannt wurden, wenige Wochen nachdem Hitler Reichskanzler geworden war.

Im April 1933 war die vom NS-Studentenbund initiierte »Aktion wider den undeutschen Geist« nach einem zentralen Plan in allen Universitätsstädten angelaufen. Durch Plakate und Flugblätter wurden zwölf Thesen verbreitet, die die »Reinheit von Sprache und Schrifttum« verlangten, die »Überwindung des jüdischen Intellektualismus und der damit verbundenen liberalen Verfallserscheinungen im deutschen Geistesleben« forderten und nach einer Zensur riefen, die in Wahrheit schon tätig war.

Anfang Mai folgten den »Aufklärungsaktionen« die »Sammelaktionen«, die in Berlin mit der Plünderung des Instituts für Sexualwissenschaften durch Sportstudenten begannen. Mit einem Lastwagen, dessen Seitenwände die Aufschrift »Trutz dem undeutschen Schmutz und Schund« trugen, fuhr man vor das von Magnus Hirschfeld 1919 gegründete Institut für Sexualwissenschaft im Tiergarten, In den Zelten 10, stürmte auf ein Trompetensignal hinein, schleppte fünfzehn Zentner Bücher und Zeitschriften der weltweit bekannten Fachbibliothek hinaus und fuhr sie in das Studentenhaus in der Oranienburger Straße 18, wo sich die zur Vernichtung bestimmten Bücher schon häuften. Denn auch in den damals zahlreichen privaten Leihbüchereien hatte der Bücherraub bereits begonnen. Am 5. Mai war den Ladenbesitzern eine Liste auszusondernder Literatur zugestellt worden, und schon am 6. und 7. Mai waren Studenten oder SA-Kommandos erschienen und hatten die Bücher unter Drohgebärden abgeholt. Papiermühlen hatten der zu

Wider den undeutschen Geist!

1. Sprache und Schrifttum wurzeln im Volke. Das deutsche Volk trägt die Verantwortung dafür, daß seine Sprache und sein Schrifttum reiner und unverfälschter Ausdruck seines Volkstums sind.
2. Es klafft heute ein Widerspruch zwischen Schrifttum und deutschem Volkstum. Dieser Zustand ist eine Schmach.
3. Reinheit von Sprache und Schrifttum liegt an Dir! Dein Volk hat Dir die Sprache zur treuen Bewahrung übergeben.
4. Unser gefährlichster Widersacher ist der Jude, und der, der ihm hörig ist.
5. Der Jude kann nur jüdisch denken. Schreibt er deutsch, dann lügt er. Der Deutsche, der deutsch schreibt, aber undeutsch denkt, ist ein Verräter! Der Student, der undeutsch spricht und schreibt, ist außerdem gedankenlos und wird seiner Aufgabe untreu.
6. Wir wollen die Lüge ausmerzen, wir wollen den Verrat brandmarken, wir wollen für den Studenten nicht Stätten der Gedankenlosigkeit, sondern der Zucht und der politischen Erziehung.
7. Wir wollen den Juden als Fremdling achten, und wir wollen das Volkstum ernst nehmen. Wir fordern deshalb von der Zensur:
   Jüdische Werke erscheinen in hebräischer Sprache. Erscheinen sie in Deutsch, sind sie als Uebersetzung zu kennzeichnen.
   Schärfstes Einschreiten gegen den Mißbrauch der deutschen Schrift. Deutsche Schrift steht nur Deutschen zur Verfügung.
   Der undeutsche Geist wird aus öffentlichen Büchereien ausgemerzt.
8. Wir fordern vom deutschen Studenten Wille und Fähigkeit zur selbständigen Erkenntnis und Entscheidung.
9. Wir fordern vom deutschen Studenten den Willen und die Fähigkeit zur Reinerhaltung der deutschen Sprache.
10. Wir fordern vom deutschen Studenten den Willen und die Fähigkeit zur Ueberwindung des jüdischen Intellektualismus und der damit verbundenen liberalen Verfallserscheinungen im deutschen Geistesleben.
11. Wir fordern die Auslese von Studenten und Professoren nach der Sicherheit des Denkens im deutschen Geiste.
12. Wir fordern die deutsche Hochschule als Hort des deutschen Volkstums und als Kampfstätte aus der Kraft des deutschen Geistes.

Die Deutsche Studentenschaft.

Flugblatt des NS-Studentenbundes, das 1933 zur Bücherverbrennung verbreitet wurde.

erwartenden guten Geschäfte wegen die Lastwagen geliehen, und ihre Kalkulation hatte sich als richtig erwiesen; denn nachdem die Bücherberge von Wissenschaftlern aller Fakultäten nach besonders wertvollen Exemplaren durchwühlt worden waren, wurde die Masse der Bücher tatsächlich, für fünfzig Pfennige pro Zentner, eingestampft. Für die öffentliche Verbrennungsaktion wurde so viel Papier nicht gebraucht.

In den Öffentlichen Bibliotheken waren die Buchvernichter schon Wochen vorher am Werk gewesen. Eine Kommission hatte mit schwarzen Listen den Auftakt zu der Verbots- und Vernichtungspraxis gegeben. Nach einer chaotischen Übergangsphase steigerte sie sich ab 1935 mit ständig ergänzten Listen des »schädlichen und unerwünschten Schrifttums« zu bürokratischer Perfektion.

Die öffentlich bekanntgemachte Aktion am 10. Mai begann im Auditorium Maximum der Universität. Der von der Technischen Universität in Dresden aus politischen Gründen nach Berlin berufene Professor Alfred Baeumler, für den man den neuen Lehrstuhl für »Politische Pädagogik« geschaffen hatte, hielt seine Antrittsvorlesung über das Thema Hochschule und Staat. Viele Studenten waren in SA-Uniformen erschienen. Drei von ihnen umrahmten das Pult und trugen Fahnen mit dem Hakenkreuz, das, wie der Redner sagte, mehr bedeute als der Geist und das Wort. Fichte und Hegel, auf deren Lehrstuhl er nun zu sitzen meinte, bezeugte er seine Verehrung, doch seien ihre Wege nicht seine Wege, weil sie nur einer Idee gefolgt seien, er aber Hitler folge, der durch Realität mehr sei als jede Idee. Das Erziehungsziel seiner Vorläufer sei Humanität gewesen, während er auf das »Soldatentum als Lebensform« ziele. »Wir sind nicht human.«

Um das, nach Baeumler, »träufelnde Gift« der Humanität und des Pazifismus zu vernichten, marschierten am Abend bei strömendem Regen die Studenten zur Bücherverbrennung aus. Der Fackelzug, der die Wagen mit den zur Vernichtung be-

Menschenmenge bei der öffentlichen Verbrennung von »undeutschem Schrifttum« in der von Joseph Goebbels initiierten »Aktion wider den undeutschen Geist« vor der Staatsoper in Berlin, 10.05.1933.

stimmten Werken begleitete, formierte sich in der Oranienburger Straße, wendete sich erst nach Westen und zog dann durch das Brandenburger Tor in die Straße Unter den Linden ein. Auf dem Opernplatz, wo eine SA-Kapelle spielte und Scheinwerfer ein Rednerpult anstrahlten, war aus meterlangen Scheiten ein Holzstoß errichtet worden, den Polizisten gegen eine Menschenmenge schützten, die beim Eintreffen des Zuges in Jubel ausbrach. Studenten in SA-Uniformen oder im Wichs der Korporationen marschierten am Scheiterhaufen vorbei und warfen die Fackeln hinein. Neun Begründungen der Vernichtung, Feuersprüche genannt, wurden verlesen. Namen wurden nur sparsam genannt, insgesamt fünfzehn, Erich Kästner darunter, der in der Menge unerkannt anwesend war. »Gegen Dekadenz und moralischen Verfall! Für Zucht und Sitte in Familie und Staat! Ich übergebe den Flammen die Schriften von Heinrich Mann, Ernst Glaeser und Erich Kästner.« – »Gegen literarischen Verrat am Soldaten des Weltkrieges! Für Erziehung des Volkes im Geist der Wehrhaftigkeit! Ich übergebe den Flammen die Bücher von Erich Maria Remarque.«

Goebbels, der am nächsten Tag in sein Tagebuch schrieb, er sei am Scheiterhaufen in »bester Form« gewesen, trat erst kurz vor Mitternacht auf. Er erschien in Zivil, redete die Zuhörer mit »Meine Kommilitonen« an, sagte: »Wir geistigen Menschen«, erklärte das »Zeitalter eines überspitzten jüdischen Intellektualismus« für beendet und kündete den neuen Menschen an, der »die Furcht vor dem Tode verlernt«. Nach Heil-Rufen und dem obligatorischen Fahnenlied gingen die Mitwirkenden und die Zuschauer nach Hause – um sich nach einem Dutzend und mehr Jahren, falls sie die dem Autodafe folgenden Eroberungs- und Mordzüge überlebt hatten, als Gewandelte hier wiederzufinden, um in einem Staat, der zwar keine Bücherverbrennungen, wohl aber Bücherverbote kannte, den 10. Mai als Tag des freien Buches zu feiern und dabei auch wieder zu hören, daß man Fichte, Hegel und Schleiermacher, die an der Universität gegenüber gelehrt hatten, wohl respektiere, aber wiederum andere Wege ginge, zu denen auch wieder Überwindung und Reinigung und Ausmerzung nötig waren.

Die angebliche Bindung der Nationalsozialisten an preußische Traditionen, die Hitler im März in Potsdam geheuchelt hatte, war im Mai durch die Bücherverbrennung schon widerlegt worden; denn solche Zurschaustellung intoleranter Kunst- und Wissenschaftsfeindlichkeit war unpreußisch und wirkte auf einem Platz, der von der Oper, der Bibliothek und der katholischen Hedwigskirche umstanden wurde, wie eine Verhöhnung preußischer Kunstliebe, Wissenschaftsförderung und Toleranz.

Daß die Hedwigskirche, als erste Berliner katholische Pfarrkirche, an so prominenter Stelle der Residenz des protestantischen Preußen errichtet wurde, kann durchaus als Zeichen friderizianischer Toleranz betrachtet werden; es war aber natürlich auch ein Ausdruck politischer Vernunft.

Noch unter dem Großen Kurfürsten war die Ablehnung alles Katholischen stark gewesen. So war zum Beispiel nach der Bekanntgabe des Edikts von Potsdam, das die Einwanderung der aus Frankreich vertriebenen Hugenotten förderte, verfügt worden, daß die vom Staat gewährten Privilegien nur den Franzosen reformierten Glaubens zugute kamen, nicht aber jenen, »so der Römisch Katholischen Religion zugethan« waren. Auch unter den ersten beiden preußischen Königen war die Religionsausübung für die wenigen Katholiken noch schwierig. Doch mehrte sich der katholische Bevölkerungsanteil im Laufe der Jahre, besonders unter jenen Soldaten, die außerhalb Preußens angeworben worden waren, so daß der Soldatenkönig ab 1731 Dominikanerpatres aus Halberstadt in den Garnisonen Seelsorgedienst tun ließ. Nach Friedrichs Thronbesteigung und seiner Eroberung Schlesiens aber wurden viele Katholiken zu Preußen, was sich bald auch in Berlin auswirkte, so daß der König schon 1746 den Bau der Pfarrkirche genehmigte, die den Namen der Schutz-

Berlin, St.-Hedwigs-Kathedrale um 1875.

patronin Schlesiens, der heiligen Hedwig, erhielt. Obwohl das katholische Berlin im Laufe des 19. Jahrhunderts besonders durch Zuzug aus Schlesien, dem Ermland und Polen immer mehr erstarkte, gehörte es noch lange zur Diözese Breslau, bis es 1930 einen eigenen Bischof erhielt. Die Pfarrkirche St. Hedwig wurde nun zur Kathedrale, und in der Behrenstraße wurde als Sitz des Ordinariats das Haus erworben, in dem einst Moltke mit dem Generalstab gesessen hatte. Mit der Zentrumspartei, die als Gegner der rechten und linken Extremisten die Republik stützte, war die Kirche auch in der Politik wirksam, doch mündete ihre Auseinandersetzung mit den Nationalsozialisten in den Kompromiß des Konkordats. Als Preis für die Garantien, die Hitler nicht einzuhalten gedachte, verzichtete sie auf ihren politischen Einfluß und hielt das für einen zu feiernden Sieg.

Im September 1933, wenige Monate nach der Bücherverbrennung, wurde der Abschluß des Konkordats in der Kathedrale und auf dem Opernplatz festlich begangen. »An hohen Masten wehen vor der St.-Hedwigs-Kathedrale die Fahnen des Papstes und des Reiches«, so schrieb das »Katholische Kirchenblatt für das Bistum Berlin«. – »Vom Lustgarten her über die Straße Unter den Linden ziehen mit ihren Wimpeln und Bannern die katholischen Jugendorganisationen auf den Kaiser-Franz-Joseph-Platz. Von der Niederwallstraße her kommen die Fahnenabordnungen der katholischen Männer- und Frauenvereine. Mit einer Musikkapelle rückt ein starker Zug SA mit Nationalfahnen an und eine starke Abordnung der BVG. Das katholische Berlin feiert in Dankbarkeit die Ratifikation des Konkordats, des Staatsvertrages zwischen Kirche und Deutschem Reich ... Um den Altar stehen die Fahnen des Reiches, der katholischen Studentenkorporationen, die Bundesbanner der katholischen Jugend. In den vorderen Reihen sitzen die Ehrengäste, Herren von der SA, der SS, der NSDAP ... Klar und weittragend lassen die Lautsprecher das Kyrie und Gloria des Hochamtes für die Tausenden außerhalb des Gotteshauses ertönen ... Nach dem Got-

Bernhard Lichtenberg, Gemälde, 1946, von Rich. Pfeiffer nach einem Foto.

tesdienst spricht Herr Kapitelsvikar Dr. Steinmann zum ersten Mal das Gebet für das deutsche Reich und seine Führer.«

Knapp ein Jahr später wurde der Vorsitzende der Katholischen Aktion Berlin, Erich Klausener, von einem Mordkommando Hitlers in seiner Wohnung erschossen. Geistliche von St. Hedwig gerieten in das Visier der Gestapo, besonders der

Dompfarrer, später Dompropst, Bernhard Lichtenberg, der 1934 gegen Mißhandlungen in Konzentrationslagern protestierte, jüdische Mitbürger unterstützte, nach der Pogromnacht 1938 im täglichen Abendgebet in St. Hedwig für die Verfolgten und Verschleppten öffentlich betete – bis er 1941 verhaftet wurde, zwei Jahre im Gefängnis Tegel verbrachte und auf dem Transport ins Konzentrationslager starb. Seine Beisetzung auf dem Friedhof in der Liesenstraße wurde durch die Beteiligung von etwa viertausend Menschen zu einer Demonstration des Widerstandswillens. 1965 wurden die Gebeine des später seliggesprochenen Märtyrers in die Krypta der St.-Hedwigs-Kathedrale überführt.

Der Jungfernkranz

In der lustigsten Passage seiner Berlin-Plaudereien gerät der junge Heinrich Heine durch eine Opernarie in komische Verzweiflung, weil diese nämlich von jedermann an jedem Ort zu jeder Tageszeit gesungen, geträllert oder gepfiffen wird. Barbiere und Offiziere, Dienstmädchen und die Damen besserer Kreise haben ständig Carl Maria von Webers »Wir winden dir den Jungfernkranz« aus dem »Freischütz« auf den Lippen und beweisen damit, daß die Oper, die zu Zeiten Friedrichs des Großen nur von Eingeladenen der Hofgesellschaft besucht werden konnte, inzwischen für jeden, der die Eintrittskarte bezahlen konnte, zugänglich war. Im biedermeierlichen Berlin von 1822, wo, wie auch Heine bemerkte, beim Bau der neuen Schloßbrücke schon Dampfmaschinen eingesetzt wurden, waren die Privilegien des Adels, auch was den Kunstgenuß anbetrifft, schon zerbröckelt, und da die beginnende Verbürgerlichung einherging mit einer Bewußtwerdung des Nationalen, war es, seit einer Generation schon, auch mit der Vorherrschaft der italienischen Oper vorbei.

Der Siegeszug der deutschen Oper, den Namen wie Mozart, Gluck und Beethoven markieren, war in Berlin nicht mit dem Opernhaus Unter den Linden verbunden, das man lange noch die Italienische Oper nannte, sondern mit dem Theater auf dem Gendarmenmarkt. Eine früher hier schon spielende private Bühne war unter Friedrich Wilhelm II. zum Königlichen Nationaltheater geworden, in dem dann auch mit E.T.A. Hoffmanns

»Undine« (nach deren Uraufführung, 1817, das Haus abbrannte) und Webers »Freischütz«, 1821 (schon im neuen, von Schinkel gebauten Theater), die romantische Oper Triumphe feierte und populärer wurde als jede andere zuvor.

Heine konnte in seinem Berlin-Jahr den Kampf der Komponisten Spontini, an der Linden-Oper, und Weber, am Nationaltheater, um die Gunst der Berliner erleben; und seiner um Gerechtigkeit bemühten Schilderung dieses Konkurrenzverhältnisses ist zu entnehmen, daß Knobelsdorffs Haus mit dem Italiener an der Spitze noch immer das vom Hof bevorzugte war.

Es war auch das Haus, in dem schon zu Zeiten Friedrichs des Großen die winterlichen Vergnügungen des Hofes im Opernball gegipfelt hatten, weshalb man eine Mechanik eingebaut hatte, durch die man Parkett und Bühne in eine Ebene bringen und so den Zuschauerraum zum Ballsaal umwandeln konnte. Heine gestand, daß er den Opernball, der inzwischen kein reines Aristokratenvergnügen mehr war, sehr genoß. Neben Adligen, Hofbeamten und Diplomaten war jetzt jeder Zahlende zugelassen. Und für die Minderbemittelten gab es auf den Galerien Zuschauerplätze, so wie es noch heute bei den kostspieligen Presseballen billigere Flanierkarten für jene, die keine Plätze beanspruchen, gibt.

»Jeder muß hier in einem Maskenanzuge erscheinen«, erzählt Heinrich Heine, »und niemandem ist es erlaubt, unten im großen Tanzsaale die Maske vom Gesicht zu nehmen. Nur in den Gängen und in den Logen des ersten und zweiten Ranges darf man die Larve ablegen. Die niedre Volksklasse bezahlt ein kleines Entree und kann von der Galerie aus auf all diese Herrlichkeit herabschauen. In der großen königlichen Loge sieht man den Hof, größtenteils unmaskiert; dann und wann steigen Glieder desselben in den Saal hinunter und mischen sich in die rauschende Maskenmenge. Diese besteht aus Menschen von allen Ständen. Schwer ist hier zu entscheiden, ob der Kerl ein Graf oder ein Schneidergesell ist … Aber was ist daran gelegen,

Figurinen für Samiel und Caspar aus der romantischen Oper »Der Freischütz« von Carl Maria von Weber. Kolorierte Radierung von Heinrich Stürmer, 1821.

wer unter der Maske steckt? Man will sich freuen, und zur Freude bedarf man Menschen. Und Mensch ist man erst recht auf dem Maskenbälle, wo die wächserne Larve die gewöhnliche Fleischlarve bedeckt, wo das schlichte Du die urgesellschaftliche Vertraulichkeit herstellt, wo ein alle Ansprüche verhüllender Domino die schönste Gleichheit hervorbringt und wo die schönste Freiheit herrscht – Maskenfreiheit.« In dem Lärm der Trompeten, Pauken, Flöten und Geigen findet er die »höchste

Carl Maria von Weber, umrahmt von Szenen aus dem »Freischütz«. Kolorierter Stahlstich von A. H. Payne, 1838.

Ergötzlichkeit«, auch wenn »Priesterinnen der ordinären Venus«, die »Erwerbsintrigen anknüpfen« wollen, ihm »Ich kenne dir!« zuflüstern oder ein urteutonischer Jüngling ihm das Französischsprechen auf »der teutschen Mummerei« verbieten will. Das gibt ihm dann Gelegenheit zu bekennen, daß er zwar Deutschland und die Deutschen liebe, aber die übrigen Völker der Erde nicht minder, und sich deshalb auch höher schätze als jene, die »im Sumpfe der Nationalselbstsucht« versunken sind.

Gasparo Spontini, der von 1820 bis 1841 Erster Generalmusikdirektor der Königlichen Oper war. Lithographie von H. List.

Deutschtümler sind ihm sicher auch auf der anderen Seite der Linden begegnet, im Palais des Prinzen Heinrich, das seit zwölf Jahren die Universität beherbergte. Aber von seinen Studien berichtet er wenig. Man erfährt lediglich, daß man die Burschenschaften aufgelöst, Studenten aus politischen Gründen relegiert und revolutionäre Polen ausgewiesen habe, daß die Hörsäle eng, düster und unfreundlich seien und man aus ihren Fenstern zum Opernhaus hinsehen könne, so daß »die armen Burschen wie auf

Das Königliche Opernhaus in einem Stahlstich des Baumeisters und Malers Johann Georg Finck, eines Mitarbeiters Knobelsdorffs, von 1743. Auf der linken Seite des noch unvollendeten Friedrich-Forums liegt der Bauplatz für das Prinz-Heinrich-Palais, die spätere Universität, dahinter das Zeughaus.

glühenden Kohlen sitzen«, wenn ihr Blick, während ein trockener Dozent sie mit juristischen Regeln langweile, auf die bunte Menge der zum Opernhaus eilenden Damen, Soldaten und Equipagen treffe.

Diesen Qualen scheint Heinrich Heine sich nur selten ausgesetzt zu haben. In den Berlin-Plaudereien ist über Hegel, Savigny, Schleiermacher und andere Koryphäen, denen er hätte zuhören können, Näheres nicht zu erfahren. Und wenn er auch die Theater, Ballsäle und Salons fleißig besuchte, so hat er doch möglicherweise die Königliche Bibliothek, die Kommode, nicht von innen gesehen.

Daß er aber von Hegel zumindest wußte, zeigt ein Gedicht aus jenen Tagen, in dem er eine Berlinerin namens Friederike von ihrer Heimatstadt Abschied zu nehmen bittet, um mit ihm zusammen im Sonnenland Indien ihr Glück zu finden. Und zur Charakterisierung Berlins dient ihm dabei, wie jedem Zugereisten, natürlich der märkische Sand.

Die Lithographie von Julius Schoppe zeigt Berliner Gelehrte um 1830. Vorn in der Mitte Wilhelm von Humboldt, über ihm von links nach rechts Christoph Wilhelm Hufeland, Carl Ritter, Alexander von Humboldt, in der oberen Reihe links Johann August Wilhelm Neander, in der Mitte Georg Wilhelm Friedrich Hegel und rechts Ernst Daniel Schleiermacher.

»Verlaß Berlin, mit seinem dicken Sande
Und dünnem Tee und überwitz'gen Leuten,
Die Gott und Welt und was sie selbst bedeuten,
Begriffen längst mit Hegelschem Verstande.«

Von der Königlichen, vorher Kurfürstlichen, Bibliothek, die schon 1661 vom Großen Kurfürsten der gelehrten Öffentlichkeit in einem Flügel des Stadtschlosses zugänglich gemacht worden war und unter Friedrich dem Großen die Kommode als eigenes Gebäude erhalten hatte, ist auch in späteren Schilderungen Berlins selten die Rede, was wohl in erster Linie an dem Unspektakulären einer solchen gelehrten, auf stilles Wirken bedachten Stätte liegt. Auch Jules Laforgue, ein Franzose, der von 1881 bis 1886 als Vorleser der Kaiserin Augusta in der Residenz lebte, ähnlich launig wie Heine, in dessen Alter er auch war, schreiben konnte und ein offenes Auge für alles ihm Merkwürdige hatte, erwähnt die Bibliothek nur am Rande, wenn er in einem von Irrtümern nicht freien Kapitel das Leben und Treiben auf der Straße Unter den Linden beschreibt.

Deren Bebauung findet er grau, kalt und gleichförmig, desto bunter aber die Menschen, die sich, gehend, reitend oder fahrend, unter den Bäumen bewegen. In den zwei Reihen von Linden, die die Mittelpromenade flankieren, glaubt er noch die aus kurfürstlichen Zeiten sehen zu können; die beiden äußeren Lindenreihen aber waren kürzlich, vermutlich durch die »Ungeniertheit der nächtlichen Passanten«, eingegangen und durch junge Bäumchen ersetzt worden. Am Morgen ist die Straße belebt von eilenden Arbeitern und Angestellten. Die Wagen höherer Beamter halten später vor ihren Dienststellen. Studenten spazieren in den Anlagen vor der Universität auf und ab, ehe sie nach dem akademischen Viertel hineingehen. Am Mittag beginnt die Garde auf die Sekunde pünktlich mit dem Aufzug der Wache. Danach wird es für ein, zwei Stunden still Unter den Linden, und nur einige Fremde schlendern umher und sammeln sich um das Friedrichs-Denkmal. Der Nachmittag aber gehört den Bummlern, den Müßiggängern, den Frauen und Mädchen aus allen Ständen, den Offizieren, die nach Weiblichem Ausschau halten, den biederen Hausvätern, den Studenten, den Kindermädchen und drallen Spreewaldammen in ihren auffälligen

Der 1782 entstandene Stich von Johann Daniel Schleuen zeigt die Königliche Bibliothek auf dem Opernplatz.

Trachten. Das greise Kaiserpaar läßt sich in einem schlichten Wagen in den Tiergarten fahren. Feldmarschall Moltke, mit dem gelben Gesicht einer Mumie, macht einen einsamen Spaziergang und scheint dabei seine Umgebung nicht wahrzunehmen. Und aus dem Universitätsgebäude tritt der berühmte Historiker und Reichstagsabgeordnete der Nationalliberalen, Theodor Mommsen, unter dem Arm einen Bücherstapel; er überquert die Straße und verschwindet in der Kommode – die bis 1914 als Bibliotheksgebäude diente; dann zogen die kostbaren Bücher auf die Nordseite der Linden um.

Die Bronzetafel, die wir heute an der Kommodenfassade finden, ist einem der vielen berühmten Bibliotheksbenutzer gewidmet, aber nicht, wie man annehmen könnte, einem Humboldt oder Helmholtz oder Hegel, sondern dem Wladimir Iljitsch Lenin, der eigentlich Uljanow hieß. Ihn zeigt auch ein farbiges Bleiglasfenster im Lesesaal des heutigen Institutsgebäudes und

Die Neue Wache innen zur Kaiserzeit (1898).

erinnert daran, daß politische Heiligenverehrungen manchmal beständiger als staatliche Gebilde und deren Ideologien sind.

Solche Vergänglichkeitsgrübeleien ergeben sich zwangsläufig auch beim Blick auf das relativ kleine Gebäude mit vier Eckrisaliten und quadratischem Grundriß, das auf der anderen Seite der Linden zwischen der Universität und dem Zeughaus steht. Mit seiner von dorischen Säulen getragenen Vorhalle ist es rein klassizistisch, doch rufen die Kastanien, die es umrauschen, auch die Erinnerung an die Romantik wach. Es ist das erste, manche sagen: das schönste von Schinkels Berliner klassizistischen Meisterwerken. Und obwohl es schon 1818 fertiggestellt und im 20. Jahrhundert zweckentfremdet wurde, wird es noch immer, nach seiner alten Bestimmung, die Neue Wache genannt.

So wie das Zeughaus und das Reichstagsgebäude ihre Namen nicht verloren, als Museum und Bundestag in sie einzogen, so blieb auch die Bezeichnung Neue Wache erhalten, als kein Kai-

Zustand der Neuen Wache im Jahre 1945.

ser und König mehr bewacht werden mußte und das Gebäude, nach inneren Umbauten, zur Gedenkstätte für Kriegstote wurde – deren Zahl dann in der unseligsten Zeit der deutschen Geschichte ins Unermeßliche wuchs.

Vorher, noch zu Kaisers Zeiten, so kann man Laforgues lustiger Beschreibung entnehmen, scheint die Aufgabe der Königswache, wie man sie damals nannte, vor allem in der Entbietung von Ehrenbezeugungen bestanden zu haben. Nicht nur der König und Kaiser, sondern auch seine Familienmitglieder wurden damit bedacht.

Die vor dem Gebäude auf- und abgehenden Posten, die ständig die Straße im Auge behalten mußten, konnten die ankommenden kaiserlichen Kutschen an den silbernen Hut- und Schulterschnüren der Kutscher erkennen, und an der Art, in der die Kutscher die Peitschen hielten, war auszumachen, ob eine kaiserliche Hoheit im Wagen saß. Dann ertönte ein lautes Kommando, die Mannschaft, vierzig Mann Garde, rannte aus der Wachstube, durch die Säulenhalle die Stufen hinunter, formierte sich in zwei Linien und präsentierte die Gewehre, während der wachhabende Offizier mit gezogenem Degen grüßte und die »kleine, flache preußische Trommel, die so schroff klingt«, gerührt wurde. Sekunden später war der Wagen, in dem vielleicht nur »zwei Gouvernanten mit zwei königlichen Säuglingen saßen«, schon vorbei. »Für einen General«, fügt Laforgue hinzu, »kommt die Wachmannschaft nur zur Hälfte heraus.«

Als Gedenkstätte, die 1931 eingeweiht wurde, mußte die Wache nun selbst bewacht werden. In der Weimarer Republik erfüllten Polizisten in Zivil diese Aufgabe, im Dritten Reich und der DDR aber strammstehende, behelmte Soldaten, so daß man auch das Schauspiel der Wachablösung, dessen Ritual von Friedrich Wilhelm III. stammte und die Berliner das ganze 19. Jahrhundert hindurch erfreut hatte, unter großem Publikumszulauf wieder aufnehmen konnte. Die Bürgergesellschaft von heute, die sich Soldaten zwar hält, sie aber nicht gerne vorzeigt, verzichtet aus der historisch verständlichen Furcht, als militaristisch zu gelten, im Gegensatz zu anderen europäischen Hauptstädten nicht nur auf diese beliebte militärisch-musikalische Schaustellung, sondern unverzeihlicherweise auch auf die von Schinkel neben die Neue Wache gestellten Marmorstatuen von Scharnhorst und Bülow, von denen ihr Schöpfer Rauch meinte, sie gehörten »im Geiste Schinkels« so notwendig zu dem Gebäude wie die beiderseits stehenden Bäume und das Dach. Heute stehen die beiden Feldherren zusammen mit den schon früher auf der anderen Straßenseite plaziert gewesenen York, Gneisenau und Blücher, in der kleinen Parkanlage zwischen der Oper und dem Prinzessinnenpalais.

Als Gedenkstätte gedient hat die Neue Wache also bisher vier deutschen Staaten, doch wechselten dabei selbstverständlich die Widmungen und mit diesen auch die amtlichen Benennungen. Die Weimarer »Gedächtnisstätte für die Gefallenen des Weltkrieges« wurde unter Hitler zum »Ehrenmal für die Gefallenen des Weltkrieges«, unter Ulbricht zum »Mahnmal für die Opfer

Wachablösung an der Neuen Wache um 1900. Rechts und links stehen Rauchs Standbilder der Generäle Scharnhorst und Bülow, die heute auf die andere Straßenseite verbannt wurden.

Die Neue Wache zu DDR-Zeiten. Aufzug des Wachbataillons der NVA.

des Faschismus und Militarismus« und nach der Wiedervereinigung zur »Zentralen Gedenkstätte der Bundesrepublik Deutschland«, deren Widmungsinschrift nun sehr allgemein lautet: »Den Opfern von Krieg und Gewaltherrschaft«.

Die Umwandlung der Wache zur Gedenkstätte wurde Ende der zwanziger Jahre vom Architekten Heinrich Tessenow vorgenommen. Die Wachstube, die Offiziersstube und das Arrestlokal wurden durch Beseitigung der Trennwände zu einem großen Raum vereinigt, der sein Licht durch eine runde Deckenöffnung erhielt. Die schlichte Ausstattung bestand aus einem altarähnlichen schwarzen Monolithen, auf dem ein goldener Eichenkranz ruhte, und einer Bronzeplatte mit der lapidaren Inschrift »1914–1918«. In der Hitlerzeit wurde noch ein Holzkreuz hinzugefügt.

Die Kriegsschäden der Neuen Wache wurden erst gegen Ende der fünfziger Jahre beseitigt, das neue Mahnmal, das, mit Ausnahme des nun fehlenden Eichenkranzes, im wesentlichen das alte war, 1960 der Öffentlichkeit mit militärischem Zeremoniell übergeben und 1969 umgestaltet, weil Tessenows Kargheit dem Repräsentationsbedürfnis der DDR-Oberen nicht mehr entsprach. An die Stelle des schwarzen Granitblocks trat ein in den Boden versenktes Glasprisma mit Ewiger Flamme. Um diese vor der Witterung zu schützen, wurde die runde Deckenöffnung mit einer Plexiglaskuppel geschlossen. Fußboden und Wände wurden neu verkleidet, und an der Stirnwand wurde als Steinintarsie das Staatswappen angebracht.

Dieses wurde schon 1990 beseitigt, doch kam die neuerliche Umgestaltung, an der Bundeskanzler Helmut Kohl wesentlich mitwirkte, erst 1993 zustande und wurde viel kritisiert. Man erneuerte Tessenows Fußboden- und Wandverkleidung, entfernte den Glaskubus und öffnete das Deckenrund wieder, setzte aber, Tessenows Pathos scheuend, an die Stelle des schwarzen Monolithen die vierfach vergrößerte Skulptur von Käthe Kollwitz' »Mutter mit totem Sohn«.

Das Innere der damals Ehrenmal genannten Gedenkstätte der Neuen Wache nach 1933 in der Gestaltung von Heinrich Tessenow. Nur das Holzkreuz war später hinzugefügt worden.

Leider hatte diese Entscheidung zur Folge, daß, wie schon erwähnt, die Standbilder von Scharnhorst und Bülow, die Schinkel neben die Neue Wache gestellt hatte, dorthin nicht zurückkehren durften. Die Kollwitz-Erben hatten nämlich die Genehmigung zur Aufstellung der trauernden Mutter aus pazifistischen, historisch aber nicht ganz einleuchtenden Gründen vom Verzicht auf Rauchs Generäle abhängig gemacht.

Friedrich reitet

Der schönste Platz Berlins war für E.T.A. Hoffmann der Gendarmenmarkt, für Nicolai der Opernplatz, für Schinkel aber das Friedrich-Forum, das damals noch als Platz wirken konnte, da der Durchgangsverkehr noch nicht störte und Schlüters Schloß das Ensemble im Osten zusammenhielt. Als Schinkel die Neue Wache baute, begründete er 1817 ihre monumentale Bauweise mit ihrer Lage an Berlins »schönstem Platze«, wo sie sich gegen die sie umgebenden »Prachtbauten aus früheren Zeiten« behaupten müsse – was ja dann auch vortrefflich gelang.

Das hinter der Wache liegende Plätzchen, das die Berliner schon seit dem 19. Jahrhundert das Kastanienwäldchen nennen und das heute von 58 in Reih' und Glied stehenden Kastanienbäumen beschattet wird, hatte ursprünglich, in größerer Ausdehnung, zum Park des Prinz-Heinrich-Palais gehört. Nach 1810 war es Universitätsgarten gewesen, was auch erklärt, warum Karl Gutzkow den Erinnerungen an seine Studentenjahre, in denen er von berühmten Lehrern wie Hegel, Schleiermacher und Ranke berichtet, den Titel »Das Kastanienwäldchen« gab.

Noch vor Gutzkows Studienzeit, als Schinkel hier baute und Heine die Vorlesungen schwänzte, fehlte dem Platz der Abschluß durch das Gebäude der Singakademie (des heutigen Maxim-Gorki-Theaters), das erst seit 1827 hier steht. Älter ist das Nachbargebäude, das sogenannte Palais am Festungsgraben, das in DDR-Zeiten Zentrales Haus der Deutsch-Sowjetischen Freundschaft hieß. Es hatte seit dem Ende des 18. Jahrhunderts das preußische Finanzministerium beherbergt, war auch für einige Jahre Wohnung und Arbeitsstelle des Freiherrn vom Stein gewesen, und auch der preußische Finanzminister Johannes Popitz, der nach dem 20. Juli 1944 von den Nazis als Mitverschwörer hingerichtet wurde, hatte hier bis zu seiner Verhaftung gewirkt.

Die Singakademie mit ihrem klassizistischen Portalgiebel war, Schinkels Entwürfen folgend, auf Initiative eines jener Männer entstanden, die zu Beginn des bürgerlichen Zeitalters den Typ des aktiven und vernünftigen Berliners prägten, der mit Tüchtigkeit auch Kunstsinn verbinden konnte und aus genialischen Zügen keinen Kult machte, sondern in ihnen die Fähigkeit des guten Handwerkers sah. Nicht im Niveau ihrer praktischen, geistigen oder künstlerischen Hervorbringungen, wohl aber in ihrem derben und doch zur Sensibilität fähigen Wesen waren der Verleger und Schriftsteller Friedrich Nicolai, geboren 1733 in der Poststraße, der Bildhauer Johann Gottfried Schadow, geboren 1764 am Halleschen Tor, in der Lindenstraße, und der Schulmann Karl Friedrich Klöden, geboren 1786 in der Artilleriekaserne, Holzmarktstraße 21, einander ähnlich, und auch der Komponist und langjährige Leiter der Berliner Singakademie Karl Friedrich Zelter war von dieser Art.

Als Sohn eines sächsischen Maurers, der es in Berlin zum Bauunternehmer gebracht hatte, war er 1758 in der Münzstraße geboren worden, hatte, trotz früher Musikleidenschaft und zeitbedingter Italiensehnsucht, eine Maurerlehre durchstehen, die Baumeisterprüfung ablegen und den väterlichen Betrieb übernehmen müssen, war aber dabei der Musik nie untreu geworden, hatte sie vielmehr in Privatstunden erst gelernt und später gelehrt. Zwar gründet sein Nachruhm außerhalb der Musikszene sich mehr auf den umfangreichen Briefwechsel, den er von 1799 bis zu seinem Tode mit Goethe führte, doch war er auch als Komponist, als Organisator und als Erneuerer der Bach-Pflege bedeutend. In seinen letzten drei Lebensjahr-

Carl Friedrich Zelter auf einem Gemälde von Karl Begas von 1827.

zehnten hat er als Chef der Singakademie und der Liedertafel, als Professor an der Akademie der Künste, Leiter des Instituts für Kirchenmusik, Initiator der Musikbibliothek und privater Musiklehrer so erfolgreicher Komponisten wie Felix Mendelssohn-Bartholdy, Otto Nicolai und Karl Löwe das Berliner Musikleben wie kein anderer gefördert. Er starb 1832, wenige Wochen nach dem von ihm immer hochverehrten Goethe, der ihn einer Duz-Freundschaft gewürdigt und immer als gleichrangigen Partner betrachtet hatte. Sein Grabdenkmal steht an der Sophienkirche, doch ist auch die Singakademie ein Denkmal für ihn.

Die 1791 von Zelters Kompositionslehrer Karl Friedrich Fasch gegründete und geleitete Vereinigung, die Zelter nach Faschs Tod, 1800, weiterführte, trat erst in Privathäusern, dann, unter oft schwierigen Bedingungen, im nicht beheizbaren Saal der Akademie der Künste auf. Der Bau eines eigenen, durch Spenden finanzierten Konzerthauses wurde möglich, als Friedrich Wilhelm III. auf Bitten Zelters dem Verein das Grundstück am Festungsgraben schenkte. Im November 1825 konnte Zelter, der von seinem Vater gelernt hatte, Handwerkerbräuche zu achten, seinem Freund Goethe vom Richtfest erzählen, bei dem der »schönste Kranz, den Rosenfinger je bereitet haben«, von etwa »hundert Maurern und Zimmerleuten« vom Hause Zelters in der Gormannstraße durch den Lustgarten, vorbei an der Wohnung des Königs, also dem Kronprinzenpalais, zum gerichteten Neubau getragen und mit dem Lied »Gott segne den König« aufgezogen wurde. »Vom Erker herab erfolgte eine erbauliche Zimmermannspredigt«, die mit den Versen begann:

»So stehe Du nun, ein festes Haus,
Bis in die fernste Zukunft hinaus.
Erbaut – zu erbauen in Freud und Schmerz Durch frommen Gesang Gemüt und Herz.
Ruf entgegen – dem Bedrängten in seiner Not:
›Eine feste Burg ist unser Gott‹
Dem Trostbedürftigen, der zum Herren fleht,
›Gott, erhöre mein Gebet‹.«

Und so finden sich dann auch für die Trauernden und die Reuigen die entsprechenden Kirchenlieder, bis es am Ende heißt:

»Jahrhunderten soll erschallen in Dir
Ein heiliges: ›Herr Gott Dich loben wir!‹
Sprecht mit mir jetzt in Jesu Namen
Dazu ein frommes Amen! Amen!«

Die Singakademie auf einem Stahlstich von Alexander Marx im Jahre 1848. Der später zugeschüttete Festungsgraben ist hier noch zu sehen.

Im Januar 1827 konnte Zelter nach Weimar melden, daß im neuen Gebäude, dessen Akustik vorzüglich sei, schon geprobt werden könne. Zwar fehlten noch Türen und Sitze, und der Farbengeruch würde noch bleiben, »bis jeder von uns sein Teil wird aufgerochen haben«, aber diese frühzeitige Nutzung spare ihnen anderswo Miete. Man habe Schulden machen müssen, und der Kreditzins sei hoch.

Auch nachdem das neue Haus im Frühjahr in Anwesenheit des Königs eröffnet worden war und Zelter im Sommer eine Dienstwohnung unter dem Konzertsaal bezogen hatte, blieben die Geldsorgen, so daß er und seine Nachfolger froh waren, den Saal häufig an andere Veranstalter vermieten zu können, an Alexander von Humboldt zum Beispiel, der hier in freier Rede seine berühmten Vorträge halten konnte, oder an vielbejubelte Solisten wie Niccolo Paganini, Franz Liszt, Clara Schumann und Anton Rubinstein.

1848 diente das Haus kurzzeitig der ersten freigewählten Nationalversammlung, bis sie aus Platzgründen ins Schauspielhaus umziehen mußte, woraus sie dann die Gegenrevolution in Gestalt General Wrangels vertrieb.

Die Chorvereinigung der Singakademie konnte sich in ihrer mehr als zweihundertjährigen Geschichte über alle politischen Wechsel hinwegretten, wenn auch das Haus ihr nach dem Zweiten Weltkrieg verlorenging. Ihr letztes Konzert im eigenen Hause gab sie im November 1943; dann wurde das Gebäude durch britische Brandbomben beschädigt, beim Wiederaufbau 1952 im Innern völlig verändert und von der Besatzungsmacht dem Haus der Kultur der Sowjetunion, dem späteren Zentralen Haus der Deutsch-Sowjetischen Freundschaft, als Theater angegliedert, weshalb es noch heute Maxim-Gorki-Theater heißt.

Als Friedrich Wilhelm III. der Singakademie den Baugrund zur Verfügung gestellt hatte, wurde dessen Lage von Zelter nicht mit der später festgeschriebenen Bezeichnung Am Festungsgraben erläutert, sondern er sprach Goethe gegenüber von den »Universitätsgärten«, neben denen der Bauplatz gelegen war. Diese sind heute so wenig wie die sogenannten Ministergärten westlich der Wilhelmstraße oder viele andere Innenstadtgärten vorhanden; die meisten von ihnen überlebten das 19. Jahrhundert nicht. Die hinter der Universität gelegenen Gärten wurden endgültig erst zwischen 1913 und 1920 beseitigt, als der Bau der langen Seitenflügel, nach Entwürfen von Ludwig Hoffmann, notwendig geworden war. Die wenigen heute noch vorhandenen Grünflächen des Universitätsgeländes nutzte das 19. und 20. Jahrhundert zur Aufstellung von Denkmalsskulpturen einiger Wissenschaftskoryphäen, wie Mommsen, Helmholtz und Hegel, während die marmornen Brüder Humboldt, die nach 1945 der Universität zu Namenspatronen wurden, den Eingang zum Ehrenhof der Dreiflügelanlage des ehemaligen Prinz-Heinrich-Palais schmücken. Sie sitzen seit 1883 dort.

Entwurf für ein Denkmal für Friedrich den Großen von Friedrich Gilly.

Länger schon, seit 1851 nämlich, mit einer Unterbrechung zu DDR-Zeiten, erhebt sich auf der hier beginnenden Mittelpromenade Rauchs Denkmal Friedrichs des Großen, das aber nicht nur ihn, sondern auch seinen Staat darstellen will. Während er, von Westen kommend, in den königlichen Bezirk des nach ihm benannten Forums einreitet, wimmelt es auf seinem hohen Sockel von Reliefs und Skulpturen. Neben den vier Symbolgestalten der Stärke, der Gerechtigkeit, der Weisheit und der Mäßigung drängeln sich hier Feldherren, Politiker, Dichter und andere bedeutende Zeitgenossen, auch Kant darunter, etwa hundert an der Zahl. Ihre detaillierte Beschreibung könnte ein Buch über die sechsundvierzig Regierungsjahre Friedrichs füllen. Ähnlich umfangreich ist die Vorgeschichte des Denkmals, sie macht ein interessantes Kapitel preußischer Kunstgeschichte aus.

Schon zu Friedrichs Lebzeiten war daran gedacht worden, ihn durch ein Denkmal zu ehren, doch war das von ihm verhindert worden, so daß die ersten Friedrich-Denkmäler in Preußen erst nach seinem Tode geschaffen wurden: 1792 im Schloßpark von Quilitz, das man später Neuhardenberg nannte, und 1793 in

Stettin. In Berlin mußte man auf den großen König, der, je länger er tot war, desto mehr verehrt wurde, noch mehr als ein halbes Jahrhundert warten, obwohl an Entwürfen bedeutender Künstler kein Mangel war. Denn schon Friedrichs Nachfolger, Friedrich Wilhelm II., hatte 1791 und 1797 Wettbewerbe ausgeschrieben, an denen sich alle bedeutenden Baumeister und Bildhauer beteiligt hatten. Viele architektonisch geprägte Lösungen mit Rotunden oder Tempeln, meist auf antike Vorbilder zurückgehend, waren dabei gewesen, darunter so kühne und aufwendige, wie die Friedrich Gillys, der schon als Achtundzwanzigjähriger gestorben war. Durch den Tod des Monarchen, die Sparsamkeit seines Nachfolgers und die Folgen der Napoleonischen Kriege wurde das Denkmalsprojekt verzögert und erst in den dreißiger Jahren wieder akut. Angeregt vom märkischen Provinziallandtag, beauftragte der König den Geheimen Oberbaurat Schinkel mit dem Bau einer schlanken, hohen Säule, dessen Spitze das Standbild Friedrichs bilden sollte, doch konnte Schinkel dem König diesen Plan wieder ausreden und ihn für Rauchs Idee eines Reiterstandbildes begeistern, das Friedrich nicht in antiken Gewändern, sondern in historisch beglaubigter Kleidung, also in Uniform mit dem charakteristischen Dreispitz, darstellt und sein Zeitalter durch eine Vielzahl von Sockelfiguren Gestalt werden läßt.

Zur Hundertjahrfeier von Friedrichs Thronbesteigung wurde im Mai 1840 der Grundstein für das Denkmal gelegt. Da der todkranke König, der nur noch wenige Wochen zu leben hatte, die Feier nur vom Fenster seines Palais aus mit ansehen konnte, trat an seine Stelle der Kronprinz, der dann auch, als Friedrich Wilhelm IV., nachdem er die Revolution hinter sich gebracht hatte, am 31. Mai 1851 die Denkmalsenthüllung vornehmen konnte. Nach dem Läuten der Glocken und dem Aufmarsch des Militärs und der Gewerke hielten der König und der Ministerpräsident von Manteuffel Ansprachen, in denen das Wort Revolution zwar nicht vorkam, sich aber jeder Satz auf deren Über-

Das von Christian Rauch geschaffene Reiterstandbild Friedrich des Großen steht wieder an seinem alten Platz an der Straße unter den Linden in Ost-Berlin, aufgenommen am 1. Dezember 1980. Die berühmte Bronzeplastik war nach dem 2. Weltkrieg abmontiert und in den Park von Sanssouci gebracht worden.

windung bezog. Die »Rettung vor dem Abgrund« in den »letzten verhängnisvollen Jahren« wurde im Geiste Friedrichs beschworen und so das neue Denkmal zum Mahnmal für Königstreue und gegen Umsturzversuche gemacht. »Meine Armee«, sagte der König seinen Offizieren, sei »gottlob noch heute würdig, das Heer des großen Königs zu heißen«; es habe in den letzten Jahren, »als alles Land umher mit schwarzer Nacht bedeckt« gewesen wäre, »im hellsten Sonnenscheine unangetasteter Ehre und Treue« wie ein »Berg Gottes« den »giftigen Nebel« überragt. Und den Bürgern der Stadt gegenüber bezeichnete er den bronzenen Reiter als ein »Monument der Versöhnung« und als Garant für die »Rückkehr« in die alte, bewährte, also bessere Zeit.

Auch der junge, zwei Jahre zuvor noch revolutionär gesinnte Theodor Fontane, der sich damals gerade, der Not gehorchend, dem Kabinett Manteuffel als Journalist angedient hatte, fühlte sich in seinem poetischen Beitrag zur Denkmalsenthüllung bemüßigt, den hoch oben reitenden Friedrich als »Wächter« und »Vorgebirge aus Erz« zu preisen, und zwar nicht nur als einen solchen gegen den äußeren, sondern auch gegen den inneren Feind.

> »Bist endlich da! Gott seis geklagt,
> Hast lange warten lassen;
> Nun lehr uns wieder unverzagt,
> Den Feind beim Schopf zu fassen.
> Den Feind in Ost, den Feind in West,
> Die Feinde drauß und drinnen.
> Zerreiß die Netze dicht und fest,
> Womit sie uns umspinnen.«

So die erste Strophe des »Alten Fritzen« von 1851. Zwanzig Jahre später aber wird das Denkmal des Königs, den Fontane bis ins hohe Alter verehrte, von ihm anders gesehen. In seinem Gedicht »Einzug«, das die unvergeßlichen Invaliden-Zeilen ent-

No. 19.

No. 17.

Da Friedrich der Große für deutsche Dichter und Denker nichts übrig hatte und die von ihm geschätzten Franzosen auf einem deutschen Denkmal des 19. Jahrhunderts nicht erscheinen konnten, fiel auf Rauchs Friedrich-Denkmal der unter den Pferdeschwanz verbannte Kulturbereich mager aus. Nur Kant, Lessing und der Kapellmeister Graun sind dort vertreten. Die anderen drei Gestalten sind Beamte: der Großkanzler von Carmer und die Minister von Schlabrendorff und von Finckenstein.

hält: »Jedem Stelzfuß bis in sein Bein von Holz / Fährt der alte Schlachtenstolz«, läßt er am 16. Juni 1871 die aus Frankreich heimkehrenden Sieger »durch das große Portal« über die Linden marschieren, und wenn sie haltmachen beim Alten Fritzen, beugt dieser sich zu ihnen hinunter, nicht aber, um ihnen zu ihrem nach 1864 und 1866 nun schon dritten Sieg zu gratulieren, sondern um sie vor weiteren Kriegsabenteuern zu warnen – was aber, wie wir heute wissen, vergeblich war.

»Bei dem Fritzen-Denkmal stehen sie wieder,
Sie blicken hinauf, der Alte blickt nieder;
Er neigt sich leise über den Bug:
Bon soir, Messieurs, nun ist es genug.«

Aufrecht am Eckfenster

Das Haus mit der Nummer 9 auf der Südseite der Linden, das rechtwinklig zur Kommode steht und sich nach Westen hin an das Niederländische Palais lehnte, das nach 1945 durch die Fassade des Gouverneurshauses aus der Rathausstraße ersetzt wurde, gehört heute, wie der ganze im Innern miteinander verbundene Komplex, der juristischen Fakultät der Universität. In Heines Berliner Studienjahr sah das Gebäude bescheidener aus. In seinen »Briefen« wird es gar nicht erwähnt. Es war damals ein kleiner, mit einem Walmdach gedeckter, von einem General bewohnter Bau aus dem 17. Jahrhundert, der früher einmal den Hohenzollern der Schwedter Linie als Berlin-Sitz gedient hatte, später dem Prinzen Wilhelm gehörte und erst nach 1871 berühmt wurde, als sein inzwischen graubärtig gewordener Bewohner deutscher Kaiser geworden war. Mit diesen Wechseln hatten auch die Benennungen des Hauses gewechselt, und auch heute ist man sich wohl nicht einig darüber, ob das Gebäude Palais des Prinzen Wilhelm, Kaiser-Palais oder, wie man am häufigsten hört, Altes Palais heißen soll.

Prinz Wilhelm, zweitältester Sohn der Königin Luise, der 1848 von der Revolution zur Flucht nach England getrieben, seines forsch-militanten Gehabes wegen als Kartätschenprinz beschimpft, als Kaiser aber später geliebt wurde, war 1829, nach seiner pflichtgemäßen Heirat mit der ungeliebten Prinzessin Augusta von Sachsen-Weimar-Eisenach, hier eingezogen, hatte das Haus, von dem heute nur noch die klassizistische Fassade

Blick von der Universität auf das Palais Kaiser Wilhelms I. und die Königliche Bibliothek im Jahre 1879. Die Standarte auf dem Dach zeigt die Anwesenheit des Kaisers. Das letzte Fenster im Erdgeschoß links ist das sogenannte Historische Eckfenster. Der Photograph dieser Aufnahme war Hermann Rückwardt.

dem Original entspricht, 1834–1837 von Langhans dem Jüngeren, dem Sohn des Brandenburger-Tor-Erbauers, umbauen und vergrößern lassen und es, abgesehen von den Sommermonaten, bis an sein Lebensende, 1888, bewohnt.

Die Wohn- und Schlafräume des Kaiserpaares befanden sich an der östlichen Ecke des Hauses, die seinen im Erdgeschoß, die ihren darüber, so daß sie sich aus dem Weg gehen und ihr Eheleben im Alter auf Anstandsbesuche beschränken konnten. Beeindruckend war die Stille des Hauses, in der immer das Ticken der Uhren zu hören war. Nur am Vormittag wurde es manchmal lauter, wenn Ordonnanzen sporenklirrend Meldungen brachten oder der Kanzler mit festen Schritten zum Vortrag kam. Außer dem alten Paar wohnten nur Diener und Kammerfrauen im Hause; der Hofstaat war im Schloß und im Prinzessinnenpalais untergebracht.

Augusta, Prinzessin von Preußen, geb. Prinzessin von Sachsen-Weimar-Eisenach, die spätere Königin und Kaiserin, in einer Bleistiftzeichnung von Wilhelm Hensel von etwa 1850. Ihre intellektuelle Überlegenheit in der Ehe ließ sie als kalt und abweisend erscheinen, und ihre Vorliebe für die Abgeschiedenheit von Schloß Babelsberg trug ihr den Spitznamen »Königin von Babylon« ein.

WILHELM I
DEUTSCHER KAISER UND KÖNIG VON PREUSSEN.

Der alte Kaiser nach einer Photographie von J. Albert, gestochen von T. Bauer.

Die Kaiserin, die im Alter, verschiedener schwerer Leiden wegen, im Rollstuhl bewegt werden mußte, war ihrem Mann intellektuell weit überlegen, auch in der Krankheit noch geistig rege und als Weimarerin, die in der Umgebung Goethes aufgewachsen war, viel mehr als er kulturell interessiert. Sie übertraf ihn aber auch im Festhalten am Alten, oft Überholten, wie zum Beispiel beim Gebrauch des Französischen bei Hofe, das sie glänzend beherrschte und ein Gleiches von den sie umgebenden Damen verlangte, obwohl es allgemein nicht mehr üblich war.

Kaiser Wilhelm I. 1885 in seinem Arbeitszimmer im Palais Unter den Linden. Durch das Fenster ist die Universität zu sehen. Gemälde von Carl Arnold.

Alles Moderne, wie die realistischen und naturalistischen Romane, war ihrem in Weimar gebildeten ästhetischen Empfinden ebenso zuwider wie der derbe Witz der Berliner. Und auch Frivolitäten, wie die der »Kameliendame«, die ihrer sentimentalen Verpackung wegen alle Welt rührte, lehnte die sittenstrenge Herrscherin ab. Ihre Empfindlichkeit in dieser Hinsicht machte neuerdings der Fund eines ihr einst gehörenden Romans deutlich, in dem ihr Vorleser alle Stellen gestrichen hatte, die ihr zuzumuten unmöglich gewesen war.

Entdecker dieses Kuriosums war ein französischer Archivar, der im Zweiten Weltkrieg als Kriegsgefangener in Deutschland das Glück gehabt hatte, in der Preußischen Staatsbibliothek arbeiten zu können, und der dort auf Streichungen und französische Randbemerkungen in einem sentimentalen französischen

Luftbildaufnahme der 1914 eingeweihten neuen Königlichen Bibliothek, der späteren Preußischen Staatsbibliothek. Am unteren Bildrand die Linden mit dem Friedrich-Denkmal, in der Mitte des Gebäudekomplexes der Kuppellesesaal.

Unterhaltungsroman des 19. Jahrhunderts aufmerksam geworden war. Das Buch war, wie aus dem alten Stempel ersichtlich, aus dem Besitz der Kaiserin Augusta hierher geraten, und die Streichungen und Bemerkungen stammten von Jules Laforgue, dem schon erwähnten jungen französischen Dichter, der von 1881 bis 1886 Vorleser der Kaiserin gewesen war. Er hatte mit im kaiserlichen Palais wohnen dürfen, wo man ihm auch die Dienerschaft gestellt hatte, und so kaiserlich, wie er wohnte, wurde er auch entlohnt.

Zweimal am Tag mußte der Vorleser tätig werden, morgens mit von ihm ausgewählten Artikeln aus französischen Journalen und am Abend vor einer größeren Gesellschaft mit Romanen. In

Einlaßkarte D

Reihe

zu der auf Allerhöchsten Befehl
Seiner Majestät des Kaisers und Königs
am Sonntag, dem 22. März 1914, vormittags 11½ Uhr,
stattfindenden Einweihung des Neubaus für die
Königliche Akademie der Wissenschaften
und die Königliche Bibliothek
in Berlin.

Für *[handwritten]*

Mit Rücksicht auf das Erscheinen Seiner Majestät des Kaisers und Königs
wird dringend ersucht, die Plätze spätestens bis 11¼ Uhr einzunehmen.

Ein knappes halbes Jahr nach dieser Feierlichkeit brach der Erste Weltkrieg aus, und mit der Bautätigkeit Wilhelms II. war es vorbei. An seine Zeit erinnert Unter den Linden neben Ihnes Bibliotheksbau noch der neue Dom von Raschdorff und das wiedererstandene Hotel Adlon.

einem Brief an einen Freund in Paris beschreibt er die Abendvorlesung so: »Um 8½ Uhr abends soll ich bei ihr vorlesen. Wieder schlägt mir das Herz. Um einen Tisch sitzen zwei Prinzen, vier junge Prinzessinnen, die Gräfin Hacke, die Kaiserin, alle in Toilette. Die Prinzen blättern in Bilderbüchern, die jungen Damen sticken, die Kaiserin aquarelliert. Ich lese wie im Traum, versuche, meine Stimme zu beherrschen. ... Es kommt eine etwas bedenkliche Stelle. Die Gräfin Hacke sieht mich unruhig an, und geschickt überschlage ich diese Passage. Gott sei Lob und Dank, die Situation ist gerettet.«

Wie seine Anstreichungen in dem erwähnten Unterhaltungsroman zeigen, pflegte der Vorleser später, als er die Empfindlichkeiten der Kaiserin kannte, sich besser vorzubereiten, um jeder möglichen Anstößigkeit aus dem Wege zu gehen. In unserem und wohl auch im Verständnis der Zeitgenossen enthielt der harmlose Roman (es handelte sich um »Picciola« von Xavier Boniface Saintine) gar keine anstößigen Stellen, und doch gab es da einiges, das der Kaiserin nicht zuzumuten war. Nicht nur auf alles mit Sexualität Zusammenhängende oder an sie Erinnernde reagierte sie empfindlich, sondern auch auf Fortpflanzungsdetails in der Botanik, wie sie Dichter als Metaphern benutzen. Erwähnungen unsittlicher Liebesverhältnisse und Schilderungen weiblicher Körper wurden vom Vorleser genau so getilgt wie Derbheiten und Unschönheiten, wie sie in Volksszenen vorkommen. Und auch die kleinste Kritik an den regierenden Häusern, am Militär und der Geistlichkeit wurde mit der Randbemerkung: Nicht vorlesen! versehen.

Laforgue, der übrigens außerhalb seiner Vorlesedienste erotische Gedichte verfaßte, die eine besondere Leidenschaft für weibliche Unterwäsche erahnen lassen, kam, da die Kaiserin ihr Reich im Obergeschoß hatte, mit dem Kaiser nur selten zusammen, der, wie gesagt, unten wohnte und von Literatur wenig hielt. Die Lage des Arbeitszimmers des Kaisers, in dem auch Besucher empfangen wurden, war, des sogenannten Historischen Eckfensters wegen, allen Berlinern und Berlin-Besuchern vertraut. Jeden Mittag um zwölf, wenn Marschmusik über die Linden schallte und die Garde zur Wachablösung vorbeimarschierte, erhob sich der Kaiser von seinem Schreibtisch, knöpfte den Uniformrock zu, rückte am Halse den Pour le merke genau in die Mitte und zeigte sich in strammer Haltung am Fenster, noch mit Neunzig kein bißchen vom Alter gebeugt.

Laforgue beschreibt ihn als aufrechten, schlichten, von des Gedankens Blässe nur wenig berührten Menschen, der, im Gegensatz zu vielen seiner Vorfahren, weder besondere Leidenschaften noch Kunst- und Wissenschaftsinteressen hatte, keine Konzerte, Theater oder Museen besuchte, keine Bücher las, außer militärischen Schriften, und den nicht der Ehrgeiz trieb, sondern die Pflicht. Er war kein Prahlhans, wie später sein

Enkel, und obwohl man ihn nach seinem Tode den Heldenkaiser Wilhelm den Großen oder den Siegreichen nannte und ihn mit einem riesigen Denkmal an der Schloßfreiheit ehrte, war er nur widerwillig und zögernd Bismarcks Militärpolitik bei der Reichseinigung gefolgt.

Er starb im März 1888 in dem Palais, in dem er fast sechzig Winterhalbjahre verbracht hatte. Seine Leiche wurde im Dom aufgebahrt, später in feierlichem Zuge die schwarzverhangenen Linden entlang nach Charlottenburg gefahren und im Mausoleum seiner Eltern beigesetzt. Schon die Zeitgenossen, die gerade die ersten Automobile und lenkbaren Luftschiffe bestaunen konnten, hatten die Ahnung, daß der Tod dieses noch aus dem vorigen Jahrhundert stammenden Greises ein Zeichen für die Beendigung einer Epoche war. Und tatsächlich begann, nachdem die neunundneunzig Regierungstage des Sohnes, Friedrichs III., vorüber waren, mit dem Enkel, dem zweiten Wilhelm, schon jene Entwicklung, an dessen Ende die Katastrophe des Ersten Weltkrieges stand. Die Zeit des alten Kaisers wurde dadurch bald von einem schönen nostalgischen Schimmer umgeben, dem selbst noch der sonst so kritische Beobachter Franz Hessel ein wenig erlag.

Als er, angeregt durch die Lektüre Laforgues in den Weimarer Jahren, die zum Museum gewordenen Wohnräume Wilhelms I. im Alten Palais besuchte, mit Filzpantoffeln durch die kaiserlichen Zimmer schlurfte und die vielen unnützen, meist geschmacklosen Geschenke bestaunte, mit denen der Kaiser pietätvoll seine mit unbequemen Möbeln schon überladenen Wohnräume vollgestopft hatte, überfiel ihn, der in der Jugend noch den großmäuligen Enkel erlebt hatte, eine seltsame Rührung, als habe er hier gesehen, wie das alte Preußen im Gründerzeitkitsch zu Ende gegangen war. Die aufrechte, korrekte Haltung des Greises am Eckfenster, das einfache Feldbett in der kaiserlichen Schlafkammer und die unbequemen Stühle erinnerten ihn an die preußische Anekdote, in der ein alter und kranker Offizier kurz vor seinem Tode den fürsorglichen Ratschlag, er solle doch bei Tische die seinem Zustand nicht zuträgliche korrektaufrechte Haltung aufgeben und sich bequem anlehnen, mit der Begründung, solches Sichgehenlassen könne leicht zur schlechten Gewohnheit werden, entschieden verwarf.

Mars und Minerva

Für Wissensdurstige, Bibliophile und Liebhaber stiller, aber geschäftiger Lesesäle, wo Individualisten, von Büchermauern umgeben, eine schweigende Gemeinschaft bilden, in der gelegentliches Flüstern nur Beweis ist für die Achtung vor der Sphäre des anderen – für solche Leute, zu denen auch der Schreiber dieser Zeilen sich rechnet, ist der vertrauteste Abschnitt der preußischen Prachtstraße die 170 Meter lange Strecke auf der Nordseite der Linden zwischen der Universitäts- und der Charlottenstraße, wo sich, postalisch mit der Nummer 8 bezeichnet, seit 1914 das von Ernst von Ihne entworfene neobarocke Gebäude der Preußischen Staatsbibliothek erhebt. Der riesige, sich bis zur Dorotheenstraße hin erstreckende Komplex mit Innenhöfen, der auch der Bibliothek der Berlin-Brandenburgischen Akademie der Wissenschaften und der Universitätsbibliothek Platz bietet, hatte im Februar 1944 zwar durch Bombenschaden sein Kern- und Glanzstück, den von einer hohen Kuppel überwölbten runden Lesesaal verloren, ansonsten aber den Krieg mit relativ leichten Schäden überlebt. Nach den notwendigsten Reparaturen konnte die Bibliothek im Juni 1946 wieder eröffnet werden, ihre Bestände freilich, die man großenteils zwischen 1941 und 1945 in vermeintlich bombensichere Gebiete ausgelagert hatte, waren stark reduziert.

Große Verluste waren durch Kampfhandlungen und Nachkriegsplünderungen entstanden. Nach Schlesien und Pommern verbrachte Buch- und Handschriftenbestände wurden (und werden bis heute) von Polen zurückgehalten, andere wurden als Kriegsbeute in die Sowjetunion gebracht.

Da sich große Teile der ausgelagerten Schätze nach dem Kriege in Westdeutschland wiederfanden, hatte die staatliche Teilung Deutschlands auch die Teilung der Staatsbibliotheksbestände zur Folge. In Westberlin, an der Potsdamer Straße, wurde 1978 Hans Scharouns neue Staatsbibliothek eröffnet, und erst nach der Wiedervereinigung wurden deren Bestände mit den Unter den Linden verbliebenen wieder zusammengeführt.

Als Königliche war die Bibliothek 1914 aus der Kommode in Ihnes riesigen Bau auf der anderen Straßenseite eingezogen, war im Dezember 1918 in Preußische Staatsbibliothek umgetauft worden, hatte in DDR-Zeiten nacheinander die Namen Öffentliche Wissenschaftliche Bibliothek und Deutsche Staatsbibliothek annehmen müssen und firmiert heute sowohl in ihrem Haus 1, dem alten, als auch in Haus 2, dem neuen, unter dem unförmigen Namen Staatsbibliothek zu Berlin, Stiftung Preußischer Kulturbesitz.

In den Anfängen des Königreichs Preußen hatte in dem Areal zwischen den Linden, der Charlottenstraße, der Dorotheen (früher der Letzten-)Straße und der Universitäts- (früher der Stall-)Straße der Marstall gestanden, doch war dieser teilweise auch damals schon dem Geist verpflichtet gewesen, weil die 1696 und 1700 gegründeten Akademien der Künste und der Wissenschaften auch dort, über den Ställen, ihre Räume gehabt hatten, so daß Leibniz angeblich schon die ironische Widmung »Mulis et musis!« (Für Maultiere und Musen) erfunden hatte und Karl Gutzkow, der nach den Befreiungskriegen in diesem Geviert seine Kindheit verbracht hatte, in seinen Erinnerungen von der in diesem Karree erfolgten Vereinigung von Mars und Minerva schwärmte und das Roß hier schon früh in Doppelgestalt erlebte: als Kavalleriepferd und als Pegasus.

Nachdem das alte, von Nering gebaute Gebäude 1743 abgebrannt war, ließ Friedrich der Große von Boumann dem Älteren

Das ehemalige Marstall- und Akademiegebäude, das dann dem neuen Bibliotheksbau von Ernst von Ihne weichen mußte, in einer Photographie von Max Missmann aus dem Jahre 1904.

ein neues errichten, in dem aber die Aufteilung in die unteren Ställe und die oberen Akademieräume erhalten blieb. Es hatte über dem Hauptportal eine Uhr mit langsam und feierlich sich bewegendem Perpendikel, nach der auf Pünktlichkeit bedachte Berliner ihre Taschenuhr stellten. Die Akademieuhr war die Normaluhr der Residenz.

Nach den kümmerlichen Jahrzehnten der Akademien unter Friedrich Wilhelm I., der nichts hielt von Künstlern und Gelehrten, und Friedrich II., dem nur französische Künstler und Gelehrte etwas galten, kamen mit Friedrich Wilhelm II. und seinem zuständigen Minister von Heinitz bessere Zeiten, in denen das langgestreckte Gebäude zwischen der Universitäts- und der Charlottenstraße mit so berühmten Namen wie Chodowiecki,

Schadow, Nicolai und Humboldt verbunden war. Im Todesjahr Friedrichs des Großen, 1786, gab es in seinen Räumen die erste der dann jährlich (ab 1798 nur noch zweijährlich) stattfindenden Ausstellungen, die sich ständig, auch durch einen Anbau, vergrößernd und immer von Katalogen begleitet, bis 1874 an dieser Stelle fortsetzten. Der erste, bei Decker gedruckte Katalog hatte folgendes Titelblatt: »Verzeichniß derjenigen Kunstwerke, welche den 20. Mai und folgende Tage vormittags von 10 bis 1 Uhr und nachmittags von 3 bis 5 Uhr in den Zimmern der Königl. Preuß. Academie der Künste und mechanischen Wissenschaften über dem Königl. Marstall auf der Neustadt zur öffentlichen Besichtigung ausgestellt sind.«

Die Vorrede des Katalogs von 1791 spricht von einer »Morgenröthe« der vaterländischen Kunstausübung, die sich dann auch in einer Fülle von Entwürfen zu einem Denkmal für Friedrich den Großen und in Schadows Grabmal für den Grafen von der Mark beweist. In der dem Frieden von Basel gewidmeten Ausstellung von 1795 konnte zum erstenmal, im Gipsmodell, Schadows Doppelstandbild der Kronprinzessin Luise und ihrer Schwester Friederike, die sogenannte Prinzessinnengruppe, bewundert werden. Und die Ausstellung von 1810 ging durch die hier gezeigten und vom König angekauften Gemälde Caspar David Friedrichs »Abtei im Eichwald« und »Mönch am Meer« in die Kunstgeschichte ein.

Hier, in der Akademie über den Ställen, hielt 1799 Friedrich Nicolai seinen vielbespöttelten Vortrag über die Entstehung von Geistererscheinungen, auf den Goethe mit den zum geflügelten Wort gewordenen »Faust«-Versen reagierte:

»Das Teufelspack, es fragt nach keiner Regel.
Wir sind so klug, und dennoch spukts in Tegel.«

Fichte hielt in den Jahren der französischen Besatzung in diesen Räumen seine berühmten »Reden an die deutsche Nation«. Spä-

Der unter Stallknechten, Soldaten und Gelehrten im Marstall- und Akademieviertel aufgewachsene Schriftsteller Karl Gutzkow um 1844 in einer Lithographie von J. Braunsdorf.

ter ist Theodor Fontane, der als Journalist auch das Fach des Kunstkritikers beherrschte, hier oft durch die Säle gegangen, um danach seine umfangreichen Ausstellungsbesprechungen zu schreiben. Und für einige unerquickliche Wochen war er hier sogar als Akademiesekretär angestellt.

Die Kunstakademie, die später, als das Gebäude abgerissen wurde, an den Pariser Platz wechselte, hatte ihre Unterrichtsräume und Sammlungen im westlichen Teil der Lindenfront. Mehr zur Universität hin saß die Akademie der Wissenschaften, die auch eine in Gelehrtenkreisen bekannte Druckerei mit persischen, arabischen und Sanskrit-Lettern hatte, die in einem Seitenflügel an der Universitätsstraße untergebracht war. An der Dorotheenstraße, so erzählt Gutzkow in seinen Erinnerungen aus den Jahren nach 1815, stand der Turm der Sternwarte, und an der Charlottenstraße führte eine Treppe hinauf zum »medizinischen Kollegium«, zur Anatomie. In den Erdgeschossen aber und in etlichen Nebengebäuden befanden sich Pferdeställe und Wagenremisen, dazwischen aber auch kleine Rasenplätze und Lauben von wildem Wein. Auch ein großer Nußbaum war dort zu finden, der einem königlichen Kutscher gehörte, der ihn mit den »drastischsten Mitteln« gegen die Kinder verteidigte, »die schon glücklich waren, nur ein einziges duftendes Blatt von ihm zu erhaschen, das sie mit sanftem Fingerstrich in seinem zarten Geäder von dem Blattgrün befreiten und als übriggebliebenes zierliches Gerippe in ihr Lesebuch, den Brandenburgischen Kinderfreund, legten«.

Neben den Pferden der königlichen Familie waren auch die von Kavallerieregimentern hier untergebracht. In den Erinnerungen des F.A.L. von der Marwitz ist nachzulesen, wie er als junger Soldat im Eliteregiment Gensdarmes, das nach 1806 aufgelöst wurde, jeden Morgen drei Uhr hierhereilte, um sein Pferd zu füttern und zu striegeln. Später standen hier die Pferde der Kürassiere vom Regiment Garde du Corps und der Ulanen, und folglich waren, wie Gutzkow berichtet, ständig Trompetensignale, Kommandos, das Wiehern der Pferde und das Klirren von Ketten zu hören. Und manchmal wurden die Tiere auch durch Pistolenschüsse und Trommelschläge mit dem Lärm von Paraden und Schlachten vertraut gemacht.

Die Kinder der königlichen Bediensteten, die bei den Ställen ihre dürftigen Wohnungen hatten, interessierten sich natürlich mehr für die Soldaten als für die Künstler und Gelehrten, wie Schadow oder Schleiermacher, die manchmal zu sehen waren. Noch interessanter aber waren die abendlichen Erzählungen des

Vaters, eines aus Pommern kommenden Maurers, der im Gefolge des Prinzen Wilhelm, eines Bruders des Königs, zwischen Paris und Tilsit viel kennengelernt hatte und farbig von Siegen und Niederlagen, fremden Völkern und ihren Sitten zu erzählen verstand. Als sogenannter Bereiter des Prinzen war er für dessen Pferde zuständig, wohnte deshalb auch bei den Ställen, mit Frau und fünf Kindern, von denen zwei frühzeitig starben, in einer Stube. Die dazugehörige Küche mußte mit einer anderen Familie geteilt werden, was Anlaß zum Dauerzank zwischen den Hausfrauen gab.

Gutzkows Mutter konnte zwar lesen, aber nicht schreiben, und ihr über die häusliche Sphäre hinausgehendes Wissen bestand aus einem »kleinen Hausschatz an Kinderliedern, mit denen sie ihre Lieben zu wahren Paradiesesträumen einzusummen verstand«. Sie hatte keine Vorstellung von der Größe der Erde und der Verschiedenheit der Menschen. »Sie konnte in aller Gelassenheit fragen, ob denn in Wien auch eine Spree wäre.« Aber innerhalb ihres engen Horizontes wußte sie besser als jeder andere Bescheid.

Ihr Sohn Karl hatte die Möglichkeit, diese beschränkten Verhältnisse zu verlassen, dem Umstand zu danken, daß die kümmerliche Behausung, in der er aufwuchs, von Wohnungen wohlhabenderer Leute umgeben war. Gutzkow zählt einige auf, die in der Nachbarschaft wohnten: Bode, der Astronom, Osann, der Mediziner, Hufeland, Leibarzt des Königs, und schließlich auch ein Maler, Karl Friedrich Minter, der vor allem Porträtist war, auch ein Bild Friedrich Wilhelms III. gemalt hat und später nach Warschau ging. Dessen Sohn wurde Gutzkows Spielgefährte, und durch ihn kam er in die Malerfamilie, wo man seine Begabung erkannte und ihn am häuslichen Unterricht der Kinder wie auch am gesamten Familienleben teilnehmen ließ.

Auf diese Weise wurde es dem Jungen aus dem Kutschstall möglich, am nahen Friedrichwerderschen Gymnasium sein Abitur abzulegen, an der noch näheren Universität zu studieren und mit dem glänzend bestandenen Examen einen Bildungsgang zu vollenden, der sich auf dem engen Raum der preußischen Prachtstraße und ihrer Umgebung abspielte, aber geistig und gesellschaftlich ins Weite führte. Die hier in der Kindheit erlebte Diskrepanz zwischen dem gesellschaftlichen Hoch und Niedrig, die durch die räumliche Nachbarschaft von Palästen und dürftigen Kutscherwohnungen anschaulich wurde, geriet beim Autor Gutzkow nie in Vergessenheit.

Kranzler und Bauer

Dort etwa, wo die Charlottenstraße und die vom Oranienburger Tor im Norden kommende und zum Halleschen Tor im Süden führende Friedrichstraße, an deren Länge man sich nach Heinrich Heine »die Idee der Unendlichkeit veranschaulichen« könnte, die Linden schneiden, verlief früher die Grenze zwischen dem königlich-offiziellen Teil der Allee und dem zivilen, in dem Bürger und Aristokraten wohnten, Cafés und Läden Kunden anlockten und vornehme Hotels mit großen Namen prunkten, wie nahe der Friedrichstraße das Hotel de St. Petersbourg und das Hotel de Rom.

Das Erster-Klasse-Hotel de Rom, Ecke Charlottenstraße, das seit 1775 mit 50 Gästezimmern bestanden hatte, 1876 aber zu einem Haus mit 200 Zimmern umgebaut wurde, war vom Berliner Schulrat Meddelhammer, in Fontanes wenig bekannten Plaudereien über das Reisen, als Urlaubsziel auserwählt worden, nachdem er sich im Gespräch mit der Frau über die Urlaubsplanung klargemacht hatte, daß »geborene Berliner«, die ein Leben lang in Berlin leben, die Sehenswürdigkeiten der Stadt selten kennen und daß »diesem Nonsens endlich ein Ende« gemacht werden müsse. Sie packten also am selben Abend ihre Koffer, fuhren »um 10 Uhr abends, wo der große Pariser Zug ankommt, beim Hotel de Rom vor«, ließen sich wie vornehme Leute den Tee aufs Zimmer bringen und sahen »noch anderthalb Stunden lang aus dem Fenster. Es war entzückend. Über die Linden weg, ... schimmerten die hohen, erleuchteten Fens-

Das Hotel de Rom oder Stadt Rom, ein Bau von 1775, stand auf der Nordseite der Linden, Ecke Charlottenstraße. Es wurde 1876 abgerissen, um einem größeren, aber nicht schöneren Bau Platz zu machen. Die bescheidene Ausstattung des alten Hauses genügte den gewachsenen Ansprüchen nicht mehr. Der Photograph dieses Bildes von 1870 war J. F. Stiehm.

ter von der Passage her, und alles wirkte wie spanische Nacht und Alhambra.«

Statt sich in italienischen Kirchen und Palästen die Füße wundzulaufen, konnten sie bequem im Kupferstichkabinett sitzen und Botticellis herrliche Zeichnungen zu Dante bewundern. Sie hatten nun endlich mal Zeit für die Nationalgalerie und das Alte Museum, in das sie bisher nicht gekommen waren. Und jeden Nachmittag aßen sie Eis bei Kranzler, fühlten sich als angebliche Fremde in Berlin so wohl wie nie in der Fremde und hätten nun, wie Fontane an anderer Stelle es

Das Hotel Stadt Rom, das nun Grand Hotel de Rom hieß, im Jahre 1886 in einer Aufnahme von F. Albert Schwartz. Das Gebäude reichte in der Charlottenstraße von den Linden bis an die Mittelstraße. Statt vorher 50 bescheiden eingerichteten Zimmern, gab es nun 200 mit allem Komfort.

tut, ein Gedicht von Karl Simrock zitieren können, in dem es heißt:

»In Rom, Athen und bei den Lappen,
Da spähn wir jeden Winkel aus;
Indes wir wie die Blinden tappen
In unserm eignen Vaterhaus.«

Fontane kannte sich aus an der berühmtesten aller Berliner Kreuzungen. Als Fünfundzwanzigjähriger hatte er ein Jahr in der

Polnischen Apotheke in der Friedrichstraße, Ecke Mittelstraße, als Rezeptar gearbeitet, und 1882 hatte er im dritten Kapitel seines »Schach von Wuthenow« genau beschrieben, wie die Gäste der Frau von Carayon zu nächtlicher Stunde aus der Behrenstraße kommend die paar Schritte die Friedrichstraße hinauf zu den Linden machen, wo gleich rechts die »Italiener-Wein und Delikatessenhandlung Sala Tarone« die der Polizeistunde wegen schon verschlossenen Türen noch einmal öffnet und der kleinen Gesellschaft in der hinterm Hof liegenden Frühstücksstube, wo um Mitternacht die meisten Gäste sitzen, eine Maibowle kredenzt.

Wie wir von E. T. A. Hoffmann wissen, befand sich im gleichen Hause, in dem die Italienerwaren von Sala Tarone verkauft und serviert wurden, der Laden der damals in besseren Kreisen berühmten Lackierfabrik Stobwasser, eines kunstgewerblichen Familienunternehmens, das Friedrich der Große von Braunschweig in die preußische Hauptstadt geholt hatte, wo es etwa ein Jahrhundert lang prächtig gedieh. Es produzierte Luxusgegenstände, wie Pfeifenköpfe, Kaminschirme, Servierbretter, Kleinmöbel, Kästchen und Dosen, die qualitätsvoll bemalt und durch haltbare Schichten von Klarlack geschützt waren. Besonders beliebt waren Stobwassersche Schnupftabakdosen, an denen nicht nur König Friedrich Bedarf hatte und die auch, nach seinem Vorbild, gesammelt wurden. Die Fabrik, sie stand in der Wilhelmstraße, unterhielt eine eigene Malschule, in der den Miniaturmalern sowohl das Kopieren niederländischer und italienischer Gemälde als auch das Ausführen eigener Entwürfe, wie Genreszenen, Landschaften und amouröse Themen, beigebracht wurde. Vierhundert Leute etwa beschäftigte das Unternehmen in seiner Blütezeit. E. T. A. Hoffmann läßt in der »Brautwahl« einen Kommissionsrat sich als Kunstkenner fühlen, weil er »die lackierten Teebretter, Ofenschirme und dergleichen im Stobwasserschen Laden Unter den Linden, die er jeden Morgen um elf Uhr, wenn er bei Sala Tarone vier Sardellen gegessen

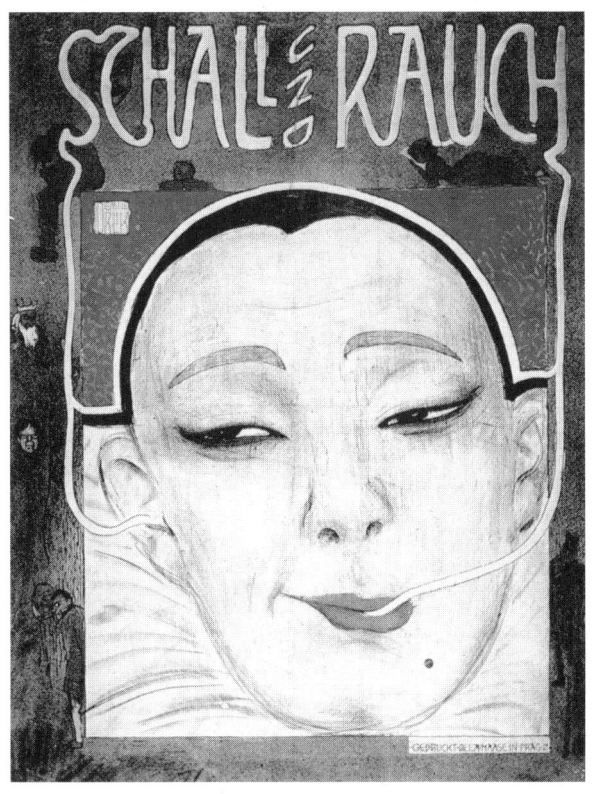

Plakat für das im Januar 1901 von Max Reinhardt und anderen Unter den Linden gegründete Kabarett »Schall und Rauch« von Emil Orlik.

und ein Gläschen Danziger genommen, mit wahrem Entzücken betrachtete. Diese Kunstfabrikate galten ihm als das höchste, was jemals die Kunst geleistet.«

Dieser westliche Teil des Boulevards war also vor allem gemeint, wenn von den Linden als Vergnügungsort und Treffpunkt die Rede war. Hier, und zwar an der nordöstlichen Ecke der Friedrichstraßenkreuzung, wo heute das aus DDR-Zeiten stammende Hotel »Unter den Linden« auf sein baldiges Ende wartet, eröffnete Max Reinhardt mit dem Kaberett »Schall und Rauch« sein später so genanntes »Kleines Theater«, in dem er mit der deutschen Erstaufführung von Maxim Gorkis »Nachtasyl« Aufsehen erregte. Hier spazierten in Walter Kollos populärem Lied aus den zwanziger Jahren »die Mägdelein«, die auf der kurzen Strecke zwischen dem Café Bauer und dem Pariser Platz ihren Schatz finden konnten. Hierhin versetzte sich Detlev von Liliencron lyrisch, »um Menschen zu sehen, Bekannte zu finden« und zwischen den »märkischen Schönen« die »ganze Welt« dort zu treffen. Hier bat Heine ein »schönes Kind«, ihn doch beim unvermeidlichen Treffen Unter den Linden aus Standesrücksichten ungegrüßt zu lassen. Hier, im Gasthof zur Sonne, der sich später Russischer Hof nannte und zeitweilig auch das berühmte Eßlokal Jagor beherbergte, vor dem niederzuknien Heine alle Gourmands aufforderte, stieg möglicherweise Goethe ab, als er im Mai 1778 als Begleiter seines Fürsten zum ersten und einzigen Mal Berlin mit einem sechstägigen Besuch beehrte, die Oper, das Zeughaus und die Hedwigskirche besichtigte, auch zur Tafel in das Palais des Prinzen Heinrich geladen wurde und die Karschin, Anton Graff und Chodowiecki besuchte. Hier, im selben Hotel, wohnte Schiller, als man ihn 1804 in Berlin begrüßen konnte, die Königin Luise ihn mit einem festlichen Essen ehrte, Prinz Louis Ferdinand ihn empfing und die ganze Stadt ihn in der Hoffnung feierte, ihn bald für immer nach Berlin locken zu können.

Sich Unter den Linden sehen zu lassen hieß, sich der Öffentlichkeit zu zeigen. Als F. A. L. von der Marwitz aus Friedersdorf und Graf Finckenstein aus Alt Madlitz 1811 als Reformgegner verhaftet und auf die Festung Spandau geschickt wurden, legten sie Wert darauf, nachmittags in offener Kutsche über die Linden gefahren zu werden, weil so jedermann sehen konnte, welch Unrecht ihnen geschah ...

E. T. A. Hoffmann, der Berliner aus dem ostpreußischen Königsberg, der für die deutsche Literatur das Gespensterhafte der Großstadt entdeckte, läßt etliche seiner Gestalten bei schönem

Dieses Selbstporträt E.T.A. Hoffmanns, eine Kreidezeichnung aus seinen letzten Lebensjahren, ist nach Aussage seines ersten Biographen, Julius Eduard Hitzig, das ähnlichste aller von ihm existierenden Bilder.

Wetter den Weg über die Promenade der Linden zum Tiergarten hin nehmen, zum Beispiel gleich am Anfang seines literarischen Werkes in der Erzählung vom »Ritter Gluck«. Da erlebt man vor dem Brandenburger Tor ein buntes Gemisch von Spaziergängern: »Elegants, Bürger mit der Hausfrau und den lieben Kleinen in Sonntagskleidern, Geistliche, Jüdinnen, Referendare, Freudenmädchen, Professoren, Putzmacherinnen, Tänzer und Offiziere«. Sie alle, die sich hier beim Sehen und Gesehenwerden amüsieren, sind Beispiele für die damals beginnende Vermischung der Stände, von der der Kleinstädter Jean Paul so überrascht und entzückt worden war. Prinz Louis Ferdinand konnte hier neben dem Handwerkersohn Tieck im Salon der Jüdin Rahel verkehren. Und Unter den Linden wohnten neben den Adligen auch viele bürgerliche Hoteliers, Ladenbesitzer, Kunsthändler und Konditoren. Wohlhabend und vornehm mußten die aber schon sein.

In Hoffmanns Erzählung »Das öde Haus« wird dieser westliche Teil der Linden als ein Ort der Pracht und des Reichtums beschrieben, und das Zedlitzsche »Conversationshandbuch« von 1834 nennt ihn den »Centralpunkt der eleganten Welt«. Hier ist, so heißt es im »Öden Haus«, »der Sammelplatz des höheren, durch Stand oder Reichtum zum üppigeren Lebensgenuß berechtigten Publikums. In dem Erdgeschoß der hohen, breiten Paläste werden meistenteils Waren des Luxus feilgeboten, indes in den obern Stockwerken Leute der beschriebenen Klasse hausen. Die vornehmsten Gasthäuser liegen in dieser Straße, die fremden Gesandten wohnen meistens darin, und so könnt ihr denken, daß hier ein besonderes Leben und Regen, mehr als in irgendeinem anderen Teile der Residenz, stattfinden muß, die sich hier volkreicher zeigt, als sie es wirklich ist. Das Zudrängen nach diesem Orte macht es, daß mancher sich mit einer kleineren Wohnung, als sein Bedürfnis eigentlich erfordert, begnügt, und so kommt es, daß manches von mehreren Familien bewohnte Haus einem Bienenkorbe gleicht.«

Daß die von Hoffmann nebenbei erwähnten Freudenmädchen in der Straße Unter den Linden unter den Müßiggängern und Fremden ein bevorzugtes Betätigungsfeld fanden, ist in zeitkritischen Schriften vielfach bezeugt. Besonders reich an ihnen war das ausgehende 18. Jahrhundert, als nach dem Tod Friedrichs des Großen der Thronfolger, Friedrich Wilhelm II., den Berlinern einen erotisch ausschweifenden Lebenswandel vormachte und so, glaubt man den teils sehr plumpen Satiren, die ganze

Auf einer Gesamtdarstellung der Linden von 1820 ist E.T.A. Hoffmanns »Ödes Haus« neben der Konditorei Fuchs genau zu sehen. Sogar die Bank, von der aus der Erzähler die unheimlichen Vorgänge im Hause beobachtet, steht davor.

Stadt moralisch verdarb. In dem »Gemälde von Berlin, Potsdam und Sanssouci«, einem 120 Seiten starken Büchlein eines Justus Conrad Müller, das angeblich in London, in Wirklichkeit aber 1792 in Nürnberg gedruckt wurde, kann man zum Beispiel von »gewissen Geschöpfen« lesen, die am Abend die Linden bevölkern, auf den Bänken der Mittelpromenade sitzen und sich »ohne Scham und Ehrbarkeit den Vorübergehenden anbieten«, wozu sie aber, wie der Verfasser erkennt, nicht der »Geschlechtstrieb«, sondern das »Bedürfnis des Magens« treibt.

Unter den damals zahlreich entstandenen, oft als Tanzsäle getarnten Bordellen hatte besonders das der Madame Schubitz mit den Linden zu tun. Es lag in der Nähe, nämlich in der Behrenstraße, firmierte als Kaffeeausschank und gehörte einer höheren Klasse dieser Einrichtungen an. »Selbst Prinzen ohne Inkognito« zählten zu seinen Gästen, so heißt es im 1788 anonym erschienenen »Schattenriß von Berlin«, war mit »kostbaren

Mobilien« ausgestattet und hielt durch hohe Preise das gemeine Publikum ab. Madame Schubitz war »auf anständige Art unterhaltsam und gesprächig«, achtete »auf Sauberkeit und Ordnung« und begegnete nicht nur ihren Gästen, sondern auch ihren »Kostgängerinnen mit Achtung«. Sie fuhr ihre eigene, mit ihrem Namenszuge versehene Equipage, kleidete ihre Kutscher, Diener und Türsteher in »geschmackvolle Livreen« und hatte ihre eigene Loge im Schauspielhaus. Ihre Mädchen waren stets vornehm gekleidet, so daß sie Unter den Linden nur von Kennern als das, was sie waren, erkannt werden konnten. Vor allem reiche Fremde lockten sie von der Promenade weg in ihre »Feenhütte«. Niemand könne der Schubitz nachsagen, heißt es im »Schattenriß«, daß sie jemals »öffentliches Ärgernis erregt hätte. Die Vögel, die sie rupft, fliegen meistenteils wieder davon und lassen nur etliche Federn zurück. In diesem Punkte ist die Frau für die große Residenzstadt ein Glück ...«

In den etwa hundert Jahren, die zu Hoffmanns Zeiten seit der Erstbebauung dieses Abschnitts der Linden vergangen waren, war immerfort umgebaut, abgerissen und neugebaut worden, und da diese Praxis in den folgenden Jahrzehnten und Jahrhunderten, unterstützt durch die Kriegsschäden, fortgesetzt wurde und sich teilweise auch der Verlauf der Nebenstraßen veränderte, sind Sehenswürdigkeiten älteren Datums hier rar geworden, und es fällt schwer, sich zu merken, wo der Standort ehemals bedeutsamer Bauten gewesen ist. Erschwert wird die historische Orientierung durch die manchmal vorgenommene Zusammenlegung von Grundstücken und den 1937 erfolgten Wechsel der Hausnumerierung, die vorher, den Pariser Platz und die Plätze an Oper und Zeughaus nicht einbeziehend, auf der Südseite im Westen, beim heutigen »Adlon« also, mit 1 begonnen hatte, um, auf derselben Straßenseite bleibend, mit Nummer 37 das Palais des Prinzen Wilhelm zu erreichen und auf der Nordseite, mit der Akademie als 38 beginnend, wieder nach Westen zurückzulaufen bis zur Nummer 78, der Ecke zum Pariser Platz.

Karl Varnhagen von Ense 1839. Zeichnung von Samuel Friedrich Diez.

In diesem Eckhaus, Nummer 78, wo heute unter der Nummer 80 ein sechsstöckiger Bau mit Läden, Büros und einigen Wohnungen sich erhebt, stand im 19. Jahrhundert ein Palais, das mehrmals seine Besitzer wechselte, von Stüler im Auftrag des neugeadelten Bankiers Wilhelm Christian Benecke von Gröditzberg vergrößernd umgebaut und als Mietshaus genutzt wurde. Hier wohnten um 1850, neben dem schlesischen Eigentümer, der hier sozusagen seine hauptstädtische Absteige hatte, der Gesandte des Königreichs Belgien, ein Herzog von Ratibor, ein Graf Putbus, ein Fürst von Carolath-Beuthen, aber auch ein Büchsenmacher, ein Schankwirt und ein königlicher Lakai.

Das »öde Haus«, das Hoffmann vier Jahrzehnte vorher zu der gleichnamigen Erzählung angeregt hatte, stand, als Nummer 9, auf einem Grundstück, das heute zu dem ausgedehnten Gelände der Russischen Botschaft gehört. Es war wohl noch ein Haus aus den Zeiten des Soldatenkönigs, das sein adliger Besitzer vernachlässigt hatte und das bald nach Hoffmanns Tod einem größeren Bau weichen mußte. Im Nebenhaus, der Nummer 8, machte zu Hoffmanns und Heines Zeiten eine Konditorei gute Geschäfte, die auch im »Öden Haus« unter ihrem tatsächlichen Namen, Fuchs, erscheint. Der Erzähler trinkt in ihr eine heiße Schokolade und zieht dabei Erkundigungen über die Geschichte des unheimlichen Hauses ein.

Die Konditorei Fuchs, vor deren Besuch Heine warnte, weil sie hohe Preise für altes Gebäck verlange, nur Zeitungen von vorgestern biete und keine schönen Servierfräulein habe, war auch berühmt durch ein Spiegelzimmer, das Hoffmann für seine Erzählung »Die Irrungen« nutzte, das Heine dagegen zu der Bemerkung veranlaßte, essen könne er Spiegel nicht.

Im biedermeierlichen Berlin hatte der Konditor Fuchs etwa einhundert Konkurrenten, mehrere davon im westlichen Abschnitt der Linden und den benachbarten Straßen, eine am Schloßplatz und eine, die berühmteste namens Josty, an der Stechbahn. Alle verkauften Backwaren, Eis, Marzipan und kandierte Früchte, wurden in der Vorweihnachtszeit durch glänzende Ausstellungen, in denen sie ihre Zuckerwerkskünste durch Nachstellung von Hoffesten oder auch Alltagsszenen zeigten, zu besonderen Anziehungspunkten, hatten einen Ausschank für Kaffee, Tee und Schokolade und hielten sich teilweise Lesekabinette mit vielen, auch auswärtigen Zeitungen, durch die sie im Vormärz dann auch politisch bedeutsam wurden. Denn viele an Politik Interessierte, die nach unzensierten Nachrichten suchten, trafen sich hier.

In den Tagebüchern Karl Varnhagens von Ense, des Berliner Chronisten jener Jahrzehnte, wird die Zeitungslektüre in der Konditorei Kranzler, die sich 1825 auf der Südseite der Linden, an der Ecke Friedrichstraße, etabliert hatte, immer wieder erwähnt. Manchmal wird der Konditoreibesuch zur Enttäuschung,

Die Konditorei Kranzler auf der Südseite der Linden, Ecke Friedrichstraße, im Jahre 1901. Eröffnet hatte der Wiener Johann George Kranzler seine Konditorei 1825 im Erdgeschoß dieses Eckhauses, das er 1834 von August Stüler umbauen und aufstocken ließ. Im Mai 1944 wurde das Haus durch Bomben zerstört.

weil sich alle Zeitungen schon »in Leserhand befinden«, meist aber findet Varnhagen doch in den Hamburger, Kölner oder auch Breslauer Blättern Nachrichten, die man in Berlin nicht zu drucken wagt. Denn die Zensur in Österreich und Preußen nach den Karlsbader Beschlüssen, 1819, wurde zwar für alle späteren staatlichen Publikationsbeschränkungen Vorbild, aber die Perfektion, die dann das 20. Jahrhundert in dieser Hinsicht entwickeln sollte, erreichte sie auf Grund der politischen Zerrissenheit Deutschlands noch nicht.

Da sich in den Lesecafés die kritischsten Köpfe trafen, war hier in den Vormärztagen der Ton freier als anderswo. Varnhagen, den anscheinend jeder Linden- oder Tiergartenspaziergang zu Kranzler führte, gab im Tagebuch manches Café-Gespräch wieder, an dem sich die Stimmung der Berliner ablesen ließ. Da konnte er vor den achtundvierziger Märztagen viel Kritisches über den König und die Regierung hören. In den Revolutionstagen selbst blieb ihm Kranzler verschlossen, da in der Friedrichstraße Barrikaden gebaut wurden. Nach der Revolution konnte er ein Gespräch von Stabsoffizieren belauschen, die Genaueres über die Flucht des Prinzen Wilhelm nach England wußten. Er beobachtete hier die jungen Offiziere, die sich wie die Karikaturen aus dem »Kladderadatsch« benahmen, voll »alberner Hoffahrt und jammervoller Leerheit« waren, »nichtige Prahlereien« von sich gaben und im Sommer »haufenweise« an den Tischen vor der Konditorei saßen, »die Füße auf das Gitter legten und den Vorübergehenden die schmutzigen Stiefelsohlen zeigten«. – »Die Zeitungen rügten diese Offizierslümmel. Jetzt meint man aber, es sei nicht anständig, daß Offiziere sich dort so gemischt mit Bürgervolk öffentlich zur Schau stellten.«

Offensichtlich aber richteten sich die Leutnants nicht nach der Meinung der Presse; denn als Anfang der sechziger Jahre der aus Neuruppin gebürtige Berliner Theodor Fontane den Husumer Theodor Storm zu Gast hatte und beide nach einem Tiergartenspaziergang »an der berühmten Ecke« bei Kranzler einkehrten,

Diese Federlithographie von Theodor Hosemann von 1842 zeigt einen für den Vormärz so typischen Zeitungsleser in einer Konditorei.

saßen wieder gleich vorn »Gardekürassiere«, die sich über den nicht kranzlermäßig gekleideten Storm amüsierten, was Fontane sehr peinlich war. Er wäre mit dem Provinzler lieber zu Schilling in die Friedrichstraße gegangen, wo es weniger vornehm war.

Weniger vornehm ging es auch zu bei Stehely am Gendarmenmarkt, in der Charlottenstraße, wo sich die Journalisten und Politiker trafen, oder bei Spargnapani, einem Lesecafé auf der

Nordseite der Linden, das von Literaten und Gelehrten bevorzugt wurde, so auch von Julius Rodenberg in seinen jungen Jahren, der eindrucksvoll vom Kampf der Kunden um die neuesten Zeitschriften zu berichten weiß. »Das kleine Regal, welches alle diese Schätze barg, war stets belagert, und man betrachtete jeden, der davorstand, als seinen persönlichen Feind. Man wußte genau, mit wem man den Kampf aufzunehmen habe, … und hatte man das Unglück, eine Minute später einzutreffen als er, so mußte man sich damit begnügen, den Sieger nicht mehr aus den Augen zu lassen. Und es waren keine freundlichen Blicke, die man ihm zuwarf. Schlimmer noch aber war der Kampf um die Tageszeitungen; hier galt die nackte Gewalt und das Faustrecht. … Denn hier saßen die Leute auf den Zeitungen, die sie lesen wollten, nachdem sie ihre Tasse Kaffee getrunken und ihr Stück Kuchen gegessen hatten. Andere waren auch da, die noch weitergingen: Sie hatten zwei Zeitungen vor sich, die sie lasen, und zwei Zeitungen, die sie lesen wollten, unter den Armen und zwischen den Knien, und sie hüteten diesen ihren Raub mit der Wildheit des Tigers, weswegen sie Zeitungstiger hießen«, und von diesen gab es welche in jeder Konditorei.

Die Kultur der Kaffeehäuser, die in Berlin, im Gegensatz zu der der Kneipen, nie dauerhaft heimisch wurde und heutzutage wohl endgültig ihr Leben aushaucht, wurde von Wiener und Schweizer Konditoren hierhergebracht. Im Biedermeier kam Kranzler, in den Gründerjahren der noch erfolgreichere Matthias Bauer, und eröffnete 1878, nach dem Umbau eines Wohnhauses, in dem einmal Wilhelm und Caroline von Humboldt gewohnt hatten, auf der anderen Ecke der südlichen Kreuzungsseite ein viel größeres, pompöseres und luxuriöseres Café als das Kranzler, mit Marmortischchen, Billardzimmern, Springbrunnen, Palmengruppen, Kristallkronen, großen, von gußeisernen Säulen gestützten Sälen, einem Lichthof, der sich über zwei Etagen erstreckte, mit Wandmalereien von Anton von Werner, die vor allem Kaiser Wilhelm II. zum Thema hatten, und einem ein-

Die großen, pompösen Wiener Cafés, wie hier das Café Bauer, verdrängten später oft die kleinen Konditoreien des Biedermeier.

malig großen Angebot von in- und ausländischen Zeitungen und Zeitschriften. Etwa 600 sollen es gewesen sein.

Daß in diesem Teil der Straße Unter den Linden kaum noch Reste der Prachtentfaltung aus Kaisers Zeiten erhalten blieben, ist vor allem dem Zweiten Weltkrieg geschuldet, daneben aber auch einem, in Berlin besonders ausgeprägten Mangel an Ehrfurcht vor dem historisch Überkommenen, wie heutzutage auch der hartnäckige, glücklicherweise aber erfolglose Widerstand gegen die aus städtebaulichen und historischen Günden notwendige Wiedererrichtung des Schlosses zeigt. Vielleicht ist das auf den immer hohen Anteil von Neuberlinern, besonders auch unter den Regierenden, zurückzuführen, mehr aber wohl auf einen allgemeinen Mangel an historischem Empfinden, der, da alle Kultur sich auf Geschichte gründet, auch ein Zeichen von Kulturlosigkeit ist.

Ohne allzusehr zu übertreiben, läßt sich von diesem Teil der Linden sagen, daß jede Generation sie sich durch Abriß und

Neuaufbau wieder erschuf. Sie war immer ein Eldorado für Architekten, die, der gerade herrschenden Mode folgend, Schinkel, dem sie sich ebenbürtig fühlten, für altmodisch hielten und so Bauten schufen, die die nächste Generation wieder abreißen konnte, ohne daß ihnen das Gewissen schlug.

Als Julius Rodenberg um 1885 über diesen Abschnitt der Linden spazierte, konnte er neue Bank- und Geschäftsgebäude entdecken, kaum aber noch Wohnhäuser aus seiner Jugendzeit. Wenn sie nicht abgerissen und durch neue ersetzt worden waren, so hatte man sie doch wenigstens umgebaut und um zwei bis drei Stockwerke erhöht. Wo früher das Hotel Russischer Hof gestanden hatte, öffnete sich nun der Eingang zur sogenannten Kaiserpassage, durch die man zur Behrenstraße, Ecke Friedrichstraße gelangen konnte, vorbei an Juwelier- und Delikatessenläden und Castans Panoptikum. Alles hatte sich inzwischen geändert. An die Stelle manchen Palais war ein Bau der Finanzherren getreten, und bei Kranzler saßen nun brave Bürger mit Frau und Kindern, selten nur Gardeleutnants, die übrigens, will man Rodenberg glauben, nicht mehr lümmelhaft und arrogant wie früher, sondern »liebenswürdig und höflich« waren und so »feingebildet« wie kaum ein Bürgersohn.

Von den wechselnden Bauetappen, die den Charakter der Linden zwischen der Friedrich- und der Wilhelmstraße immer wieder verändert hatten, sind Reste heute so gut wie nicht mehr zu finden. Was die Bomben und Granaten des Krieges übriggelassen hatten, wurde nach 1945 weitgehend beseitigt und durch Neubauten ersetzt. Der Erweiterung der sowjetischen Botschaft wurde ebenso Baugrund geopfert wie dem Durchbruch der Glinkastraße, die vorher, als Kanonierstraße, an der Behrenstraße geendet hatte. Daß aber von den Adels-Palais, die im 18. und 19. Jahrhundert die Linden und die Wilhelmstraße gesäumt hatten, nicht eines das 20. Jahrhundert überlebte, hat nicht nur mit Kriegseinwirkungen, sondern auch mit gesellschaftlichen Veränderungen zu tun.

Größer, aber nicht schöner

Im Dezember 1888, in dem Jahr also, in dem die Linden zweier kaiserlicher Sterbefälle wegen zweimal in Trauerflor gehüllt wurden, rezensierte Theodor Fontane in der »Vossischen Zeitung« das im gleichen Jahr erschienene Buch Julius Rodenbergs »Bilder aus dem Berliner Leben«, und obwohl er viel Lobendes, besonders über das Kapitel »Unter den Linden«, sagte, war Rodenberg verärgert darüber, und zwar wohl weniger des »Bummelstils« wegen, wie Fontane in einem späteren Entschuldigungsbrief vermutete, als vielmehr wegen der ausführlichen Erörterung der Frage, wie er selbst, Fontane, die Sache angepackt haben würde, hätte er den »beneidenswert glücklichen Gedanken« zu diesem Buche gehabt. Unter Schmeicheleien versteckt, gab der Rezensent damit zu erkennen, daß er enttäuscht von Rodenbergs Herangehen war. Wo dieser mit Hotels und Konditoreien, mit Goethe, Gutzkow und Gottfried Keller Kultur- und Literaturgeschichtliches in den Mittelpunkt gerückt hatte, hätte Fontane sich lieber mit anekdotenreichen Generälen, Prinzen und Palästen, mit Blücher, Wrangel und den »Grenadierblechmützen« befaßt.

Wie könne man sich als Autor, so ist bei Fontane herauszulesen, beispielsweise die schönen Geschichten um die Prinzessin Amalie entgehen lassen, die ihrem Bruder Friedrich so ähnlich war. Sie wohnte zwar im Sommer in der Wilhelmstraße, hatte ihr Winterpalais aber Unter den Linden, so daß sie heute noch manchem Geschichtskundigen einfällt, wenn er die lange, eisengitterbewehrte Front der russischen, ehemals sowjetischen Botschaft passiert.

Die in DDR-Zeiten großräumig gebaute Botschaft beansprucht sieben ehemalige Grundstücke, die Nummern 5 bis 11 alter Zählung, also auch die des »Öden Hauses« und der Konditorei Fuchs. Prinzessin Amalie, eigentlich Anna Amalia, wie die berühmte Herzogin in Weimar, bewohnte in Nummer 7 ein Palais, das ab 1805 der reichen und kunstliebenden Herzogin von Kurland, Dorothea, gehörte und in den dreißiger Jahren in russischen Besitz überging. Der Umbau zur russischen Botschaft erfolgte 1840 durch Eduard Knoblauch. Der Platz, an dem man 1950 bis 1953 die sowjetische Botschaft baute, war im Kern also durch zaristische Tradition bestimmt.

Amalie, die seit 1755 den Rang einer Äbtissin von Quedlinburg innehatte, der ihr Einkünfte sicherte, ihre Anwesenheit in dem weltlichen Stift am Harz aber nicht erforderlich machte, war die jüngste Schwester des großen Friedrich, die immer in seiner Nähe blieb. Im Gegensatz zu ihren Schwestern Wilhelmine, Friederike, Philippine, Sophie und Ulrike brauchte sie keinem ungeliebten Manne nach Bayreuth, Ansbach, Schwedt, Braunschweig oder Stockholm zu folgen, sie durfte unverheiratet in Berlin bleiben und einen Hofstaat unterhalten, der, wie ihr Stift Quedlinburg, winzig war. In einer Kulturgeschichte des preußischen Hofes müßte Amalie sowohl in dem Kapitel über die Musikliebe der Hohenzollern als auch in dem der heimlichen Liebesgeschichten vorkommen. Mit ihrem Palais Unter den Linden aber hatte beides nur am Rande zu tun.

Obwohl die Prinzessin, als Tochter des musikfeindlichen Soldatenkönigs, erst nach dessen Tode, im Alter von siebzehn Jahren, Musikunterricht nehmen konnte, beherrschte sie neben dem Klavier auch Orgel und Geige, und wie ihr ältester Bruder Friedrich, dem sie übrigens in den Gesichtszügen erstaunlich ähnelte, komponierte sie auch. Auf ihrer Hausorgel im Palais Unter den Linden spielte als Kind auch Prinz Louis Ferdinand, ihr geniali-

Theodor Fontane. Lithographie von Max Liebermann von 1896, also zwei Jahre vor Fontanes Tod.

scher Neffe. Bachs Sohn Carl Philipp Emanuel erhielt durch sie den nützlichen Hofkapellmeistertitel. Doch auch als Sammlerin betätigte sich die Prinzessin und ist dadurch heute besonders im Umfeld der Bachforschung bekannt. Ihre Notensammlung, die sogenannte Amalienbibliothek, die sie testamentarisch dem Joachimthalschen Gymnasium vermacht hatte, gehört seit 1914 zu den musikalischen Schätzen der Staatsbibliothek zu Berlin.

Wenn Zelter aus seinen jungen Jahren von den Schwierigkeiten, an Noten heranzukommen, berichtet, macht er auch deutlich, daß man von den Schätzen Amaliens wußte; doch wurden sie von ihr wie von einem Drachen bewacht. »Prinzeß Amalie ließ mich einmal ihre Musikalien sehen, aber nur die Titel, durch das Glas der Schränke. Ein Werk nahm sie heraus, behielt es aber in Händen und ließ mich nur hineingucken. Da griff ich aber zu, um darin blättern zu können, und sie, erschrocken, machte Augen wie Wagenräder. Es waren die Augen ihres Bruders.«

Amaliens Rolle in dem Kapitel über die heimlichen Liebschaften am preußischen Hofe ist so rührend, wie sie nur sein kann, aber leider dokumentarisch nicht ausreichend belegt. Auch spielte nur die letzte, an Tränen nicht arme Szene des Dramas in ihrem Palais Unter den Linden, die erste dagegen ein wenig weiter nordöstlich, am jenseitigen Spreeufer, im heute nur noch als Name vorhandenen Schloß Monbijou. Hier lernte, einige Jahre nach Friedrichs Thronbesteigung, die noch bei ihrer Mutter Sophie Dorothea lebende zwanzigjährige Amalie die erste und einzige Liebe ihres später so einsamen Lebens kennen, den achtzehnjährigen Günstling und Adjutanten ihres königlichen Bruders, den aus Ostpreußen stammenden Freiherrn Friedrich von der Trenck. Vor und nach dem Zweiten Schlesischen Kriege verbrachten die Liebenden wahrscheinlich einige glückliche Nächte, dann fand die Liebesromanze 1745 ein jähes Ende. Trenck wurde ohne Anklage und Urteil verhaftet und auf der schlesischen Festung Glatz als Gefangener gehalten, weil der König ihn angeblich oder tatsächlich, seiner verwandtschaftlichen Beziehungen zu dem in österreichischen Diensten stehenden Panduerenobersten Trenck wegen, der Spionage verdächtigte.

Damit begann die Tragödie der beiden, die für die Prinzessin darin bestand, kränkelnd und glücklos sehr rasch zu altern, während Trencks Leben, zwischen Freiheit und Kerkerhaft wechselnd, zu dem eines berühmten Abenteurers und Aufklärers wurde, der aber schließlich durch das Fallbeil der Aufklärungsverwirklicher starb.

Als Friedrich, wahrscheinlich auf Bitten Amaliens, Trencks Freilassung aus Glatz anordnete, war dieser gerade auf tollkühne

Julius Rodenberg, eigentlich Julius Levy, Journalist, Schriftsteller und Zeitschriftenherausgeber, stand zu Fontane in einem teils freundschaftlichen, teils kritischen Verhältnis. Drei Romane Fontanes erschienen zuerst in Rodenbergs Monatsschrift »Deutsche Rundschau«.

Art ausgebrochen und nach Österreich geflohen. Da er dort und in Rußland, also bei Preußens Feinden, Offiziersdienste leistete, wurde er nun wirklich zum Verräter, und Friedrich erwies sich zehn Jahre später als rachsüchtig, indem er ihn im nichtpreußischen Danzig unrechtmäßig festnehmen, nach Preußen verschleppen, in den Kasematten der Festung Magdeburg einsperren und nach Ausbruchsversuchen in Ketten legen ließ. Mehr als neun Jahre mußte Trenck hier in Einzelhaft leiden. Erst nach dem Ende des Siebenjährigen Krieges wurde er freigelassen, lebte, nie zur Ruhe kommend, in Österreich, in Ungarn, in Aachen, blieb immer unternehmungslustig und schrieb viel, unter anderem auch seine Memoiren, die ihn in ganz Europa berühmt machten. Er wurde zum Propagandisten der Aufklärung, zum Kämpfer gegen den Despotismus, ging als solcher nach der Revolution von 1789 nach Frankreich, ließ sich dort als Opfer der Despotie feiern, wurde dann aber im Juli 1794 von Robespierre, wieder unter Spionageverdacht, verhaftet und als eines der letzten Opfer des Terrors im Alter von achtundsechzig Jahren enthauptet. Zwei Tage später wurde Robespierre selbst auf die Guillotine geschickt.

Die Liebenden aber hatten sich niemals vergessen, und als Trenck nach dem Tode Friedrichs des Großen die Einreise nach Preußen wieder gestattet wurde, war er bald zu Besuch in Berlin. Sein erster Gang galt, wie Dieudonne Thiebault, allerdings auch nur vom Hörensagen, berichtet, dem Palais »der hohen Dame, die so verhängnisvoll in sein Schicksal eingegriffen hatte« und die er nun nach zweiundvierzig Jahren als alte, kranke Greisin wiedersah. »Die Unterredung dauerte mehrere Stunden, die unter vielen Tränen verbracht wurden.« Der hochgewachsene Leutnant vom Gardedukorps, »dessen Bild die Jahre hindurch im Herzen der Prinzessin gelebt hatte, war zum grauhaarigen Alten mit gekrümmtem Rücken geworden«, aber noch mehr entstellt war die blinde, fast bewegungsunfähige Amalie, »die einst in der Blüte ihrer Jugend von zauberischer Schönheit gewesen war«.

»Aber die Prinzessin«, so fährt Thiebault fort, »hatte einen starken Geist. Sie gewann es über sich, ihren Jugendgeliebten nach seinen Verhältnissen und seinen Kindern zu fragen. Sie versprach ihm, für seine Kinder etwas zu tun. Dann nahmen sie Abschied, um sich niemals wiederzusehen.« Denn die Prinzessin, die wohl auch ihren Bruder Friedrich nicht lange überleben wollte, starb wenige Wochen darauf.

Ihr Palais aber ging, wie schon gesagt, später in den Besitz der Herzogin Dorothea von Kurland über, die sowohl ihr Sommer-

Prinzessin Amalie von Preußen, die Schwester Friedrichs des Großen, etwa zur Zeit ihrer Liebesgeschichte mit Trenck. Zeigenössischer Stich.

schlößchen im sächsischen Löbichau als auch ihr Winterpalais Unter den Linden Nummer 7 für eine Geselligkeit auf hohem Niveau öffnete und damit den bürgerlichen Salons insofern Konkurrenz machte, als sich auch bei ihr die Stände mischten, da geistige Bedeutung mehr galt als gesellschaftlicher Rang. Da konnten bei Tisch Henriette Hertz oder August Wilhelm Schlegel neben den Prinzen Louis Ferdinand oder August sitzen; und die teils bewunderte, teils als strapaziös empfundene Madame de Stael, die bei ihrem Berlin-Aufenthalt im Sommer 1804 vor allem nach Repräsentanten des deutschen Geistes verlangte, weil diese ihr für ihr geplantes Buch »De l'Allemagne« den Stoff liefern sollten, traf bei den Gesellschaften der Herzogin fast alle von ihr gewünschten Personen an.

Zwei Jahre später schon, im Herbst 1806, aber endete diese glanzvolle Periode des Hauses. Die Herzogin flüchtete, wie die Hofgesellschaft, vor den napoleonischen Truppen nach Osten, und im Palais mit der Nummer 7 residierte jetzt General Hulin, der französische Stadtkommandant.

Alle Berichte von den oft bescheidenen, aber meist schön gestalteten Palästen, die einst die westlichen Linden säumten, müssen uns heute melancholisch stimmen, weil keine Spur der Bauten erhalten blieb. Schon das baufreudige 19. Jahrhundert hatte wenige von ihnen in den alten Formen belassen, und der immer wieder in Berlin grassierende Wahn, größer und pompöser bauen zu müssen, wie wir ihn auch heute am Potsdamer Platz, am Bundeskanzleramt und am Holocaust-Denkmal erleben, war auch damals schon rege und machte selbst vor künstlerisch bedeutenden Hinterlassenschaften nicht halt. Als 1906 der aus Mainz kommende Hotelier Lorenz Adlon sein großes Hotel erbaute, mußten gleich zwei historisch bedeutsame Häuser modernem Luxusbedürfnis weichen, darunter ein Schinkelbau.

Die Nummern 1 und 2 alter Zählung, die auf der Südseite der Linden den schmalen Abschnitt zwischen dem Pariser Platz und der Wilhelmstraße besetzten, waren zu Zeiten Friedrich Wilhelms III. und IV. für das kulturell-gesellschaftliche Leben Berlins wichtige Adressen, Nummer 1, mit der Front zum Pariser Platz, gehörte dem Grafen von Redern, Nummer 2 aber, auf die Wilhelmstraße gerichtet, war von 1818 bis 1829 zur gemieteten Wohnung des Herzogs von Cumberland geworden, der trotz drückender Schulden mit Hofstaat und Equipage auf großem Fuße lebte und gern Gäste in seinem Hause sah.

Der Hannoveraner Ernst August, der als Sohn Georgs III. von Großbritannien den Titel eines Herzogs von Cumberland führte, sich 1837 als König von Hannover durch die Aufhebung der Verfassung bei den Liberalen verhaßt machte und so den

Titelkupfer der ersten Ausgabe von Trencks Memoiren 1787, die folgenden Titel trugen: »Des Friedrich Freiherrn von der Trenck merkwürdige Lebensgeschichte. Von ihm selbst als ein Lehrbuch für Menschen geschrieben, die wirklich unglücklich sind oder noch gute Vorbilder für alle Fälle zur Nachfolge bedürfen.«

Widerstand der berühmten Göttinger Sieben provozierte, war seit 1815, als dritter Ehemann, mit der jüngsten der drei Schwestern der Königin Luise verheiratet, mit Friederike, geborene Prinzessin von Mecklenburg-Strelitz, verwitwete Prinzessin Ludwig von Preußen, geschiedene Prinzessin von Solms-Braunfels, die bald nach ihrer Rückkehr nach Berlin mit einundvierzig Jahren ihr letztes Kind, Georg (V.), zur Welt brachte und am Ende ihres bewegten Lebens, mit fast sechzig Jahren, schließlich Königin von Hannover war.

Durch sie, die Zelter in seinen Briefen an Goethe als beider Freundin bezeichnete, wurde das Haus an der Ecke der Wilhelmstraße zu einem Geselligkeitszentrum der besseren Kreise Berlins. »Ohne viele große Feten zu geben«, schreibt Caroline von Rochow in ihren Erinnerungen, »bildete es den Sammelplatz für die adlige Jugend«, doch fanden sich hier auch »alle bedeutenden Persönlichkeiten aus dem literarischen, dem künstlerischen und dem Staatsleben« ein. Es gab »Lektüre und Diskussionen über alle Gebiete des Lebens«; Friederikes Bruder, Prinz Karl von Mecklenburg-Strelitz, war ein guter Unterhalter, und sie selbst, die viel erlebt hatte, wußte das Erlebte lebendig wiederzugeben. Und doch waren es, wie Caroline von Rochow meinte, nicht in erster Linie sie und ihr Mann, die die Leute anzogen, sondern vielmehr die Gäste des Hauses, obenan Friedrich Wilhelm (IV.), der Kronprinz, der bekanntlich eine starke künstlerische Ader hatte und an dessen »Geist und Charakter sich alle Hoffnungen knüpften. Der Kronprinz war damals die Mode ... und wehe dem, der nicht mit bewundernder Erwartung auf ihn sah.« Zelter aber, der im Cumberlandschen Hause immer ein musikbegeistertes Publikum finden konnte, war entzückt von Friederike, und er konnte ebenso mit ihr von Goethe schwärmen wie mit Goethe von ihr.

Wie schon Heines lustige Klagen über die »Freischütz«-Begeisterung zeigten, gab es im biedermeierlichen Berlin viele Musikenthusiasten, und zwar sowohl am königlichen Hofe wie

Prinzessin Amalie von Preußen, Äbtissin von Quedlinburg, im Alter. Bleistiftzeichnung von Adolph Menzel.

in Adel und Bürgertum. Das Konzertleben war im öffentlichen und privaten Rahmen rege; Sängerinnen, wie zum Beispiel Henriette Sonntag, wurden vergöttert; viele Dilettanten komponierten; und in allen Ständen wurde ernsthaft und oft auf hohem Niveau musiziert. An der Singakademie und in Zelters Liedertafel waren auch Mitglieder aus höchsten Kreisen beteiligt, wie Fürst Radziwill zum Beispiel, der nicht nur durch seine Förderung Chopins und Beethovens in die Musikgeschichte einging, sondern auch durch die von ihm komponierte Bühnenmusik zum »Faust«. Bei Konzerten in seinem Palais in der Wilhelmstraße war oft auch die königliche Familie anwesend, deren jüngere Mitglieder häufig auch an Liebhaberaufführungen mitwirkten, so auch an der denkwürdigen ersten, allerdings nicht vollständigen »Faust«-Aufführung am 24. Mai 1819 im Schloß Monbijou. Den Mephisto dieser Welturaufführung spielte Prinz Karl von Mecklenburg-Strelitz, der Halbbruder der neun Jahre zuvor gestorbenen Königin Luise – worauf dann seine Feinde oder Kritiker oder Neider den Spottvers verfaßten:

»Als Mensch, als Fürst, als Feldherr schofel,
Vortrefflich nur als Mephistophel.«

Zu den dilettierenden Komponisten gehörte später auch Graf Wilhelm von Redern, der 1802 geborene Abkömmling einer in der Uckermark begüterten Adelsfamilie, die seit 1795 das Palais Nummer 1 Unter den Linden besaß. Durch ihn, der es schon im Alter von sechsundzwanzig Jahren zum Generalintendanten der Königlichen Bühnen brachte und von dem Fontane zu wissen glaubte, daß er »eine Bildergalerie samt zehn verschuldeten Rittergütern besaß und eine Hamburger Millioneserin heiratete, um die gestörte Gütersache wieder in Ordnung zu bringen«, wurde das Eckhaus am Pariser Platz zu einer Stätte der Musen und, nach seinem Umbau durch Schinkel, zu einem architektonischen Juwel.

Das Palais des Grafen Wilhelm von Redern, ein Werk Schinkels von 1833, stand bis zum Bau des Hotels Adlon Unter den Linden Nummer 1 (der alten Zählung), Ecke Pariser Platz. Nach dem Tod des kinderlosen Grafen fiel das Palais 1883 an seinen gleichnamigen, als Spieler mit Schulden bekannten Neffen, der es kaum bewohnte und teilweise vermietete. Die Photographie von Georg Bartels entstand 1905.

Der barocke Bau, den 1795 der Vater des Generalintendanten gekauft hatte, stammte noch aus der ersten Hälfte des 18. Jahrhunderts, als Friedrich Wilhelm I., nach Schenkung des Grundstücks, seine Adligen zum Bauen gezwungen hatte, und er war, den begrenzten Mitteln der Bauherren entsprechend, relativ schlicht. Schinkel, der schon am Gendarmenmarkt mit der Stellung seines antikisierenden Schauspielhauses zwischen den barocken Türmen der beiden Dome das Zusammenwirken verschiedener Stilarten glücklich erprobt hatte, stellte nun, 1829, der klaren Säulenreihe des Brandenburger Tores mit seinem Palais Redern einen den Aristokratenpalästen von Florenz nachempfundenen ernsten und geschlossenen Renaissancebau gegenüber, der sich gegen die Macht des Tores behaupten konnte, sie aber nicht schwächte, wie später der Riesenbau des Adlon. Hätte er, wie er vorhatte, einen ähnlichen Bau auf der anderen, der nördlichen Ecke errichten können, wäre dem Pariser Platz eine Geschlossenheit gegeben worden, wie er sie nie hatte und auch heute, nach der völligen Neuerrichtung, nicht hat.

Schinkel, der übrigens von 1823 bis 1836 im Haus Nummer 4a der Linden, also nicht weit von seiner Baustelle, wohnte, gestaltete dem Grafen Redern auch die Innenräume, zu denen ein Tanzsaal, eine Bildergalerie und eine Bibliothek gehörten, die teils gewölbte, teils flache Decken hatten und durch wechselnde dezente Farbgebung eine würdige Einfachheit und Leichtigkeit bekamen, die die Zeitgenossen zu schätzen wußten, die aber den nächsten Generationen, die dazu neigten, durch Pomp ihren Reichtum zu zeigen, als altmodisch galten, dem neuen mächtigen Reich nicht gemäß. Als deshalb gegen Ende des Jahrhunderts der Erbe des Generalintendanten seiner hohen Spielschulden wegen das Haus erst an einen Kunsthändler vermieten und schließlich an Lorenz Adlon verkaufen mußte, regte sich kein Protest gegen den Abriß; er erfreute sich vielmehr höchster Protektion.

Lorenz Adlon, ein aus Mainz stammender gelernter Kunsttischler, den der Umgang mit reichen Leuten zum Wechsel in die feinere Gastronomie veranlaßt hatte, war als Betreiber zweier Berliner Restaurants mit französischer Küche zu Geld gekommen und hatte in einer Audienz den Kaiser für den Bau eines Luxushotels in bester Lage so sehr begeistern können, daß Majestät persönlich 1907 nicht nur das Haus als erster besichtigte, sondern es auch zur Unterbringung von Staatsgästen nutzte und sich hier bis zu seiner Abdankung 1918 Bankette ausrichten ließ.

1921 kam Lorenz Adlon bei einem Autounfall ums Leben, doch führte sein Sohn Louis das Haus in altem Glanz weiter, so daß die Berühmten und Reichen aus aller Welt auch in den nächsten Jahrzehnten hier gern logierten, von Enrico Caruso, Mark Twain und Greta Garbo bis zu Charlie Chaplin und Tho-

Graf Wilhelm von Redern, Intendant der Königlichen Theater, auf einem Aquarell von Franz Krüger.

mas Mann. Auch in der Nazizeit ging der Betrieb weiter und wurde im Kriege aufrechterhalten, so gut es noch ging.

Wie die Journalistin Ursula von Kardorff berichtet, konnte man, wenn man zu den Stammgästen zählte oder Beziehungen zum Hotelpersonal hatte, in den letzten Kriegsjahren hier noch besser als anderswo speisen, und der benachbarte Tiefbunker, zu dem das Hotel einen eigenen Eingang hatte, versprach bei den ständigen Luftangriffen größere Sicherheit. Bei einem Blick in die Hotelhalle, so notierte Ursula von Kardorff im Dezember 1943, sah man neben den Offizieren, die eine Erinnerung an einstigen Komfort an die Front mitnehmen wollten, »Bonzen in klirrenden Parteiuniformen«, Schauspieler, Diplomaten, »Dahlemer Damen in Hosen, die sich von Aufräumungsarbeiten in ihren zerstörten Villen erholen wollten«, Industrielle mit Aktentaschen, »die die Aura von Rüstung um sich verbreiten«, und dazu »Abenteurerinnen aller Grade, die sich der Männer annahmen«, deren Familien längst in sicherere Gegenden evakuiert worden waren. An der Bar gab es noch Bier zu trinken, und im Saal, in dem nur Bevorzugte Platz fanden, wurde an weißgedeckten Tischen auch Wein serviert. Die vom Hotelmanager Auserwählten mußten durch die »gierigen Blicke« der Wartenden Spießruten laufen, was manche, die an das ringsum herrschende Elend dachten, gesenkten Hauptes taten, während andere sich energisch und hochmütig gaben, weil sie es ihrer Bedeutung entsprechend fanden, hier in Sicherheit Rotwein zu trinken, während draußen der Tod umging.

Erstaunlicherweise überstand das Adlon alle Bombenangriffe und Erdkämpfe ohne größere Zerstörungen, ging dann aber, als die Sieger die Weinkeller plünderten, in Flammen auf. Übrig blieb das hintere Stück eines Gebäudeflügels, das bis 1970, in einem Niveau, das in der DDR zu den höheren zählte, noch bewirtschaftet wurde. Dann schien es, bis die Jahre 1989 und 1990 die Einheitsskeptiker eines Besseren belehrten, mit dem Luxushotel an der Grenze zwischen den Deutschlands und den Weltmächten für immer zu Ende zu sein.

Seit 1997 aber dominiert es wieder, wie zu Kaisers Zeiten, den Pariser Platz.

Die Tunnel

Des wachsenden Schienenverkehrs wegen wurde die Straße Unter den Linden im 20. Jahrhundert an drei Stellen untertunnelt: 1914–1916 in Höhe der Staatsoper, um die Straßenbahnverbindung zwischen der Behren- und der Dorotheenstraße herzustellen; 1926 im Verlauf der Friedrichstraße für die von Neukölln nach Seestraße führende U-Bahn; und 1936 am westlichen Ende, nahe der Wilhelmstraße, für die Nord-Süd-Strecke der S-Bahn, deren Aufgabe damals vor allem in der schnellen Verbindung zwischen zwei Endpunkten der Fernzüge, nämlich dem Anhalter und dem Stettiner Bahnhof, bestand.

Der Straßenbahntunnel ist 1951 stillgelegt worden. Seine nördliche Einfahrt ist heute noch hinter dem Kastanienwäldchen erkennbar, und zwar dort, wo man sich 1998, um den 150. Jahrestag der Revolution zu feiern, bemüßigt fühlte, dem unansehnlichen Durchgang zwischen der Singakademie und dem Universitätsgelände den pompösen Namen Platz der Märzrevolution zu geben, was dieser wohl kaum zur Ehre gereicht. Von der südlichen Tunneleinfahrt dagegen ist nichts mehr erhalten; sie wurde vom Funktionsgebäude der Staatsoper überbaut.

Der U-Bahn-Tunnel leistet, nach einer kriegsbedingten Unterbrechung im Jahre 1945, noch immer brav seine Dienste, und er hat es auch während der Teilung der Stadt getan. Zwischen 1961 und 1990 war die Strecke von Tempelhof nach Tegel, die Ostberlin im Bezirk Mitte, mit einem einzigen Halt, am Bahnhof Friedrichstraße, durchquerte, nur für Westberliner benutzbar. Die auf östlichem Gebiet liegenden Bahnhöfe waren stillgelegt und unzugänglich gemacht worden. Ihre Eingänge auf der langen Geraden der Friedrich- und Chausseestraße hatte man so perfekt beseitigt, daß man in Ostberlin nach einigen Jahren kaum noch wußte, wo sie sich einst, in besseren Zeiten, zu Fahrten nach dem Halleschen Tor oder dem Wedding geöffnet hatten. Daß der Verkehr dort unten aber immer noch lebte, hörte und spürte man in der Friedrichstraße auf den Gittern der Luftschächte: jeder der in Minutenabständen vorbeifahrenden, unerreichbaren Züge kündigte sich durch ein leichtes Beben, durch Luftzug und Rauschen an.

Zur Geschichte des S-Bahn-Tunnels gehören zwei Katastrophen: Im Sommer 1935, als beim rasch vorangetriebenen Bau der unterirdischen Strecke, die bis zur Olympiade hatte fertig sein sollen, eine einbrechende Wand viele Arbeiter verschüttet hatte, waren neunzehn von ihnen nicht mehr zu retten gewesen; und zehn Jahre später, in den letzten Tagen des Krieges, lief der Tunnel voll Wasser und wurde für viele Berliner, die in ihm Zuflucht vor Bomben und Granaten gesucht hatten, zum nassen Grab.

Am 16. April 1945 hatte an der Oder die auf Berlin zielende Großoffensive der Roten Armee begonnen. Am 17. waren die deutschen Stellungen auf den Seelower Höhen überrannt worden, am 25. hatte sich bereits der Einkreisungsring geschlossen, und die Angreifer hatten an vielen Stellen das Stadtgebiet von Berlin erreicht. Am 27. April war die Innenstadt zwischen Halleschem Tor, Alexanderplatz und dem Tiergarten zum Kampfgebiet geworden, wo neben einem Hochbunker am Anhalter Bahnhof auch der S-Bahn-Tunnel Frauen, Kindern, Greisen und vielen Verwundeten vor dem Dauerbeschuß Zuflucht bot.

Diese hilflose Menge wurde nun, so wollte es die Nachkriegslegende, die auch von der Presse, dem Film und der Literatur verbreitet wurde, von einer blitzschnell heranrollenden Flutwelle, die bald den Tunnel ganz füllte, unrettbar erfaßt. Tausende mußten elend ertrinken, weil die SS, so hieß es, durch eine gezielte

Sensationsbericht der Wochenzeitschrift »Heim und Welt« vom 24. Februar 1952.

Sprengung die Spree in den Tunnel geleitet habe, um am Ende ihres sinnlosen Kampfes noch viele andere Menschen mit in den Tod zu ziehen.

Daß es sich bei der Flutung nicht um das Wasser der Spree, sondern um das des Landwehrkanals gehandelt hatte, war schon bald nach dem Krieg klargeworden, und die vielen Widersprüche in den Berichten von Augenzeugen waren auch bekannt. Da aber niemand Interesse an der Aufklärung dieser von den Nazis verursachten schauerlichen Katastrophe hatte und die dazu notwendigen Archive im geteilten Berlin auch geteilt waren, vergingen Jahrzehnte, ehe man sich im Stadtbezirk Kreuzberg, anläßlich einer Gedenkausstellung für die Opfer der Katastrophe, der vielen Unklarheiten bewußt wurde und Recherchen einleitete, die 1992 veröffentlicht wurden und das Ergebnis brachten, daß Entscheidendes an den damaligen Vorgängen nicht mehr zu klären war.

Unstrittig ist, daß die Flutung des Tunnels tatsächlich durch eine Sprengung verursacht wurde, doch wurde durch diese nicht die Betondecke unter der Spree, also nördlich der Linden, zerrissen, sondern die unter dem weiter südlich verlaufenden Landwehrkanal. Zwischen den Hochbahnhöfen Gleisdreieck und Möckernbrücke wurde genau unter dem Kanal ein Loch in die Tunneldecke gerissen, so daß das einströmende Wasser zuerst den S-Bahnhof Anhalter Bahnhof erreichte, in dem neben einem Behelfslazarett auch viele Anwohner Zuflucht gesucht hatten, und dann zu den Bahnhöfen Potsdamer Platz, Unter den Linden und Friedrichstraße weiterfloß. Unklar ist, wie lange das Wasser, das sich teilweise auch in die U-Bahn-Schächte verteilte, zur Füllung des Tunnels brauchte, wieviel Zeit also den vom Ertrinken bedrohten Menschen zur Rettung blieb.

Da die Toten bald nach dem Ende der Kämpfe geborgen, auf den umliegenden Friedhöfen in Kreuzberg und Mitte bestattet und dabei meist auch registriert worden waren, ließ sich die Anzahl der Opfer ungefähr ermitteln. Es werden nicht Tausende, wie die Gerüchte es wollten, sondern ein- bis zweihundert gewesen sein.

Unklar blieb der Zeitpunkt der Sprengung. Dessen Datierung reicht in den ausgewerteten Nachkriegsberichten vom 26. April, als die Angreifer den Landwehrkanal noch nicht erreicht hatten, bis zum 2. Mai, dem Tag der Kapitulation Berlins. Da aber viele Augenzeugen glaubwürdig von Fluchtbewegungen am 1. Mai durch den noch trockenen Tunnel in nördlicher Richtung, also unter den Linden hindurch, berichteten, nahmen die Untersuchenden den 2. Mai als den wahrscheinlichsten Termin an.

Auch die Frage nach dem Verursacher der Katastrophe und seinen Motiven mußte ohne Antwort bleiben, da weder Hinweise auf Täter noch deren Geständnisse vorliegen und niemand von entsprechenden schriftlichen oder mündlichen Befehlen weiß. Daß die Rote Armee, wie auch schon vermutet wurde, die Sprengung zur Vernichtung der letzten deutschen Widerstandsnester hatte vornehmen lassen, ist unwahrscheinlich, weil ihr vermutlich die für eine solche genaue Sprengung nötigen Ortskenntnisse gefehlt haben dürften. Auch kam in keinem der oft sehr detaillierten sowjetischen Frontberichte jener Tage die Flutung des Tunnels vor.

Wenn aber, wie nach wie vor zu vermuten, die militärisch sinnlose Sprengung von deutscher Seite nach dem Motiv der »verbrannten Erde« erfolgte, so ist andererseits wieder unverständlich, warum die sowjetische Kriegspropaganda keinen Gebrauch von diesem Nazigreuel machte. Ob die Frage jemals geklärt werden kann, bleibt nach wie vor ungewiß.

Da wegen des überall an den Bahnhofseingängen der Innenstadt zutage tretenden Wassers die Ausbreitung von Seuchen befürchtet wurde, begannen mit Erlaubnis der sowjetischen Militärbehörde die schwierigen Reparaturen der Tunneldecke bereits am 25. Mai. Danach wurde am Landwehrkanal und in Spreenähe mit dem Abpumpen des Wassers begonnen. Im September war der Wasserspiegel so weit abgesenkt worden, daß man die S-Bahn-Strecke unter den Linden hindurch mit Booten befahren konnte. Und im Jahr darauf, im Juni 1946, konnte man zwischen Friedrichstraße und Anhalter Bahnhof auch wieder (für 20 Pfennige) die S-Bahn benutzen und trockenen Fußes auch den im Stil der Neuen Sachlichkeit erbauten unterirdischen Bahnhof Unter den Linden betreten, obwohl er noch sehr lädiert, vom modrigen Wasser gezeichnet und nur schwach beleuchtet war. Man konnte auch die Treppe zur Straße Unter den Linden hinaufsteigen (die fünfzehn Jahre später, beim Bau der Mauer, wieder versperrt werden sollte) und dann, wenige Meter vor dem Pariser Platz stehend, im Sonnenlicht das von tausend Kugeln und Granatsplittern verwundete, aber noch aufrecht stehende Brandenburger Tor bewundern. Es war das einzige Bauwerk, das von dem einst so schönen und vornehmen Ensemble des Platzes noch halbwegs erhalten geblieben war.

Das Quarrée

Der unter Friedrich Wilhelm I. entstandene, damals Quarrée genannte quadratische Platz von 120 Metern Länge und Breite am westlichen Ende der Linden, der 1814, nach dem Sieg über Napoleon, zum Pariser Platz wurde, numeriert seine Häuser nach eigener, sich gegen den Uhrzeigersinn bewegenden Zählung, die südlich des Tores, das nicht numeriert ist, anfängt und auch dort wieder endet, wobei nur sieben Nummern herauskommen; denn weder die Torhäuser noch die Eckgebäude der Linden werden mitgezählt. Kommt man also aus der Straße Unter den Linden und blickt durch das Tor hindurch in das Grün des Tiergartens, hat man links des Tores und seiner Anbauten die Nummer 1 vor sich und rechts von diesen die Nummer 7 – alles Neubauten heute; denn da der Krieg und die DDR den Platz gründlich abgeräumt hatten, entstand hier bald nach 1990 eine Ausstellungsfläche für moderne Architektur.

Da die Gebäude, um das harmonische Verhältnis von Platzgröße und Bauhöhe zu wahren, die Maximalhöhe von 22 Metern nicht überschreiten durften, wurde, bei aller Unterschiedlichkeit der baulichen Lösungen, doch eine Ensemblewirkung erreicht. Begnügt man sich mit dem wenigen, das moderne Architektur dem schönheitsdürstenden Auge bietet, kann man also zufrieden sein mit dem Ergebnis und sich teilweise auch begeistern – beim Haus Nummer 3, auf der südlichen Seite, zum Beispiel, das der Amerikaner Frank O. Gehry aus hellem Kalkstein errichtet hat. Es gehört einer der Banken, die den Platz heute sicher so ausschließlich wie in den Anfängen die Aristokraten beherrschten, gäbe es nicht noch die älteren Rechte der Akademie der Künste und zweier großer ausländischer Mächte, denen an einer Präsenz in diesem Empfangssalon der Hauptstadt gelegen ist. Dadurch ist es also nicht nur das große Geld, das hier seine Macht demonstriert.

Wo heute Mitarbeiter von Institutionen ihre Bürostunden ableisten, war früher ein vornehmes Wohnquartier. Anfangs, im 18. Jahrhundert, waren es vorwiegend Adlige, die hier lebten, später auch Bürgerliche, die es zu Reichtum und Ansehen gebracht hatten, klangvolle Namen aus Kunst, Wissenschaft und Militär darunter, bis dann Hitlers Vasallen hier einzogen und der Krieg aus Palästen Ruinen machte, die zu DDR-Zeiten abgeräumt wurden, weil man die Mauer baute und ein freies Schußfeld für nötig hielt. Von 1961 bis 1989 war der Pariser Platz eine streng bewachte Ödnis, die man teilweise mit Rasen besät hatte. Außer den Grenzwächtern durfte ihn niemand betreten. In der Abenddämmerung hoppelten die wilden Kaninchen umher.

Von den drei hier schon länger beheimateten Institutionen ist die älteste die Französische Botschaft, auf dem Grundstück Nummer 5, an der nordöstlichen Ecke, die schon seit 1862 Frankreich gehört. Die Akademie der Künste, in Nummer 4 an der Südostecke gelegen, erhielt diesen hervorragenden Standort zu Anfang des 20. Jahrhunderts, als sie, des Neubaus der Staatsbibliothek wegen, ihren alten Platz Unter den Linden aufgeben mußte. Und die USA, deren Neubau, in Nummer 2, an der Südwestecke, sich noch im Entstehen befindet, residieren erst seit den dreißiger Jahren des vorigen Jahrhunderts an diesem Ort.

Ist von den Vorgängerbauten der heutigen Gebäude die Rede, werden meist Bezeichnungen mit den Namen ehemaliger Eigentümer, wie Palais Blücher oder Haus Sommer, verwendet, von denen man aber wissen sollte, daß sie mehr oder weniger zufällig entstanden sind. Denn die schlichten Adelspaläste, die im letzten Jahrzehnt der Regierung des Soldatenkönigs entstan-

Graf Wrangel.

Generalfeldmarschall Graf Friedrich Ernst von Wrangel war von 1849 bis 1857 »Oberbefehlshaber in den Marken« und »Kommandierender General des III. Armeekorps«.

den waren, sind nicht nur häufig vermietet und umgebaut, sondern auch immer wieder verkauft worden, so daß der namengebende Eigentümer immer nur ein Bewohner unter vielen war.

So wird zum Beispiel die Nummer 3, wo man heute Gehrys helles Bankgebäude mit den tiefliegenden Fenstern bewundert, häufig als Nachfolgebau des Palais Wrangel bezeichnet, könnte mit demselben Recht aber auch den Namen des 1796 gestorbenen Generals von Rohdich führen, der unter Friedrich Wilhelm II. als Kriegsminister amtierte und mit dessen Namen Fontane Anekdoten über die Abschaffung der Grenadierblechmützen und ihre Ersetzung durch bequemere Hüte verband. Dasselbe Haus

Pariser Platz 3, das sogenannte Palais Wrangel, im Jahre 1865. Wrangel wohnte hier von 1849 bis zu seinem Tode 1877. Links davon, Nummer 4, das Palais des Grafen Arnim-Boitzenburg, wo 1781 der Dichter Achim von Arnim geboren wurde und später die Akademie der Künste einzog. Ganz rechts ist noch ein Stück vom Blücherschen, ganz links eines vom Redernschen Palais zu sehen. Photographie von F. Albert Schwartz.

könnte aber auch nach Suarez, dem Mitschöpfer des Allgemeinen Preußischen Landrechts, heißen oder auch den berühmten Namen Savigny führen, nach dem bedeutenden Rechtsgelehrten und vormärzlichen Justizminister, der lange hier Mieter war. Erst nach ihm hatte hier, bis zu seinem Tode im Jahre 1877, der Namensgeber des Hauses, der General von Wrangel, seine Dienstwohnung, der Mann also, der 1848 die Revolution unterdrückte und später, als »Papa Wrangel«, zu einer beliebten Gestalt der Anekdotendichtung wurde, deren Witz meist, wie zuvor schon bei Blücher, auf schlagfertigem Zynismus beruhte, der sich mit einem mundartlich getönten, fehlerhaften Gebrauch der deut-

Das Gebäude der Akademie der Künste, Pariser Platz 4, vorher Palais Arnim, nach dem Ersten Weltkrieg. Den für die Arbeit der Akademie notwendigen Umbau im Innern hatte Ernst von Ihne vorgenommen, die schöne Fassade von Eduard Knoblauch von 1858 aber erhalten. Links stößt der Bau nun an das Hotel Adlon.

schen Sprache verband. So soll der General, dem angeblich die Revolutionäre 1848 im Falle der Besetzung Berlins durch seine Truppen mit Rache an seiner Frau gedroht hatten, beim Einzug seiner Soldaten durch das Brandenburger Tor mit einem Blick nach rechts auf sein Haus zum Adjutanten geäußert haben: »Ob se ihr woll schon uffjehängt haben?« Auch diese Anekdote hat Fontane bei Rodenbergs Buch über die Linden vermißt.

Nach Wrangels Tod war auch das Ende des nicht mehr zeitgemäßen Hauses gekommen; es wurde abgerissen und durch einen prächtigen Neubau für die feudale Casino-Gesellschaft ersetzt. Während diese im Erdgeschoß tagte, wohnte in der ersten Etage von 1883 bis 1915 Fürst Anton von Radziwill, ein bekannter Gemäldesammler, der auch sehr gastfreundlich war und oft Ber-

»Die Dichterakademie arbeitet«. Karikatur auf die 1926 gegründete Sektion Dichtung der Akademie von Fritz Eichenberg in der Zeitschrift »Uhu«, Oktober 1931. An der Stirnseite des Tisches sitzt Gerhart Hauptmann, rechts von ihm, von ihm abschreibend, Thomas Mann, rechts neben diesem Max Halbe und in der Reihe gegenüber, von links nach rechts: Ricarda Huch, Heinrich Mann, Alfred Döblin, Theodor Däubler, Ludwig Fulda und Wilhelm von Scholz.

Blick von Westen auf das Brandenburger Tor vor dem Zweiten Weltkrieg. Rechts neben den Torhäusern das Haus Sommer, Nummer 1, links das Haus Liebermann, Nummer 7, mit dem Atelier auf dem Dach.

liner Künstler bei sich empfing. Später hatten die Junkers Flugzeugwerke hier einige Büroräume, bis schließlich, kurz vor dem Ende, Hitlers Minister hier einzogen, erst Fritz Todt, der Generalinspekteur für das Straßenwesen, und dann der Architekt und Rüstungsminister Albert Speer.

Auch die Nummer 2, das sogenannte Palais Blücher, an dessen Stelle heute die Vereinigten Staaten ihren Botschaftsneubau errichten, war schon häufig veräußert worden, ehe es nach den Befreiungskriegen von Friedrich Wilhelm III. gekauft und seinem verdienten »Marschall Vorwärts« geschenkt wurde, bei dessen Nachkommen, die aber hier nicht wohnten, es dann bis nach dem Ersten Weltkrieg verblieb. Die USA kauften es 1930, konnten es aber, da es durch einen Brand vernichtet wurde, erst ab 1939 als Botschaft auch nutzen, also nur zwei Jahre vor ihrem Kriegseintritt.

Das Haus Nummer 4, an der Südostecke des Platzes, dem Adlon also benachbart, hatte nicht, wie die anderen Bauten, sein Entstehen einem Aristokraten zu verdanken, sondern einem sogenannten Schutzjuden, Meyer-Ries mit Namen, der dem Soldatenkönig bei der Rekrutenwerbung im Ausland durch Finanztransaktionen geholfen hatte und deshalb 1737 die Erlaubnis zum Bau eines Palais an dieser Stelle erhielt. Zu Friedrichs des Großen Zeiten wohnte hier sein vertrauter Kammerdiener und späterer Schatullenbewahrer, Fredersdorf, dessen rührender Briefwechsel mit dem König erst 1926 veröffentlicht wurde und nicht nur Friedrichs erbärmliches, oft komisches Deutsch offenbarte, sondern auch sein oft hinter Zynismus verstecktes weiches Gemüt. Der Kulturgeschichte ist dieses Palais nicht nur als das Geburtshaus des romantischen Dichters Achim von Arnim bedeutend, sondern später auch, nach zweimaligem Umbau, als Sitz der Königlichen Akademie der Künste, die nach einer fünfjährigen Behelfsunterbringung in der Potsdamer Straße am 1. Januar 1907, unter der Leitung ihres Direktors Anton von Werner, hier ihre neuen Arbeits- und Ausstellungsräume bezog. Unter ihrem neuen Namen, Preußische Akademie der Künste, wurde sie von 1920 bis 1932 von Max Liebermann geleitet, 1926 um die Sektion Dichtkunst erweitert, 1933 aber zum Verkümmern verurteilt, weil ihre erzwungene Gleichschaltung viele der besten Künstler vertrieb. Ihre jüdischen Mitglieder wurden ausgeschlossen, andere verließen sie daraufhin freiwillig oder gingen, um Freiheit und Leben zu retten, in die Emigration. Die zurückbleibenden Mitglieder konnten das Haus auch nur noch vier Jahre zu ihren befehlsempfangsähnlichen Sitzungen nutzen; dann wurde es Hitlers Baumeister Albert Speer überlassen, der hier seine Pläne zum Umbau Berlins entwarf.

Nachdem man der Akademie nur zwei Monate Zeit zum Umzug gelassen hatte, wurden nun ihre Räume im Januar 1937 von Speers vielköpfiger Arbeitsgruppe, die sich Generalbauinspektion für die Reichshauptstadt nannte, besetzt. Hier, im ehemals

Das Haus Liebermann nach dem Zweiten Weltkrieg. Photographie von Fritz Eschen aus dem Sommer 1947.

Arnim-Boitzenburgschen Palais, das Hitler von der Reichskanzlei aus auf einem Fußweg durch die Ministergärten unbemerkt erreichen konnte, ließ der Diktator sich seine baulichen Visionen einer Welthauptstadt Germania von dem begabten jungen Architekten in Zeichnungen und begehbare Modelle umsetzen und beriet sich stundenlang mit ihm. Der Radikalumbau der Stadt, der ohne Rücksicht auf historische Gegebenheiten der Machtdemonstration des Regimes dienen sollte, wurde ein Jahr nach Schaffung der Speerschen Behörde, die alle Baugesetzgebung faktisch außer Kraft setzen konnte, mit großem propagandistischem Aufwand begonnen. Die Schlagzeilen des »Berliner

Lokalanzeiger« wußten am 28. Januar 1938 zu melden: »So wird Berlin umgebaut: 38,5 km lange Neue Straße von Norden nach Süden mit Großbauten. Zwei Zentralbahnhöfe. Versammlungsbau und Aufmarschplatz am Königsplatz für 1 Million. Viergleisige Untergrundbahn. Großes Wohnungsbauprogramm. Beginn 1. Juni.«

Und die Arbeiten, die erst einmal Raum für die Nord-Süd-Achse mit ihren monströsen Großbauten schaffen sollten, begannen 1938 tatsächlich, bestanden aber vorwiegend in Abrissen und Denkmalsumsetzungen, und sie wurden auch während des Krieges in verringertem Umfang bis 1942, als Speer zum Rüstungsminister ernannt wurde und für seine Büros nun auch das benachbarte Palais Wrangel besetzte, weitergeführt.

Wie vom Adlon, so hatten die Bomben und die Nachkriegsabrisse auch von der Akademie einige Hintergebäude übriggelassen, die von der Folgeeinrichtung der DDR, mit dem Hauptsitz am Robert-Koch-Platz, als Archiv und Werkstatt noch genutzt werden konnten, so daß nach der Wiedervereinigung, die 1993 auch die beiden Akademien zusammenführte, die Rückkehr an den ehemaligen Standort nicht fraglich war. Das neue, von den Akademiemitgliedern Günter Behnisch, Manfred Sabatke und Werner Duth entworfene Gebäude, zu dem im Jahre 2000 der Grundstein gelegt wurde, wird an dieser markanten Stelle künftig auch wieder die Künste stärker vertreten sein lassen – die freilich auch in den letzten Wiederaufbaujahren nie ganz gefehlt hatten, weil nämlich sowohl die Dresdner Bank, in der Nummer 6, auf der nördlichen Seite, als auch das Liebermann-Haus, in der Nummer 7, Kulturelles zu bieten hatten: Ausstellungen und Diskussionsforen zu Themen der Zeit.

Das Liebermann-Haus, nördlich ans Tor anschließend, war schon bei seinem Umbau durch Stüler im Jahre 1845 als Zwillingsbau des südlich ans Tor stoßenden Hauses Sommer gestaltet worden, und der Neubau des Berliner Architekten Kleihues, der 1999 fertig wurde, nimmt in Höhe, Volumen und Fassaden-

Max Liebermann im Selbstbildnis von 1902.

gliederung die Spiegelbildlichkeit der beiden das Tor flankierenden Bauten wieder auf. Es ist heute Sitz der Stiftung »Brandenburger Tor« der Berliner Bankgesellschaft, die sich der historischen Stätte würdig zeigte, als sie zur Eröffnung des Hauses seinem früheren Besitzer durch eine ihm gewidmete Ausstellung ihre Reverenz erwies.

Der Name des Hauses erinnert an seinen früheren Bewohner Max Liebermann, den bedeutenden impressionistischen Maler und Zeichner, mit dem die Reihe der derben und doch höchst sensiblen Gestalten, die seit Nicolais Zeiten das Kulturleben der Stadt geprägt hatten, zu Ende ging. Der 1847 in der Burgstraße geborene Berliner, dessen Vater, ein erfolgreicher Unternehmer,

1857 das Haus am Brandenburger Tor gekauft hatte, mußte in hohem Alter noch den Rückfall in die kulturelle Barbarei erleben, und das sogar aus nächster Nähe, denn der Fackelzug, mit dem Hitlers Anhänger am 30. Januar 1933 ihren Sieg feierten, führte ja dicht an seinem Hause vorbei. Die groben Worte, mit denen er damals angeblich seiner Verzweiflung Ausdruck gegeben hatte (»So ville kann ick gar nich essen, wie ick kotzen möchte«), sind inzwischen zum geflügelten Wort geworden, wie manches andere seiner schönen oder auch leichtfertigen Bonmots. Daß Kunst von Können, nicht aber von Wollen käme, weil sie sonst Wulst hieße, ist eines von ihnen, ein anderes ist die Behauptung, daß nur schlechte Maler große Ideen verwirklichen wollten. Und wenn es stimmen sollte, daß er, lange vor Hitler, auf die Frage nach der Zukunft des Antisemitismus entgegnet hatte: daraus könne erst etwas werden, wenn die Juden selbst die Sache in die Hand nähmen, so hat er sich in witziger Form in gräßlicher Weise geirrt.

Als die Akademie der Künste, der er seit 1898 angehört hatte, im März 1933 den erzwungenen Beschluß faßte, keine Werke jüdischer Künstler mehr auszustellen, erklärte er, mit der Begründung, daß Kunsturteile mit »Politik und Abstammung« nichts zu tun haben dürften, seinen Austritt, malte in seinem Atelier aber weiter, bis er im Februar 1935 in dem Haus am Brandenburger Tor (gleich links, wenn man in die Stadt reinkommt, wie er zu sagen pflegte) isoliert und verbittert im Alter von 87 Jahren starb. Bei seinem Begräbnis auf dem jüdischen Friedhof in der Schönhauser Allee waren nur zwölf Menschen anwesend, darunter Ferdinand Sauerbruch und Käthe Kollwitz. Seine Witwe, die noch bis 1943 am Pariser Platz wohnte, vergiftete sich, als die Deportation drohte. Das Haus wurde 1944 enteignet, bald darauf mehrfach von Bomben getroffen und völlig zerstört.

Das große Portal

Zwei der insgesamt neun preußischen Könige gelten den Historikern als Verschwender, aber gerade diesen hat die Straße Unter den Linden viel zu verdanken: dem ersten Friedrich ihren großartigen Anfang mit dem Schlüterschen Stadtschloß und Friedrich Wilhelm II. den edlen Abschluß durch das Brandenburger Tor.

Letzterer, der Neffe und Nachfolger des Alten Fritzen, der den Thron 1786 besteigen konnte, unterschied sich von seinem berühmten Onkel nicht nur durch Körperfülle, geringere Charakterstärke, schwächeres Durchsetzungsvermögen und genußreichere Lebensweise, sondern auch durch sein anderes Kunst-und Kulturverständnis, das zeitgemäßer und damit auch nationaler war. Die Kulturhegemonie Frankreichs, die Friedrich hatte erhalten wollen, war schon in seinen letzten Regierungsjahren für Deutschland zu Ende gegangen, und von dieser Entwicklung, die neben dem gebildeten Bürgertum auch schon große Teile des Adels ergriffen hatte, war der Thronfolger schon mitgeprägt. Er beherrschte, was man von Friedrich nicht sagen konnte, seine Muttersprache, fühlte sich mehr als sein Vorgänger Kaiser und Reich verpflichtet, nahm auch deutsche Künstler zur Kenntnis und förderte sie. Er ließ die unter Friedrich unbedeutend und untätig gewordenen Akademien der Künste und der Wissenschaften reformieren, und da er auch das deutschsprachige Theater förderte, wurde Berlin für deutsche Stückeschreiber ein wichtiger Aufführungsort. Aus Pommern holte er sich 1788 David

Das alte, von Philipp Gerlach entworfene Brandenburger Tor, das 1735 eröffnet wurde und mehr als ein halbes Jahrhundert seine Dienste tat. Stich von Daniel Nikolaus Chodowiecki von 1764.

Gilly, den dortigen Baudirektor, der zehn Jahre später die Bauakademie gründen sollte, machte im selben Jahre den jungen Schadow zum Hofbildhauer und lockte schon im Jahr seiner Thronbesteigung Carl Gotthard Langhans, der aus Schlesien stammte und vorwiegend dort auch gebaut hatte, mit zwei großen Aufträgen nach Berlin. Er ließ ihn auf dem Gendarmenmarkt das Schauspielhaus bauen (das dann 1817 schon abbrennen sollte), und er beauftragte ihn mit der Errichtung des die Linden abschließenden Tores, das in der Planungsphase, nach dem Vorschlag des Königs, Friedenstor hieß.

Das alte Tor, das damals die westliche Stadtgrenze markierte, war, neben dreizehn anderen Toren, nötig geworden, als die Stadt, um Schmuggel und Desertion zu erschweren, von Friedrich Wilhelm I. um 1730 mit einer Zoll- oder Akzisemauer um-

Johann Gottfried Schadow, der Schöpfer der Quadriga, im Alter von 56 Jahren. Stich von Ludwig Buchhorn nach einem Gemälde von Wilhelm Schadow.

zogen worden war. Wie aus einem Stich Chodowieckis ersichtlich, war es, wie die meisten Bauten des Soldatenkönigs, so zweckmäßig und unaufwendig wie möglich gestaltet worden. Zwei Torpfeiler mit barocken Verzierungen hielten die hölzernen Torflügel, die am Abend geschlossen wurden. Flankiert wurde die relativ schmale Anlage von zwei einfachen Gebäuden für Zoll, Torschreiber und Stadtwache. Der Blick in den Tiergarten war also teilweise verwehrt.

Langhans aber wollte den Blick aus der Stadt hinaus öffnen und die Hereinkommenden frühzeitig mit dem Anblick der Prachtstraße erfreuen. In seiner Denkschrift für den König, in der auch schon das Viergespann mit der Friedensgöttin Erwähnung findet, bezeichnet er die Lage des Tores in verständlicher

Übertreibung als »ohnstreitig die schönste der ganzen Welt«. – »Um hiervon«, so heißt es weiter, »gehörig Vorteile zu ziehen und dem Tore soviel Öffnung als möglich zu geben, habe ich bei dem Bau des neuen Tores das Stadt-Tor von Athen zum Modelle genommen ...« – womit er die Propyläen der Akropolis meinte, die er freilich nicht durch eigene Anschauung, sondern nur durch englische und französische Stiche kannte. Denn nach Griechenland, das noch von den Türken besetzt war, reisten deutsche Künstler damals noch nicht.

Schadow, der die Quadriga und die Entwürfe zu den Reliefs zu fertigen hatte, war sich der Tatsache, daß mit diesem frühklassizistischen Bauwerk ein neues Kapitel der Kunstgeschichte in Preußen eröffnet wurde, sicher so wenig wie die meisten seiner Zeitgenossen bewußt. In seinen Aufzeichnungen, die oft spöttisch sind, manchmal auch hämisch werden, gibt er als Grund für diese »Wiederholung eines anerkannten Meisterwerks« der Antike den Mangel an eigenen Ideen bei seinem Baumeister an. Noch weniger freilich konnte er ahnen, daß diesem großartigen Abschluß der Straße Unter den Linden im Laufe der Jahre ein Symbolwert zuwachsen würde, der den aller Denkmäler, die im 19. Jahrhundert eigens zu diesem Zwecke errichtet wurden, bei weitem übertraf. Zwar kennen auch heute wohl nur Kunstinteressierte den Namen des Erbauers des Tores, das Tor selbst aber, das in fast allen äußeren, inneren und kalten Kriegen eine symbolische Rolle zu spielen hatte, kennt heute die ganze Welt.

Als das Tor, noch ohne plastischen Schmuck und ohne Quadriga, die erst zwei Jahre später fertig wurden, im August 1791 dem Verkehr übergeben wurde, geschah das ohne Feierlichkeiten; anscheinend war man sich seiner Wirkung noch nicht recht bewußt. Auch als zwei Jahre später, am 22. Dezember 1793, die Prinzessin Luise von Mecklenburg-Strelitz und ihre jüngere Schwester Friederike als Bräute des preußischen Kronprinzen und seines Bruders unter dem Jubel der Einwohner in Berlin einzogen, wurde der Festzug nicht durch das Brandenburger,

Carl Gotthard Langhans, Schöpfer des Brandenburger Tores. Der Künstler der Büste ist unbekannt.

sondern das Potsdamer Tor geleitet, und Unter den Linden, genau an der Stelle, an der später Rauchs Friedrich-Denkmal seinen Platz finden sollte, gab es ein eigenes zu diesem Anlaß errichtetes Ehrentor.

Erst Napoleon, dem Geburtshelfer des deutschen Nationalbewußtseins und der preußischen Reformen, war es vorbehalten, dem Brandenburger Tor eine politische Bedeutung zu geben. Als er nach seinem Sieg bei Jena im Oktober 1806 an der Spitze seiner Garden hoch zu Roß in Berlin einmarschierte, wählte er, der theatralische Inszenierungen seiner Erfolge zu schätzen wußte, das Brandenburger Tor als heroische Kulisse. Und auch Schadows Quadriga verlieh er patriotische Weihen, indem er sie raubte und nach Paris schaffen ließ. Das Tor stand nun acht Jahre nackt, ohne die Quadriga, und erinnerte ständig an die Schmach, die Napoleon Preußen zufügte. Und als im Sommer 1810 die Königin Luise zu Grabe getragen wurde und eine große schwarze Fahne die Quadriga ersetzte, wurde das Tor auch zum Ausdruck tiefster Trauer und Verzweiflung, die auch verständlich machen, daß die Heimholung der Quadriga nach dem Sieg über Napoleon im Sommer 1814 zu einem Triumphzug geriet. Gemeinsam mit den aus Frankreich heimkehrenden Truppen, zu deren Ehren aus dem Quarrée der Pariser Platz wurde, feierte man auch die auf das Tor zurückgekehrte Quadriga, die Schinkel inzwischen um das umkränzte Eiserne Kreuz mit dem Adler darüber ergänzt hatte, so daß das Tor zum Denkmal für die Befreiungskriege, die Friedensgöttin zu Viktoria geworden war.

Für staatliche Feste, besonders für Siegesparaden und Trauerfeiern, wurde fortan das Tor unerläßlich. Nach Bismarcks drei siegreichen Kriegen mußte es Dienste für die immer glänzender werdenden Siegesparaden leisten, die Theodor Fontane, zum Kummer vieler seiner Verehrer, alle drei in gleich forschem Tone und unter demselben Titel, »Einzug«, besungen hat. Das Tor zu erwähnen hat er dabei nie vergessen, wie zum Beispiel in den für den Geist des Ganzen bezeichnenden Reimen:

»Zum dritten Mal
Ziehen sie ein durch das große Portal;
Die Linden hinauf erdröhnt ihr Schritt,
Preußen-Deutschland fühlt ihn mit.«

Als 1888 der Leichnam Wilhelms I. vom Dom aus die Linden hinunter zum Mausoleum seiner Mutter, der Königin Luise,

Am Morgen des 16. März 1888 wurden die sterblichen Überreste Kaiser Wilhelms I. vom Dom, in dem sie aufgebahrt worden waren, zur Beisetzung im Mausoleum seiner Mutter, der Königin Luise, über die Linden nach Charlottenburg gefahren. Der Dom hatte eine Trauerfassade erhalten, schwarze Tücher hingen an der Schloßbrücke und der Neuen Wache, und auch das Brandenburger Tor war schwarz verhüllt.

nach Charlottenburg gefahren wurde, hatte das Brandenburger Tor, schwarzumflort und mit der Inschrift VALE SENEX IMPERATOR (Lebe wohl, alter Kaiser) versehen, mit dem ganzen Deutschen Reich um seinen ersten Kaiser zu trauern. Es wurde unter Wilhelm II., der prächtige Drapierungen und militärische Aufmärsche liebte, in Freudenfarben gehüllt, wenn der Zar, der englische König oder der österreichische Kaiser zu Besuch kamen, oder es wurde 1895 zur Feier des fünfundzwanzigsten Jahrestages der Schlacht von Sedan, am 1. September, mit dem Ausspruch: SEDAN – WELCH EINE WENDUNG DURCH GOTTES FÜGUNG versehen.

Auch noch am Sedans-Tag 1914, als, nach vier Wochen Weltkrieg, erbeutete Kanonen auf dem Pariser Platz gezeigt wurden, herrschte noch Siegesstimmung – von der vier Jahre später, als die Berliner Regimenter aus dem Krieg heimkehrten und, statt vom Kaiser, vom Vorsitzenden des Rates der Volksbeauftragten, Friedrich Ebert, empfangen wurden, nichts mehr zu merken war. Nachdem sowohl die Revolutionäre als auch die Regierungstruppen und die Kapp-Putschisten sich einen bedeutungsschweren Marsch durch das Tor nicht hatten nehmen lassen, verzichtete die Weimarer Republik auf seine weitere politisch-militärische Inanspruchnahme, überließ es sozusagen den Touristen und den Denkmalpflegern (die tatsächlich eine dringende Restaurierung durchführten) – bis dann die Nationalsozialisten die Kaiserzeit im Paradieren und Ausschmücken des Tores und der Straße Unter den Linden noch überboten, mit dem nächtlichen Fackelzug der SA am 30. Januar 1933 angefangen, über die große Militärparade zur Feier von Hitlers fünfzigstem Geburtstag im April 1939 bis hin zum Aufmarsch des Volkssturms vor Goebbels im November 1944 auf dem von Bomben schon arg zerstörten Pariser Platz.

Die militärischen Machtdemonstrationen, zu denen das Brandenburger Tor von 1814 bis 1940 (nach dem Sieg über Frankreich) die Kulisse bilden mußte, markieren die Höhen und Tiefen preußisch-deutscher Geschichte, die im Mai 1945 mit dem Elendszug deutscher Soldaten, die durch das Tor nach Osten in langjährige Gefangenschaft getrieben wurden, nicht endete, aber doch ein neues Kapitel begann. Das Tor, von dem nun symbolträchtig die rote Fahne wehte (die die Aufständischen des 17. Juni 1953, nicht weniger symbolbewußt, heruntergerissen), wurde kurzzeitig Zeuge von Paraden der siegreichen Alliierten, um dann für lange Jahre im Zentrum des Kalten Krieges zu stehen. Seiner eigentlichen Bestimmung zuwider wurde es Teil des Eisernen Vorhangs, der Berlin und Deutschland in zwei ungleiche, von den jeweiligen Großmächten dominierte Hälften teilte und so in

Am 7. August 1814 wurde mit der Heimkehr des Königs, dem Einzug der Truppen und der Wiedergewinnung der Quadriga das siegreiche Ende des Befreiungskrieges gefeiert. Die farbige Lithographie von 1827 zeigt den Einzug des Regiments Garde du Corps.

den Kontroversen um Einheit und Freiheit einen neuen, sich in der Forderung: Macht das Tor auf! äußernden Symbolwert erhielt.

In den vielen Krisen des Kalten Krieges, die sich an dem von der Mauer versperrten Tor am anschaulichsten darstellen ließen, bekam das nationale Symbol eine übernationale Bedeutung, und seitdem am 9. November 1989 überraschend die Öffnung der Mauer erfolgte und die Bilder der sich in den Armen liegenden, vor Freude weinenden Menschen in der Welt verbreitet wurden, bewahrt das Brandenburger Tor nun auch die Erfahrung, daß die deutsche Geschichte nicht nur Irr- und Sonderwege, sondern auch glückliche Wendungen kennt.

Nachweis der Zitate

Die Bäume

»anitzo ... Kuhlen oder Grüben ...«, aus: Die Linden (Ausstellungskatalog), S. 43

Das Schloß

»Es drängt mich ...«, aus: Reden Friedrich Wilhelms IV., S. 57
»Demolierungswerk der ...«, aus: Rodenberg, S. 190-192

Küchengarten und Exerzierplatz

»eingefrorener Dünkel ...«, aus: Heine: Deutschland. Ein Wintermärchen, Caputh III.
»kein sonderlicher Freund ...«, aus: Heine: Briefe, S. 127
»Hochrenaissanceeinzelheiten«, aus: Hessel, S. 88
»Riesengefüge von Quantität«, aus: Hessel, S. 88

Die Brückenpuppen

»Branntewein«, aus: Heine: Briefe, S. 128
»Der König wird noch ...«, aus: Varnhagen, Bd. 10, S. 275
»die nackten Bildsäulen ...«, aus: Varnhagen, Bd. 11, S. 163
»Delirium des Krieges«, aus: Döblin, S. 353
»keinen imposanteren Anblick ...«, aus: Heine: Briefe, S. 129
»neue Wachthaus«, aus: Heine: Briefe, S. 129
»einem kleinen Palast ...«, aus: Stendhal: Briefe, S. 205
»ein architektonisches Universum«, aus: Jean Paul: Briefe, S. 341
»Kolossen-Reihen von Palästen«, aus: Jean Paul: Briefe, S. 341
»Für die Gerechtigkeit ...«, aus: Caspar, S. 2
»einfach und bürgerlich wohnt«, aus: Heine: Briefe, S. 129
»Vergiß, was Du verlorst ...«, aus: Adami, S. 50
»Beim Himmel ...«, aus: Adami, S. 51

Der schöne Platz

»Reinheit von Sprache und Schrifttum«, aus: Walberer, S. 35
»die Überwindung des jüdischen ...«, aus: Walberer, S. 35
»Soldatentum als Lebensform«, aus: Das war ein Vorspiel nur, S. 196
»Wir sind nicht human«, aus: Maschinenschr. Manuskript (Privatarchiv)
»träufelndes Gift«, aus: Maschinenschr. Manuskript (Privatarchiv)
»Gegen Dekadenz ...«, aus: Walberer, S. 115
»in bester Form«, aus: Goebbels, Bd. 2, S. 801
»Meine Kommilitonen«, aus: Es war ein Vorspiel nur, S. 197
»An hohen Masten wehen ...«, aus: Kock, S. 15

Der Jungfernkranz

»Jeder muß hier ...«, aus: Heine: Briefe, S. 171-173
»die armen Burschen, wie auf ...«, aus: Heine: Briefe, S. 129-130
»Verlaß Berlin ...«, aus: Heine: Gedichte, S. 71
»kleine, flache preußische Trommel ...«, aus: Laforgue, S. 16
»im Geiste Schinkels ...«, aus: Stölzl, S. 16-17

Friedrich reitet

Berlins »schönstem Platze ...«, aus: Stölzl, S. 13
»schönste Kranz, den Rosenfinger ...«, aus: Goethe/Zelter, Bd. 1, S. 877
»So stehe du nun ...«, aus: Goethe/Zelter, Bd. 3, S. 707
»bis jeder von uns ...«, aus: Goethe/Zelter, Bd. 1, S. 960
»von den Universitätsgarten«, aus: Goethe/Zelter, Bd. 1, S. 658
»Rettung vor dem Abgrund«, aus: Friedrich Wilhelm IV., S. 127-128
»Der Alte Fritz«, aus: Fontane: Balladen, S. 563-564
»Einzug«, aus: Fontane: Balladen, S. 244-246

Aufrecht am Eckfenster

»Um 8 Uhr abends ...«, aus: Hollender, S. 142

Mars und Minerva

»Verzeichniß derjenigen ...«, aus: Kataloge, Bd. 1, vor 1786/1
»Morgenröthe«, aus: Kataloge, Bd. 1, vor 1791/1
»Das Teufelspack ...«, aus: Goethe: Faust I, Walpurgisnacht
»drastischsten Mitteln ...«, aus: Gutzkow: Berliner Erlebnisse, S. 35
»kleinen Hausschatz an ...«, aus: Gutzkow: Berliner Erlebnisse, S. 75

Kranzler und Bauer

»die Idee der Unendlichkeit«, aus: Heine: Briefe, S. 133
»geborene Berliner ...«, aus: Fontane: Von ... der Reise, Bd. 1, S. 80
»In Rom, Athen und ...«, aus: Fontane: Wanderungen, Bd. 7, S. 386
»die lackierten Teebretter ...«, aus: Hoffmann: Gespenster, S. 178
»um Menschen zu sehen ...«, aus: Liliencron, S. 175
»Schönes Kind ...«, aus: Heine in Berlin, S. 296
»niederzuknien aufforderte«, aus: Heine in Berlin, S. 134
»Elegants, Bürger mit ...«, aus: Hoffmann: 12 Berliner Geschichten, S. 83
»Centralpunkt der eleganten ...«, aus: Zedlitz, S. 423
»gewissen Geschöpfen ...«, aus: Schurig, S. 202
»Selbst Prinzen ohne Inkognito ...«, aus: Schurig, S. 194-195
»der Sammelplatz des ...«, aus: Hoffmann: 12 Berliner Geschichten, S. 273
»in Leserhand befinden ...«, aus: Varnhagen, Bd. 5, S. 43
»alberner Hoffahrt ...«, aus: Varnhagen, Bd. 8, S. 275
»Die Zeitungen rügten ...«, aus: Varnhagen, Bd. 9, S. 311
»an der berühmten Ecke ...«, aus: Fontane: Von 20 bis 30, S. 221
»Das kleine Regal ...«, aus: Rodenberg, S. 325-326

Größer, aber nicht schöner

»Bummelstil«, aus: Fontane: Wanderungen, Bd. 7, S. 475
»den beneidenswert glücklichen ...«, aus: Fontane: Wanderungen, Bd. 7, S. 392
»Grenadierblechmützen«, aus: Fontane: Wanderungen, Bd. 7, S. 392
»Prinzeß Amalie ließ ...«, aus: Goethe/Zelter, Bd. 2, S. 1458
»Palais der hohen Dame, die ...«, aus: Thiebault, Bd. 2, S. 190
»Aber die Prinzessin ...«, aus: Thiebault, Bd. 2, S. 190
»Ohne viele große Feten ...«, aus: Rochow, S. 128-129
»Als Mensch, als Fürst ...«, aus: Taack, S. 165
Eine Bildergalerie samt zehn ..., aus: Fontane: Wanderungen, Bd. 7, S. 393
»Bonzen in klirrenden ...«, aus: Kardorff, S. 135-136

Die Tunnel

Recherchen, die 1992 veröffentlicht ... siehe Karen Meyer

Das Quarrée

»Ob se ihr woll schon uffjehängt ...«, aus: Straub, S. 5
»So ville kann ick ...«, aus: Püschel, S. 60-61

»Wulst ... schlechter Maler«, aus: Püschel, S. 60, 50
»Antisemitismus«, aus: Püschel, S. 61
»Politik und Abstammung«, aus: Wulf, S. 35

Das große Portal
»ohnstreitig die schönste ...«, aus: Laabs, S. 10
»Wiederholung eines anerkannten ...«, aus: Schadow: Kunstwerke, Bd. 1, S. 35
»Einzug«, aus: Fontane: Balladen, S. 238–246

Literatur

Adami, Friedrich: Luise, Königin von Preußen. Gütersloh: Bertelsmann 1906

Berckenhagen, Ekhart und Gretel Wagner: Der bunte Rock in Preußen. Katalog zur Ausstellung. Berlin: Staatliche Museen 1981

Berdrow, Otto: Rahel Varnhagen. Stuttgart: Greiner u. Pfeiffer 1900 Berlin und seine Umgebung. Auktionskatalog 668. Berlin: J.A.Stargardt 1997

Berliner Illustrirte Zeitung. Sonderheft zur 700-Jahrfeier. 1937

Bernstorff, Elise von: Ein Bild aus der Zeit von 1789 bis 1835. Bd. 1–2. Berlin: Mittler 1896

Blunck, Jürgen: Daten zur Geschichte der Staatsbibliothek zu Berlin. In: Mitteilungen. Staatsbibliothek zu Berlin – Preußischer Kulturbesitz. N.F. 9. (2000) Nr. 1

Böhm, Karl-Georg und Werner Schmidt: Unter den Linden. Ein Spaziergang von Haus zu Haus. Berlin: Haude u. Spener 2000

Boulevards. Die Bühnen der Welt. Mit einer Einleitung von Klaus Hartung. Berlin: Siedler 1997

Caspar, Helmut: Wetterschutz für Schlüters Krieger. In: Preußische Nachrichten von Staats- und gelehrten Sachen. Nr. 50 (Januar 2002) S. 2

Cyran, Eberhard: Trenck. Memoiren und Kommentar. Berlin: Haude und Spener 1966

Das war ein Vorspiel nur ... Bücherverbrennung in Deutschland 1933. Ausstellung der Akademie der Künste 1983. Berlin: Medusa 1983

Debuch, Tobias: Anna Amalia in Preußen (1723-1787). Prinzessin und Musikerin. Berlin: Logos 2001

Dehio, Georg: Handbuch der deutschen Kunstdenkmäler. Berlin. Bearbeitet von Sibylle Badstübner-Gröger und anderen. München: Deutscher Kunstverlag 1994

Demps, Laurenz: Die Luftangriffe auf Berlin. Ein dokumentarischer Bericht. In: Jahrbuch des Märkischen Museums. Jg. IV. (1978) S. 2768 und Jg. VIII. (1982) S. 7–44

Demps, Laurenz: Der Pariser Platz. Der Empfangssalon Berlins. Berlin: Henschel 1995

Denkmal König Friedrichs des Großen. Enthüllt am 31. Mai 1851. Berlin: Decker 1851 (Reprint)

Detemple, Siegfried: Goethe/ Berlin/Mai 1778. Sechs Tage durch die preußische Residenzstadt. Berlin: Staatsbibliothek 2001

Deutschlands Trauer. Des Reiches Hoffnung. Die ersten drei Kaiser. Stuttgart: DVA (um 1888)

Eschen, Fritz: Photographien. Berlin 1945-1950. Berlin: Nicolai 1990

Escher, Felix: Die katholische Kirche im 19. und 20. Jahrhundert. In: 1000 Jahre Kirche in Berlin-Brandenburg. Berlin: Wichern 1999

Ethos und Pathos. Die Berliner Bildhauerschule 1786–1914. Ausstellungskatalog. Herausgegeben von Peter Bloch, Sibylle Eichholz und Jutta von Simson. Berlin: Staatliche Museen 1990

Fontane, Theodor: Balladen, Lieder, Sprüche, Gedichte. Herausgegeben von Helmut Nürnberger. München: Hanser 1995 (Sonderausgabe von Bd. I/6 der Hanser-Fontane-Ausgabe)

Fontane, Theodor: Von, vor und nach der Reise. In: Unterwegs und wieder Daheim. Bd. 1–2. München: Nymphenburger 1972

Fontane, Theodor: Von Zwanzig bis Dreißig. Autobiographische Schriften. Bd. 2. Berlin: Aufbau 1982

Fontane, Theodor: Wanderungen durch die Mark Brandenburg. Bd. 7: Das Ländchen Friesack und die Bredows. Berlin: Aufbau 1991

Freydank, Ruth: Theater in Berlin. Von den Anfängen bis 1945. Berlin: Henschel 1988

Friedrich II.: Die Werke Friedrichs des Großen. Berlin: Hobbing 1913. Bd. 1 und 10

Friedrich II.: Briefe Friedrichs des Großen. Berlin: Hobbing 1914. Bd. 1

Friedrich II. und die Kunst. Ausstellung zum 200. Todestag. Teil 1–2. Potsdam: Staatliche Schlösser und Gärten 1986

Friedrich Wilhelm IV.: Reden ... seit seiner Thronbesteigung. Herausgegeben von J. Killisch. Berlin: Kühn 1861

Gersdorff, Rudolph-Christoph Freiherr von: Soldat im Untergang. Berlin: Ullstein 1977

Girbig, Werner: Im Anflug auf die Reichshauptstadt. Stuttgart: Motorbuch 1970

Goebbels, Joseph: Tagebücher 1924–1945. Herausgegeben von Ralf-Georg Reuth. München: Piper 1992

Goethe, Johann Wolfgang: Briefwechsel mit Zelter. Bd. 1–3. München: Hanser 1991 (Goethes sämtliche Werke. Bd. 20, 1–3)

Götze, Alfred: Ein fremder Gast. Frau von Stael in Deutschland 1803–1804. Nach Briefen und Dokumenten. Jena: Frommann 1928

Gutzkow, Karl: Berliner Erinnerungen und Erlebnisse. Berlin: Das neue Berlin 1960

Gutzkow, Karl: Berlin. Panorama einer Residenzstadt. Herausgegeben von Wolfgang Rasch. Berlin: Morgenbuch 1995 (Märkischer Dichtergarten)

Hegemann, Werner: Fridericus oder das Königsopfer. Hellerau: Hegner 1925

Heine, Heinrich: Briefe aus Berlin. In: Heine in Berlin. Gedichte und Prosa. Herausgegeben von Gerhard Wolf. Berlin: Der Morgen 1980. (Märkischer Dichtergarten)

Heine, Heinrich: Deutschland. Ein Wintermärchen. In: Werke in 5 Bdn. Bd. 2. Berlin: Aufbau 1967

Heine, Heinrich: Gedichte. In: Werke in 5 Bdn. Bd. 1. Berlin: Aufbau 1967

Hensel, Wilhelm: Preußische Bildnisse des 19. Jahrhunderts. Berlin: Nationalgalerie 1981

Hermann, Joachim (Herausgeber). Berlin. Ergebnisse der heimatkundlichen Bestandsaufnahme. Berlin: Akademie-Verlag 1987 (Werte unserer Heimat)

Herz, Henriette in Erinnerungen und Dokumenten. Herausgegeben von Rainer Schmitz. Leipzig, Weimar: Kiepenheuer 1984

Hessel, Franz: Spazieren in Berlin. Beobachtungen im Jahr 1929. Berlin: Der Morgen 1979

Hoffmann, E.T.A.: Gespenster in der Friedrichstadt. Berlinische Geschichten. Herausgegeben von Günter de Bruyn. Berlin: Der Morgen 1986 (Märkischer Dichtergarten)

Hoffmann, E.T.A.: Zwölf Berlinische Geschichten aus den Jahren 1551–1816. Zusammengestellt von Hans von Müller. München: Georg Müller 1921

Hollender, Martin: Die keusche Kaiserin. In: Mitteilungen. Staatsbibliothek zu Berlin – Preußischer Kulturbesitz. N.F. 9 (2000), Nr. 1

Jean Pauls sämtliche Werke. Historisch-kritische Ausgabe. 3. Abteilung, 3. Bd. Herausgegeben von Eduard Berend. Briefe 1797–1800. Berlin: Akademie-Verlag 1959

Kardorff, Ursula von: Berliner Aufzeichnungen 1943–1945. Unter Verwendung der Originaltagebücher herausgegeben von Peter Hartl. München: dtv 1994

Kataloge der Berliner Akademieausstellungen 1786–1850. Bearbeitet von Helmut Börsch-Supan. Bd. 1-3. Berlin: Hessling 1971 (Quellen und Schriften zur bildenden Kunst)

Kathe, Heinz: Preußen zwischen Mars und Musen. München, Berlin: Koehler u. Amelang 1993

Kerr, Alfred: Wo liegt Berlin. Briefe aus der Reichshauptstadt. Herausgegeben von Günther Rühle. Berlin: Aufbau 1998

Klöden, Karl Friedrich: Von Berlin nach Berlin. Erinnerungen 1786–1824. Berlin: Nation 1976

Knobloch, Heinz: Im Lustgarten. Geschichte zum Begehen. Halle, Leipzig: Mitteldeutscher Verlag 1989

Kock, Erich: Er widerstand. Bernhard Lichtenberg, Dompropst bei St. Hedwig. Berlin: Morus 1996

Königin Luise in 50 Bildern ... von C. Röchling, R. Knötel, W. Friedrich. Berlin: Paul Knittel 1896

Kopp, Roland: Paul von Hase. Von der Alexander-Kaserne nach Plötzensee. Eine deutsche Soldatenbiographie 1885–1944. Münster: Lit-Verlag 1999 (Geschichte. Bd. 30)

Krammer, Mario: Berlin und das Reich. Berlin: Ullstein 1935

Küchler, Manfred: Die keusche Erotik der Preußen. Berlin: Bauwesen 1999

Laabs, Rainer: Das Brandenburger Tor. Brennpunkt deutscher Geschichte. Berlin: Ullstein 1990

Laforgue, Jules: Berlin, der Hof und die Stadt 1887. Frankfurt/M.: Insel 1980

Lemmer, Klaus J.: 1888. Ein deutsches Bilderbuch. Berlin: Rembrandt 1981

Liebermann, Max: M. L. in seiner Zeit. Ausstellung. Berlin: Nationalgalerie 1979

Liedtke, Christian: Heinrich Heine. Reinbek: Rowohlt 1999

Liliencron, Detlev von: Ausgewählte Gedichte. Berlin: Schuster & Löffler 1907

Linden, Die. Vom kurfürstlichen Reitweg zur hauptstädtischen Allee. Ausstellung der Staatsbibliothek zu Berlin 1997

Lindenberg, Paul: Berlin in Wort und Bild. Berlin: Dümmler 1895 (Reprint)

Löschburg, Winfried: Unter den Linden. Geschichte und Geschichten einer berühmten Straße. Berlin: Der Morgen 1972

Mackowsky, Hans: Häuser und Menschen im alten Berlin. Berlin: Cassirer 1923

Marwitz, Friedrich August Ludwig: Nachrichten aus meinem Leben. Herausgegeben von Günter de Bruyn. Berlin: Der Morgen 1989 (Märkischer Dichtergarten)

Marwitz, Friedrich August Ludwig: Ein märkischer Edelmann im Zeitalter der Befreiungskriege. Herausgegeben von Friedrich Meusel. Bd. 1–2,2. Berlin: Mittler 1908–1913

Mende, Hans-Jürgen und Kurt Wernicke: Berlin Mitte. Das Lexikon. Berlin: Stapp 2001

Menzel, Matthias: Die Stadt ohne Tod. Berliner Tagebuch 1942–1945. Berlin: Habel 1946

Meyer, Jochen: Berlin-Provinz. Literarische Kontroversen um 1930. Marbach: Marbacher Magazin 35/1985

Meyer, Karen: Die Flutung des Berliner S-Bahntunnels in den letzten Kriegs-Tagen. Rekonstruktion und Legenden. Berlin: Bezirksamt Kreuzberg 1992

Müller, Heinrich: Das Berliner Zeughaus. Vom Arsenal zum Museum. Herausgegeben vom Deutschen Historischen Museum. Berlin: Brandenburgisches Verlagshaus 1994

Müller-Bohn, Hermann: Die Denkmäler Berlins. Ihre Geschichte und Bedeutung. Berlin: Auerbach 1897

Nicolai, Friedrich: Beschreibung der Königlichen Residenzstädte Berlin und Potsdam. Berlin: Nicolai 1786 (Reprint)

Nicolai, Friedrich: Beschreibung der Königlichen Residenzstädte Berlin und Potsdam. Eine Auswahl. Leipzig: Reclam 1987 Nicolai, Friedrich: Vertraute Briefe von Adelheid B. an ihre Freundin Julie S. Herausgegeben von Günter de Bruyn. Berlin: Der Morgen 1981 (Märkischer Dichtergarten)

Neugebauer, Wolfgang: Residenz, Verwaltung, Repräsentation. Das Berliner Schloß und seine historischen Funktionen vom 15. bis 20. Jahrhundert. Potsdam: Verlag für Berlin-Brandenburg 1999

Oberesch, Manfred: Das Dritte Reich 1939–1945. Chronik der deutschen Zeitgeschichte Bd. 2/II. Düsseldorf: Droste 1983

Pfefferkorn, Rudolf: Von Schadow bis Gärtner. Berlin: Stapp 1980

Püschel, Walter: Immer diskret. Anekdoten über Max Liebermann. Berlin: Eulenspiegel 1986

Rave, Paul Ortwin: Berlin in der Geschichte seiner Bauten. o. O.: 1966

Reichhardt, Hans J. und Wolfgang Schäche: Von Berlin nach Germania. Über die Zerstörung der Reichshauptstadt durch Albert Speers Neugestaltungsplanungen. Berlin: Transit 1990

Richter, Detlev: Kunst auf Dosen. Stobwasser. In: Magazin der Frankfurter Allgemeinen Zeitung, 24. Mai 1991

Rochow, Caroline von: Vom Leben am preußischen Hofe 1815–1852. Aufzeichnungen, bearbeitet von Luise von der Marwitz. Berlin: Mittler 1908

Rodenberg, Julius: Bilder aus dem Berliner Leben. Berlin: Rütten und Loening 1987

Rollka, Bodo und Klaus-Dieter Wille: Das Berliner Stadtschloß. Geschichte und Zerstörung. Berlin: Haude und Spener 1987

Sachs, Curt: Prinzessin Amalie von Preußen als Musikerin. In: Hohenzollern-Jahrbuch 1910. S. 181-194

Scherls Straßenführer durch Berlin. Berlin: Scherl 1933

Scheurig, Bodo: Henning von Tresckow. Eine Biographie. Oldenburg: Stalling 1973

Schicksale deutscher Baudenkmale im Zweiten Weltkrieg. Eine Dokumentation der Schäden und Totalverluste auf dem Gebiet der neuen Bundesländer. Bd. 1–2. Berlin: Henschel o. J.

Schmitz, Hermann: Berliner Baumeister vom Ausgang des 18. Jahrhunderts. Berlin: Mann 1980

Schneider, Wolfgang: Berlin. Eine Kulturgeschichte in Bildern und Dokumenten. Leipzig, Weimar: Kiepenheuer 1980

Schochow, Werner: Die Preußische Staatsbibliothek und Polen. Eine Bücherreise ohne Wiederkehr? In: Die Beziehungen der Berliner Staatsbibliothek nach Polen. Berlin: Staatsbibliothek 1997

Scholz, Hans: Theodor Fontane. München: Kindler 1978

Schurig, Artur: Das galante Preußen gegen Ende des 18. Jahrhunderts. Sammlung kulturgeschichtlich wertvoller Teile aus selten gewordenen Pamphleten und Satiren. Berlin: Verlagsgesellschaft Berlin 1910

Seibt, Gustav: Das Brandenburger Tor. In: Deutsche Erinnerungsorte. Herausgegeben von Etienne Francois und Hagen Schulze. Bd. 2. München: Beck 2001

Siedler, Wolf Jobst: Phoenix im Sand. Berlin: Propyläen 1998

Stael, Germaine de: Über Deutschland. Herausgegeben von Sigrid Metken, Stuttgart: Reclam 1980

Stendhal: Briefe. Herausgegeben von Manfred Naumann. Berlin: Rütten und Loening 1983

Stölzl, Christoph (Herausgeber): Die Neue Wache Unter den Linden. Ein deutsches Denkmal im Wandel der Geschichte. Berlin: Deutsches Historisches Museum 1993

Straub, August: Papa Wrangel. Anekdoten. München: Buchverlag Münchener Lesebogen (um 1942)

Straubes illustrierter Führer durch Berlin. Berlin: Straube 1896

Taack, Merete van: Friederike, die galantere Schwester der Königin Luise. Düsseldorf: Droste 1987

Thiebault, Dieudonne: Friedrich der Große und sein Hof. Persönliche Erinnerungen. Bd. 1–2. Stuttgart: Lutz 1901

Titzenthaler, Waldemar: Berlin. Photographien. Berlin: Nicolai 1989

Unter den Linden, Historische Photographien. Herausgegeben von der Stiftung Stadtmuseum. Berlin: Nicolai 2001

Varnhagen von Ense, Karl August: Tagebücher. Bd. 1–15. Bern: Neuverlegt bei Lang 1972

Volk, Waltraut: Historische Straßen und Plätze heute. Berlin, Hauptstadt der DDR. Berlin: Bauwesen 1979

Walberer, Ulrich (Herausgeber): 10. Mai 1933. Bücherverbrennung in Deutschland und die Folgen. Frankfurt/M.: S. Fischer Taschenbuch 1983

Wegweiser für Fremde und Einheimische durch Berlin und Potsdam. Bis jetzt fortgesetzter Auszug der großen Beschreibung von Fr. Nicolai. Berlin: Nicolai 1833

Weiglin, Paul: Berliner Biedermeier. Bielefeld, Leipzig: Velhagen u. Klasing 1940

Wesenberg, Angelika und Ruth Langenberg: Im Streit um die Moderne. Max Liebermann, der Kaiser, die Nationalgalerie. Begleitbuch zur Ausstellung Oktober 2001 bis Januar 2002. Berlin: Nicolai 2001

Werner, Anton von: Geschichte in Bildern. Herausgegeben von Dominik Bartmann. München: Hirmer 1993

Wilke, Adolf von: Berliner Hof und Gesellschaft ums Jahr 1840. Aus den Erinnerungen einer Diplomatenfrau. In: Erlebtes und Erforschtes aus dem alten Berlin. Berlin: Verein für die Geschichte Berlins 1917

Wirth, Irmgard: Berliner Malerei im 19. Jahrhundert. Berlin: Siedler 1990

Woche, Klaus Rainer: Vom Wecken bis zum Zapfenstreich. Die Geschichte der Berliner Garnison. Berg, Potsdam: Vowinkel 1998

Wulf, Joseph: Die bildenden Künste im Dritten Reich. Eine Dokumentation. Berlin: Ullstein 1982

Wulf, Joseph: Literatur und Dichtung im Dritten Reich. Eine Dokumentation. Berlin: Ullstein 1966

Zedlitz, Leopold Freiherr von: Neuestes Conversations-Handbuch für Berlin und Potsdam. Berlin: Eisersdorff 1834

Zelter, Karl Friedrich: Darstellung seines Lebens. Herausgegeben von Johann Wolfgang Schottländer. Weimar: Goethe-Gesellschaft 1931

Zusammenkommen, um von den Künsten zu räsonieren. Materialien zur Akademie der Künste. Berlin: Akademie der Künste 1991

Abbildungsnachweis

akg-images: 386, 433, 435, 539
bpk: 417, 419 (u)
bpk / Hans Hartz: 451
bpk / Carl Weinrother: 447
picture-alliance / dpa / Konrad Giehr: 461
SLUB / Deutsche Fotothek / Fritz Eschen: 531
Ullstein Bild: 374 (u), 400, 407 (o), 415
Ullstein Bild – Eckertz-Popp: 403
Ullstein Bild – Lehnartz: 449 (u)
Ullstein Bild – Süddeutsche Zeitung Photo / Scherl: 430
Zentral- und Landesbibliothek Berlin: 426

Die übrigen Abbildungen entstammen den aufgeführten Büchern.

Was waren das für Zeiten?

224 Seiten
ISBN 978-3-8094-4363-6

Man hatte Sekretärinnen, machte Feierabend und ging zum Rendezvous. Kulenkampff erfüllte den Kulturauftrag, es gab Buchclubs, die DDR und Wählscheibentelefone. Begeben Sie sich auf eine Zeitreise und gehen Sie mit der unkonventionellsten Viererbande des deutschen Journalismus durch die Bestände unseres Lebens.

Besuchen Sie uns auch auf

www.bassermann-verlag.de

Die Welt der verschwundenen Berufe

Michaela Vieser | Irmela Schautz

Von Kaffeeriechern, Abtrittanbietern und Fischbeinreißern

Berufe aus vergangenen Zeiten

Bassermann

240 Seiten, mit Illustrationen
ISBN 978-3-8094-4289-9

Michaela Vieser hat über vergessene Berufe recherchiert und dabei erstaunliche Fakten zusammengetragen. Entstanden ist eine kleine, mitunter skurrile Kulturgeschichte der Arbeit, die in mittelalterliche Wirtshäuser, bayerische Wälder und Berliner Hinterhöfe führt – höchst unterhaltsam geschrieben und von Irmela Schautz mit beeindruckenden Originalillustrationen ins Bild gesetzt.

Besuchen Sie uns auch auf

www.bassermann-verlag.de